WONDER 파이썬

놀랍도록 쉬운 파이썬 기초

조성호

중학교 때 아버지에게 선물 받은 컴퓨터가 계기가 되어 한국외국어대학교 전산학과에 진학했다. 고려대학교 컴퓨터학과에서 석사와 박사 과정을 마쳤으며 현재 한신대학교 소프트웨어융합학부에서 교수로 재직 중이다. 컴퓨터를 포함하여 카메라, 자동차, 오디오와 같은 기계들에 관심이 많고, 프로그램으로 무언가 만드는 것도 좋아한다. 저서로 'WONDER C(인피니티북스)', '쉽게 배우는 운영체제(한빛아카데미)', '초연결 사회를 위한 컴퓨터 개론(한빛아카데미)', '스크래치로 배우는 컴퓨팅 사고(한빛아카데미)'가 있다.

WONDER 파이썬

놀랍도록 쉬운 파이썬 기초

인쇄 2022년 7월 1일 초판 1쇄
발행 2022년 7월 8일 초판 1쇄

저자 조성호
발행인 성희령
발행처 INFINITYBOOKS | **주소** 경기도 고양시 일산동구 하늘마을로 158, 대방트리플라온 C동 209호
대표전화 02)302-8441 | **팩스** 02)6085-0777
출판부 채희만, 안성일, 한혜인, 임유리 | **영업부** 한석범, 최형진, 이호준 | **경영관리부** 이승희 | **교정교열** 임민정

도서문의 및 A/S지원
홈페이지 www.infinitybooks.co.kr | **이메일** helloworld@infinitybooks.co.kr

ISBN 979-11-92373-03-4 | **등록번호** 제 2021-000018호 | **판매정가** 28,000원

머리말

파이썬은 C언어와 함께 현재 가장 많이 사용되는 프로그래밍 언어입니다. 그래서일까요? 많은 파이썬 책들이 C언어 책과 유사한 구조를 가지고 있습니다. 사실, 연산자, 조건문, 반복문과 같이 거의 모든 프로그래밍 언어에서 사용되는 문법은 설명하는 내용이 비슷합니다. 그렇다고 해서 C언어 책에서 보았던, 섭씨-화씨 변환 코드나 윤년 계산 코드와 같이 재미없는 코드를 파이썬 책에서 또 볼 필요는 없습니다.

파이썬 언어가 사랑받는 이유는 단순한 문법과 다양한 표현 때문입니다. 파이썬 문법은 매우 단순해서 누구나 쉽게 배울 수 있습니다. 그리고 파이썬이 지원하는 터틀 그래픽, 윈도우 그래픽과 객체를 활용하여 짧은 코드로도 재미있고 화려한 프로그램을 만들 수 있습니다. 그래서 저와 인피니티북스는 누구나 쉽고 재미있게 배울 수 있는 책, WONDER 파이썬을 만들었습니다.

WONDER C에 이어서 WONDER 파이썬을 집필하면서 자기복제의 유혹에 빠졌습니다. WONDER C에서 만든 코드를 그대로 파이썬 코드로 바꾼 후 파이썬 책이라고 할 수도 있지만 저는 그러한 안일함이 독이 됨을 잘 알고 있습니다. 그래서 WONDER C의 핵심 코드(꽃 피는 봄, 여름 소나기, 가을 구름, 눈 내리는 겨울, 쓸쓸하神 도깨비, 찬란하神 도깨비)는 파이썬 코드로 바꾼 후 '도전 프로젝트'에 배치했습니다. 파이썬을 위한 코드는 새로 만들어 본문에 넣었습니다. C언어와 파이썬을 같이 학습하시는 분들은 WONDER C와 WONDER 파이썬에 공통으로 들어있는 코드를 비교해보시면 도움이 됩니다.

WONDER C와 WONDER 파이썬이 지향하는 바는 분명합니다. C언어는 C언어다워야 하고, 파이썬은 파이썬다워야 합니다. 또한, 설명은 쉽고 간결해야 하고, 코드는 쉽고 재미있어야 하며, 인터넷이나 다른 어떤 책에서도 소개된 적이 없어야 합니다. 그 결과 이 책에서 10줄이 안 되는 코드로도 파이썬 문법을 배울 수 있을 뿐 아니라, 비행기를 날리고, 로켓을 발사하는 경험을 할 수 있습니다. 또한 재빠르게 움직이는 거북이를 잡는 게임은 21줄, 진짜 슬롯머신처럼 움직이는 코드는 32줄, 밤하늘에 폭죽이 터지는 불꽃놀이 코드는 26줄이면 만들 수 있습니다. 이외에도 재미있고 다양한 파이썬 코드를 담았습니다.

이 책을 편집하는 데에만 1년의 시간이 흘렀습니다. 새로 만든 여러 코드를 점검하고, 본문에 어울리도록 삽화를 수정하고, 전체적인 색상의 일관성을 맞추는 작업에 많은 시간을 보냈습니다. 저자의 요구를 묵묵히 처리해주신 인피니티북스의 관계자 여러분들에게 감사의 마음을 전합니다. 기쁜 마음으로 이 책을 만들었으며 다 열거할 수 없지만, 가족과 지인분들에게도 고마운 마음을 전하며 글을 마칩니다.

저자 조성호

이 책의 특징

세상에 없던 재미있는 코드

재미없는 코드는 가라!
실생활에 사용할 수 있는 코드와
흥미를 유발하는 게임 코드,
움직이는 코드 포함
150여 개 새로운 코드가 있습니다.

너무나 쉬운 문법 설명!

아르바이트 급여 계산, 타로 점 카드,
통닭 튀기기와 같이 주변에서
흔히 접할 수 있는 이야기로
파이썬 문법을 쉽게 설명합니다.

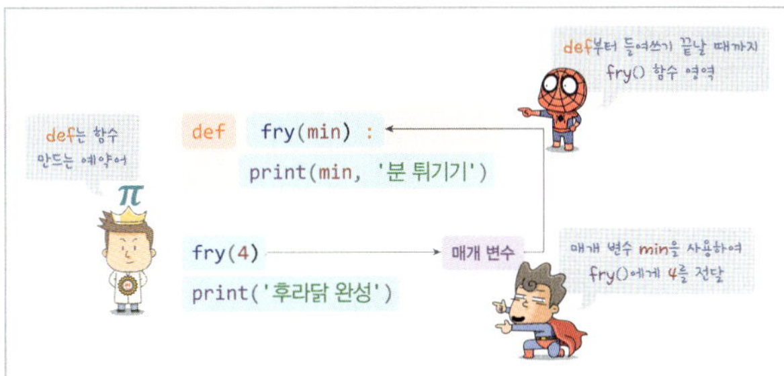

그림으로 재미있게 배우자!

주요 개념을 그림으로 표현하고
캐릭터들의 말풍선을 통해
쉽고 재미있게 설명했습니다.

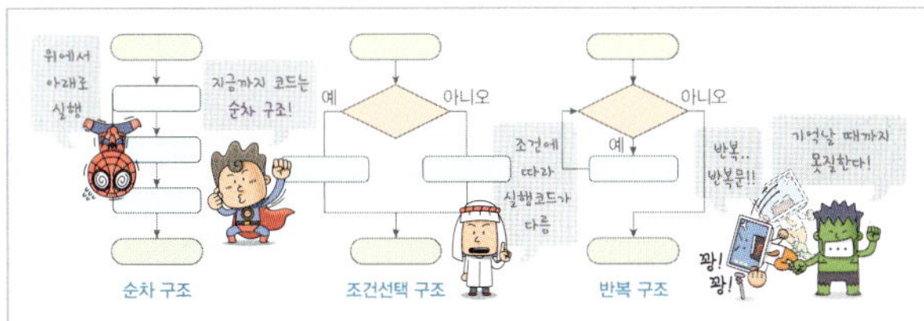

간결하고 깔끔한 소스코드

30줄 수준의 간결한 코드로
누구나 쉽게 이해하고
실습할 수 있습니다.

소스코드

코드 8-1 수직 사운드 미터 탐색기 801_meter.py

```
import os
import random as r
import time as t

draw = [0] * 60
for k in range(100) :
   os.system('cls')
   for met in range(60) :
      draw[met] = r.randrange(24)
   for jul in range(24) :               # 화면 0번 줄부터 23번 줄까지 만듦
      for met in range(60) :              # 화면 좌로 60개 막대기 만듦
         if draw[met] > jul :               # 줄 번호보다 크면 공백
            print('  ', end = '')
         else :                             # 줄 번호보다 작으면 □
            print('□', end = '')
      print()                             # 한 줄 끝나면 줄바꿈
   t.sleep(0.1)                         # 화면 깜빡임 방지
```

다양한 LAB과 PROJECT

앞에서 배운 내용들을 활용해서
만들 수 있는 다양한 LAB과
PROJECT를 준비했습니다.

LAB 1 **슬롯머신**

리스트를 사용하여 슬롯머신을 만들어보자. 만드는 슬롯머신에는 7과 8만 나온다. 3개의 숫자를 만들어서 7 7 7이 되면 잭팟이라고 출력하는 코드를 만들어보자.

코드의 실행화면은 다음과 같다. 게임은 총 3번 반복되며, 7 7 7인 경우에만 잭팟이 터졌네요라고 출력된다. 잭팟이 터지면 게임은 멈춘다.

연습문제 376개!

개념문제, 코드문제를 통해
학습한 내용을 점검할 수 있습니다.

연습문제 14문제

[개념문제]

01 다음 중 컴퓨터가 데이터를 처리하여 만든 의미있는 것이라는 뜻을 가진 단어는 무엇인가?

❶ 프로그램 ❷ 정보
❸ 알고리즘 ❹ 코드

02 다음 중 프로그램을 만드는 작업이라는 의미를 가진 단어는 무엇인가?

❶ 프로그래밍 ❷ 알고리즘
❸ 소스코드 ❹ 디버그

03 다음 중 0과 1로 이루어진 컴퓨터가 이해하는 언어는 무엇인가?

❶ 자바 ❷ 파이썬
❸ 한국어 ❹ 기계어

재미있는 게임 코드

	게임	코드
01	홀짝 게임	5장 코드 5-6
02	가위바위보 게임	5장 코드 5-14
03	반복 홀짝 게임	6장 코드 6-7
04	스무고개 게임	6장 코드 6-11
05	스탠드 게임	6장 코드 6-15
06	타로점 카드	7장 코드 7-4
07	슬롯머신	7장 코드 7-5
08	경마 게임	7장 코드 7-13
09	운명의 바퀴	7장 코드 7-14
10	내 팔자 어찌하오 게임	8장 코드 8-2
11	간단한 포커 게임	9장 코드 9-23
12	사다리 타기 게임	10장 코드 10-6
13	거북이를 잡아라 게임	10장 코드 10-10
14	진짜 포커 게임	10장 코드 10-12
15	진짜 슬롯머신	11장 코드 11-22
16	지뢰 피하기 게임	14장 코드 14-2
17	나한테 왜 그래 게임	14장 코드 14-6

환상적으로 움직이는 코드

01	UFO 날리기	6장 코드 6-9
02	사운드 미터	7장 코드 7-10
03	수직 사운드 미터	8장 코드 8-1
04	꽃 피는 봄	8장 코드 8-3
05	여름 소나기	8장 코드 8-4
06	가을 구름	8장 코드 8-5
07	눈 내리는 겨울	8장 코드 8-6
08	문자 회전시키기	9장 코드 9-8
09	아지랑이 문자열	9장 코드 9-21
10	움직이는 슬롯머신	9장 코드 9-24
11	늘어나는 문자 회전	10장 코드 10-9
12	카멜레온 사운드 미터	10장 코드 10-11
13	추억은 방울방울	14장 코드 14-1
14	움직이는 빗살무늬	14장 코드 14-3
15	바람의 기억	14장 코드 14-4
16	찬란하神 도깨비	14장 코드 14-5

화려한 그래픽 프로젝트

01	16진수로 색상 만들기	2장 LAB 1
02	다각형 만들기	3장 LAB 2
03	좌표 이동하기	5장 LAB 6
04	비행기 날리기	6장 LAB 4
05	회전하는 비행기	6장 LAB 4
06	로켓 발사	7장 LAB 3
07	거북이 날다	9장 LAB 5
08	거북이를 잡아라 게임	10장 LAB 3
09	원과 사각형 움직이기	11장 LAB 2
10	키보드로 이미지 움직이기	11장 LAB 3
11	가만히 좀 있어!	11장 PROJECT 1
12	진짜 슬롯머신	11장 PROJECT 2
13	객체 로켓 발사	12장 LAB 1
14	불꽃놀이	12장 PROJECT 1

학습 로드맵

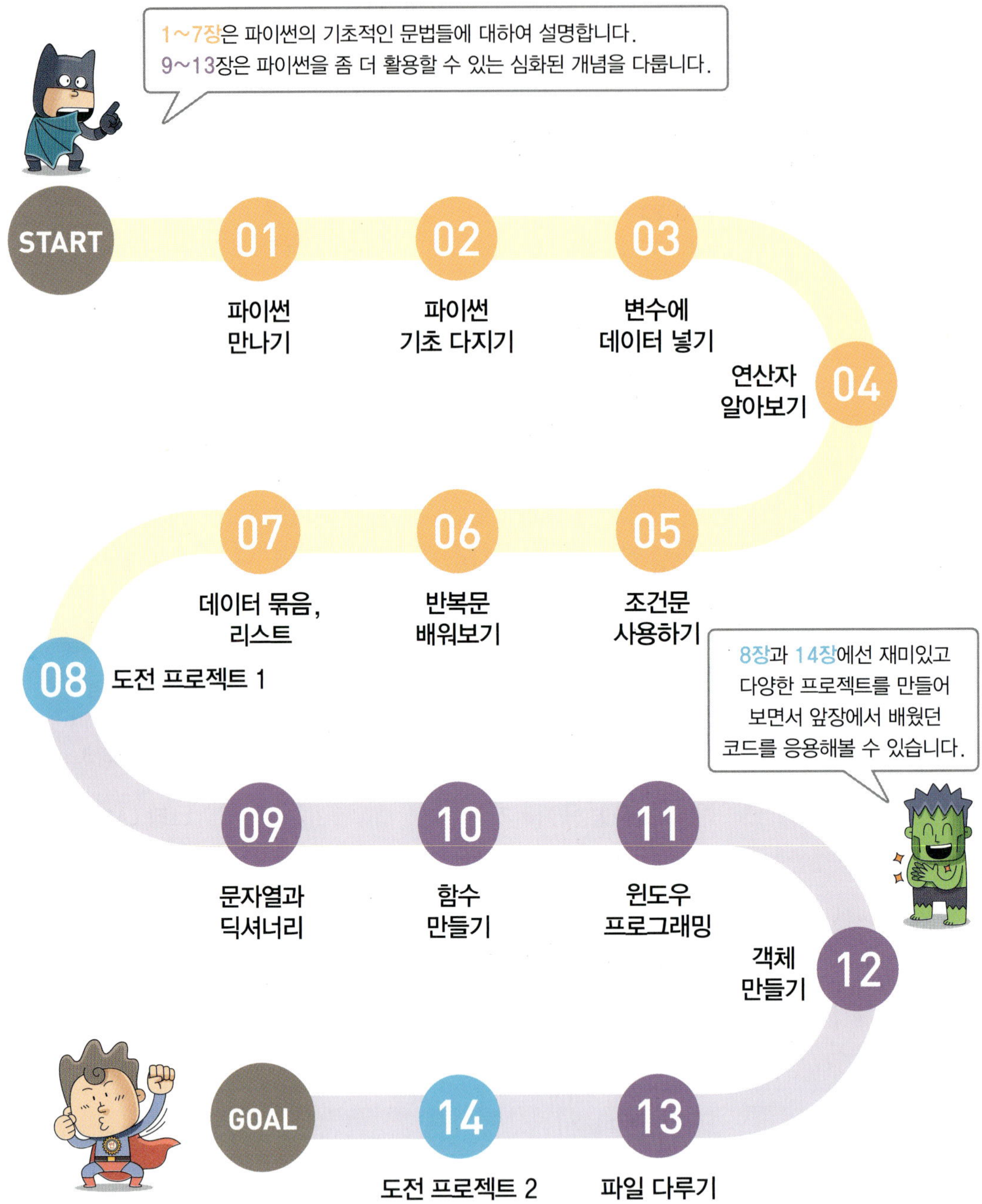

1~7장은 파이썬의 기초적인 문법들에 대하여 설명합니다.
9~13장은 파이썬을 좀 더 활용할 수 있는 심화된 개념을 다룹니다.
START
01 파이썬 만나기
02 파이썬 기초 다지기
03 변수에 데이터 넣기
04 연산자 알아보기
05 조건문 사용하기
06 반복문 배워보기
07 데이터 묶음, 리스트
08 도전 프로젝트 1
8장과 14장에선 재미있고 다양한 프로젝트를 만들어 보면서 앞장에서 배웠던 코드를 응용해볼 수 있습니다.
09 문자열과 딕셔너리
10 함수 만들기
11 윈도우 프로그래밍
12 객체 만들기
13 파일 다루기
14 도전 프로젝트 2
GOAL

강의 계획

이 책을 강의 교재로 사용하시는 교수님을 위해서 강의 계획을 다음과 같이 제시합니다. 한 학기를 15주로 가정하여 다음과 같이 진행할 수 있으며, 수업 진행 상황에 따라 유동적으로 수정하여 강의해도 됩니다.

주차	장	주제	주요 내용
1주	1장 2장	파이썬 만나기 파이썬 기초 다지기	프로그래밍 언어 파이썬, 파이썬 설치 방법 파이썬을 위한 기초 지식, 데이터 표현 방식
2주	3장	변수에 데이터 넣기	변수, 데이터 종류, 데이터 출력과 입력
3주	4장	연산자 알아보기	기본 연산자(산술/비교), 논리 연산자, 연산자 우선순위
4주	5장	조건문 사용하기	조건문, `if-else` 문, 다중 조건문
5주	6장	반복문 배워보기	반복문, `for` 문, 다중 반복문, `while` 문
6주	7장	데이터 묶음, 리스트	리스트, 인덱스, 슬라이싱, 리스트 관련 함수
7주	8장	도전 프로젝트 1	수직 사운드 미터, 내 팔자 어찌하오 게임 등
8주	중간고사		
9주	9장	문자열과 딕셔너리	문자열, 문자열 관련 함수, 딕셔너리
10주	10장	함수 만들기	함수 만들기, 함수로 값 전달하기, 변수의 범위
11주	11장	윈도우 프로그래밍	윈도우 만들기, 위젯 활용하기
12주	12장	객체 만들기	객체와 함수의 비교, 객체 생성, 상속, 클래스 변수
13주	13장	파일 다루기	파일에 쓰기, 파일에서 읽기, 파일 활용하기
14주	14장	도전 프로젝트 2	추억은 방울방울, 지뢰 피하기 게임 등
15주	기말고사		

차례

CHAPTER

01

WONDER **Python**

파이썬 만나기

미리 둘러보기

컴퓨터 프로그램이란 컴퓨터가 어떤 작업을 어떤 순서로 진행할지를 적어 놓은 것이다. 컴퓨터 프로그램을 만들 때 사용하는 언어가 프로그래밍 언어이고 파이썬도 그중 하나다. 책이 끝날 때까지 파이썬과 함께 놀면서 다양한 프로그램을 만들어볼 예정이다.

파이썬을 사용하려면 프로그램을 설치해야 한다. 파이썬 프로그램을 설치하고 실행하는 방법에 대해 자세히 설명한다.

파이썬 프로그램은 인터렉티브 쉘과 코드 에디터로 구성된다. 코드 에디터에서 소스코드를 만들어 저장하고 실행하면, 실행결과는 인터렉티브 쉘에서 볼 수 있다. 에러도 인터렉티브 쉘에 나타난다.

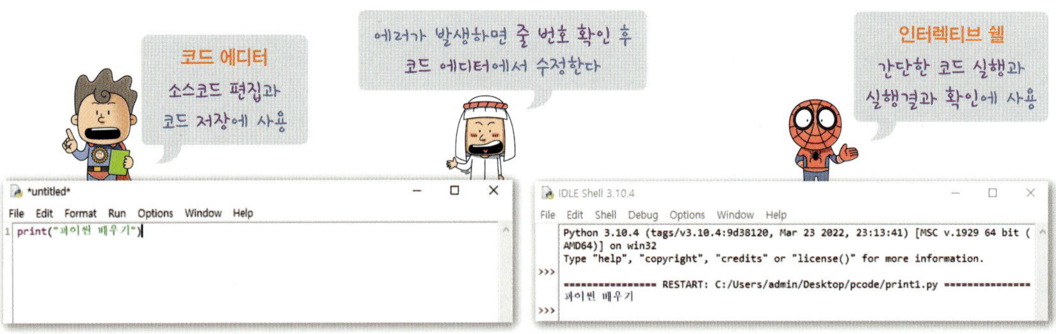

터틀 그래픽은 파이썬에 있는 그림 그리기 프로그램이다. 터틀 그래픽에서 다음과 같이 원을 그리는 코드를 만들어본다.

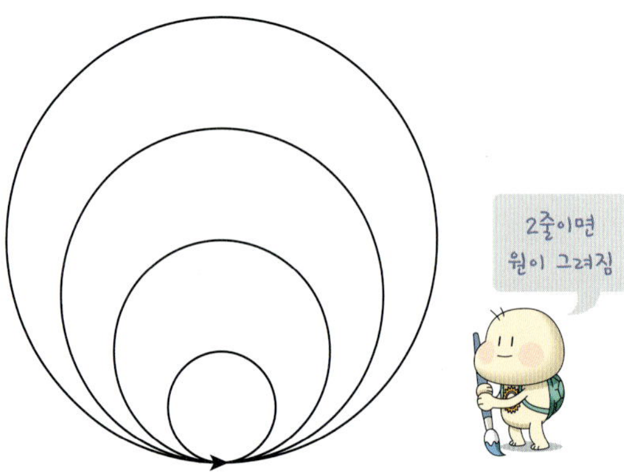

파이썬이 뭐예요? 1.1

1 프로그래밍이란 무엇인가?

우리는 컴퓨터에 설치된 프로그램을 이용하여 mp3 음악을 들으며, 동영상을 감상한다. mp3 데이터를 mp3 프로그램이 처리하면 음악이 된다. 동영상 데이터를 동영상 프로그램이 처리하면 화면에 움직이는 영상이 나타난다.

이렇게 컴퓨터가 **데이터**data를 처리하면 의미있는 **정보**information가 된다. 그래서 **정보기술**Information Technology 혹은 **IT**는 데이터를 가공하여 가치 있는 정보로 만드는 모든 기술을 의미한다. 여기에 통신기술이 빠질 수 없기 때문에 '정보통신기술'이라고도 부른다.

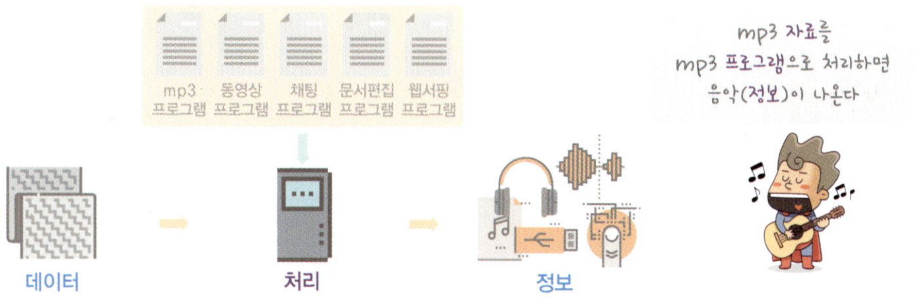

그러면 프로그램은 무엇일까? **프로그램**program을 한국어로 번역하면 계획 혹은 차례이다. 프로그램이란 어떤 계획이나 작업의 순서, 일의 진행을 모아 놓은 것이다. 예를 들어 연주회 프로그램에는 누가 어떤 곡을 연주하는지 순서대로 적혀 있다.

우리는 컴퓨터 프로그램을 사용하여 데이터를 정보로 바꾼다. **컴퓨터 프로그램** computer program 이란 컴퓨터가 어떤 작업을 어떤 순서로 진행할지를 적어 놓은 것이다. 더불어 **프로그래밍** programming 이란 프로그램을 만드는 작업이다. 컴퓨터에게 어떤 작업을 어떤 순서로 시킬지를 결정하는 작업이 프로그래밍이다.

컴퓨터는 단순한 기계다. 컴퓨터가 달린 로봇 청소기에게 작업을 시킨다고 가정해보자. 사람과 같다면 “저쪽에 더러운 게 있다”라는 말 한마디면 된다. 그러나 컴퓨터에게는 “앞으로 1m 직진하고 오른쪽으로 90도 회전한 후, 다시 앞으로 30cm 직진해! 거기서 청소기 켜고 먼지 흡입해!”라고 해야 한다.

컴퓨터에게 작업을 시키려면 이렇게 구체적으로 설명해야 한다. 컴퓨터에게 알려줄 작업을 하나로 모으면 컴퓨터 프로그램이 된다.

2 프로그래밍 언어에 대하여

머릿속에 있는 생각을 글로 쓸 때 한국어를 사용한다. 마찬가지로 컴퓨터 프로그램을 만들 때 사용하는 언어가 프로그래밍 언어다. **파이썬** Python 도 프로그래밍 언어 중 하나다.

프로그래밍 언어를 사용하여 프로그램을 만든 결과물을 **소스코드** source code 라 부른다. 간단하게 ‘코드’라고도 한다. 소스코드란 컴퓨터에게 시킬 작업을 적어 놓은 것으로, 일종의 작업 지시서이다. 파이썬을 사용하여 프로그램을 만들었다면 파이썬 소스코드가 된다.

글을 쓸 때는 문법에 맞게 써야 한다. 마찬가지로 파이썬의 문법에 맞게 프로그램을 만들어야 컴퓨터에게 작업을 시킬 수 있다. 그런데 여기에 문제가 있다. 한국 사람은 한국어를 사용하듯이, 컴퓨터라는 기계는 기계어만 사용한다. **기계어** machine language 는 0과 1의 숫자로만 되어 있기 때문에 일반인은 기계어를 이해할 수 없다.

반대로 컴퓨터는 파이썬과 같은 프로그래밍 언어를 이해할 수 없다. 그러면 어떻게 해야 할까? 파이썬으로 만든 소스코드를 기계가 이해할 수 있도록 번역해주어야 한다. 결론적으로 파이썬 소스코드로 컴퓨터에게 작업을 시키려면, 기계어로 번역하는 과정을 거쳐야 한다.

3 쉬운 프로그래밍 언어, 파이썬

우리가 프로그램을 만들 때 사용하는 대표적인 언어가 파이썬, C, 자바다. 파이썬은 1991년 귀도 반 로섬 Guido Van Rossum 이 발표한 프로그래밍 언어다. 파이썬의 사전적 의미는 고대 신화의 큰 뱀을 뜻한다. 그래서 파이썬 로고는 뱀 모양이다.

파이썬은 무료이며, 문법이 간단하여 비전공자도 배우기 쉬운 언어다. 그래서 많은 사람들이 사용하고 있다. 티오베(Tiobe) 자료에 따르면 2022년도에 가장 많이 사용되는 프로그래밍 언어는 파이썬이며, 그다음이 C이다.

Jun 2022	Jun 2021	Change	Programming Language	Ratings	Change
1	2	↑	Python	12.20%	+0.35%
2	1	↓	C	11.91%	-0.64%
3	3		Java	10.47%	-1.07%
4	4		C++	9.63%	+2.26%
5	5		C#	6.12%	+1.79%
6	6		Visual Basic	5.42%	+1.40%
7	7		JavaScript	2.09%	-0.24%
8	10	↑	SQL	1.94%	+0.06%
9	9		Assembly language	1.85%	-0.21%
10	16	⇈	Swift	1.55%	+0.44%

[자료출처: https://tiobe.com/tiobe-index/]

파이썬은 다양한 분야에 활용되고 있다. 4차 산업혁명과 관련하여 각광을 받고 있는 기술로 빅데이터 big data 와 기계학습 machine learning 이 있다. 빅데이터나 기계학습과 관련된 자료를 분석할 때 파이썬을 사용한다. 구글과 인스타그램 등과 같은 기업에서도 파이썬을 사용하여 프로그램을 개발한다.

웹 제작에도 파이썬을 사용한다. 파이썬을 사용하면 웹 페이지를 쉽게 제작할 수 있고 유지보수도 간편해진다. 파이썬으로 게임 개발도 할 수 있으며, 개인용 컴퓨터에서 동작하는 응용 프로그램 개발도 할 수 있다.

파이썬의 단점은 다른 프로그래밍 언어보다 느리다는 것이다. 그러나 과거에 비하여 컴퓨터 성능이 많이 좋아졌기 때문에 큰 문제가 되지 않는다.

중간점검

1. 컴퓨터가 데이터를 처리하면 (　　)가 만들어진다.
2. 컴퓨터가 어떤 작업을 어떤 순서대로 진행하는지를 적어 놓은 것이 (　　)이다.
3. 프로그래밍의 결과로 만들어지는 것은 (　　)이다.
4. 프로그램을 만들 때 사용하는 언어를 (　　)라 부른다.
5. 문법이 간단하여 배우기 쉽고, 많은 사람이 사용하고 있으며, 다양한 곳에 응용 가능한 프로그래밍 언어는 (　　)이다.

파이썬 설치하고 사용해보기 1.2

1 파이썬 설치하기

파이썬을 설치하려면 파이썬 홈페이지를 방문해야 한다. 주소창에 `www.python.org`를 입력하면 파이썬 홈페이지로 이동한다. 또는 구글에서 '파이썬 다운로드'를 검색하면 된다.

파이썬 설치 순서

❶ 메뉴 중간의 Downloads를 클릭

❷ Downloads Python 3.x 버튼을 클릭 → 설치 파일 다운로드 시작

❸ 파일 받기가 완료된 후, 다운로드한 파일 클릭

❹ 설치 프로그램 시작 → 하단의 Add Python 3.x to PATH 항목 체크 ✓

❺ 화면 중간의 Install Now를 클릭 → 설치 완료

파이썬 홈페이지를 방문하면 다음과 같은 화면이 보인다. ❶ 메뉴 중간의 `Downloads`를 클릭하면 파이썬 설치 파일을 다운로드할 수 있는 버튼이 나타난다. ❷ `Downloads Python 3.10` 버튼을 클릭하면 하단에 설치 파일이 다운로드된다. ❸ 파일 받기가 완료된 후, 다운로드한 파일을 클릭하면 설치가 시작된다.

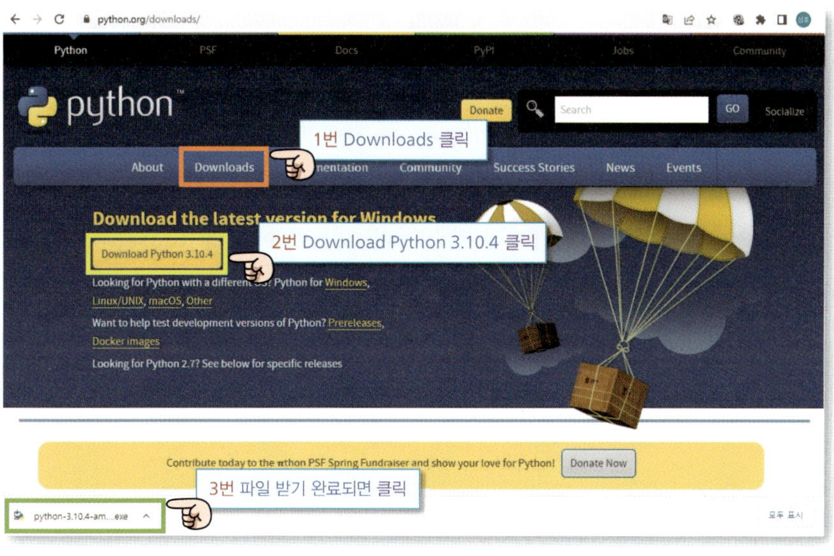

노트 파이썬 홈페이지 모양이 그림과 다를 수 있다. 모양이 다르더라도 Downloads 메뉴에서 설치 파일을 받을 수 있다. 또한, 이 책을 만들 당시의 파이썬 버전 3.10과 다를 수 있다. 최신 버전을 받으면 된다.

문제해결

윈도우즈가 아닌 리눅스나 맥 OS를 사용하는 경우, 자신의 운영체제에 맞는 설치 파일을 찾아야 한다. 또한, 윈도우즈를 사용하는 데 설치 파일이 다운로드되지 않을 경우에도 직접 찾아서 설치해야 한다.

Downloads 페이지 하단에 운영체제에 맞는 설치 파일이 있다. 윈도우즈 32비트 운영체제를 사용하는 경우에는 Windows installer (32-bit), 64비트 운영체제를 사용하는 경우에는 Windows installer (64-bit)를 다운로드한 후 실행하면 된다.

다운로드한 파일을 클릭하면 다음과 같은 화면이 나타난다. ❹ 맨 하단의 [Add Python 3.10 to PATH] 항목을 체크✓해야 한다. 이것을 체크하지 않고 설치하면 파이썬을 다시 설치해야 할 수도 있다.

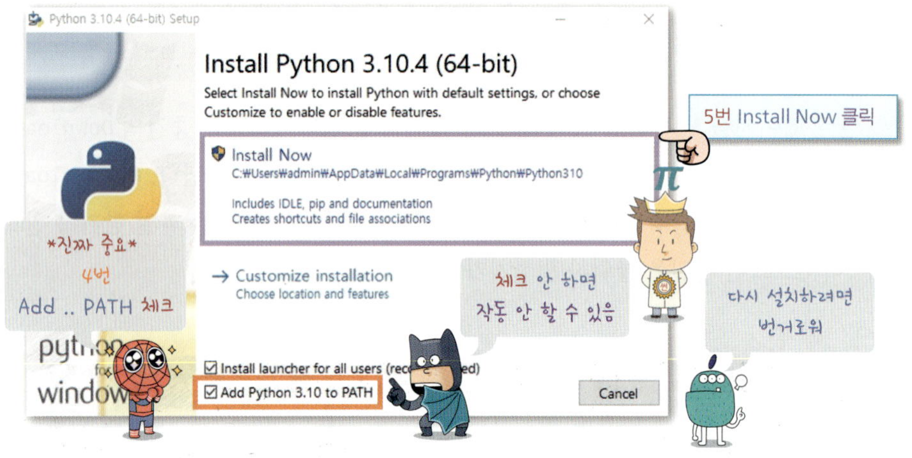

❺ 화면 중간의 [Install Now]를 클릭하면 설치가 시작된다. 시간이 조금 흐른 후, 다음과 같은 화면이 나타나면 설치가 완료된 것이다. 오른쪽 아래의 [Close] 버튼을 클릭하면 설치가 끝난다.

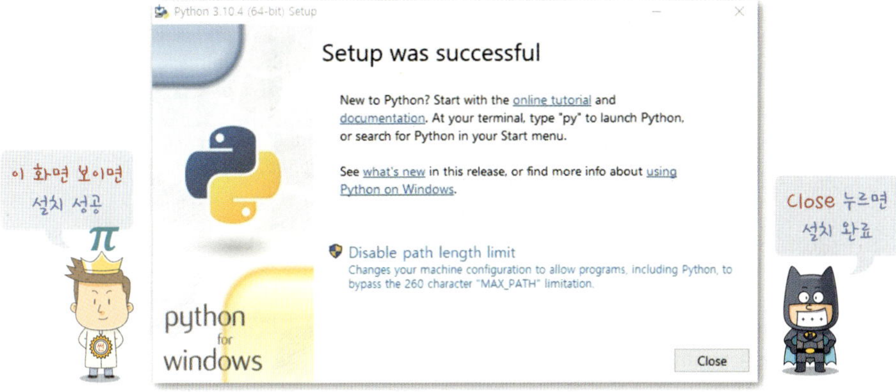

문제해결

다운로드한 설치 파일을 클릭하면 다음과 같은 화면이 나타나면서 설치가 안 되는 경우가 있다.

화면 하단의 [내 앱 권장 사항 설정 변경하기]를 클릭하면 [앱 및 기능] 페이지로 이동한다. 여기서 [Microsoft Store만(권장)]을 [제한 없음]으로 변경한다. 변경한 후 다시 실행하면 설치가 된다.

2 파이썬 실행하기

정상적으로 설치가 되면, 화면의 맨 왼쪽 아래의 윈도우 버튼 을 클릭하자. 그러면 여러 개의 프로그램들이 보인다. 아래쪽으로 쭉 내려서 P로 시작하는 위치에 [Python 3.10] 프로그램을 찾아보자. 새로 설치됨이라 쓰여 있다. [Python 3.10] 옆의 화살표 를 누르면 다음과 같은 화면이 보인다. 파이썬 관련 프로그램 중 우리가 사용할 것은 IDLE (Python 3.10 xx-bit)이다. IDLE을 실행시키자.

노트 32비트 운영체제 사용자는 `IDLE (Python 3.10 32-bit)`, 64비트 운영체제 사용자는 `IDLE (Python 3.10 64-bit)`라 표시된다.

IDLE를 처음 실행하면 나타나는 윈도우창이 **인터렉티브 셸**interactive shell이다. 간단하게 줄여 '셸'이라고도 부르며, 윈도우창의 맨 위에 `IDLE Shell 3.10`라 쓰여 있다.

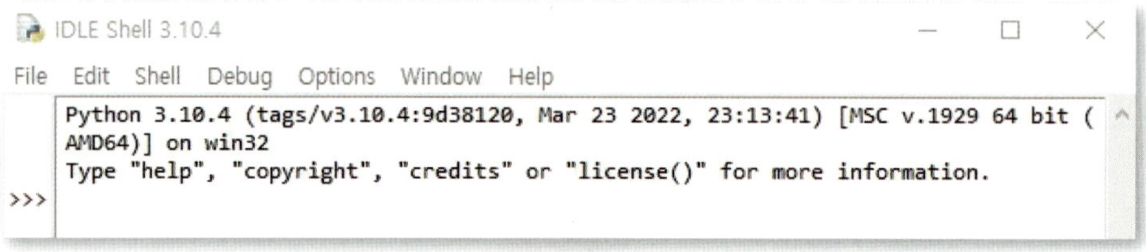

인터렉티브 셸은 서로 대화하듯이 작업을 진행하는 윈도우창이다. 윈도우 바깥쪽에 3개의 화살표가 있는 프롬프트(>>>)에 커서가 깜빡거리고 있다. | 모양의 깜빡이는 것을 **커서**라 부르며, 명령을 입력받을 준비를 하고 있는 것이다.

커서가 있는 곳에 `1 + 1`이라 입력 후 엔터 Enter 를 눌러보자. 2라는 답이 출력된다. 그리고 다음 줄에 커서가 깜빡이면서 다음 명령을 기다린다.

```
Python 3.10.4 (tags/v3.10.4:9d38120, Mar 23 2022, 23:13:41) [MSC v.1929
64 bit (AMD64)] on win32
Type "help", "copyright", "credits" or "license()" for more
information.
1 + 1 Enter
2
```

인터렉티브 셸에 간단한 명령을 내리면 결과를 알려준다. 처음 시작했으니 파이썬과 인사를 나눠보자. 안녕이라고 입력한다.

```
안녕 Enter
Traceback (most recent call last):
  File "<pyshell#1>", line 1, in <module>
    안녕
NameError: name '안녕' is not definZZZZed
```

인사를 했는데, 붉은색 글자가 나타나는 것을 보니 무언가 잘못되었음을 직감할 수 있다. 파이썬에서 문자character는 항상 큰따옴표나 작은따옴표를 사용하여 시작과 끝을 알려줘야 한다. 그렇지 않을 경우 붉은색의 에러error 메시지가 나타난다. 큰따옴표("")를 사용하여 "안녕"이라 입력해보자.

```
"안녕" Enter
'안녕'
```

큰따옴표를 사용하니 정상적으로 출력된다. 작은따옴표('')를 사용해도 된다. 인터렉티브 셸은 이렇게 간단한 명령의 결과를 보여주는 창window이다. 또한, 에러가 있을 경우 에러 메시지를 보여주는 창이다.

실습해보자

1. 2 - 5를 입력해보자. 2에서 5를 뺀 뺄셈의 결과는 얼마인가?
2. 14 * 23을 입력해보자. *는 곱셈을 의미한다. 14를 23으로 곱한 곱셈의 결과는 얼마인가?
3. 12 / 8을 입력해보자. /는 나눗셈을 의미한다. 12를 8로 나눈 나눗셈의 결과는 얼마인가?
4. "안녕" + "파이썬"을 입력하면 어떤 결과가 나타나는지 확인해보자. 공백문자를 더 넣어 어떻게 변하는지 살펴보자. 큰따옴표를 작은따옴표로 바꿔서 입력해보자.

3 파이썬 둘러보기

이제 인터렉티브 셸의 다른 기능을 사용해보자. 다음 코드를 철자가 틀리지 않도록 입력해보자.

p	r	i	n	t	(	"	파	이	썬		배	우	기	"	)		

입력하고 엔터 Enter 를 누르면 밑에 줄에 파이썬 배우기가 출력된다. 파이썬에서 print는 괄호 () 안의 데이터를 화면에 출력(print)해준다. 그래서 파이썬 배우기가 출력된 것이다.

```
print("파이썬 배우기") Enter
파이썬 배우기
```

print()를 사용하지 않고 "파이썬 배우기"만 입력해도 같은 결과가 나온다. 그러나 print()를 사용하지 않은 것은 파이썬 코드를 만든 게 아니다. 인터렉디브 쉘에 질문을 하여 간단한 답을 얻은 것이다. 파이썬 코드에서는 print()를 사용하여 출력해야 한다. 따라서 앞으로 모든 출력에는 print()를 사용한다.

파이썬에서는 색상으로 단어를 구분한다. print는 보라색, 괄호 ()는 검은색, "파이썬 배우기"는 녹색으로 표시된다. 출력결과인 파이썬 배우기는 파란색이다. 각 색상의 의미는 조금 뒤에 설명한다.

또 무엇이 있는지 살펴보자. 인터렉티브 쉘의 상단 메뉴에서 [Help]를 선택하면, 하위 메뉴들이 나타난다. 하위메뉴들 중에서 [Turtle Demo]를 선택하면 다음과 같은 창이 나타난다. 터틀 데모 창의 상단 메뉴 중 [Examples]을 선택하면 다양한 데모를 볼 수 있다.

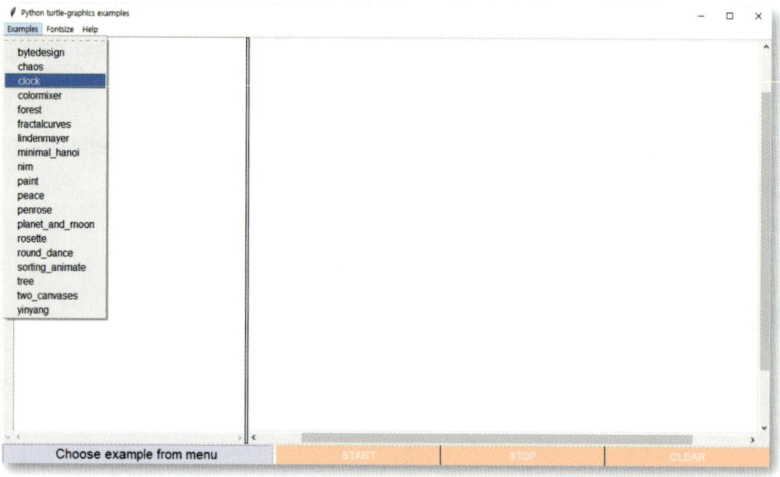

다음 그림은 [Clock] 데모 화면이다. 오늘 날짜와 시간을 보여준다. 그 외에도 여러 가지 데모가 있으니 실행해보자.

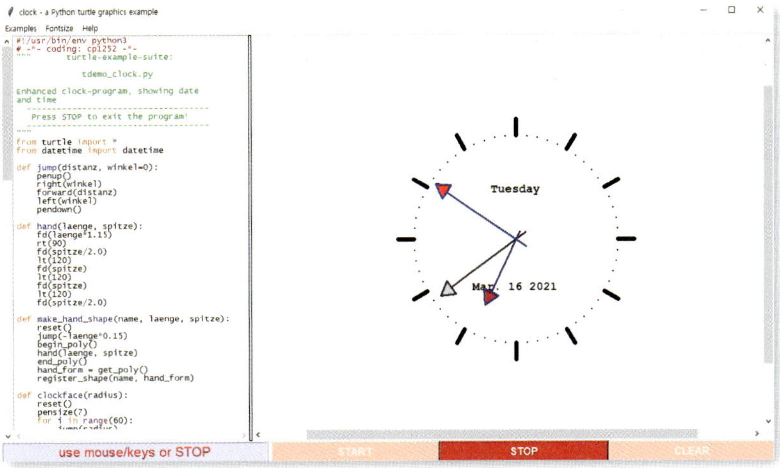

인터렉티브 쉘에서 설정setting을 조금만 바꾸면 사용하기 편해진다. 다음과 같이 상단 메뉴의 [options] → [configure IDLE]을 클릭해보자.

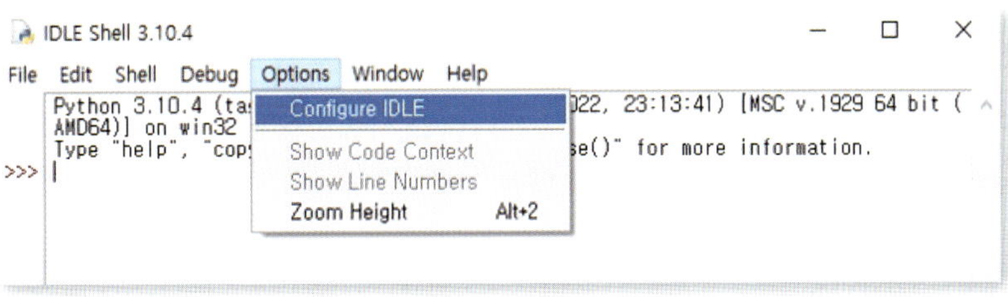

[configure IDLE]을 선택하면 다음과 같은 모양의 설정 창이 나타난다. 설정 창의 첫 화면은 [Fonts/Tabs]이다. 폰트의 기본값은 '굴림체'이다. 소스코드에 많이 사용하는 폰트인 Consolas를 찾아서 변경하자. 이 책의 모든 소스코드의 폰트도 Consolas이다.

오른쪽의 [Windows] 탭으로 이동하자. IDLE를 처음 실행하면 인터렉티브 쉘이 먼저 나타난다. 그러나 앞으로는 코드 에디터를 많이 사용할 것이다. 따라서 [Open Edit Window]로 변경하자.

줄 번호가 있으면 코드를 읽기 편하다. [Shell/Ed] 탭을 눌러 중간의 [Show line numbers in new window]를 체크✓하자. 3가지를 변경한 후, 맨 아래쪽 [OK]를 클릭하면 변경 작업이 끝난다. [OK]를 누르지 않고 창을 종료시키면 변경 사항이 반영되지 않으니 꼭 [OK]를 누르자.

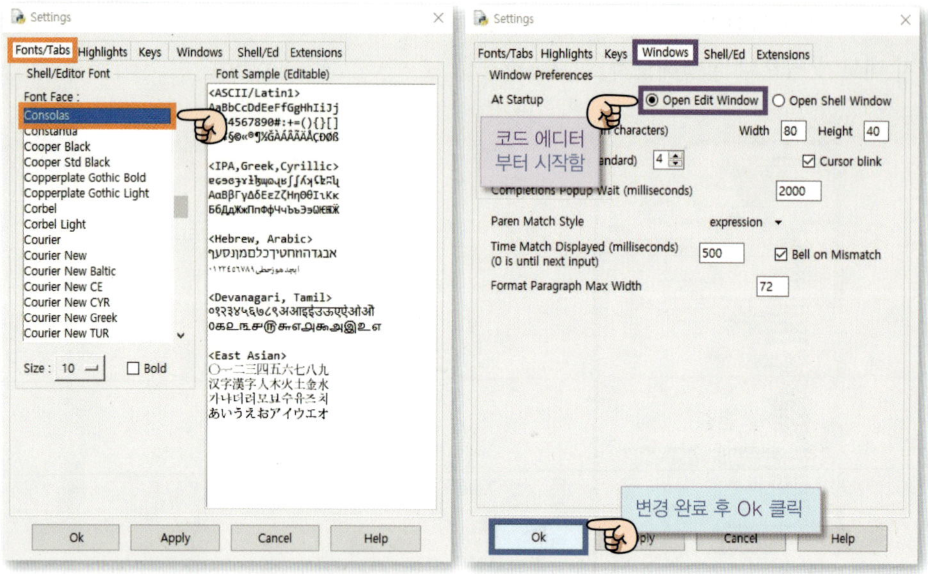

4 코드 만들어 저장하기

인터렉티브 쉘에서 만든 코드는 쉘을 종료하면 사라진다. 여러 줄의 코드를 입력했는데 사라지면 곤란하다. 그래서 인터렉티브 쉘 대신 소스코드를 편집하고 저장할 수 있 **코드 에디터** code editor 를 많이 사용한다. 코드 에디터를 사용하려면 인터렉티브 쉘의 메뉴에서 `[File]` → `[New File]`을 선택한다.

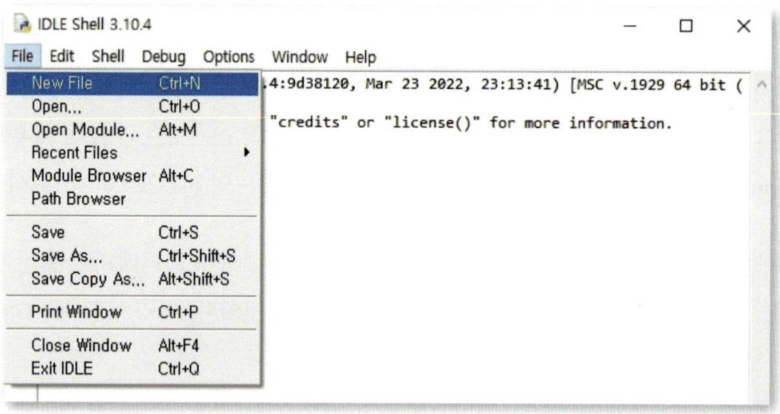

다음과 같이 생긴 빈 화면이 코드 에디터이다. 메모장과 비슷하게 생겼다. 앞에서 사용했던 print("파이썬 배우기")를 입력해보자. 인터렉티브 쉘과 똑같이 단어마다 색상이 다르게 표시된다.

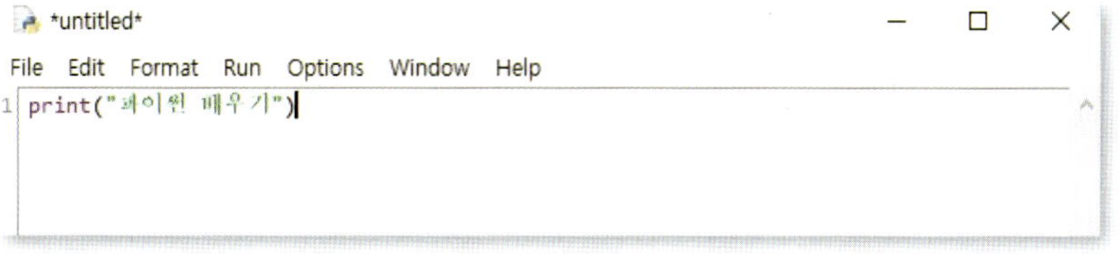

노트 설정을 변경한 경우, IDLE을 처음 시작하면 인터렉티브 쉘 대신 코드 에디터가 나타난다. 또한, 왼쪽에 줄 번호가 표시된다. 줄 번호가 안 보이면 앞의 설정 변경을 참고하기 바란다.

입력이 끝났으면, 실행을 해보자. 메뉴에서 [Run] → [Run Module]을 선택하면 입력한 코드가 실행된다.

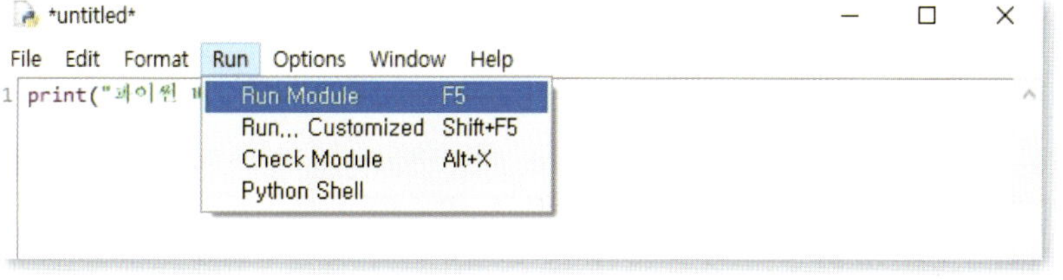

실행하면, 다음과 같이 코드를 저장하라는 메시지가 나타난다. 확인을 클릭한다.

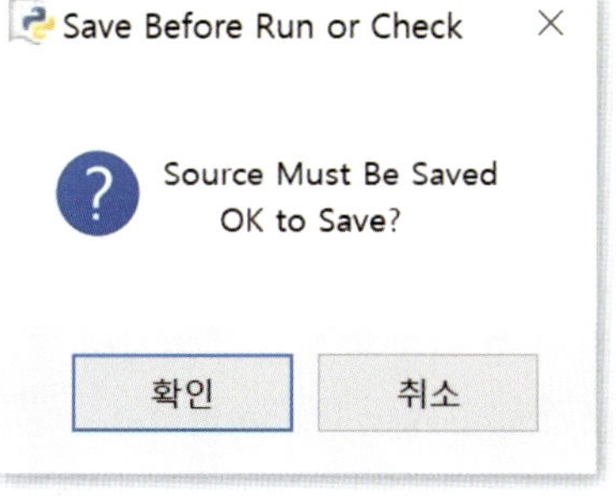

당연한 이야기지만, 아무 곳에나 소스코드를 저장하면 다시 찾기 어렵다. 자신이 잘 아는 곳에 새로운 폴더를 만들자. 그리고 새 폴더 이름을 pcode로 변경하자. 이 책에서는 바탕 화면에 pcode라는 폴더를 새로 만들었다.

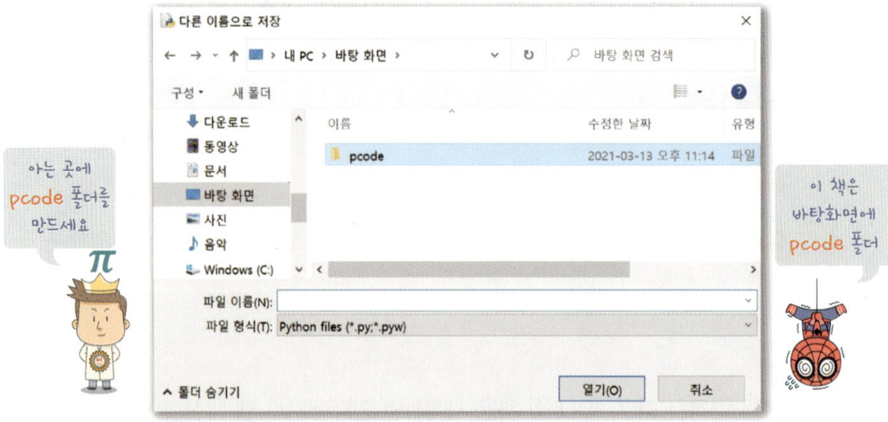

pcode 폴더를 만들었으면, 더블클릭하여 pcode 폴더로 들어가자. 코드를 처음 만들었기 때문에 다음과 같이 빈 폴더가 나타난다.

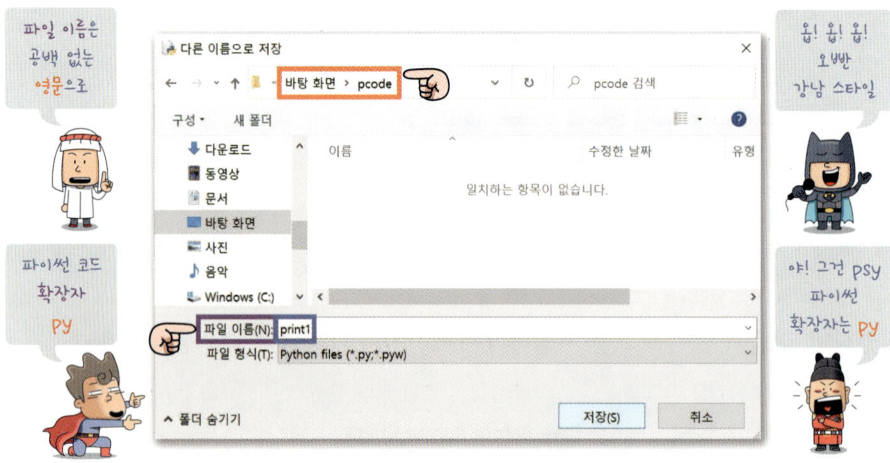

이제 하단의 [파일 이름(N)]에 저장할 소스코드의 이름을 적어야 한다. 소스코드의 이름은 영문으로 만든다. 또한 공백 없이 만드는 게 좋다. 이 책에서는 소스코드의 이름을 `print1`으로 정했다. 이름을 적고 저장을 누르면 저장이 끝난다. 저장을 마치면, 다음과 같이 인터렉티브 쉘이 뜨면서 파이썬 배우기가 출력된다.

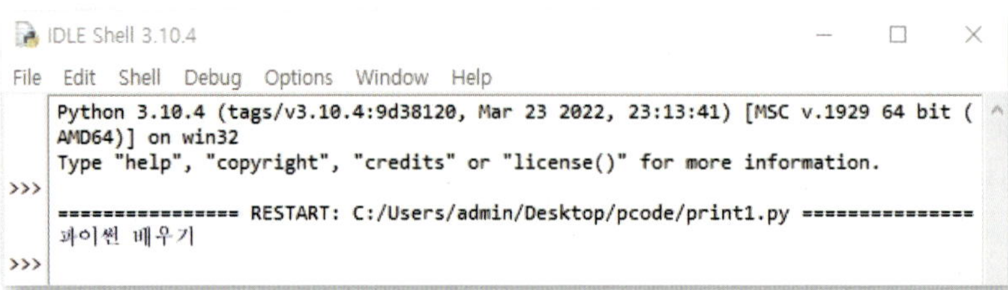

데이터에 맞는 확장자가 정해져 있다. 예를 들어, mp3는 음악 파일 확장자이고 jpg는 사진 파일 확장자이다. 파이썬 소스코드의 확장자는 py이다. print1만 쓰고 저장을 누르면 확장자 .py가 자동으로 붙어서 저장된다.

코드 에디터에서 코드를 입력한 후 → 저장하고 → 결과는 쉘 화면으로 보는 방식이 처음엔 불편할 수 있다. 파이썬뿐 아니라 모든 프로그래밍 언어가 이런 방식으로 소스코드를 만든다. 따라서 이러한 방식에 익숙해질 필요가 있다.

저장된 파일을 다시 불러오려면, IDLE의 상단 메뉴 중 [file] → [open]을 선택하자. 저장할 때 사용했던 윈도우 탐색기 창이 나타난다. 저장된 폴더로 이동한 후, 파일을 선택하면 불러올 수 있다. 이 책에서는 바탕 화면의 pcode가 저장 폴더이다.

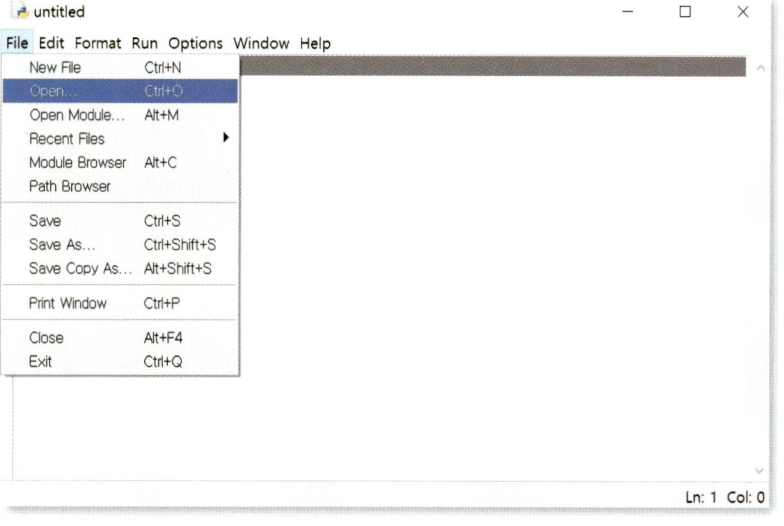

실습해보자

1. 코드 에디터에서 "파이썬 배우기"만 입력한 후 저장하고 실행해보자. print()를 안 쓰면 어떻게 출력되는가?
2. 코드 에디터에서 12 / 8의 결과를 보려 한다. 맞는 코드를 입력해보고 실행해보자.
3. print("파이썬 저장하기") 코드를 만들고 print2.py로 저장하자. 파이썬을 종료한 후 다시 실행하여 print2.py를 다시 불러와 실행해보자.

문제해결

확장자 py가 보이지 않을 경우 다음과 같이 설정을 변경한다.

❶ 탐색기에서 [폴더 옵션] 클릭

❷ [보기] 탭 클릭

❸ 그림과 같은 화면이 나타남

❹ [알려진 파일 형식의 확장명 숨기기] 체크 해제

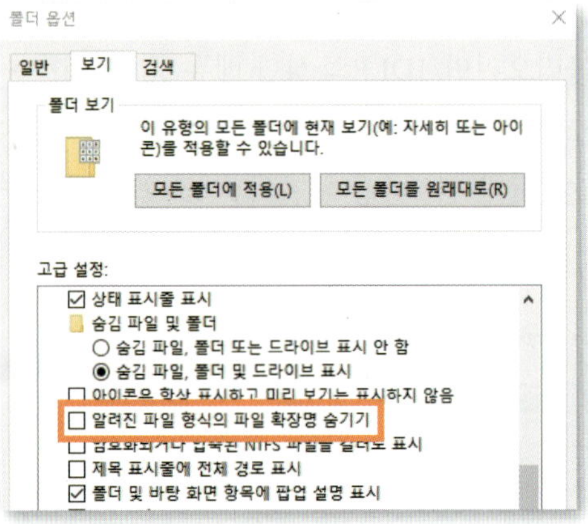

5 에러 메시지

코드 에디터에서 print를 대문자로 바꾸어 PRINT("파이썬 배우기")로 수정해보자. 수정을 마쳤으면, 저장 후 실행해보자. 그러면 인터렉티브 쉘에 다음과 같이 붉은색의 에러 메시지가 나타난다.

코드 에디터

```
PRINT('파이썬 배우기')
```

실행결과 인터렉티브 쉘 화면

```
Traceback (most recent call last):
  File "C:/Users/zoch/Desktop/pcode/test1.py", line 1, in <module>
    PRINT('파이썬 배우기')
NameError: name 'PRINT' is not defined
```

파이썬에서는 대소문자를 구분한다. 따라서 print 대신 PRINT를 사용한다던가, Print를 사용하면 위와 같은 에러 메시지가 나타난다. 그래서 파이썬 코드를 만들 때는 대소문자에 주의해야 한다.

에러 메시지를 살펴보면 에러가 어느 위치에서 발생하였는지를 알려준다. 위의 에러는 줄 번호 1번(`line 1`)에서 발생했다. 에러 메시지를 만나게 되면 코드 에디터의 해당 줄 번호에서 에러를 찾아 수정하면 된다. 그래서 앞에서 코드 에디터의 줄 번호가 보이도록 설정을 변경한 것이다.

작업의 순서를 정리해보자. 코드 에디터에서 소스코드를 만들어 저장하고 실행하면, 실행결과는 인터렉티브 쉘에서 볼 수 있다. 에러도 인터렉티브 쉘에 나타난다. 어느 줄에서 에러가 발생했는지 확인하고, 코드 에디터에서 해당 줄의 에러를 수정하면 된다.

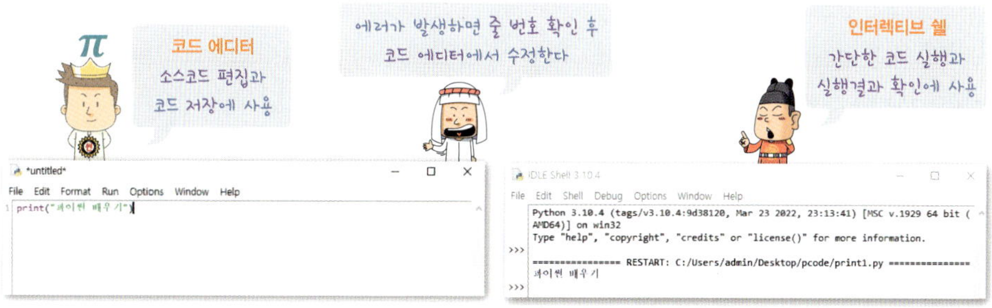

이 책에서는 코드 에디터의 화면은 노란색으로 표시하고, 인터렉티브 쉘 화면은 파란색으로 표시하여 각각을 구별한다.

IDLE에서 제공하는 인터렉티브 쉘과 코드 에디터는 기본적인 기능만 제공한다. 또한 두 개의 창을 번갈아 가면서 작업해야 하는 불편함이 있다. 무료이면서 통합적인 환경을 제공하는 파이참이나 아나콘다와 같은 소프트웨어들이 있다. 기회가 된다면 사용해 보길 바란다.

중간점검

1. IDLE 프로그램 중 소스코드를 편집하고 저장할 수 있는 것은 (　　)이다.
2. IDLE 프로그램 중 소스코드 실행결과를 볼 수 있는 것은 (　　)이다.
3. 파이썬 코드 에디터에서 화면에 출력할 때는 (　　)를 사용해야 한다.
4. 파이썬 소스코드의 확장자는 (　　)이다.
5. 문자를 출력할 때 사용하는 기호는 (　　)이다.

LAB 1 원 그려보기

지금까지 파이썬을 설치하고 간단히 사용해보았다. 앞서 데모로 본 터틀 그래픽을 사용해보자. 터틀 그래픽을 사용하기 위해서는 첫 줄에 `import turtle`이라 쓰면 된다. 여기서 `import`는 `turtle`을 가져오라는 의미이다.

앞에서 `print()`는 화면에 데이터를 출력하였다. 터틀 그래픽의 `circle()`은 그래픽 화면에 원을 그려준다.

우리가 배운 `print(20)`은 숫자 20을 화면에 출력하였다. 그렇다면 `circle(20)`은 무슨 의미일까? 반지름이 20인 원을 그려준다.

주의할 것이 있다. `circle()`은 터틀 그래픽에서만 사용할 수 있다. 그래서 `print()`와 달리 `circle()` 앞에 `turtle.`을 붙여주어야 한다. 터틀 그래픽에서만 사용한다는 뜻이다. 다음과 같이 입력한 후 실행해보자.

```
import turtle

turtle.circle(20)
```

실행하면 흰색 바탕 화면의 창(터틀 그래픽 창)이 나타나면서 원이 하나 그려진다. 반지름이 20개의 점의 크기인 원이다.

여기서 점이란 영어로 픽셀[pixel] 이다. 모니터 화면의 해상도가 1600 × 900이면, 가로 1600개, 세로 900개의 픽셀(점)을 표시할 수 있는 모니터라는 뜻이다. 마찬가지로 `circle(20)`은 반지름의 크기가 20픽셀인 원을 그리라는 명령이다.

여기까지 성공했다면 3번 줄 `turtle.circle(20)`을 복사하여 붙여넣기를 여러 번 해보자. 그리고 `turtle.circle()` 안의 숫자를 바꿔보자. 이 책에서는 다음과 같이 바꿨다.

```
01  import turtle
02
03  turtle.circle(20)
04  turtle.circle(40)
05  turtle.circle(60)
06  turtle.circle(80)
```

이렇게 바꾸면 다음과 같이 반지름 20, 40, 60, 80의 4개의 원이 그려진다.

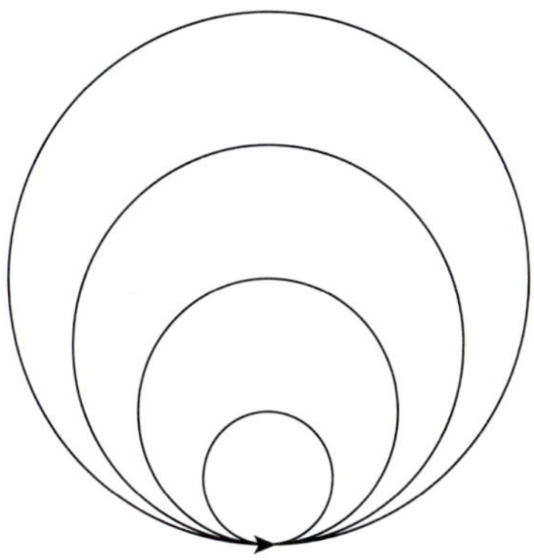

터틀 그래픽에서 `fd()` 혹은 `forward()`는 괄호 안의 숫자만큼 앞으로 이동하는 명령어이다. 예를 들어 `turtle.fd(20)`은 앞으로 20픽셀만큼 이동한다.

```
turtle.fd(20)
```

만들어 놓은 코드에 `turtle.fd(20)`을 사이사이에 넣어서 어떻게 달라지는지 확인해보자.

요약

- 컴퓨터가 데이터를 처리하면 정보가 만들어진다.
- 컴퓨터가 어떤 작업을 어떤 순서대로 진행하는지를 적어 놓은 것이 프로그램이다.
- 프로그래밍의 결과로 만들어지는 것은 소스코드이다.
- 프로그램을 만들 때 사용하는 언어를 프로그래밍 언어라 부른다.
- 파이썬은 문법이 간단하여 배우기 쉽고, 많은 사람이 사용하고 있으며, 다양한 곳에 응용 가능한 프로그래밍 언어이다.
- 파이썬은 빅데이터, 기계학습, 웹 제작 등 다양한 분야에서 사용된다.
- IDLE은 대화하듯이 코드를 입력하는 인터렉티브 셸과 코드를 편집하고 저장할 수 있는 코드 에디터로 구성된다.
- 파이썬 소스코드의 확장자는 `py`이다.
- IDLE에서 실행결과와 에러를 보여주는 윈도우창은 인터렉티브 셸이다.
- IDLE에서 소스코드를 편집하고 저장할 수 있는 창은 코드 에디터이다.
- 문자는 큰따옴표나 작은따옴표를 사용하여 감싸주어야 한다.
- `printf()`는 괄호 안의 데이터를 화면에 출력한다.

연습문제 14문제

[개념문제]

01 다음 중 컴퓨터가 데이터를 처리하여 만든 의미있는 것이라는 뜻을 가진 단어는 무엇인가?

❶ 프로그램 ❷ 정보
❸ 알고리즘 ❹ 코드

02 다음 중 프로그램을 만드는 작업이라는 의미를 가진 단어는 무엇인가?

❶ 프로그래밍 ❷ 알고리즘
❸ 소스코드 ❹ 디버그

03 다음 중 0과 1로 이루어진 컴퓨터가 이해하는 언어는 무엇인가?

❶ 자바 ❷ 파이썬
❸ 한국어 ❹ 기계어

04 다음 중 프로그래밍의 결과물을 가리키는 단어는 무엇인가?

❶ 프로그램 ❷ 알고리즘
❸ 소스코드 ❹ 디버그

05 다음 중 소스코드로 컴퓨터에게 작업을 시키려면 어떤 과정을 거쳐야 하는가?

❶ 알고리즘 ❷ 에러
❸ 컴퓨팅 사고 ❹ 번역

06 IDLE 프로그램 중 소스코드를 편집하고 저장할 수 있는 것은 무엇인가?

❶ 코드 에디터 ❷ 탐색기
❸ 메모장 ❹ 인터렉티브 쉘

07 IDLE 프로그램 중 소스코드 실행결과를 볼 수 있는 것은 무엇인가?

❶ 코드 에디터 ❷ 탐색기
❸ 메모장 ❹ 인터렉티브 쉘

08 다음 중 파이썬 확장자는 무엇인가?

❶ psy ❷ jpg
❸ hwp ❹ py

09 다음 중 문자열을 표시할 때 사용하는 기호는 무엇인가?

❶ 괄호 ❷ 따옴표
❸ 느낌표 ❹ 쉼표

10 11, 22와 같은 숫자를 문자로 인식시키려 한다. 어떤 기호를 사용하여 숫자를 감싸야 하는가?

❶ 괄호 ❷ 따옴표
❸ 느낌표 ❹ 쉼표

11 다음 코드 중 '파이썬 배우기' 문자열을 출력하는 코드로 문법적으로 정확하게 작성된 것은 무엇인가?

❶ Print("파이썬 배우기") ❷ print("파이썬 배우기")
❸ PRINT("파이썬 배우기") ❹ printf("파이썬 배우기")

[코드문제]

12 파이썬 코드 에디터로 다음과 같이 작은따옴표을 사용하여 코드를 만드시오. pcode 폴더에 test1.py로 저장한 후 실행하시오.

```
print('파이썬' + '배우기')
```

13 12번 문제에서 pcode 폴더에 저장한 test1.py를 다시 불러오시오. 다음과 같이 2번째 줄에 큰따옴표를 사용한 코드를 추가하시오. 출력결과를 보고 2번째 줄과 같도록 1번째 줄을 수정하시오.

```
print('파이썬' + '배우기')
print("파이썬 배우기")
```

14 다음과 같은 터틀 그래픽 코드가 있다. 원은 왼쪽, 오른쪽, 위쪽, 아래쪽 중 어느 방향으로 이동하면서 그려지는가?

```
import turtle

turtle.circle(20)
turtle.fd(20)
turtle.circle(20)
```

CHAPTER

02

파이썬 기초 다지기

미리 둘러보기

무엇이든 기초가 제일 중요하다. 파이썬으로 코드를 만들다 보면 자주 듣는 용어들이 있다. 이러한 용어들의 의미가 무엇인지를 배워본다. 처음 보는 용어들이 어색할 수 있다. 억지로 외우려 하지 말고 가볍게 읽으면 된다. 파이썬을 사용하다 보면 점점 익숙해진다.

프로그래밍 전체 과정에서 가장 중요한 것은 알고리즘이다. 알고리즘이 잘 만들어져야 좋은 파이썬 코드를 만들 수 있다. 여기서 알고리즘이란 문제해결을 위한 방법과 절차를 모아 놓은 것이다. 알고리즘을 프로그래밍 언어로 만든 결과물이 소스코드이다.

영어를 잘 하고 싶으면 영국인처럼 생각해야 한다. 알고리즘을 잘 만들고 싶다면 컴퓨터처럼 생각해야 한다. 문제를 해결하기 위해 논리적이고 창의적으로 생각하는 것을 컴퓨팅 사고라 부른다.

코드를 만들다 보면 많은 에러를 만난다. 코드 속에 있는 에러들을 버그라 부른다. 에러가 있으면 이를 찾아 수정해야 하는 데, 버그를 없애는 작업을 디버깅이라 부른다.

함수란 정해진 절차에 따라 데이터를 처리하는 코드의 집합이다. `print()`가 대표적인 함수이다. 함수와 일반단어를 구분하는 것은 괄호 ()이다.

우리는 10진수를 사용하지만, 컴퓨터는 2진수를 사용한다. 10진수, 2진수, 16진수의 변환 방식을 배운다. 또한 16진수로 다음과 같이 다양한 색깔의 원을 만들어본다.

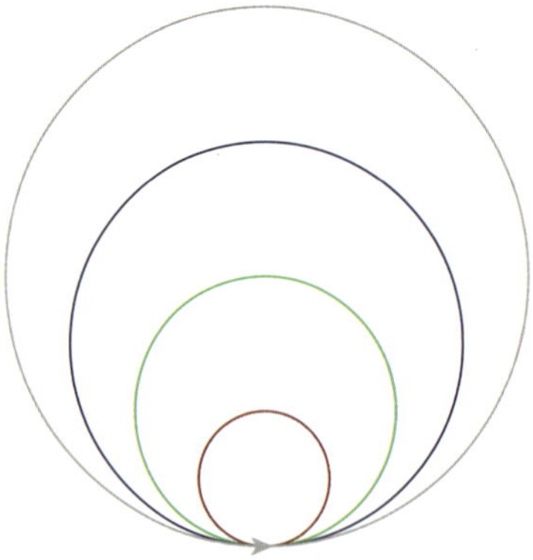

파이썬을 위한 기초 지식 쌓기 2.1

1 알고리즘이란 무엇인가?

알파고가 이세돌을 이겨 세상이 떠들썩했다. 알파고가 사용한 것이 인공지능 알고리즘이다. 인공지능 알고리즘이란 사람처럼 생각하는 알고리즘을 의미한다. 그러면 알고리즘은 무엇일까? 알고리즘 algorithm 이란 문제해결을 위한 방법과 절차를 모아 놓은 것이다.

라면 끓이기를 생각해보자. '물을 끓인다 → 스프를 넣는다 → 면을 넣는다 → 그릇에 옮긴다'이다. 라면을 끓이는 절차와 방법이 라면 끓이기 알고리즘이다.

앞에서 설명한 소스코드와 알고리즘은 어떤 관계일까? 알고리즘을 프로그래밍 언어로 만든 결과물이 소스코드이다. 따라서 프로그래밍의 전체 과정은 '알고리즘 → 소스코드 만들기 → 기계어 번역 → 실행'이다.

짜장라면 알고리즘은 '물을 끓인다 → 면을 넣는다 → 4분 뒤 짜장스프를 비벼 먹는다'이다. 짜장라면을 끓일 때 일반라면처럼 끓는 물에 스프를 넣으면 '짜장국'이 된다. 이렇게 알고리즘이 잘못되면, 원하는 결과물을 얻을 수 없다. 따라서 프로그래밍 전체 과정에서 가장 중요한 것은 알고리즘이다.

2 컴퓨터처럼 생각하기

영어를 잘 하고 싶으면 영국인처럼 생각해야 한다. 알고리즘을 잘 만들고 싶다면 컴퓨터처럼 생각해야 한다. 문제를 해결하기 위해 논리적이고 창의적으로 생각하는 것을

컴퓨팅 사고 Computational Thinking라 부른다. 컴퓨팅 사고는 컴퓨터가 효과적으로 수행할 수 있도록 문제를 정의하고 그에 대한 답을 찾는 것이다.

컴퓨팅 사고를 구성하는 첫 번째는 추상화이다. 추상화는 문제에서 중요하지 않은 부분을 제거하고 중요한 특징만으로 문제를 구성하는 것이다.

예를 들어 간판을 만든다고 생각해보자. 햄버거, 커피, 피자, 아이스크림과 같은 글자는 멀리서 알아보기 어렵다. 그러나 물체의 특징만을 묘사하면 멀리서도 무엇을 팔고 있는 가게인지 쉽게 알 수 있다. 멀리서도 잘 보이게 하면 간판의 문제가 해결된다.

컴퓨팅 사고의 또 다른 방법은 분해이다. 분해는 복잡한 문제를 풀기 쉬운 간단한 문제로 나누는 것이다. 예를 들어 짜장면을 만든다고 생각해보자. 짜장면을 만드는 문제는 '짜장 만들기'와 '면 삶기'의 두 개의 문제로 나눌 수 있다.

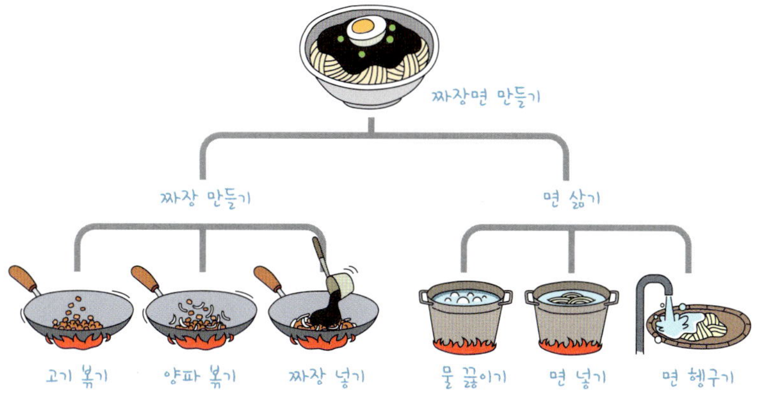

짜장을 만드는 것은 다시 고기 볶기, 양파 볶기, 짜장 넣기로 나눌 수 있다. 면 삶기는 물 끓이기, 면 삶기, 찬물에 면 헹구기로 나눌 수 있다. 문제를 작은 문제로 분해하면 어떤 작업을 먼저 해야 하는지, 어떤 작업을 나중에 해야 하는지를 결정할 수 있다. 따라서 작업의 순서를 정할 수 있다.

컴퓨팅 사고의 마지막 방법은 패턴 인식이다. 복잡한 문제를 분해하는 과정에서 유사한 패턴을 발견할 수 있다. 패턴을 찾을 수 있다면 문제를 해결하기 쉬워진다.

다음은 어느 식당의 하루 방문자 수를 표시한 것이다. 보통의 경우 테이블이 부족하지 않은데, 어떤 날에는 테이블이 모자라 손님을 받지 못하는 경우가 있다. 손님이 많이 몰리는 날을 위해서 보조 테이블을 놓아보지만, 평상시에는 보조 테이블이 자리만 차지할 뿐이다.

17 14 19 26 22 16 55 16 15 20 21 21 18 60

12 24 20 19 23 19 61 12 18 19 17 12 18 49

위의 데이터만으로는 패턴을 찾기가 어렵다. 그러나 아래와 같이 요일을 집어넣어 보니, 사람이 많이 몰리는 날은 일요일이라는 것을 알 수 있다. 다시 말해 패턴을 찾은 것이다. 이렇게 패턴을 찾으면, 일요일에만 보조 테이블을 놓으면 되므로 식당의 문제가 해결된다.

월	화	수	목	금	토	일	월	화	수	목	금	토	일
17	14	19	26	22	16	55	16	15	20	21	21	18	60
12	24	20	19	23	19	61	12	18	19	17	12	18	49

컴퓨팅 사고는 추상화, 분해, 패턴 인식의 3가지로 구성된다. 컴퓨팅 사고를 통하여 문제해결의 방법을 찾으면 알고리즘을 만들 수 있다.

컴퓨팅 사고 3가지 방식	
추상화	문제에서 중요하지 않은 부분을 제거하고 중요한 특징만으로 문제를 구성하는 것
분해	복잡한 문제를 풀기 쉬운 간단한 문제로 나누는 것
패턴 인식	패턴을 찾아 문제를 해결하는 것

3 벌레를 잡는 디버깅

우리는 한두 개의 오타가 있어도 문장을 이해할 수 있다. 그러나 컴퓨터는 한 글자만 틀려도 실행하지 않는다. 앞의 파이썬 코드에서 `print("파이썬 배우기)`와 같이 마지막 큰따옴표를 빼먹을 경우 다음과 같은 에러가 발생한다.

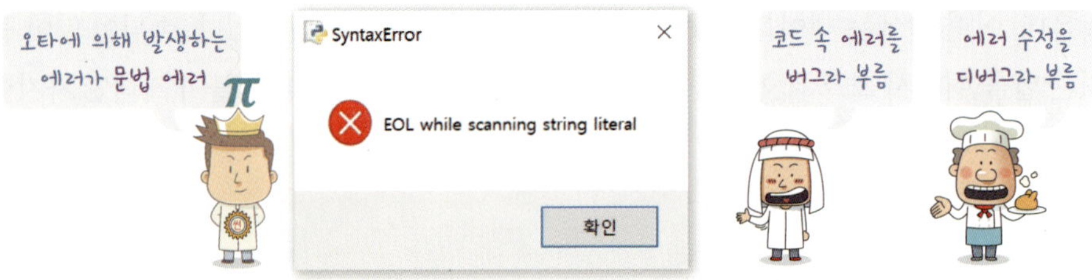

오타나 문법에 맞지 않는 단어를 사용하여 발생하는 에러를 **문법 에러** syntax error 라 부른다. 또한, 코드 속에 있는 에러들을 **버그** bug 라 부른다. 버그라고 부르는 이유는 벌레가 컴퓨터에 들어가 고장이 난 것에서 유래되었기 때문이다.

에러가 있으면 이를 찾아 수정해야 한다. 버그를 없애는 작업을 **디버깅** debugging 이라 부른다. 코드 속의 벌레를 없애는 작업이라는 뜻이다.

영화나 드라마에서 프로그래머가 키보드를 몇 번 두드리면 결과가 나오는 장면이 나온다. 하지만 현실에서 그런 일은 없다. 숙달된 프로그래머라도 많은 종류의 에러를 만난다. 그러나 에러를 두려워할 필요가 없다. 에러를 빨리 찾고 수정하는 것이 실력이다. 그래서 많은 에러를 만나야 좋은 프로그래머가 될 수 있다.

4 중요한 단어, 키워드

파이썬으로 소스코드를 만들 때 사용되는 단어를 키워드라 부른다. **키워드** keyword 란 파이썬 문법에서 중요 key 하게 사용되는 단어 word 이다. IDLE에서 **키워드는 주황색**으로 표시된다. 이 책에서도 키워드는 주황색으로 표시된다.

False	None	True	and	as	assert	break
class	continue	def	del	elif	else	except
finally	from	global	if	import	in	is
lambda	nonlocal	not	or	pass	raise	return
try	while	while	with	yield		

파이썬의 키워드는 위의 33개가 전부이다. 파이썬이 33개의 단어에 대하여 사용하겠다고 예약을 한 것이다. 그래서 사용자가 단어를 만들 때 키워드는 사용할 수 없다.

5 함수란 무엇인가?

자동차는 많은 부품으로 구성된다. 많은 양의 부품을 일일이 조립해야 한다면 자동차를 만들기 어렵다. 또한 부품이 사라지거나 파손될 수도 있다. 부품을 모듈 module 형태로 구성하면 쉽게 자동차를 만들 수 있다. 메인 모듈에 앞바퀴 모듈과 뒷바퀴 모듈을 연결하고, 차체 모듈을 씌우면 차가 완성된다.

파이썬에서 모듈에 해당하는 것이 **함수** function 이다. 함수란 정해진 절차에 따라 데이터를 처리하는 코드의 집합이다. 앞에서 사용한 `print()`가 함수이다. 우리는 `print()` 함수의 내부에 어떤 코드가 있는지 몰라도 된다. 필요할 때마다 `print()`를 사용하면 된다.

함수는 괄호 ()를 사용한다. 괄호에는 함수에게 전달하는 데이터가 들어간다. 화면에 출력하고 싶은 데이터가 있다면 print() 함수의 괄호 안에 넣으면 된다. 그래서 단어 옆에 괄호가 있으면 함수이다. IDLE과 이 책에서 **함수는 보라색**으로 표시된다.

6 소스코드의 메모, 주석

주석comment 이란 일종의 메모이다. 샵(#)으로 시작하는 문자는 주석으로 처리된다. 다음과 같이 1번 줄에 # 처음 만든 파이썬 코드라고 쓴 후 다시 실행해보자. 또한 코드 다음에 설명을 붙이고 싶다면 2번 줄 오른쪽과 같이 샵(#)으로 시작하는 주석을 달면 된다.

주석은 설명을 위해 작성한 메모이기 때문에 코드에 영향을 미치지 않는다. IDLE에서는 주석의 색상이 빨간색이다. 이 책에서는 주석을 연두색으로 표시한다.

```
01  # 처음 만든 파이썬 코드
02  print("파이썬 배우기")                    # print()는 화면 출력
03  print(1 + 1, 2 + 2)
```

실행결과 인터렉티브 쉘 화면

```
파이썬 배우기
2 4
```

시간 나면 읽을거리

여러 줄로 나타낸 주석은 다음과 같이 큰따옴표 3개 """로 시작하고 큰따옴표 3개 """로 끝내면 된다.

```
"""
이것은 여러 줄
주석 예제입니다
"""
```

함수소개 출력 함수 - print()

함수를 잘 사용하면 프로그램을 편하게 만들 수 있다. 그래서 필요할 때마다 중요한 함수들을 소개하고 사용법을 설명할 것이다. 첫 번째로 소개할 함수는 화면에 출력하는 print() 함수이다. 가장 많이 사용하는 함수이기 때문에 빨리 친해져야 한다.

앞서 저장했던 print1.py를 다시 불러오자. 저장된 파일을 다시 불러오려면, IDLE의 상단 메뉴 중 [file] → [open]을 선택한다. 그러면 윈도우 탐색기 창이 나타난다. print1.py가 저장된 폴더로 이동한 후, 파일을 선택하면 불러올 수 있다.

love와 같이 여러 개의 문자로 이루어진 데이터를 **문자열** 혹은 **스트링**[string]이라 부른다. 문자열을 사용할 때는 따옴표로 감싸야 한다. 문자열에 따옴표를 붙이는 이유는 문자열의 시작과 끝을 표시하기 위해서이다.

```
print('파이썬 배우기')
```

실행결과 인터렉티브 쉘 화면

```
파이썬 배우기
```

앞서 print("파이썬 배우기")에서는 큰따옴표("")를 사용했다. 작은따옴표('')를 사용해도 된다. 위와 같이 작은따옴표로 변경한 후 실행해보면 똑같은 결과가 나온다. IDLE과 이 책에서 **문자열은 녹색**으로 표시된다.

문자열을 표시할 때 큰따옴표로 시작하고 작은따옴표로 끝낸다던가, 반대로 작은따옴표로 시작하고 큰따옴표 끝내면 안 된다. 이것은 마치 오른쪽에는 슬리퍼, 왼쪽에는 구두를 신은 것과 같다.

```
print("파이썬 배우기')
```

문법 에러: 잘못된 따옴표 사용

print()는 문자열뿐 아니라, 숫자나 숫자를 계산한 결과도 출력한다. 또한, 쉼표(,)를 사용하면 여러 개를 동시에 출력할 수도 있다. 다음과 같이 2번째 줄에 print(1 + 1, 2 + 2)를 추가하여 실행해보자.

```
01  print("파이썬 배우기")
02  print(1 + 1, 2 + 2)
```

실행결과 인터렉티브 쉘 화면

```
파이썬 배우기
2 4
```

실행결과의 첫 번째 줄에는 파이썬 배우기가 출력된다. 두 번째 줄에는 1 + 1을 한 결과 2와 2 + 2를 한 결과 4가 출력된다. 이와 같이 쉼표(,)를 사용하면 여러 개의 데이터를 한 번에 사용할 수 있다.

여기서 잠깐

IDLE에서 숫자는 검은색으로 표시된다. 코드에서 숫자는 중요한 의미를 가지기 때문에 이 책에서는 숫자를 **파란색**으로 표시하여 코드를 읽기 쉽게 한다.

다음과 같이 3번째 줄에 print('11' + '22')를 추가하여 실행해보자.

```
01  print('파이썬 배우기')
02  print(1 + 1, 2 + 2)
03  print('11' + '22')
```

실행결과 인터렉티브 쉘 화면

```
파이썬 배우기
2 4
1122
```

실행결과의 세 번째 줄에는 1122가 출력된다. 파이썬에서는 따옴표로 감싼 모든 글자는 문자열이라 생각한다. 따라서, '11' + '22'는 숫자 11과 22를 더하라는 뜻이 아니다. 문자 11 뒤에 문자 22를 붙여서 출력하라는 뜻이다. 이와 같이 **숫자도 따옴표로 감싸면 문자**가 된다.

중간점검

1. 프로그래밍의 전체 과정은 '(　　) → 소스코드 만들기 → 기계어 번역 → 실행'이다.

2. 컴퓨팅 사고의 3가지 방법은 추상화, (　　), 패턴 인식이다.

3. 오타에 의해 발생하는 에러를 (　　)라 부른다.

4. 코드에서 에러를 제거하는 작업을 (　　)이라 부른다.

5. 문법적으로 중요하게 사용되는 단어를 (　　)라 부른다.

6. 함수와 일반단어를 구분하는 것은 (　　)이다.

7. 숫자도 따옴표로 감싸면 (　　)가 된다.

8. 여러 데이터를 한번에 사용할 수 있게 하는 기호는 (　　)이다.

2.2 데이터 표현 방식

1 데이터 표현 방식

우리는 10진수를 사용하지만, 컴퓨터는 2진수를 사용한다. 때에 따라서 8진수와 16진수도 사용한다. 일반적으로 사용하는 10진법은 0에서 9를 사용하여 숫자를 표현하는 것이다. 10진법을 사용하여 만든 수를 10진수라 부른다. 마찬가지로 2진수란 0과 1만으로 수를 표현하는 것이고, 8진수는 0부터 7까지, 16진수는 0부터 F까지 사용하여 수를 표현한다.

진법을 설명하기 전에, 컴퓨터에서 사용하는 용어들을 간단하게 정리해보자. 컴퓨터가 사용하는 가장 작은 정보 표시 단위는 **비트**Bit 이다.

한 개의 비트로 표현할 수 있는 데이터가 너무 작기 때문에 보통 **바이트**Byte 를 사용한다. 1바이트는 8개의 비트를 하나로 묶어 놓은 것이다.

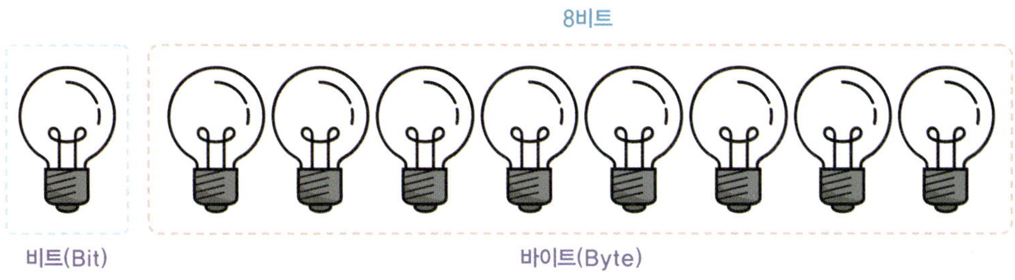

메모리의 가격이 저렴해지고 하드디스크와 같은 저장장치의 가격도 저렴해짐에 따라 저장할 수 있는 데이터 용량이 급격히 커져서 바이트만으로 용량을 표시하는 데 한계가 있다. 100만원짜리 노트북을 현금으로 산다고 가정해보자. 우리나라 돈의 가장 작은 단위인 10원짜리로 노트북을 사려면 엄청 무겁고 불편할 것이다. 그래서 우리는 만원이나 5만원짜리 지폐를 사용한다.

마찬가지로 큰 단위 묶음으로 킬로바이트, 메가바이트, 기가바이트, 테라바이트, 페타바이트가 사용된다. 바이트는 B로 표시하며, 킬로바이트는 KB, 메가바이트는 MB, 기가바이트는 GB, 테라바이트는 TB, 페타바이트는 PB라 표시한다.

단위	표기	2진 크기	10진 크기	바이트 대비 크기	10진 단위
Byte(바이트)	B	1	1	1B	
Kilo Byte(킬로바이트)	KB	2^{10}	10^{3}	1,000B	천
Mega Byte(메가바이트)	MB	2^{20}	10^{6}	1,000,000B	백만
Giga Byte(기가바이트)	GB	2^{30}	10^{9}	1,000,000,000B	십억
Tera Byte(테라바이트)	TB	2^{40}	10^{12}	1,000,000,000,000B	조
Peta Byte(페타바이트)	PB	2^{50}	10^{15}	1,000,000,000,000,000B	천조

각각의 높은 단위는 바로 한 단계 낮은 단위보다 1024(=2^{10})만큼 더 크다. 컴퓨터는 2진법을 사용하기 때문에 2의 10승만큼 크다. 따라서 킬로바이트(KB)는 정확히 2^{10}바이트(=1024B)가 된다. 그러나 우리는 2진수보다 10진수에 더 익숙하다. 이해하기 쉽도록 킬로바이트는 약 10^{3}바이트(=1,000B)라고 정한다. 따라서 어떤 카메라가 20메가 픽셀^Mega Pixel^의 해상도를 가지고 있다면, 약 2천만 화소의 해상도를 가지는 카메라라는 의미이다.

2 2진법

컴퓨터가 2진법을 사용하게 된 이유는 최초의 컴퓨터가 진공관을 사용했기 때문이다.

진공관은 켜지거나 꺼지거나 둘 중 하나만 할 수 있는 부품이다. 따라서 초기의 컴퓨터는 진공관이 꺼지면 0, 진공관이 켜지면 1이라 생각하고 만들어졌기 때문에 2진법을 사용하게 되었다. 2진법으로 만들어진 수를 2진수라 부른다.

계산을 빠르게 하기 위해서는 10진법보다 2진법이 유리하다. 2가지 메뉴만 있는 식당과 10가지 메뉴가 있는 식당이 있다고 가정해보자. 10가지 메뉴를 가진 식당보다는 2가지 메뉴만 가진 식당이 요리를 하고 손님을 접대하는 면에서 훨씬 유리하다. 당연히 2가지 메뉴만 가진 식당은 음식을 빨리 만들 수 있고, 손님 회전도 빠르기 때문이다.

10진법과 2진법이 어떤 차이를 가지는지 살펴보자. 우선 10진법 237은 $2 \times 10^2 + 3 \times 10^1 + 7 \times 10^0$이다. 다시 말해 각 자리의 숫자와 해당 위치의 단위값을 곱하여 모두를 더하면 $2 \times 100 + 3 \times 10 + 7 \times 1 = 237$이 된다.

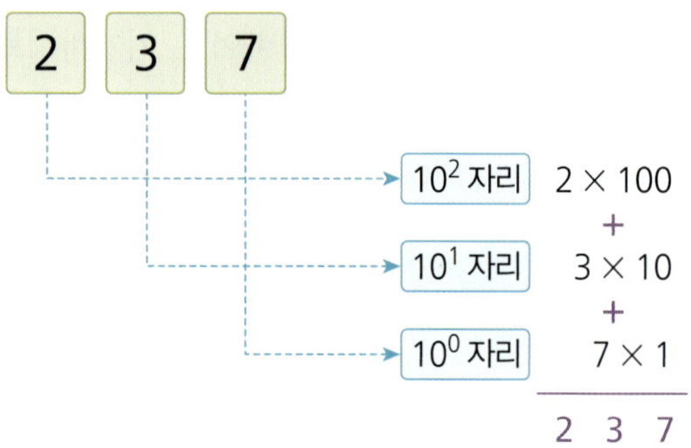

마찬가지로 2진법도 각 자릿수와 단위값을 곱한 후 모두를 더하면 된다. 그림의 2진수는 $1 \times 2^7 + 1 \times 2^6 + 1 \times 2^5 + 1 \times 2^3 + 1 \times 2^2 + 1 \times 2^0$ 이며 이를 풀어 쓰면 $128 + 64 + 32 + 8 + 4 + 1 = 237$이 된다. 다시 말해 10진수 $(237)_{10}$은 2진수로 $(11101101)_2$ 이다. 여기서 괄호 () 다음의 아래첨자는 진법을 나타낸다.

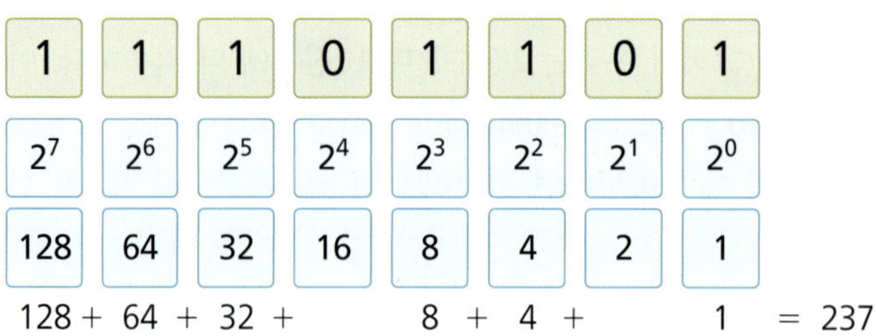

10진법을 어떻게 2진법으로 바꿀 수 있는지 살펴보자. 10진법을 2진법으로 변환하기 위해서는 10진수를 계속 2로 나누면서 나머지를 옆으로 기록하면 된다.

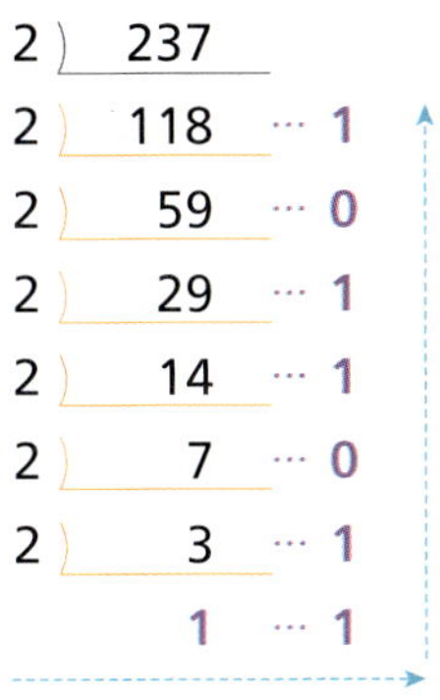

위의 그림처럼 10진수를 2로 계속 나눠가면서 나머지가 생기면 옆에 1을 쓰고 나머지가 없는 경우 0을 쓴다. 최종적으로 맨 마지막의 숫자에서 오른쪽으로 그리고 위쪽 방향으로 모아가면 2진수가 된다. 즉, 237를 2로 나눠가면 11101101을 얻을 수 있다.

3 16진법

컴퓨터에서 사용되는 진법에는 2진법 이외에 8진법과 16진법도 있다. 그중에서도 16진법이 많이 쓰인다. 10진법이 0부터 9까지의 수로 표현된다면, 16진법은 0, 1, 2, 3, 4, 5, 6, 7, 8, 9, A, B, C, D, E, F로 표현되는 수이다. 여기서 A는 10, B는 11, C는 12, D는 13, E는 14, F는 15를 의미한다.

앞에서 보았던 10진수 237은 2진수 $(11101101)_2$이며 비트 8개로 구성된 1바이트이다. 8비트가 하나의 바이트를 구성함에 따라 1바이트가 표현할 수 있는 수는 0에서 최대 255까지이다.

1바이트의 최대값인 $(255)_{10}$를 2진수로 표현하면 11111111로 8자리가 필요하다. 255를 10진수로 표현해도 3자리가 필요하다. 255를 좀 더 적은 숫자로 표현하기 위해서 사용하는 진법이 16진법이다. 255를 16진수로 표현하면 FF가 된다. 다시 말해 1바이트를 16진수로 표현하면 두 자리로 표현할 수 있기 때문에 16진수를 사용한다.

0	0	0	0	0	0	0	0	0	0
0	0	0	1	1	0	0	0	1	1
0	0	1	0	2	0	0	1	0	2
0	0	1	1	3	0	0	1	1	3
0	1	0	0	4	0	1	0	0	4
0	1	0	1	5	0	1	0	1	5
0	1	1	0	6	0	1	1	0	6
0	1	1	1	7	0	1	1	1	7
1	0	0	0	8	1	0	0	0	8
1	0	0	1	9	1	0	0	1	9
1	0	1	0	A	1	0	1	0	A
1	0	1	1	B	1	0	1	1	B
1	1	0	0	C	1	1	0	0	C
1	1	0	1	D	1	1	0	1	D
1	1	1	0	E	1	1	1	0	E
1	1	1	1	F	1	1	1	1	F

위의 그림은 2진수와 16진수를 나타낸다. 이해를 돕기 위하여 1바이트를 4비트씩 끊어서 표현하였다. 위의 그림과 같이 4비트가 16진수의 한 자리로 표현되기 때문에 1바이트를 표현하기 위해서는 16진수 두 자리면 충분하다.

앞에서 보았던 10진수 237의 2진수는 $(11101101)_2$이었다. 위의 그림에서 찾아보면 1110은 E이고 1101은 D이기 때문에 2진수 $(11101101)_2$은 16진수로 ED라는 것을 알 수 있다.

$(ED)_{16}$를 10진수로 바꿔보자. $E \times 16^1 + D \times 16^0$ 이며, 이는 $14 \times 16 + 13 = 224 + 13 = 237$이다. 10진수를 16진수로 바꾸는 방식은 앞에서 2진수로 바꾸는 방식과 동일하다. 나누는 숫자를 16으로만 바꿔주면 된다.

$$16 \overline{)\ 237}$$
$$14 \cdots 13$$

위와 같이 $(237)_{10}$을 16으로 나누면 14가 되고 나머지는 13이다. 이를 맨 밑에서 오른쪽으로 그리고 위쪽으로 모으면 14 13이 되고 $(ED)_{16}$가 된다. 이 책에서는 생략하였지만 8진법도 같은 방식으로 변환하면 된다.

실제로 16진수가 어디에 사용되는지 살펴보자. 삼원색을 들어보았을 것이다. 모든 색상은 3가지 색상의 조합으로 만들어진다. 색의 삼원색은 빨강, 노랑, 파랑이며 빛의 삼원색은 빨강[Red], 초록[Green], 파랑[Blue]이다. 컴퓨터도 빛의 삼원색으로 색상을 표현하기 때문에 빛의 초록색 앞 글자를 따서 **RGB**라 부른다.

	10진수 RGB	16진수 RGB
White	255 255 255	ffffff
Red	255 0 0	ff0000
Blue	0 0 255	0000ff
Black	0 0 0	000000

컴퓨터에서 색상을 표현할 때 빨강(**R**), 초록(**G**), 파랑(**B**)에 1바이트씩을 사용한다. 따라서 빨간색의 농도는 0에서 255까지의 값을 가진다. 순수한 빨간색의 RGB는 (255, 0, 0)이며, 초록색은 (0, 255, 0), 파란색은 (0, 0, 255)이다. 또한 검은색은 RGB가 (0, 0, 0)이며 (255, 255, 255)는 흰색이다. 그렇다면 RGB (255, 0, 255)는 어떤 색일까? 보라색이다.

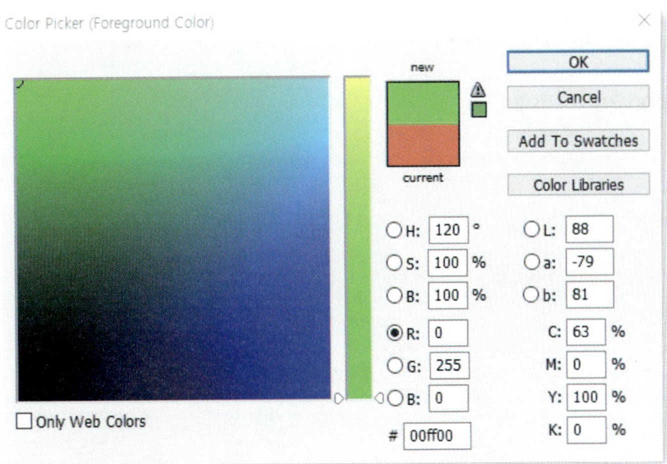

위 그림은 포토샵에서 색상을 정할 수 있는 색상조정 화면이다. 앞에서 설명한 바와 같이 0에서 255까지 숫자가 색상을 표현한다. 또 다른 방법으로 16진수를 직접 넣어도 된다. 그림에 나타나 있듯이 초록색을 만들고 싶다면 RGB는 (0, 255, 0) 대신에 00ff00이라 적으면 된다. 같은 원리로 흰색은 ffffff, 검은색은 000000, 보라색은 ff00ff라 적으면 된다.

빨강, 초록, 파랑의 각각의 색을 0에서 255까지 256단계로 조절하여 색상을 만들 수 있다고 설명했다. 그렇다면 총 몇 가지의 색을 만들 수 있을까? RGB의 각각의 값을 곱하면 256 × 256 × 256으로 총 16,777,216가지다. 다시 말해 약 1천6백만가지의 색을 만들 수 있게 된다. 10진법 16,777,216은 매우 크고 복잡한 수이지만, 16진법으로 표현하면 `ffffff`가 되어 간결하게 표현할 수 있다.

중간점검

1. 1바이트는 (　　)비트이다.
2. 킬로바이트(KB)보다 약 1000배 큰 단위는 (　　)바이트이다.
3. 테라바이트(TB)보다 약 1000배 작은 단위는 (　　)바이트이다.
4. 11은 16진수로 (　　)이다.
5. 9는 2진수로 (　　)이다.
6. 2진수 1110은 10진수로 (　　)이다.
7. 2진수 1101은 16진수로 (　　)이다.
8. RGB (0, 255, 0)은 (　　)이다.
9. RGB ffff00은 (　　)이다.

LAB 1 16진수로 색상 만들기

1장에서는 터틀 그래픽을 사용하기 위해서 첫 줄에 `import turtle`이라 썼다. 이번에는 `import turtle as t`라 써보자. 이후부터 `turtle`이라는 단어 대신 `t`라고만 쓰면 된다. 예를 들어 원을 그리는 함수는 `turtle.circle(20)` 대신 `t.circle(20)`이라 쓰면 된다. `import turtle as t`는 `turtle` 대신 `t`로 쓴다는 의미이다.

터틀 그래픽에서 색상을 변경해보자. 터틀 그래픽에서 색상을 바꾸는 함수는 `t.color()`이다. `turtle` 대신 `t`로 바뀐 것에 주의하자. 색상의 기본값은 검은색(black)이다. 검은색을 빨간색으로 변경하고 싶다면 `t.color('red')`라 쓰면 된다.

red, blue, green, black과 같은 단어를 사용하여 색상을 바꿀 수 있다. 그러나 파란색이 도는 녹색, 깊은 바다색과 같은 색은 표현할 수 없다. 다양한 색을 만들기 위해서는 16진수를 사용해야 한다. 16진수를 사용하면 1천6백만가지의 색을 자유롭게 만들 수 있다.

`t.color()`에서 RGB값을 16진수로 입력할 수 있다. 샵(#) 다음에 16진수의 값을 입력하면 된다. 빨간색의 경우 16진수의 RGB값은 `ff0000`이다. `t.color('#ff0000')`이라 쓰면 빨간색으로 바뀐다. 다음과 같이 1장에서 만들었던 원을 그리는 코드를 응용하여 색상을 바꾸어 원을 그리는 코드를 만들어보자.

실행결과

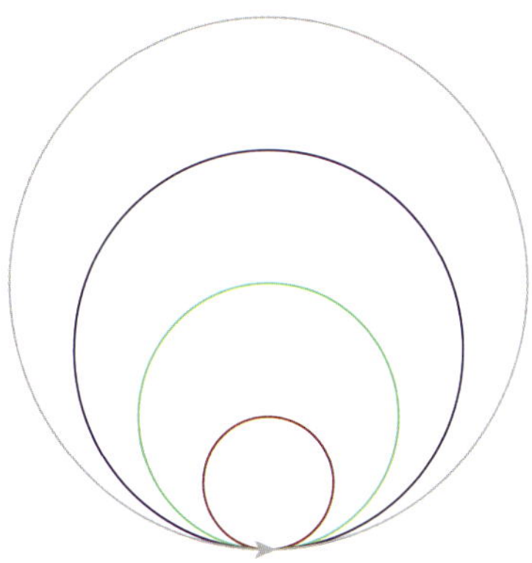

소스코드

```
01  import turtle as t
02
03  t.color('#ff0000')      # ff0000 빨강
04  t.circle(20)
05  t.color('#00ff00')      # 00ff00 초록
06  t.circle(40)
07  t.color('#0000ff')      # 0000ff 파랑
08  t.circle(60)
09  t.color('#aaaaaa')      # aaaaaa 회색
10  t.circle(80)
```

코드설명

위의 코드는 3번과 4번 줄을 만든 후, 복사하여 나머지 줄을 만들면 된다. 3번 줄에서 `t.color('#ff0000')`은 16진수의 RGB값을 사용하여 빨강색으로 변경한다. 4번 줄에서 빨간색의 20픽셀의 원이 그려진다. 같은 방법으로 `t.color('#00ff00')`은 초록색, `t.color('#0000ff')`는 파란색, `t.color('#aaaaaa')`는 회색이 만들어진다.

펜이 너무 얇아서 색이 잘 안 보이면 펜의 두께를 조금 두껍게 만들자. 위의 코드의 2번 줄에 `t.pensize(5)`라고 쓰면 펜의 두께가 5픽셀로 두꺼워진다.

```
02  t.pensize(5)      # 펜의 두께를 5픽셀로 변경
```

색상을 확인했다면, 16진수의 값을 조절하여 다양한 색상을 만들어보자.

요약

- 파이썬 문법을 배워서 소스코드를 만드는 작업을 프로그래밍이라 부른다. 만들어진 소스코드는 기계어로 번역하여 컴퓨터에게 작업을 시키면, 그 결과를 볼 수 있다.
- 프로그래밍의 전체 과정은 알고리즘 → 소스코드 만들기 → 기계어 번역 → 실행이다.
- 알고리즘은 문제해결을 위한 방법과 절차를 모아 놓은 것으로 가장 중요하다.
- 컴퓨터가 효과적으로 수행할 수 있도록 문제를 정의하고 그에 대한 답을 찾는 것을 컴퓨팅 사고라 부른다.
- 오타나 문법에 맞지 않는 단어를 사용하여 발생하는 에러를 문법 에러라 부른다.
- 코드에 있는 에러를 버그라 부르며 버그를 없애는 작업을 디버깅이라 부른다.
- 파이썬으로 소스코드를 만들 때 사용되는 단어가 키워드이다.
- 함수는 절차에 따라 데이터를 처리하는 코드의 집합으로 이름 옆에 괄호가 있다.
- 여러 개의 문자를 문자열이라 부르며 큰따옴표나 작은따옴표를 사용하여 표시한다.
- 숫자도 따옴표로 감싸면 문자가 된다.
- 파이썬에서는 대소문자를 구분한다.
- 주석이란 일종의 메모로 샵(#)으로 시작한다.
- RGB에서 빨간색을 16진수로 표현하면 `ff0000`이다.

연습문제 27문제

[개념문제]

01 "프로그래밍의 전체 과정은 (　　　　　　) → 소스코드 만들기 → 기계어 번역 → 실행이다."에서 괄호에 들어갈 가장 적당한 단어는 무엇인가?

❶ 알고리즘　　❷ 에러
❸ 프로그래밍　　❹ 파이썬

02 다음 중 함수가 아닌 것은 무엇인가?

❶ `print()`　　❷ `save`
❸ `forward()`　　❹ `input()`

03 다음 중 함수와 일반단어를 구분하는 것은 무엇인가?

❶ 괄호　　❷ 큰따옴표
❸ 키워드　　❹ 쉼표

04 다음 중 여러 개의 데이터를 한번에 사용하려면 어떤 기호를 사용하면 되는가?

❶ 괄호　　❷ 따옴표
❸ 물음표　　❹ 쉼표

05 다음 중 컴퓨팅 사고와 거리가 먼 것은 무엇인가?

❶ 추상화　　❷ 분해
❸ 디버깅　　❹ 패턴 인식

06 다음 코드 중 '파이썬 배우기' 문자열을 출력하는 코드로 문법적으로 정확하게 작성된 것은 무엇인가?

❶ `print(파이썬 배우기)`　　❷ `print('파이썬 배우기")`
❸ `print("파이썬 배우기")`　　❹ `print("파이썬 배우기')`

07 다음 중 문제해결을 위한 방법과 절차를 모은 것이라는 뜻을 가진 단어는 무엇인가?

❶ 알고리즘　　❷ 소스코드
❸ 문법 에러　　❹ 디버깅

08 다음 중 파이썬으로 소스코드를 만들 때 사용되는 중요한 단어는 무엇인가?

❶ 프로그램 ❷ 알고리즘
❸ 키워드 ❹ 디버그

09 다음 중 일종의 메모로 코드 실행에 영향을 미치지 않는 것은 무엇인가?

❶ 주석 ❷ 에디터
❸ 키워드 ❹ 함수

10 다음 중 특정한 작업을 수행하는 코드의 집합이라는 뜻을 가진 단어는 무엇인가?

❶ 주석 ❷ 에디터
❸ 키워드 ❹ 함수

11 다음 중 코드 속에 있는 에러를 가리키는 단어는 무엇인가?

❶ 입출력 에러 ❷ 버그
❸ 논리 에러 ❹ 소스

12 다음 중 오타에 의해 발생하는 에러의 이름은 무엇인가?

❶ 입출력 에러 ❷ 문법 에러
❸ 논리 에러 ❹ 메모리 에러

13 다음 중 코드 속에 있는 에러를 수정하는 작업이라는 뜻을 가진 단어는 무엇인가?

❶ 알고리즘 ❷ 소스코드
❸ 문법 에러 ❹ 디버깅

14 다음 중 주석을 시작할 때 사용하는 기호는 무엇인가?

❶ 괄호() ❷ 샵(#)
❸ 물음표(?) ❹ 쉼표(,)

15 컴퓨터를 이용하여 문제를 해결하기 위한 논리적이고 창의적인 생각 방식을 의미하는 단어는 무엇인가?

❶ 컴퓨팅 사고 ❷ 알고리즘
❸ 프로그래밍 ❹ 임베디드

16 다음 중 올바르지 않은 것은 무엇인가?

❶ 프로그램이 만들어지는 과정은 코드 작성, 번역, 알고리즘의 순서로 이루어진다.

❷ 컴퓨터가 데이터를 처리하면 의미 있는 데이터가 되는데, 이를 정보라 부른다.

❸ 컴퓨터에게 작업을 지시할 때 사용하는 것을 프로그래밍 언어라 한다.

❹ 컴퓨터가 이해할 수 있는 언어로 0과 1로 이루어진 언어를 기계어라 부른다.

17 다음 중 파이썬에 대한 설명으로 맞지 않은 것은 무엇인가?

❶ 문법이 간단하여 비전공자도 배울 수 있다.

❷ 많은 사람들이 사용하는 프로그래밍 언어이다.

❸ 빅데이터나 기계학습 데이터 분석에 이용된다.

❹ 빠르게 작동된다.

18 RGB에서 노란색을 16진수로 표현한 것을 고르시오.

❶ `ff0000` ❷ `00ffff`

❸ `ffff00` ❹ `ff00ff`

19 RGB에서 보라색을 16진수로 표현한 것을 고르시오.

❶ `ff0000` ❷ `00ffff`

❸ `ffff00` ❹ `ff00ff`

[코드문제]

20 다음 코드는 에러가 발생하는 코드이다. 에러를 고치시오.

```
print(파이썬 배우기)
```

21 다음 코드는 에러가 발생하는 코드이다. 에러를 고치시오.

```
print("파이썬 배우기')
```

22 다음 코드는 에러가 발생하는 코드이다. 에러를 고치시오.

```
Print("파이썬 배우기")
```

23 다음 코드는 에러가 발생하는 코드이다. 에러를 고치시오.

```
print(1 + 1  2 + 2)
```

24 다음 코드의 출력값을 정확하게 기입하시오.

```
print('33' + '11')
```

25 다음 코드의 출력값을 정확하게 기입하시오.

```
print("안녕" * 2)
```

26 다음 코드의 출력값을 정확하게 기입하시오. 답을 작성할 때 공백문자에 주의하시오.

```
print('1 + 1 = ', 1 + 1)
```

27 다음 코드의 출력값을 정확하게 기입하시오. 답을 작성할 때 공백문자에 주의하시오.

```
print('파이썬 배우기')

# print(1 + 1)
```

CHAPTER

03

WONDER **Python**

변수에 데이터 넣기

미리 둘러보기

프로그램을 사용하여 데이터의 정보로 바꾸기 위해서는 데이터에 대해 알아야 한다. 파이썬에서 다루는 데이터는 정수형, 실수형, 불형이 있다. 요리에 필요한 재료를 그릇에 담아두듯이, 프로그램에서 데이터를 저장하는 그릇을 변수라 부른다. 변수를 만들고 데이터를 저장하는 방법을 배워본다.

변수에 있는 값을 출력할 때 서식문자를 사용한다. 또한 제어문자를 사용하여 화면을 조절한다. 서식문자와 제어문자는 파이썬뿐 아니라 모든 프로그래밍 언어가 공통적으로 사용하는 방식이다. 서식문자와 제어문자의 사용방법을 알아본다.

출력할 때 `print()` 함수를 사용하듯이 사용자로부터 입력받을 때는 `input()` 함수를 사용한다. 변수, `print()`, `input()`을 사용하여 다양한 프로그램을 만들어볼 예정이다. 처음 만들어볼 코드는 아르바이트로 받게 되는 금액을 계산하는 프로그램이다. 그다음 만들어볼 코드는 2년 약정이 안 끝난 핸드폰을 해약할 경우 위약금이 얼마인지 계산하는 코드이다.

[PROJECT 1]에서는 다음과 같이 자신이 사용하는 통신량에 따라 어떤 요금제가 유리한지 계산하는 코드를 만들어본다.

```
기본 통신비: 42000
기본 데이터량: 5
1기가당 추가 통신비: 3800
한 달 기본 사용량: 9

5기가까지 42000원
9기가 사용하면 57200원
```

```
기본 통신비: 42000
기본 데이터량: 5
1기가당 추가 통신비: 3800
한 달 기본 사용량: 20

5기가 까지 42000원
20기가 사용하면 99000원
```

터틀 그래픽을 사용하여 삼각형, 사각형, 오각형과 같은 다각형을 만드는 방법을 배워본다. 다각형 하나 만드는 데 코드 한 줄이면 된다.

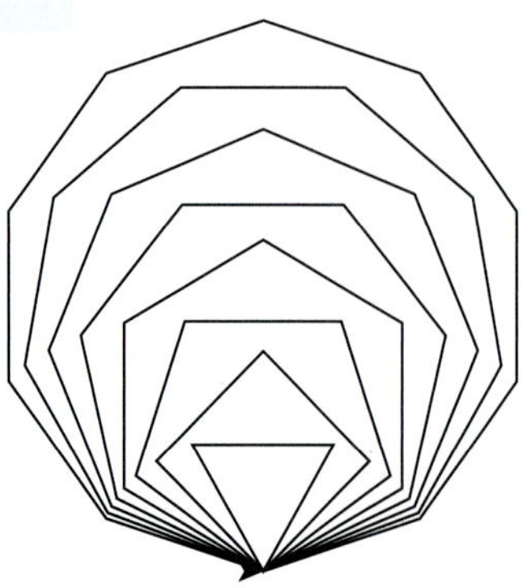

변수 사용하기 3.1

1 데이터를 담는 그릇, 변수

프로그래밍은 요리와 같다. 요리는 레시피에 따라 재료를 준비하고 조리하여 요리를 완성한다. 프로그래밍은 알고리즘에 따라 데이터를 준비하고 처리하여 결과물을 만든다.

레시피가 준비되었다면, 요리를 만들 재료를 준비해야 한다. 돼지고기, 양파, 물, 식용유를 적당한 그릇에 담아 준비한다. 재료가 준비되면, 레시피에 적혀 있는 순서대로 '조리'를 하여 짜장라면을 완성한다.

파이썬에서 그릇에 해당하는 것이 변수이다. **변수** variable 는 데이터를 담는 그릇이다. 변수를 사용하지 않아도 프로그램을 만들 수 있다. 그러나 변수 없이 복잡한 프로그램을 만들기 힘들다.

시간당 10500원을 받는 아르바이트를 하고 있다. 18.5시간 동안 일을 했을 때 받게 되는 금액이 얼마인지 계산하는 프로그램을 파이썬으로 만들어보자. 받게 되는 금액은 10500에 18.5를 곱하면 된다. 주의할 것은 파이썬을 비롯한 모든 프로그래밍 언어에서 **곱셈(×)은 별표(*)**를 사용한다.

변수를 사용하지 않고 받게 되는 금액을 계산하는 코드는 `print(10500 * 18.5)`이다. 코드를 실행하면 194250.0이라는 답을 얻는다.

```
print(10500 * 18.5)
```

실행결과 쉘 화면

```
194250.0
```

2 변수 사용하기

변수를 사용하여 위의 코드를 변경해보자. 우선 시간당 받는 금액을 담을 변수(그릇)를 하나 만든다. 그런데 문제가 있다. 변수는 모두 똑같이 생겼다. 이름을 붙이지 않으면 어떤 변수인지를 알 수가 없기 때문에 변수에 이름을 만들어야 한다. 시간당 금액을 저장할 변수의 이름을 pay로 정하자.

pay라는 변수가 만들어졌으니 그릇에 데이터를 저장해보자. 저장할 데이터는 10500이다. 변수에 데이터를 저장할 때는 이퀄(=)을 사용한다. 수학에서 이퀄(=)은 같다는 뜻이다. 그러나 모든 프로그래밍 언어에서 **이퀄(=)은 오른쪽의 데이터를 왼쪽의 변수에 저장한다**는 의미이다. 따라서 pay = 10500은 데이터 10500을 변수 pay에 저장한다는 뜻이다.

같은 방법으로 일한 시간을 담을 변수를 만들자. 그릇의 이름은 hour로 정하자. hour = 18.5는 변수 hour를 만들고, hour에 일한 시간 18.5를 저장한다는 뜻이다.

2개의 변수를 만들고, 이름을 정하고, 각각의 변수에 숫자를 저장함으로써 작업에 사용될 재료 준비는 끝난다. 다음 코드를 입력하고 실행해보자. 코드에서 샵(#)으로 시작하는 글자는 주석(메모)이다. 여러분의 이해를 돕기 위한 것이니 입력하지 않아도 된다.

```
01  pay = 10500                      # pay에 10500 저장
02  hour = 18.5                      # hour에 18.5 저장
03
04  total = pay * hour               # total에 pay * hour 결과 저장
05  print(total)
```

실행결과

```
194250.0
```

변수를 사용하여 계산해보자. 아르바이트로 받게 되는 돈은 pay * hour이다. pay에 hour를 곱한 결과도 어딘가에 저장해야 한다. 그래서 total이라는 이름을 가진 변수를 만든다. 4번 줄 total = pay * hour는 두 개의 숫자를 곱한 결과를 total에 저장한다. 이퀄(=)에 의해 오른쪽 pay * hour의 결과는 왼쪽 total 변수에 저장된다. **변수에는 데이터뿐 아니라 오른쪽의 계산한 결과도 저장된다.**

print(5)는 숫자 5를 화면에 출력한다. 마찬가지로 print(total)은 변수 total에 저장된 값을 출력하라는 뜻이다. 그래서 194250.0이 출력된다.

3 변수를 꼭 사용해야 하는가?

print(10500 * 18.5)로 간단히 계산할 수 있는데 굳이 변수가 필요한지 의문이 들 수 있다. 그렇다면 문제를 추가해보자. 아르바이트로 받은 돈에서 3%는 세금으로 내야 한다. 내야 하는 세금을 출력하는 코드를 추가해보자. 변수 없이 만들 수 있는가?

세금을 계산하려면 먼저 전체금액이 계산되어야 한다. 변수 없이 print(10500 * 18.5)만 사용하면 전체금액을 임시로 저장할 곳이 없다. 따라서 변수를 사용하지 않고 세금을 계산할 수 없다.

변수를 사용하는 경우 세금을 어떻게 처리할 수 있는지 살펴보자. 아르바이트 계산 코드에 세금을 추가한 코드가 [코드 3-1]이다.

코드 3-1 아르바이트 계산 301_alba1.py

```
01  pay = 10500
02  hour = 18.5
03
04  total = pay * hour
05  tax = total * 0.03                     # tax에 total * 0.03 결과 저장
06  print(total)
07  print(tax)
```

실행결과

```
194250.0
5827.5
```

5번 줄에서 세금을 계산하기 위한 tax 변수를 만든다. tax 변수에 total * 0.03의 결과를 저장한다. 참고로 3%는 0.03이다. 7번 줄에서 print(tax)로 tax에 저장된 값을 출력하면 5827.5가 출력된다. 변수를 사용하니 세금이 간단하게 계산된다.

변수를 사용하면 많은 이점이 있다. 시간당 금액이 올랐다던가, 일한 시간이 늘었다던가, 세금이 2%로 내려간 경우, 해당 숫자만 변경하면 된다. 변수를 사용하지 않는 경우, 처음부터 다시 계산해야 한다.

변수를 사용하지 않는 코드는 파이썬을 계산기처럼 사용한 것이다. 우리가 프로그램을 만든 이유는 값이 바뀌어도 결과를 쉽게 얻기 위해서이다. 사용자로부터 값을 입력받거나 중간값을 임시로 보관하기 위해서는 변수가 꼭 필요하다.

컴퓨터와 계산기에 가장 큰 차이점이 이것이다. 컴퓨터는 프로그램이 가능한 기계이다. 프로그램이 정한 절차에 따라 작업결과를 보여 주는 것이 컴퓨터이다. 계산기는 간단한 계산의 결과만 보여주는 기계이다.

변수에 값을 저장할 때는 언제나 이퀄(=)을 사용한다. 이퀄(=)은 오른쪽의 값이나 계산한 결과를 왼쪽의 변수에 대입하는 **대입 연산자**이다.

```
10 = var +
```

대입 연산자 왼쪽은 언제나 변수여야 한다

대입 연산자는 오른쪽의 값을 왼쪽에 대입(저장)한다. 따라서 왼쪽에는 언제나 변수가 와야 한다. 위와 같이 왼쪽에 변수가 아닌 것이 오면 오른쪽의 var값을 저장할 곳이 없어 에러가 발생한다.

4 변수 이름 만드는 방법

변수 이름을 만드는 규칙을 알아보자. 변수 이름은 저장할 데이터와 연관된 이름으로 만들어야 한다. 귀찮다고 대충 만들면 안 된다. 위의 아르바이트 코드에서 변수 이름을 다음과 같이 성의 없게 바꿨다. 변수 이름만 바꿨을 뿐인데, 코드를 이해하기 어려워진다.

```
q = 10500
w = 18.5

e = q * w
r = e * 0.03

print(e)
print(r)
```

의미 없는 글자를 변수 이름으로 사용하면 어떤 값을 저장하는 변수인지 구분하기 어렵다. 따라서 저장하려는 데이터와 연관된 이름으로 만들어야 한다.

여기서 잠깐

한 글자 변수 이름을 사용하는 경우가 있는데, 이는 나중에 설명한다. 또한, 변수 이름을 한글로 만들 수 있다. 그러나 한글은 받침 때문에 입력하기 불편하다. 그래서 이 책에서는 영문 변수명만 사용한다.

변수 이름을 만들 때 규칙이 있다. 변수 이름은 영문자, 숫자, 밑줄(_)로 만든다. 공백문자를 포함하여 특수문자는 사용할 수 없다. 예를 들어 1월 아르바이트 비용을 저장할 변수를 만들 때 pay m1이라 띄어쓰면 pay와 m1 두 개의 변수를 만든다. 이럴 때는 밑줄을 사용하여 pay_m1으로 만든다.

변수 이름은 숫자로 시작할 수 없다. 따라서 total3은 사용 가능한 변수 이름이지만, 3total은 사용 불가능하다.

규칙	사용 가능	사용 불가능	비고
영문자, 숫자, 밑줄 가능	pay_m1	pay m1	공백 대신 밑줄 사용
숫자로 시작 불가	total3	3total	숫자를 뒤에 쓸 것
키워드 사용 불가	import_data	import	키워드를 포함한 단어는 가능

키워드는 파이썬에서 사용하려고 미리 예약한 단어들이다. 따라서 키워드는 변수 이름에 사용할 수 없다. 앞서 터틀 그래픽에서 `import`라는 키워드를 사용했었다. `import`는 키워드이기 때문에 변수 이름으로 사용할 수 없다. 대신 `import_data`와 같이 키워드가 들어간 단어는 변수 이름으로 사용 가능하다.

5 초기화

변수를 만들어 사용할 때 명심해야 할 것이 있다. 변수를 자유롭게 만들 수는 있지만, 그 안에 어떤 값이 들어있을지 아무도 모른다. 그래서 다음 코드를 실행하면 에러가 발생한다.

```
print(var + 2)
```

위의 코드는 `var`라는 변수에 2를 더하여 출력하는 코드이다. `var` 변수를 처음 만들면 그 안에 0이 있을지, -1이 있을지 아무도 모른다. 그 상태에서 2를 더하면 결과도 알 수 없다.

우리가 변수를 만드는 것을 **변수 선언**이라 부른다. 변수 선언이란 A라는 이름을 가진 변수를 사용하겠다고 파이썬에게 알리는 것이다.

위의 코드에서 `var`라는 변수를 사용하겠다고 선언을 하고서 그 안에는 어떤 값이 있는지를 파이썬에게 알려주지 않았다. 파이썬은 `var + 2`가 무엇을 의미하는지 알 수가 없기 때문에 에러를 발생시킨 것이다.

따라서 **변수를 만들면 사용하기 전에 꼭 초기화를 해야 한다.** 초기화란 만들어진 변수에 값을 대입하는 작업이다. 위의 코드를 에러 없는 코드로 만들려면 다음과 같이 해야 한다.

```python
01  var = 0                    # var 변수 만들고(선언) 0으로 초기화
02  print(var + 2)              # var 변수 초기화 후 사용
```

실행결과

```
2
```

1번 줄에서 var라는 변수를 만들고(선언하고) 동시에 0이라는 값을 저장하였다. 파이썬은 var라는 변수를 사용하겠다는 것과 var 변수에 0이 들어있다는 것을 알게 된다. 따라서 2번 줄에서 var + 2을 하면 0에 2를 더하여 2를 출력한다.

앞으로 변수를 만들 때 1번 줄과 같이 해야 한다. var = 0과 같이 변수를 만듦과 동시에 값을 넣어 초기화를 하는 것이 기본이다.

중간점검

1. 데이터를 담는 그릇을 ( )라 부른다.
2. 변수 이름을 만들 때 ( )는 맨 앞으로 올 수 없다.
3. 변수 이름을 만들 때 ( )는 변수 이름으로 사용할 수 없지만, 포함된 단어는 사용할 수 있다.
4. 변수를 만드는 것을 변수 ( )이라 부른다.
5. 변수를 만들고 사용하기 전에 값을 저장하는 것을 ( )라 부른다.

3.2 데이터 종류

1 데이터 종류에는 어떤 것이 있나

"뛰어서 100미터 11.5초에 가능?"이라는 문장에는 다양한 데이터가 있다. 뛰어서, 미터, 초에, 가능?은 문자이다. 100은 정수이며, 11.5는 실수이다.

파이썬에서 다루는 데이터의 종류는 총 4개이다. 첫 번째는 문자로 이루어진 **문자형** string type 이다. 두 번째는 하나, 둘, 셋과 같이 셀 수 있는 수로 **정수형** integer type 이다. 세 번째는 11.5, 3.14, 9.9와 같이 소수점 이하를 가지는 수로 **실수형** float type 이다. 100미터 11.5초에 가능?에 대하여 11.2초에 뛰는 사람은 참(True)이라 대답할 것이고, 13.8초에 뛰는 사람은 거짓(False)이라 대답할 것이다. 마지막 네 번째 데이터 종류는 참과 거짓을 가지는 **불형** boolean type 이다.

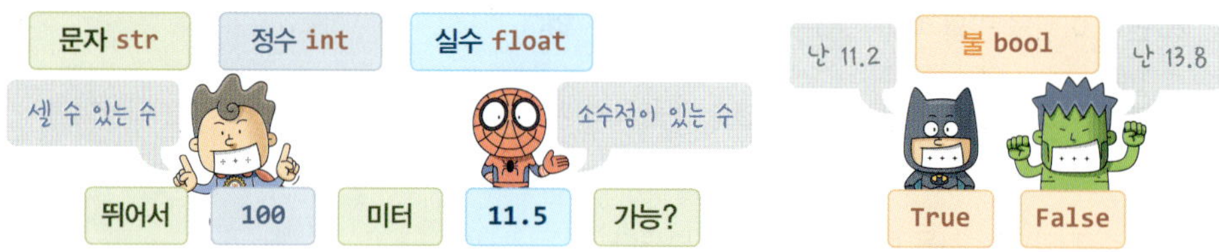

문자형은 string의 약자인 `str`형이라고도 부른다. 지금까지 문자형은 많이 사용했었다. IDLE에서 큰따옴표나 작은따옴표로 감싸서 표시하고, 녹색으로 표시된다.

정수형과 실수형은 둘 다 숫자를 의미한다. 정수형은 integer의 약자인 `int`형이라고도 부르고 셀 수 있는 수를 다룬다. 실수형은 `float`형이라고도 부르며 소수점 이하가 있는 수이다. 정수 - `int`와 실수 - `float`는 앞으로 자주 사용할 단어이니 꼭 기억하길 바란다.

데이터 종류	표시	비고
문자형	str	모든 문자, 큰따옴표나 작은 따옴표로 감싼다.
정수형	int	숫자: 1, 2, 3과 같이 셀 수 있는 수
실수형	float	숫자: 3.14와 같이 소수점 이하를 가지는 수
불형	bool	참(True)과 거짓(False)만 가짐. 첫 글자는 대문자

참과 거짓을 가지는 불형은 boolean의 약자인 bool형이라 부른다. 파이썬에서 참은 True, 거짓은 False라고 키워드로 정했다. 따라서 bool형 변수는 True나 False만 저장할 수 있다.

2 데이터 종류 확인하기

파이썬 코드에서 데이터 종류를 어떻게 출력하는지 살펴보자. 데이터의 종류를 확인하는 함수는 type()이다. type(100)은 100이 어떤 종류의 데이터인지를 알려준다. 파이썬에서 화면에 출력할 때는 print()를 사용한다. 따라서 데이터 종류를 출력하려면 print(type(100))이라 쓴다. 다음과 같이 코드를 만들어 실행해보자.

```
print( type('뛰어서') )
print( type(100) )
print( type(11.5) )
print( type(True) )
print( type(False) )
```

실행결과

```
<class 'str'>
<class 'int'>
<class 'float'>
<class 'bool'>
<class 'bool'>
```

type('뛰어서')의 경우 데이터 종류가 str이라고 출력된다. 문자라는 뜻이다. type(100)의 경우 데이터 종류가 int, 즉 정수라고 출력된다. type(11.5)는 float, 즉 실수라는 뜻이다. type(True)와 type(False)의 경우 둘 다 bool, 즉 bool형이라는 뜻이다.

bool형은 앞으로 배울 조건문이나 반복문에서 자주 쓰게 될 자료형이다. 두 수를 비교하는 경우 결과는 어떻게 될까? 언제나 bool형이다. 다시 말해, 결과는 참이나 거짓 둘 중 하나이다. 다음 코드를 보자.

```
print( 1 == 1 )
print( 2 == 1 )
```

인터렉티브 쉘

```
True
False
```

파이썬에서 같다는 의미의 기호는 2개의 이퀄(==)이다. 따라서 `print( 1 == 1 )`은 1과 1이 같은가를 출력한다. 실행결과 `True`가 출력된다. 2번 줄 `print( 2 == 1 )`의 결과는 `False`이다.

`True`와 `False`는 파이썬 키워드이다. 그래서 코드에서 주황색으로 표시된다. 또한, 첫 글자가 대문자인 것에 주의하자. 만약 첫 글자를 `true`와 같이 소문자로 쓰면 다음과 같이 에러가 발생한다.

```
print( type(true) )
```

실행결과

```
Traceback (most recent call last):
  File "C:\Users\zoch\Desktop\pcode\test1.py", line 1, in <module>
    print( type(true) )
NameError: name 'true' is not defined
```

3 변수와 데이터 종류

하나의 변수에 여러 종류의 데이터를 넣으면 어떻게 변할까? 아래와 같이 코드를 입력한 후 실행해보자.

코드 3-2 변수와 숫자 데이터 302_var1.py

```
01  var = 100
02  var = var + 10                # 100에 정수 10을 더하여 var는 110
03  print( var )
04
05  var = var + 10.0              # 110에 실수 10.0를 더하여 var는 120.0
06  print( var )
```

실행결과

```
110
120.0
```

1번 줄에서 변수 `var`를 만들고(선언하고) 정수 `100`을 넣어 초기화했다. 앞서 강조했다시피, 2번 줄 `var = var + 10`에서 `var` 변수를 사용하기 전에 1번 줄에서 `var` 변수를 만들고 데이터를 넣어 초기화해야 한다.

2번 줄을 보자. 1번 줄에서 변수 var를 만들고 100으로 초기화하였다. 따라서 var = var + 10은 var에 저장되어 있던 100에 10을 더하여 다시 var에 저장한다. 따라서 3번 줄에서 var의 값을 출력하면, 110이 출력된다.

5번 줄에서 var에 다시 10을 더한다. 이때 10이 아닌 10.0을 더한다. 10은 정수(int)이지만, 10.0은 소수점 이하 수가 있음으로 실수(float)이다. 정수에 실수를 더하면 결과는 실수가 된다. 그래서 변수 var는 정수에서 실수로 바뀐다. 6번 줄의 출력결과를 보면 정수 120이 아닌 실수 120.0이 출력된다.

위와 같이 파이썬에서 변수는 만능이다. 변수에는 어떤 종류의 데이터도 저장할 수 있다. 또한 처음 데이터와 다른 종류의 데이터를 저장하는 것도 가능하다. 처음에 정수를 저장했더라도 실수, 문자, 불 데이터로 바꿔 저장할 수 있다. [코드 3-3]을 보자.

코드 3-3 변수와 데이터 종류 303_var2.py

```
01  var = 100
02  print( type(var) )
03
04  var = var + 10.2            # 100에 10.2를 더하여 var는 110.2
05  print( type(var) )
06
07  var = '100'                 # 숫자를 따옴표로 감싸면 문자
08  print( type(var) )
09
10  var = True
11  print( type(var) )
```

실행결과

```
<class 'int'>
<class 'float'>
<class 'str'>
<class 'bool'>
```

1번 줄 var = 100을 한 후, 2번 줄에서 type()을 사용하여 출력하면 int(정수)라 답한

다. 4번 줄 var = var + 10.2를 하여 정수에서 실수로 바꾼 후, 5번 줄에서 출력하면 float(실수)라 답한다.

7번 줄에 var = '100'은 작은따옴표로 감쌌기 때문에 숫자 100이 아닌 문자 100이다. 따라서 str(문자열)이라 답한다. var = True는 var에 불형을 저장한다. var 변수는 bool(불)로 답한다. 이렇게 변수는 저장되는 데이터의 종류에 맞추어 변한다.

시간 나면 읽을거리

C나 자바와 같은 프로그래밍 언어는 변수를 만들 때 어떤 종류의 데이터를 저장할지를 명시해야 한다. 또한 명시한 종류의 데이터만 해당 변수에 저장할 수 있다. 예를 들어 int var와 같이 변수를 만들면 var에는 정수만 저장할 수 있다. 파이썬이 쉬운 언어인 이유는 변수에 저장하는 데이터의 종류를 따지지 않기 때문이다. 하나의 변수에 어떤 종류의 데이터도 저장할 수 있고 데이터의 종류를 바꿀 수도 있다. 한마디로 파이썬은 만능 변수를 제공한다.

4 데이터 종류 바꾸기

파이썬에서는 변수에 저장된 데이터를 다른 형태로 바꿀 수 있다. 예를 들어 정수를 실수로, 실수를 정수로, 문자를 정수나 실수로 바꿀 수 있다. 데이터 종류를 어떻게 바꾸는지 알아보자.

문자나 실수를 정수로 변경하고 싶다면 int() 함수를 사용한다. 예를 들어 int(12.3)이라 쓰면 실수 12.3이 정수 12로 바뀐다. 주의할 것은 **실수를 정수로 바꾸면 소수점 이하는 버려진다.** 또한 int('100')의 경우 문자 100을 정수 100으로 바꾼다. var라는 변수에 25.7이 저장되어 있다. 이를 정수 25로 바꾸고 싶다면 int(var)라 쓰면 된다.

실수로 바꾸고 싶다면 float() 함수를 사용한다. 사용방법은 int()와 같다. float(12)는 정수 12를 실수 12.0으로 바꾼다.

앞에서 숫자를 문자로 바꾸고 싶다면 큰따옴표나 작은따옴표를 사용하면 된다고 설명하였다. 100은 정수이지만, '100'은 문자이다. 그러나 변수 안에 들어있는 숫자는 따옴표를 사용할 수 없다. 이럴땐 str()을 사용하면 된다. var에 숫자 100이 들어있는데, 이를 문자 '100'으로 바꾸고 싶다면 str()라 쓰면 된다.

int(12.3)에서 정수로 바뀐 12는 어떻게 해야 할까? 당연히 변수에 저장해야 한다. 따라서 var = int(12.3)이라 쓰면 정수로 바뀐 12는 var 변수에 저장된다. [코드 3-4]를 통하여 데이터 종류를 어떻게 바꾸는지 살펴보자.

코드 3-4 변수와 숫자 데이터 304_var3.py

```
01  var = '100'
02  print( var * 2 )                         # 문자 * 2는 문자 2번 출력
03
04  var = int(var)                           # int()는 정수로 바꾸는 함수
05  print( var * 2 )
06
07  var = float(var)                         # float()는 실수로 바꾸는 함수
08  print( var * 2 )
09
10  var = str(var)                           # str()은 문자로 바꾸는 함수
11  print( var * 2 )
```

실행결과

```
100100
200
200.0
100.0100.0
```

1번 줄에서 변수 var에 문자 '100'을 넣는다. 2번 줄에서 var * 2를 출력하면 100100이라 출력된다. 숫자에 곱하기 2를 하면 두 배가 된다. 그러나 문자열(str)에 * 2를 하면 해당 문자를 2번 출력하라는 의미이다. 그래서 '100' * 2는 100100이 된다.

4번 줄에서 var에 저장된 문자 '100'을 int(var)를 사용하여 정수 100으로 바꾼다. 바뀐 정수값은 var에 다시 저장된다. 5번 줄에서 var * 2의 값을 출력하면 예상한대로 200이 출력된다.

7번 줄은 float() 함수를 사용하여 var에 저장된 정수 100을 실수 100.0으로 바꾼다. 8번 줄에서 var * 2의 값을 출력하면 실수 200.0이 출력된다.

10번 줄은 str() 함수를 사용하여 var에 저장된 실수 100.0을 문자 '100.0'으로 바꾼다. 11번 줄에서 var * 2의 값을 출력하면 실수를 문자로 바꾸었기 때문에 100.0100.0이 출력된다.

앞에서 만든 아르바이트 계산 코드에서 받게 되는 금액이나 세금의 소수점 이하는 필요 없다. 받게 되는 금액을 소수점 이하는 버리고 정수로 바꾼 것이 [코드 3-5]이다. int() 함수를 사용하여 total = int(pay * hour)라 쓰면 total에 정수가 저장된다. 같은 방식으로 tax = int(total * 0.03)을 쓰면 세금도 정수로 저장된다.

코드 3-5 아르바이트 int 출력 305_alba2.py

```
pay = 10500
hour = 18.5

total = int(pay * hour)         # pay * hour를 정수로 바꿔 total에 저장
tax = int(total * 0.03)         # total * 0.03을 정수로 바꿔 tax에 저장
print(total)
print(tax)
```

실행결과

```
194250
5827
```

출력결과를 보면, 194250과 5827이 출력된다. 세금의 경우, 5827.5에서 소수점 이하는 버려지고 5827이 출력된다. 모든 프로그래밍 언어에서 실수를 정수로 바꾸면 소수점 이하는 버려진다.

중간점검

1. 문자들로 이루어진 자료형은 (　　)이다.
2. 셀 수 있는 수로 이루어진 자료형은 (　　)이다.
3. 소수점 이하를 가지는 수로 이루어진 자료형은 (　　)이다.
4. 참과 거짓의 값만 가지는 자료형은 (　　)이다.
5. 참을 나타내는 키워드는 (　　)이며, 거짓을 나타내는 키워드는 (　　)이다.

데이터 출력과 입력 3.3

1 변수값 출력하기

변수에 저장된 값을 출력하는 것은 간단하다. 변수 pay에 10500이 저장되어 있을 경우, print(pay)라 쓰면 저장된 10500이 출력된다.

쉼표는 여러 개의 데이터를 동시에 나열할 때 사용한다. '시간당 10500원'과 같이 10500의 앞뒤로 문자를 붙이고 싶다면, print('시간당', pay, '원')이라 쓰면 된다.

문자열 중간에 변수에 저장된 값을 출력하는 방법을 살펴보자. 문자열과 변수값을 섞어서 출력할 때는 서식문자를 사용한다. **서식문자**[format specifier]란 퍼센트(%)로 시작하는 특수문자로 **문자열의 특정 위치에 변수값을 출력**하라는 명령이다. 다음 코드를 보자.

```
01  pay = 10500
02
03  print('시간당', pay, '원')              # 서식문자 없이 출력
04  print('시간당 %d원' % pay)              # 정수 서식문자는 %d
```

실행결과

```
시간당 10500 원
시간당 10500원
```

3번 줄은 쉼표를 사용하여 출력하는 방식이다. 쉼표를 사용하여 출력할 경우, 공백문자가 하나씩 같이 출력된다. 따라서 '시간당 10500 원'이 출력된다. 4번 줄은 출력하려는 문자열의 중간에 서식문자를 지정하여 변수값을 끼워넣는 방식이다.

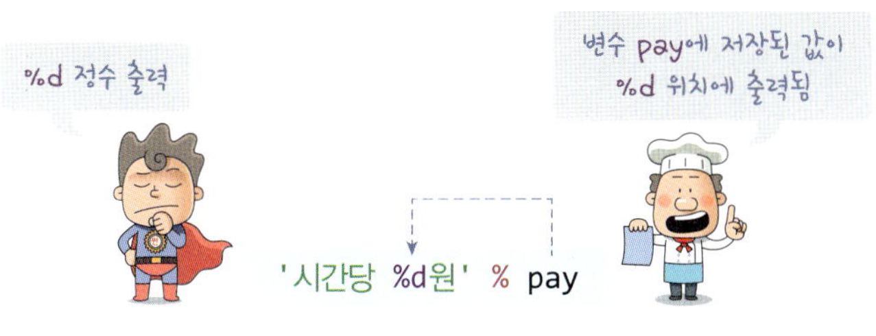

4번 줄에서 문자열 중간의 %d 위치에 변수값이 출력된다. 서식문자 %d와 짝을 이루는 변수는 % 다음에 나오는 pay이다. 다시 말해, 변수 pay의 값을 정수(int)로 출력하는 경우 서식문자 %d를 사용한다. d는 digit의 약자이다. %를 중심으로 왼쪽의 서식문자 하나마다 오른쪽의 변수 1개가 짝지어진다.

4번 줄에 일한 시간을 저장하는 변수 hour도 같이 넣어 출력해보자. 변수 hour는 실수(float)이다. 따라서 서식문자 %f를 사용한다. print('시간당 %d원, %f시간 일함' % (pay, hour))이라 쓰면, %d 위치에는 변수 pay의 값이 출력되고, %f 위치에는 변수 hour의 값이 출력된다.

주의할 것은 % 다음에 변수가 2개 이상일 때는 **괄호를 사용하여 묶어주어야 한다.** 따라서 문자열 다음에 % (pay, hour)라고 써야 한다. 괄호 없이 % pay, hour라고 쓰면 에러가 발생한다.

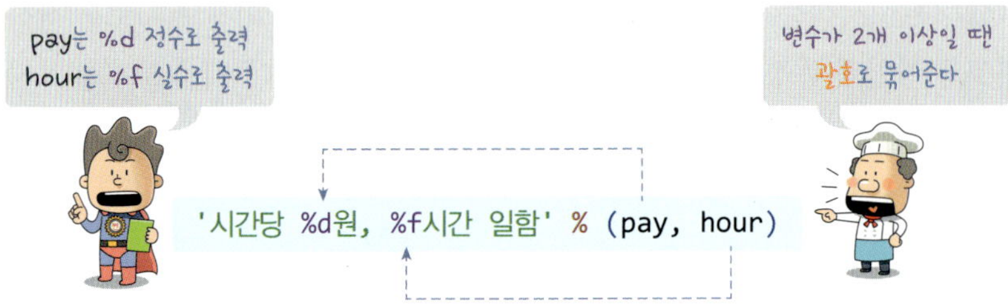

착각하면 안 되는 것은 서식문자가 2개 이상일 때가 아니라 % 다음에 오는 변수가 2개 이상일 때 괄호를 사용한다. pay와 hour를 곱한 결과를 서식문자로 받는다고 가정해보자. '총액 %d원' % (pay * hour)라고 써야 한다. % 다음에 오는 변수가 pay와 hour 2개이기 때문에 괄호를 써야 한다.

```
01  pay = 10500
02  hour = 18.5
03
04  print('시간당 %d원, %f시간 일함' % (pay, hour))     # 변수 2개 이상 괄호
05  print('총액 %d원' % (pay * hour))                  # 변수 2개 이상 괄호
```

실행결과

```
시간당 10500원, 18.500000시간 일함
총액 194250원
```

4번 줄의 출력값을 보면, 시간당 다음에 pay의 정수값 10500이 출력되고, 쉼표 다음에 hour의 실수값 18.500000이 출력된다. 이렇게 서식문자와 변수를 짝지어 출력하면 된다. 5번 줄은 pay * hour를 %d로 출력하는 코드이다. 변수가 2개 이상이기 때문에 괄호를 빼면 에러가 발생한다.

정리하면 다음과 같은 경우에 에러가 발생한다. 첫 번째 줄과 같이 서식문자의 개수와 변수의 개수가 맞지 않으면 에러이다. 문자열에 서식문자 %d와 %f 2개가 있는데, % 다음에 변수가 1개 또는 3개가 나오면 안 된다. 서식문자의 개수와 % 다음에 오는 변수의 개수는 항상 같아야 한다.

```
print('시간당 %d원, %f시간 일함' % pay)                에러: 변수 개수 불일치
print('시간당 %d원, %f시간 일함' % pay, hour)          에러: 변수 2개 이상 괄호
print('총액 %d원' % pay * hour)                        에러: 변수 2개 이상 괄호
```

또한 2개 이상의 변수를 사용할 때는 % 다음의 변수를 꼭 괄호로 묶어주어야 한다. 위의 두 번째 줄과 같이 괄호가 없을 경우 에러가 발생한다. 마지막 세 번째 줄도 마찬가지이다.

서식문자를 사용하는 것이 어색할 수 있지만, 파이썬뿐 아니라 모든 프로그래밍 언어가 서식문자를 사용하여 출력한다. 따라서 익숙해지면, 다른 언어를 배울 때도 유용하다.

IDLE에서는 문자열이나 서식문자 구분 없이 녹색으로 표시된다. 이 책에서는 서식문자는 보라색으로 표시하여 문자와 구분한다.

2 서식문자의 종류

다음 표는 많이 사용하는 서식문자를 나타낸다. 좀 더 많은 서식문자가 있지만, 필요할 때 다시 설명한다.

정수 서식문자는 %d이다. %f는 float(실수)의 첫 글자, %s는 str(문자열)의 첫 글자, %c는 character(문자)의 첫 글자인데 유독 정수만 digit의 첫 글자 %d인 것에 주의하자.

데이터 종류	서식문자	비고
정수	%d	digit, 정수(int)뿐 아니라 실수를 정수로 출력
실수	%f	float, 소수점 이하 6자리까지 출력
1개 문자	%c	character, 1개 문자, 문자열 출력 시 에러
여러 개 문자	%s	string, 여러 개 문자(문자열), 불형 출력

정수(int) 서식문자 %d는 정수를 출력할 뿐 아니라, 실수를 정수로 바꾸어 출력할 수도 있다. 실수를 정수로 바꾸어 출력하는 경우 소수점 이하는 버려진다.

ㅋ 서식문자는 %f이다. %f를 사용하여 출력하면 소수점 이하 6자리까지 출력한다. 소수점 이하 6자리까지 출력하는 게 불편하다면 다음과 같이 서식문자 %와 f 사이에 .1이라고 써보자. .1의 의미는 소수점 이하 1자리만 표시하라는 의미이다. 소수점 이하 3자리까지 표시하고 싶다면 %.3f라 쓰면 된다.

```
pay = 10500
hour = 18.5

print('시간당 %d원, %.1f시간 일함' % (pay, hour))
```

실행결과

```
시간당 10500원, 18.5시간 일함
```

문자 1개의 서식문자는 %c, 문자열(str)은 %s를 사용한다. %s는 문자 1개도 출력할 수 있다. 그러나 %c에 여러 글자를 출력하려 하면 에러가 발생한다.

정수(int)나 실수(float)는 왼쪽 정렬로 출력된다. 서로 다른 자릿수의 숫자를 출력할 때 오른쪽 정렬을 하고 싶은 경우가 있다. 이때는 %와 d나 %와 f 사이에 자릿수를 넣으면 된다.

예를 들어 정수를 4자리에 오른쪽 정렬로 출력하고 싶다면 %4d라 쓰면 된다. 실수는 소수점과 소수점 이하 자릿수를 포함하여 전체 숫자를 쓴다. %6.1f라 쓰면 전체 6자리 오른쪽 정렬에 소수점과 소수점 이하 1자리라는 뜻이다. 다음의 예를 보자.

```
print('%d원, %.1f시간' % (1, 3.456))
print('%d원, %.1f시간' % (100, 345.456))
print('%4d원, %6.1f시간' % (1, 3.456))
print('%4d원, %6.1f시간' % (100, 345.456))
```

```
1원, 3.5시간
100원, 345.5시간
   1원,     3.5시간
 100원,   345.5시간
```

1번과 2번 줄은 왼쪽 정렬이기 때문에 원과 시간이 삐뚤게 출력된다. 3번과 4번 줄은 정수는 4자리, 실수는 6자리를 기준으로 오른쪽 정렬이 되어서 출력된다.

3 출력 화면 제어하기

출력 화면을 제어하는 문자를 **제어문자**라 부른다. 제어문자는 줄바꿈을 하거나 탭[tab]으로 들여쓰기를 하는 경우에 사용되는 문자이다. 화면을 꾸밀 때 사용되는 문자가 제어문자이다.

제어문자라고 하면 낯설게 느껴질 수도 있지만 지금까지 문서편집 프로그램에서 제어문자를 사용했었다. 아래아 한글에서 키보드의 엔터(Enter, Enter)와 탭(Tab, Tab)을 사용하여 Love Enter me Enter Tab Tab을 입력해보자. 화면에 엔터(Enter)는 나타나지 않지만, 줄바꿈이 되어 있다. 또한 화면에 탭(Tab)도 나타나지 않지만 7칸 정도 들여쓴 후 Tab이라는 글자가 나타난다. 이렇게 화면에는 나타나지 않지만 글자의 출력을 조절하는 문자가 제어문자이다.

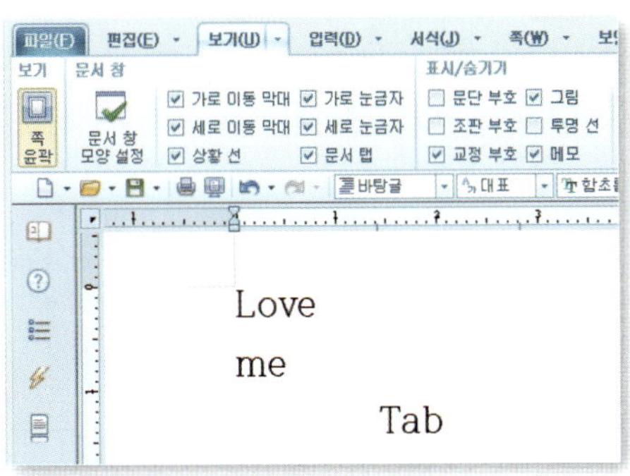

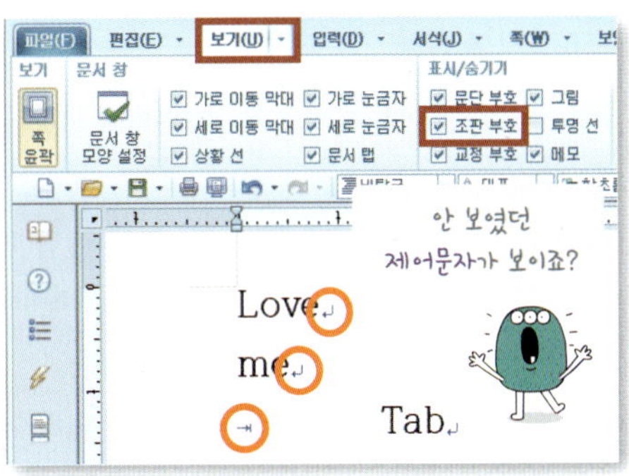

아래아 한글에서는 제어문자를 조판 부호라고 부르는데, 상단 메뉴에서 [보기]를 누른 후 [조판 부호]를 누르면 조판 부호들이 나타난다. 글자 중간에 조판 부호(제어문자)가 들어가면 줄바꿈이 일어나거나 7칸 들여쓰기가 일어난다는 것을 확인할 수 있다. 결론적으로 제어문자는 글자들 사이에서 삽입되어 화면에 출력되는 문자들을 제어한다.

print() 함수는 사용할 때마다 줄바꿈이 일어난다. 문자열 안에서 줄바꿈을 하고 싶다면 \n을 사용한다. \n은 키보드의 엔터[Enter]와 같으며, 줄바꿈을 하라는 제어문자이다.

제어문자	비고
\n	줄바꿈을 한다. 키보드의 엔터(Enter) 역할
\t	일정 간격으로 들여쓰기를 한다. 키보드의 탭(Tab) 역할
\\	\ 역슬래시 출력
\"	" 큰따옴표 출력
\'	' 작은따옴표 출력

다음 코드를 보자. 4번 줄에서 print()를 사용하면 빈 줄이 하나 만들어진다. print()는 맨 마지막에 엔터[Enter], 즉 \n을 출력한다. 5번 줄에서 '시간당 %d원, \n%.1f시간 일함'과 같이 문자열 중간에 \n을 넣었다. '시간당 10500원,'이 출력된 후, 줄이 바뀌고 '18.5시간 일함'이 출력된다.

```
01  pay = 10500
02  hour = 18.5
03
04  print()                                    # print()의 맨 마지막 작업은 \n
05  print('시간당 %d원, \n%.1f시간 일함' % (pay, hour))
06  print('\t시간당 %d원, \t%.1f시간 일함' % (pay, hour))
```

실행결과

```
시간당 10500원,
18.5시간 일함
        시간당 10500원,       18.5시간 일함
```

들여쓰기는 \t를 사용한다. 5번 줄에서 \t를 2번 사용하여 일정 간격으로 들여쓰기를 하였다.

특수문자를 출력하고자 할 때는 주의해야 한다. 작은따옴표, 큰따옴표, 역슬래시는 문자열을 감싸거나 제어문자를 표시할 때 사용하는 특수문자이다. 이러한 특수문자를 화면에 출력할 때는 특수문자 앞에 역슬래시를 붙이면 된다. 작은따옴표는 \', 큰따옴표는 \", 역슬래시는 \\를 사용하면 화면에 표시할 수 있다. 다음은 특수문자를 화면에 표시하는 코드이다.

```
print(' \' 작은따옴표 \' ')
print(' \" 큰따옴표 \" ')
print(' \\ 역슬래시 ')
```

실행결과

```
' 작은따옴표 '
" 큰따옴표 "
\ 역슬래시
```

한글 자판에서 \ 문자를 찾기 힘들다. \ 문자는 엔터키 바로 위의 ₩이다. 파이썬에서 ₩를 입력하면 \라 표시된다.

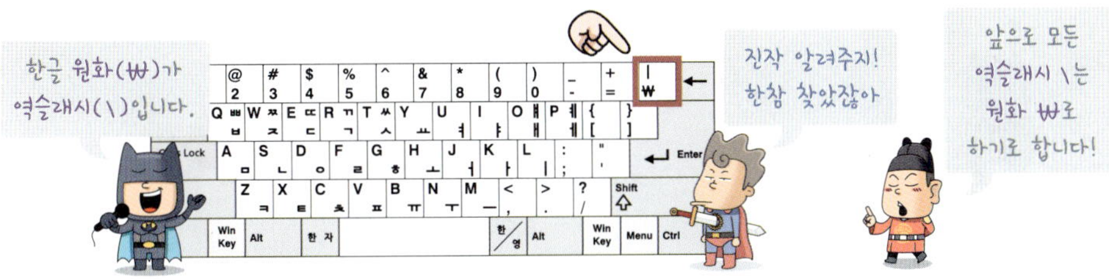

파이썬에서는 제어문자도 녹색으로 표시된다. 문자와 제어문자를 구분하기 위하여 이 책에서 제어문자는 파란색으로 표시한다.

여기서 잠깐

제어문자는 역슬래시(\)로 시작한다. 역슬래시로 시작하는 문자를 이스케이프(escape) 문자라 부르고 \n은 '이스케이프 n'이라 읽는다.

4 숫자 데이터 서식

앞서 2장에서 8진수와 16진수를 배웠다. 8진수와 16진수로 출력하는 서식을 알아보자. 정수를 10진수로 출력하는 서식은 %d이다. 정수를 8진수로 출력하는 서식은 Octa의 첫 글자인 %o이다. 16진수를 출력하는 서식은 heXa의 %x이다.

%x는 a, b, c, d, e, f와 같이 16진수가 소문자로 출력된다. A, B, C, D, E, F와 같이 대문자로 출력하고 싶다면 %X를 사용하면 된다. 따라서 정수(int)는 8진수 %o, 10진수 %d, 16진수 %x로 출력할 수 있다.

데이터 종류	서식문자	비고
8진수	%o	Octa, 8진수로 출력
16진수	%x	heXa, 16진수로 출력, %X는 16진수 대문자로 표시
지수형	%e	Exponent, 지수형 표시, %E는 E문자 대문자로 표시

실수(`float`)도 긴 숫자를 짧게 출력하는 방법이 있다. 예를 들어 2,800,000,000과 390,000,000과 90,000,000의 3개의 숫자가 있다고 가정해보자. 단위가 너무 커서 잘 읽히지 않는다. 이를 각각 28억, 3.9억, 0.9억으로 바꾸면 읽기도 쉽고 간단하게 저장할 수 있다. 이렇게 일정 단위로 숫자를 맞추는 것을 정규화normalization라 부른다.

정규화를 하는 방법은 간단하다. 자릿수를 옮겨 1의 자리에 0이 아닌 수가 오도록 만들면 된다. 예를 들어 2,800,000,000은 2.8×10^9이다. 같은 방법으로 390,000,000은 3.9×10^8으로 90,000,000은 9.0×10^7으로 정규화된다. 90,000,000은 1의 자리에 0이 아닌 수가 와야 하기 때문에 0.9×10^8이 아닌 9.0×10^7이다.

실수의 경우, 정규화된 방식으로 숫자를 표시하는 것을 지수형exponent이라 부르며 서식문자는 `%e`이다. 28억의 정규화식인 2.8×10^9을 출력할 때 10의 지수인 9는 `e` 다음에 `+9`로 표시된다. 즉, `2.8e+9`가 된다. 3.9억인 3.9×10^8을 지수형으로 출력하면 `3.9e+8`이 되고, 0.9억인 0.9×10^7은 `9.0e+7`이 된다.

숫자 데이터의 서식문자를 사용해보자. 다음 코드는 8진수, 16진수, 지수형으로 숫자를 출력하는 코드이다.

```
print('8진수 16 = %o' % 16)                    # 8진수
print('16진수 255 = %x' % 255)                 # 16진수
print('16진수 255 = %X' % 255)                 # 16진수: 대문자
print('28억 지수형 = %e' % 2800000000)         # %e 지수형
print('28억 지수형 = %.1E' % 2800000000)       # 소수점 이하 1자리: 대문자
```

실행결과

```
8진수 16 = 20
16진수 255 = ff
16진수 255 = FF
28억 지수형 = 2.800000e+09
28억 지수형 = 2.8E+09
```

1번 줄에서 16을 8진수 서식문자 %o를 사용하여 출력하면 20이 출력된다. 8진수 $(20)_8$ 이라는 의미이다. 2번 줄에서 255를 16진수 서식문자 %x를 사용하여 16진수로 출력하면 ff가 출력된다. 3번 줄의 경우 %X를 사용하여 16진수를 대문자 FF로 출력한다.

4번 줄은 28억을 서식문자 %e를 사용하여 지수형으로 출력하여 2.800000e+09가 출력된다. 실수는 소수점 이하의 자릿수를 지정하지 않으면 소수점 6자리까지 출력된다. 5번 줄에서 %E를 사용하여 E를 대문자로 출력하는 것과 동시에 %.1E를 사용하여 소수점 이하 1자리만 출력되도록 한다. 2.8E+09가 출력된다.

함수소개 사용자로부터 입력받기 - input()

사용자로부터 입력을 받을 수 있다면 좀 더 다양한 코드를 만들 수 있다. 사용자로부터의 입력을 받는 함수가 input() 함수이다. 출력 함수 print()와 더불어 많이 사용되는 함수이다.

input() 함수는 var = input() 형태로 사용한다. 사용자가 키보드를 눌러 입력하면 그 값은 변수 var에 저장된다. input()에서 입력되는 모든 데이터는 **문자열**(str)로 처리하는 것을 기억해야 한다.

```
var = input()

print(var * 2)
```

실행결과

```
100 ← 키보드에서 100 입력 후 엔터
100100
```

사용자가 100을 입력하면, var에는 문자 '100'이 저장된다. 그래서 print(var * 2)를 하면 100100이 출력된다. input()으로 입력되는 모든 데이터는 문자열(str)이기 때문에 문자 * 2는 100을 2번 출력한다.

만약 숫자를 입력받고 싶을 경우, 앞에서 배운 int()나 float() 함수를 사용하면 된다. 위의 코드에서 입력한 문자 '100'을 정수(int)로 바꿔 저장하는 코드는 var = int(input())이다. int()를 사용하면 200이 출력되는 것을 확인할 수 있다. 입력되는 문자를 실수로 변경하려면 int() 대신 float() 함수를 사용하면 된다.

```
var = int(input())

print(var * 2)
```

실행결과

```
100   ← 키보드에서 100 입력 후 엔터
200
```

input() 함수를 사용하면 빈 화면에 커서만 깜빡인다. 아무런 지시가 없기 때문에 무엇을 입력하라는 것인지 알 수 없다. input()을 사용할 때 지시사항이 있다면, input()의 괄호 안에 문자열을 넣으면 된다.

```
var = int(input('정수 입력: '))

print(var * 2)
```

실행결과

```
정수 입력: 100
200
```

input('정수 입력: ')이라 쓰면 커서 앞에 정수 입력: 이란 글씨가 나타나 어떤 값을 입력해야 하는지를 알려준다.

앞에서 만든 아르바이트 계산 프로그램을 input() 함수를 사용하여 완성해보자. [코드 3-6]은 사용자로부터 시간당 금액과 일한 시간을 입력받아 세금과 실제로 받는 금액을 계산하는 코드이다.

1번 줄에서 시간당 금액을 입력받아 pay에 저장한다. input()으로 받는 값은 모두 문자열이다. 따라서 int(input())를 사용하여 정수로 바꾼 후 pay에 저장한다. 같은 방법으로 일한 시간을 입력받아 hour에 저장한다. 일한 시간은 float()를 사용하여 실수로 바꾼 후 저장한다.

코드 3-6 아르바이트 int 출력 306_alba3.py

```
01 pay = int(input('시간당: '))        # input() 문자 입력, int() 정수로 변환
02 hour = float(input('일한 시간: ')) # input() 문자 입력, float() 실수로 변환
03
04 total = int(pay * hour)
05 tax = int(total * 0.03)
06
07 print('\n시간당 %d원, %.1f시간 일함' % ( pay, hour))      # \n은 줄바꿈
08 print('세금 %d원, 총액 %d원' % (tax, total - tax))
```

실행결과

```
시간당: 12300
일한 시간: 23.5

시간당 12300원, 23.5시간 일함
세금 8671원, 총액 280379원
```

전체 금액은 pay * hour이다. int()를 사용하여 소수점 이하는 버리고 total에 저장한다. 같은 방법으로 세금은 total * 0.03을 한 후, 정수로 바꾸어 tax에 저장한다.

7번 줄 print()에서 제어문자 \n에 주의하길 바란다. 입력한 값과 출력 사이에 한 줄을 띄우기 위해 \n을 사용하였다. 시간당 금액과 일한 시간을 출력한다. 8번 줄에서 세금(tax)과 실제 받게 되는 금액(total - tax)을 출력한다.

중간점검

1. 정수의 서식문자는 (   )이다.

2. 실수의 서식문자는 (   )이다.

3. 1개 문자의 서식문자는 (   )이다.

4. 여러 문자의 서식문자는 (   )이다.

5. 줄바꿈 제어문자는 (   )이다.

6. input()으로 입력받은 데이터의 종류는 (   )이다.

LAB 1 핸드폰 위약금 계산하기

핸드폰을 사면 기계값을 24개월 동안 분납한다. 2년 약정의 폰을 중간에 해지할 경우 남은 기간의 기계값을 모두 위약금으로 내야 한다. 위약금을 계산하는 코드를 만들어보자.

참고로 파이썬을 비롯한 모든 프로그래밍 언어에서 나눗셈을 나타내는 기호는 /이다. 만들어지는 코드는 사용자가 1150000과 18을 입력할 경우 다음과 같은 출력결과를 가진다.

실행결과

```
기계값 입력: 1150000
사용 개월 수: 18

매달 내는 돈 = 47916.6원
남은 약정기간 = 6개월
위약금 = 287500.0원
```

알고리즘 만들기

코드를 만들기 위해서 어떤 값들을 입력받아야 하는지 생각해보자. 우선 기계값을 입력받아야 한다. 기계값을 저장할 변수 이름은 `price`로 정하자. 두 번째로 입력받아야 하는 값은 현재까지 사용한 개월 수이다. 사용한 개월 수를 저장하는 변수 이름은 `used`로 정하자. `price`와 `used` 모두 정수(`int`)값을 받는다.

두 개의 값이 입력되었다면, 다음과 같이 계산하면 된다. 매달 내는 돈은 `mpay`라는 변수에 저장한다. 위약금을 내야 하는 개월 수는 `left`라는 변수에 저장한다. `mpay`와 `left`에 필요한 계산식은 각자 만들어보길 바란다.

변수 이름	데이터 종류	비고
price	int	핸드폰 기계값을 저장하는 변수
used	int	현재까지 사용한 개월 수를 저장하는 변수
mpay	float	매달 내는 값을 저장하는 변수
left	int	24개월까지 남은 개월 수를 저장하는 변수

소스코드

변수와 어떻게 계산을 할지에 대한 알고리즘을 만들었다면, 알고리즘에 따라 파이썬 코드를 만들면 된다. 만들어진 파이썬 코드는 다음과 같다.

코드 3-7 핸드폰 위약금 계산 307_phone1.py

```
01 price = int(input('기계값 입력: '))      # 입력값을 정수로 변환: int() 사용
02 used = int(input('사용 개월 수: '))
03
04 mpay = price / 24
05 left = 24 - used
06
07 print('\n매달 내는 돈 = %.1f원' % mpay)
08 print('남은 약정기간 = %d개월' % left)
09 print('위약금 =', mpay * left, '원')
```

코드설명

4번 줄 mpay는 매달 내는 돈을 저장하는 변수임으로 mpay = price / 24이다. 5번 줄 left는 남은 개월 수를 저장하는 변수임으로 left = 24 - used이다.

7번 줄 print()에서 \n을 사용하여 입력과 출력 사이에 한 줄을 띄웠다. 또한 매달 내는 돈은 실수(float)임으로 %f를 사용하여 출력한다. %f는 소수점 이하 6자리까지 표시되는데, %.1f를 사용하여 소수점 이하 1자리만 표시되도록 한다.

9번 줄에서 내야 하는 위약금은 mpay * left이다. 만약 9번 줄에서 서식문자를 사용하여 출력하는 경우 주의해야 할 것이 있다.

```
print('위약금 = %.1f원' % (mpay * left))      # 2개 이상 변수 괄호 사용
```

위의 서식문자에서 %.1f에 짝지어지는 식은 mpay * left이다. mpay * left의 결과를 %f의 위치에 출력하기 위해서는 괄호로 묶어주어야 한다. 만약 괄호로 묶지 않으면 에러가 발생한다.

PROJECT 1 통신요금 계산 프로그램

통신요금체계는 참으로 복잡하다. 어떤 요금제가 나에게 맞는 것인지 판단하기 어렵다. 요금제 선택에 도움이 될 만한 프로그램을 만들어보자.

통신회사 웹 페이지에서 확인해보니 특판 요금제는 42000원이다. 특판 요금제에서는 데이터 사용량이 5기가까지는 무료이고, 5기가 이후부터는 1기가당 3800원의 통신비가 추가된다. 같은 통신회사의 무제한 요금제는 76000원이다.

A는 한 달 평균 9기가의 데이터를 사용한다. B는 한 달 평균 20기가를 사용한다. 두 사람에게는 어떤 요금제가 유리할까? 사용량에 따라 얼마만큼의 돈을 내야 하는지 계산하는 프로그램을 만들어보자.

만들어지는 코드의 실행결과는 다음과 같다. 첫 번째 실행결과를 보면 한 달 평균 9기가를 사용하는 경우, 57200원의 통신비가 발생한다. 두 번째 실행결과를 보면 20기가를 사용하는 경우, 99000원의 통신비가 발생한다. 따라서 A는 특판 요금제가 유리하고, B는 무제한 요금제가 유리하다는 것을 알 수 있다.

실행결과

첫 번째 실행결과

```
기본 통신비: 42000
기본 데이터량: 5
1기가당 추가 통신비: 3800
한 달 기본 사용량: 9

5기가까지 42000원
9기가 사용하면 57200원
```

두 번째 실행결과

```
기본 통신비: 42000
기본 데이터량: 5
1기가당 추가 통신비: 3800
한 달 기본 사용량: 20

5기가까지 42000원
20기가 사용하면 99000원
```

알고리즘 만들기

코드를 만들기 위해서 어떤 값들을 입력받아야 하는지 생각해보자. 우선 기본 통신비를 입력받아야 한다. 통신비를 저장할 변수 이름은 st_price로 정하자. 두 번째로 입력받아야 하는 값은 기본적으로 제공되는 데이터량이다. 변수 이름은 stand로 정하자. 세 번째로 입력받아야 하는 값은 기본 데이터량을 다 사용한 경우, 1기가당 추가되는 통신비이다. 변수 이름은 ad_price로 정하자. 마지막으로 사용자가 한 달 평균 사용하는 데이터량이다. 변수 이름은 used로 정하자.

4개의 값이 입력되었다면, 한 달 기본 사용량(used)에서 제공되는 기본 데이터량(stand)를 빼면 추가로 필요한 데이터량이 된다. 여기에 1기가당 추가되는 통신비(ad_price)를 곱하면 추가로 지급해야 하는 비용을 계산할 수 있다. 필요한 계산식은 각자가 만들어보길 바란다.

소스코드

코드 3-8 **통신요금 계산** 308_phone2.py

```
01  st_price = int(input('기본 통신비: '))
02  stand = int(input('기본 데이터량: '))
03  ad_price = int(input('1기가당 추가 통신비: '))
04  used = int(input('한 달 기본 사용량: '))
05
06  add = (used - stand) * ad_price
07  total = st_price + add
08
09  print('\n%d기가까지 %d원' % (stand, st_price))
10  print('%d기가 사용하면 %d원' % (used, total))
```

코드설명

6번에서 7번 줄은 추가되는 통신요금을 계산하고, 전체 금액을 계산하는 코드이다. 전체 금액을 계산하기 위해서는 추가로 사용되는 데이터량에 따라 얼마만큼의 통신비가 더 나오는지를 알아야 한다. 따라서 자신의 사용량에서 기본 데이터량을 뺀 후, 추가 금액을 곱해야 한다. 그래서 add = (used - stand) * ad_price이다. 곱셈과 나눗셈이 덧셈과 뺄셈보다 먼저 계산되기 때문에 괄호를 빼면 이상한 결과가 나온다. 이렇게 계산된 add를 st_price와 더하면 전체 통신요금 total을 구할 수 있다.

통신요금을 계산하는 코드를 만들어두면, 자신의 사용하는 데이터량에 따라 어떤 요금제가 유리한지를 금방 계산할 수 있을 것이다.

LAB 2 다각형 만들기

터틀 그래픽에서 색상을 변경해보자. 이번에는 import turtle as t라고 써보자. 이후부터 turtle이라는 단어 대신 t라고만 쓰면 된다. 예를 들어 원을 그리는 함수는 turtle.circle() 대신 t.circle()이라 쓰면 된다.

t.circle()에는 특수한 기능이 있다. t.circle(30, steps = 3)이라 쓰면, 3단계(steps)를 거쳐서 원이 만들어진다. 결과적으로 삼각형이 만들어진다. 따라서 사각형을 만들고 싶다면, t.circle(40, steps = 4)라 쓰면 된다. t.circle(30, steps = 3) 코드를 복사하여 붙여넣기를 한 후, 함수 안의 값만 변화시켜서 삼각형에서 십각형까지 만들어보자.

실행결과

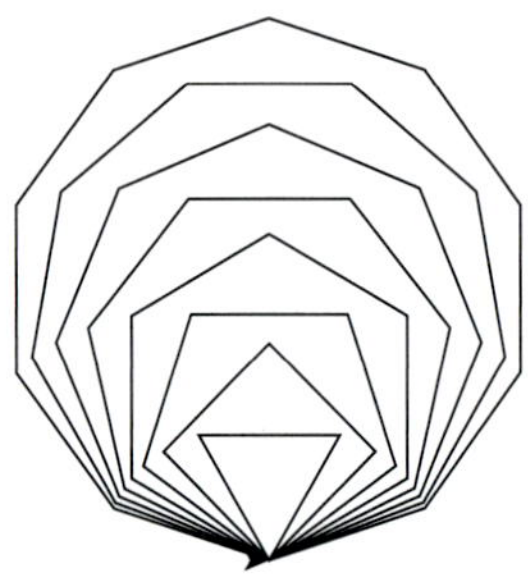

소스코드

```
01 import turtle as t
02 
03 t.circle(30, steps = 3)
04 t.circle(40, steps = 4)
05 t.circle(50, steps = 5)
06 t.circle(60, steps = 6)
07 t.circle(70, steps = 7)
08 t.circle(80, steps = 8)
09 t.circle(90, steps = 9)
10 t.circle(100, steps = 10)
```

코드설명

3번 줄 t.circle(30, steps = 3)에서 시작하여 10번 줄 t.circle(100, steps = 10)까지 각각의 다각형이 만들어진다. 혹시 t.circle(20, steps = 2)도 작동할까? 직접 확인해보길 바란다.

요약

- 데이터를 담는 그릇을 변수라 부른다.
- 변수 이름을 만들 때 문자, 숫자, 밑줄을 사용하며, 숫자는 맨 앞에 올 수 없다. 키워드는 변수 이름으로 사용할 수 없지만, 포함된 단어는 사용할 수 있다.
- 변수를 만드는 것을 선언이라 부르며, 만들어진 변수에 값을 저장하는 것을 초기화라 부른다. 변수를 사용하기 전에 무조건 초기화해야 한다.
- 대입 연산자에 사용되는 기호는 = 이며, 곱셈에 사용되는 기호는 * 이다.
- 문자들로 이루어진 데이터는 문자형 혹은 `str`이라 부른다.
- 셀 수 있는 수로 이루어진 데이터는 정수형 혹은 `int`라 부른다.
- 소수점 이하를 가지는 수로 이루어진 데이터는 실수형 혹은 `float`라 부른다.
- 참과 거짓의 값만 가지는 자료형은 불형 혹은 `bool`이라 부른다. 참을 나타내는 키워드는 `True`이며, 거짓을 나타내는 키워드는 `False`이다.
- 데이터를 정수로 바꿀 때 사용하는 함수는 `int()`이며, 실수로 바꿀 때 사용하는 함수는 `float()`이다.
- 정수의 서식문자는 `%d`, 실수의 서식문자는 `%f`, 1개 문자의 서식문자는 `%c`, 여러 개 문자의 서식문자는 `%s`이다.
- 줄바꿈 제어문자는 `\n`이며, 탭 제어문자는 `\t`이다. 따옴표나 역슬래시와 같은 특수문자를 출력할 때는 기호 앞에 `\`를 붙인다.
- `input()`으로 입력받은 데이터의 종류는 `str`이다.
- 8진수의 서식문자는 `%o`, 16진수의 서식문자는 `%x`, 지수형의 서식문자는 `%e`이다.

연습문제 61문제

[개념문제]

01 다음 중 데이터를 담는 그릇이라는 뜻을 가진 단어는 무엇인지 고르시오.

❶ 소스코드 ❷ 변수
❸ 알고리즘 ❹ 키워드

02 다음 중 변수를 만든다는 의미를 가진 단어는 무엇인지 고르시오.

❶ 소스코드 ❷ 디버깅
❸ 초기화 ❹ 선언

03 다음 중 새로 만들어진 변수에 값을 대입한다는 의미를 가진 단어는 무엇인지 고르시오.

❶ 소스코드 ❷ 디버깅
❸ 초기화 ❹ 선언

04 다음 중 만들어진 변수를 사용하기 전에 꼭 해야 하는 작업이 무엇인지 고르시오.

❶ 디버깅 ❷ 연산
❸ 초기화 ❹ 선언

05 다음 중 파이썬에서 곱셈에 사용되는 기호를 고르시오.

❶ × ❷ =
❸ * ❹ ==

06 다음 중 파이썬에서 대입 연산자에 사용되는 기호를 고르시오.

❶ × ❷ ==
❸ * ❹ =

07 다음 중 파이썬에서 두 개가 같다는 의미로 사용되는 기호를 고르시오.

❶ × ❷ ==
❸ * ❹ =

08 다음 중 pay라는 변수를 선언하고 100을 저장하는 코드로 맞는 것을 고르시오.

❶ pay = 100 ❷ 100 = pay

❸ pay == 100 ❹ 100 == pay

09 다음 중 변수 이름으로 사용 가능한 기호를 고르시오.

❶ ! ❷ _

❸ ? ❹ %

10 다음 중 1개의 변수 이름으로 사용 불가능한 것을 고르시오.

❶ pay_m1 ❷ pay1_m

❸ pay_m1_2 ❹ pay 2m

11 다음 중 1개의 변수 이름으로 사용 불가능한 것을 고르시오.

❶ pa2y ❷ 2pay

❸ pay2 ❹ p2ay

12 다음 중 1개의 변수 이름으로 사용 불가능한 것을 고르시오.

❶ import_2 ❷ import_data

❸ import2 ❹ import

13 다음 데이터의 종류 중 문자들로 이루어진 데이터를 나타내는 단어를 고르시오.

❶ int ❷ float

❸ str ❹ bool

14 다음 데이터의 종류 중 셀 수 있는 수로 이루어진 데이터를 나타내는 단어를 고르시오.

❶ int ❷ float

❸ str ❹ bool

15 다음 데이터의 종류 중 소수점 이하를 가지는 수로 이루어진 데이터를 나타내는 단어를 고르시오.

❶ int ❷ float

❸ str ❹ bool

16 다음 데이터의 종류 중 참과 거짓의 값만 가지는 자료형을 나타내는 단어를 고르시오.

❶ int ❷ float

❸ str ❹ bool

17 다음 중 참을 나타내는 키워드는 무엇인가?

❶ True ❷ true

❸ false ❹ False

18 다음 중 거짓을 나타내는 키워드는 무엇인가?

❶ True ❷ true

❸ false ❹ False

19 다음 중 print(1 == 1)의 출력값을 고르시오.

❶ True ❷ 2

❸ 1 ❹ False

20 다음 중 print(2 == 1)의 출력값을 고르시오.

❶ True ❷ 2

❸ 1 ❹ False

21 다음 중 '100'의 데이터의 종류는 무엇인가?

❶ int ❷ float

❸ str ❹ bool

22 다음 중 100의 데이터의 종류는 무엇인가?

❶ int ❷ float

❸ str ❹ bool

23 다음 중 100.0의 데이터의 종류는 무엇인가?

❶ int ❷ float

❸ str ❹ bool

24 다음 중 True의 데이터의 종류는 무엇인가?

❶ int ❷ float

❸ str ❹ bool

25 다음 중 False의 데이터의 종류는 무엇인가?

❶ int　　❷ float
❸ str　　❹ bool

26 다음 중 print('100' * 2)의 출력값을 고르시오.

❶ 100100　　❷ 1002
❸ 200　　❹ 100

27 다음 중 print(100.0 * 2)의 출력값을 고르시오.

❶ 100100　　❷ 1002
❸ 200　　❹ 200.0

28 다음 중 데이터를 정수로 바꿀 때 사용하는 함수는 무엇인가?

❶ print()　　❷ int()
❸ float()　　❹ input()

29 다음 중 데이터를 실수로 바꿀 때 사용하는 함수는 무엇인가?

❶ print()　　❷ int()
❸ float()　　❹ input()

30 다음 중 사용자로부터 입력을 받을 때 사용하는 함수는 무엇인가?

❶ print()　　❷ int()
❸ float()　　❹ input()

31 다음 중 print(int(12.6))의 출력값을 고르시오.

❶ 13　　❷ 12
❸ 12.0　　❹ 12.6

32 다음 중 print(float(12))의 출력값을 고르시오.

❶ 13　　❷ 12
❸ 12.0　　❹ 12.6

33 다음 중 정수의 서식문자를 고르시오.

❶ %d　　❷ %f
❸ %c　　❹ %s

34 다음 중 실수의 서식문자를 고르시오.

① %d ② %f

③ %c ④ %s

35 다음 중 여러 개 문자의 서식문자를 고르시오.

① %d ② %f

③ %c ④ %s

36 다음 중 1개 문자의 서식문자를 고르시오.

① %d ② %f

③ %c ④ %s

37 다음 중 8진수의 서식문자를 고르시오.

① %e ② %x

③ %o ④ %s

38 다음 중 16진수의 서식문자를 고르시오.

① %e ② %x

③ %o ④ %s

39 다음 중 지수형의 서식문자를 고르시오.

① %e ② %x

③ %o ④ %s

40 다음 실수의 서식문자 중 소수점 이하 2자리까지 출력하는 것을 고르시오.

① %f2 ② %f.2

③ %.2f ④ %2f

41 다음 중 에러가 없는 코드를 고르시오.

① print('시간당 %d원, %f시간 일함' % pay, hour)

② print('시간당 %d원, %f시간 일함' % pay)

③ print('시간당 %d원, %f시간 일함' % pay, hour, tax)

④ print('시간당 %d원, %f시간 일함' % (pay, hour))

42 다음 중 줄바꿈 제어문자를 고르시오.

❶ \n ❷ \\

❸ \t ❹ \'

43 다음 중 탭 제어문자를 고르시오.

❶ \n ❷ \\

❸ \t ❹ \'

44 input()으로 입력받은 데이터는 어떤 종류인가?

❶ int ❷ float

❸ str ❹ bool

[코드문제]

45 다음 코드는 에러가 발생하는 코드이다. 에러를 고치시오.

```
print( type(true) )
```

46 다음 코드의 출력값을 정확하게 기입하시오.

```
var = 100
var = var + 10.0
print( var )
```

47 다음 코드의 출력값을 정확하게 기입하시오.

```
var = '100'
print( var * 2 )
```

48 다음 코드의 출력값을 정확하게 기입하시오.

```
var = int('100')
print( var * 2 )
```

49 다음 코드의 출력값을 정확하게 기입하시오.

```
var = float('100')
print( var * 2 )
```

50 다음 코드는 에러가 발생하는 코드이다. 에러를 고치시오.

```
pay = 10500
hour = 18.5
print('시간당 %d원, %f시간 일함' % pay, hour)
```

51 다음 코드의 출력값을 정확하게 기입하시오.

```
pay = 10500
hour = 18.5
print('%d원, %f시간' % pay, hour)
```

52 다음 코드의 출력값을 정확하게 기입하시오.

```
pay = 10500
hour = 18.5
print('%d원, %.2f시간' % pay, hour)
```

53 다음 코드의 출력값을 정확하게 기입하시오.

```
print('시간당 \n일함')
```

54 다음과 같은 출력이 나오도록 소스코드를 작성하시오.

```
' 작은따옴표 '
```

55 다음 코드를 실행하여 10을 입력하였을 때 출력값을 정확하게 기입하시오.

```
var = input()
print(var * 2)
```

56 다음 코드를 실행하여 10을 입력하였을 때 출력값을 정확하게 기입하시오.

```
var = int(input())
print(var * 2)
```

57 다음과 같이 출력되도록 소스코드를 완성하시오.

```
시간당 10500원, 18.500000시간 일함
```

소스코드

```
pay = 10500
hour = 18.5
print(                          )
```

58 다음과 같이 출력되도록 소스코드를 완성하시오.

```
시간당 10500원, 18.5시간 일함
```

소스코드

```
pay = 10500
hour = 18.5
print(                          )
```

59 다음과 같이 출력되도록 소스코드를 완성하시오.

```
시간당 10500원,
18.5시간 일함
```

소스코드

```
pay = 10500
hour = 18.5
print(                      )
```

60 다음은 핸드폰 위약금 코드이다. 빈칸에 들어갈 코드를 정확하게 기입하시오.

```
price = int(input('기계값 입력: '))
used = int(input('사용 개월 수: '))

mpay = price / 24
left = 24 - used

print('\n매달 내는 돈 = %.1f원' % mpay)
print('남은 약정기간 = %d개월' % left)
print('위약금 = %.1f원' %             )
```

실행결과

```
기계값 입력: 1150000
사용 개월 수: 18

매달 내는 돈 = 47916.6원
남은 약정기간 = 6개월
위약금 = 287500.0원
```

61 다음은 통신요금제 코드이다. 빈칸에 들어갈 코드를 정확하게 기입하시오.

```
st_price = int(input('기본 통신비: '))
stand = int(input('기본 데이터량: '))
ad_price = int(input('1기가당 추가 통신비: '))
used = int(input('한 달 기본 사용량: '))

add = 
total = st_price + add

print('\n%d기가까지 %d원' % (stand, st_price))
print('%d기가 사용하면 %d원' % (used, total))
```

CHAPTER

04

WONDER **Python**

연산자 알아보기

미리 둘러보기

수학 시간에 + 기호는 덧셈, − 기호는 뺄셈, × 기호는 곱셈, ÷ 기호는 나눗셈이라 배웠다. 파이썬에서도 수학 시간에 배운 연산들을 할 수 있다. 연산에 사용되는 기호를 연산자라 부르는데 산술 연산자, 비교 연산자, 논리 연산자 등이 있다. 4장에서는 각 연산자의 의미와 사용방법을 배워본다.

연산자의 사용방법도 중요하지만, 연산자의 우선순위도 중요하다. 곱셈과 나눗셈 연산은 덧셈과 뺄셈 연산보다 먼저 계산된다고 배웠다. 우선순위를 무시하면 잘못된 결과가 나오기 때문에 산술 연산자, 비교 연산자, 논리 연산자의 우선순위를 파악해본다.

논리 연산자는 NOT(부정), AND(논리곱), OR(논리합)이다. 논리 연산자가 무엇인지를 설명하고 논리 연산자의 특징을 살펴본다.

불형은 참과 거짓만을 가진다. 비교 연산자나 논리 연산자의 결과는 언제나 불형이다. 불형을 입력받는 방법과 숫자나 문자를 불형으로 바꾸는 방법에 대해 알아본다.

연산자를 학습하면서 다양한 코드를 만들 수 있는 기초가 쌓였다. 4장에서는 생수 구매하기, 피자 자르기, 피자 주문하기와 같은 다양한 코드를 만들어본다.

```
MT 인원수: 45

생수 팩 구매량 = 3
생수 낱개 구매량 = 9
```

```
인원수: 7

주문 피자 개수 2판
총 피자 가격 24000원
```

앞서 터틀 그래픽에서 circle() 함수를 사용하여 다각형을 만들었다. 이번에는 변수와 각도를 이용하여 삼각형과 사각형을 만들어본다.

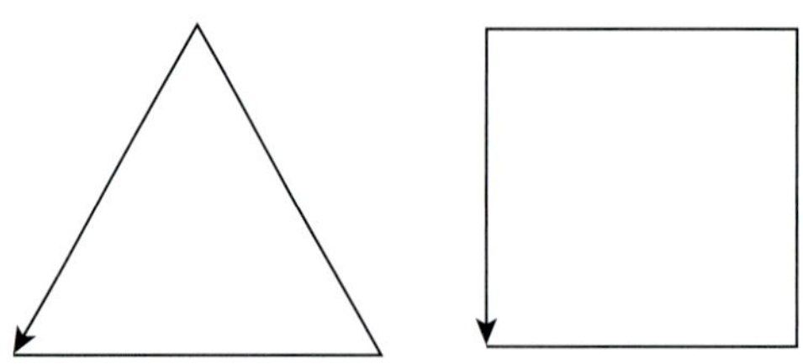

연산자란 무엇인가? 4.1

1 연산자와 피연산자

연산이란 일정한 규칙에 따라 계산하는 것이다. 더하고, 빼고, 곱하고, 나누는 것이 기본적인 연산이다. 연산을 언어로 설명하면 다양한 표현방법이 존재한다. 1000원에 산 주식이 2000원이 되었다면 2배, 따블, 곱하기 2, 수익률 100% 등으로 표현한다. 언어로 표현한 경우, 곱하기 2 연산을 이해하기 어려울 수 있다. 수익률이란 원금에 대한 이익금의 비율인데, 이를 모르면 수익률 100%의 의미를 알 수 없다.

언어로 표현한 연산의 또 다른 문제점은 나라마다 사용하는 언어가 다르다는 것이다. 한국어를 모르는 사람은 '곱셈'의 의미를 알 수 없다. 언어로 표현한 연산의 문제점을 해결하기 위해서 기호를 사용한다. 전 세계 사람들이 + 기호는 덧셈, − 기호는 뺄셈, × 기호는 곱셈, ÷ 기호는 나눗셈으로 약속하였다. 이렇게 연산에 사용되는 기호를 **연산자**operator라 부른다.

모든 프로그래밍 언어는 연산자를 사용한다. 수학에서 사용하는 연산자와 프로그래밍 언어에서 사용하는 연산자는 차이가 있다. 덧셈과 뺄셈은 똑같지만 곱셈은 * 기호를, 나눗셈은 / 기호를 사용한다. 따라서 5 곱하기 3은 5 * 3이라 쓰고, 5 나누기 3은 5 / 3이라 쓴다.

5 * 3의 연산결과는 15이다. 여기서 3과 5는 피연산자라 부른다. 피연산자operand란 연산의 대상이 되는 기호나 숫자를 의미한다.

수학에서 = 기호는 같다는 의미로 사용한다. 그러나 프로그래밍에서 = 기호는 대입 연산자라 부른다. **대입 연산자(=)**는 **오른쪽에 있는 것을 왼쪽에 대입**하라는 의미이다. A = 8의 의미는 오른쪽의 8을 왼쪽의 A에 대입하라는 뜻이며, 결과적으로 A에 8이 저장된다. 추가적으로 수학에서 같다equal의 의미를 가지는 파이썬 연산자는 = 기호를 연달아 2개 사용한 ==이다.

연산자는 크게 1항 연산자와 2항 연산자로 나뉜다. **1항 연산자**unary operator는 피연산자의 개수가 1개인 연산자이며 단항 연산자라고도 부른다. **2항 연산자**binary operator는 피연산자의 개수가 2개인 연산자이다.

덧셈(+), 뺄셈(-), 곱셈(*), 나눗셈(/)은 2항 연산자이다. 뺄셈과 같은 - 기호를 사용하지만, 부호 연산자는 1항 연산자이다. **부호 연산자**(-)는 음수는 양수로, 양수는 음수로 바꾼다. B = -A에서 부호 연산자(-)는 A의 값을 반대로 만든다. A에 8이 저장되어 있을 경우, 부호 연산자에 의해 -8이 되며, 대입 연산자(=)에 의해 B에는 -8이 저장된다.

부호 연산자(-)는 피연산자가 A뿐임으로 1항 연산자이고, 대입 연산자(=)는 피연산자 -A와 B를 가진 2항 연산자이다.

2 연산자 우선순위

A = 2 + 6 - 4 / 2 연산의 결과 A에는 얼마가 저장되는가? 대부분 왼쪽에서 오른쪽으로 계산하여 2라고 대답할 것이다. 그러나 정답은 6이다. 기억을 되살려보면, 곱셈과 나눗셈이 덧셈과 뺄셈보다 먼저 연산된다고 수학 시간에 배웠다.

```
A = 2 + 6 - 4 * 2
print(A)
```

실행결과

```
0
```

연산자마다 우선순위가 있는데, 곱셈과 나눗셈의 우선순위가 덧셈과 뺄셈보다 높다. 하나의 식에서 **우선순위가 높은 연산자가 먼저 연산된다.** 따라서 4 * 2가 먼저 연산되어 8이 되고, 2 + 6 - 8의 결과로 0이 된다.

A = 2 + 6 - 4 * 2 연산에서 4 * 2가 먼저 연산되면, 2 + 6 - 8에서 덧셈과 뺄셈의 우선순위는 같다. 연산자의 우선순위가 같은 경우, **연산 방향**에 따라 연산된다. 보통 왼쪽에서 오른쪽이 연산 방향이다. 책 읽는 방향과 같다.

여러 개의 연산자 중에 대입 연산자(=)의 우선순위는 매우 낮다. A = 2 + 6 - 4 * 2에서 대입 연산자의 오른쪽에 있는 모든 연산을 마치고 난 결과값이 왼쪽 변수 A에 대입된다.

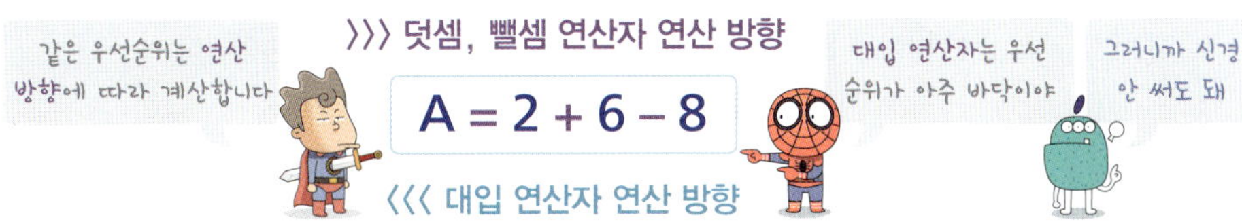

대입 연산자는 연산 방향이 오른쪽에서 왼쪽이다. A = 2 + 6 - 8에서 오른쪽의 모든 연산이 끝나고 난 결과로 0이 만들어진 이후에 왼쪽의 A에 대입된다. 대입된다는 것은 A에 0이 저장된다는 의미이다.

보통 1항 연산자의 우선순위가 2항 연산자보다 높다. A가 8일 경우, B = 9 + -A의 결과는 1이다. B = 9 + -A에는 대입 연산자, 덧셈 연산자, 부호 연산자가 있다. 이 중 1항 연산자는 부호 연산자이다. 따라서 -A가 먼저 연산되어 -8이 되고, 덧셈 9 + (-8)의 결과 1이 된다. 대입 연산자는 우선순위가 낮아 맨 마지막에 연산되기 때문에 B에는 1이 저장된다.

B = 9 + -A

연산자 중 **가장 높은 우선순위를 가진 연산자는 괄호 연산자 ()**이다. 따라서 괄호로 묶인 연산이 가장 먼저 연산된다. 괄호를 사용하면 연산순서가 분명해지니 적극적으로 사용하길 바란다.

연산자의 우선순위를 모두 외운 다음에 프로그래밍을 시작하는 것은 어렵다. 따라서 중요한 연산자를 중심으로 특징과 우선순위를 학습하길 바란다. 기억이 잘 안 날 경우, 괄호를 사용하여 묶어주면 된다.

중간점검

1. 연산에 사용되는 기호를 (　　)라 부른다.
2. 연산에 대상이 되는 기호나 숫자를 (　　)라 부른다.
3. 하나의 식에서 (　　)가 높은 연산자가 먼저 연산된다.
4. 모든 연산자 중 가장 높은 우선순위를 가지는 연산자는 (　　)이다.
5. (　　)가 같은 경우, 연산 방향에 따라 연산된다.
6. 2항 연산자의 연산 방향은 왼쪽에서 오른쪽이며 (　　) 연산자만 반대 방향이다.

기본 연산자 살펴보기 4.2

1 산술 연산자

산술 연산자란 덧셈(+), 뺄셈(-), 곱셈(*), 나눗셈(/)과 같이 산술 연산에 사용되는 연산자이다. 4개의 기본 연산자에 지수 연산자(**)와 부호를 나타내는 부호 연산자(-), 몫을 나타내는 몫 연산자(//), 나머지를 나타내는 나머지 연산자(%)가 추가된다.

지수 연산자(**)는 지수승을 알려주는 연산자이다. 예를 들어 2의 2승(2^2)은 2 ** 2로 나타내며, 결과는 4이다. 또한 2의 8승(2^8)은 2 ** 8로 나타내며 결과는 256이다. 다음과 같이 2의 16승을 출력하면 결과는 65536이 나온다.

```
print(2**16)                                  # 2**16은 2의 16승
```

실행결과

```
65536
```

몫 연산자(//)는 나눗셈의 몫을 알려주는 연산자이다. 예를 들어 7 // 2는 3이며, 8 // 2는 4이다.

나머지 연산자(%)는 나눗셈의 나머지를 알려주는 연산자이다. 예를 들어 7 % 2는 1이며, 8 % 2는 0이다. 나머지 연산자를 사용하면 숫자가 짝수인지 홀수인지를 판단하기 쉽다. 피연산자에 % 2를 하여 나머지가 0이면 짝수, 1이면 홀수이다.

연산자	의미	표현식	설명	산술 연산자 우선순위
**	지수	A ** B	A의 B승(A^B)	매우 높다
-	부호	-A	음수를 양수로, 양수를 음수로	높다
*	곱셈	A * B	A에 B를 곱한다	중간
/	나눗셈	A / B	A를 B로 나눈다	
//	몫	A // B	나눗셈을 한 후 몫	
%	나머지	A % B	나눗셈을 한 후 나머지	
+	덧셈	A + B	A와 B를 더한다	낮다
-	뺄셈	A - B	A에서 B를 뺀다	

여기서 잠깐

수학 시간에 배웠다시피, A / B의 경우 B가 0이면 안 된다. 만약 B가 0이면 'division by zero' 에러가 발생한다.

뺄셈 연산자와 같은 - 기호를 사용하는 부호 연산자는 1항 연산자이다. 부호 연산자(-)는 원래 양수와 음수를 표시한다. 양수는 + 기호를 사용하고, 음수는 - 기호를 사용한다. 그러나 + 기호는 사용하는 것과 사용하지 않는 것이 똑같기 때문에 거의 사용하지 않는다. 그래서 부호 연산자는 - 기호를 의미한다. 부호 연산자(-)는 음수를 표시할 뿐 아니라 값을 바꾸는 특징이 있다. - 기호가 붙으면 음수는 양수로, 양수는 음수로 바뀐다.

산술 연산자의 우선순위를 보면, 가장 높은 것이 지수 연산자(**)이다. 그다음 부호 연산자(-), 곱셈 연산자(*), 나눗셈 연산자(/), 몫 연산자(//), 나머지 연산자(%)가 높고 덧셈 연산자(+)와 뺄셈 연산자(-)가 가장 낮다.

[코드 4-1]은 몫 연산자(//)와 나머지 연산자(%)를 사용하여 두 수의 몫과 나머지를 구하는 코드이다. 1번과 2번 줄에서 나눗셈에 사용할 변수 num과 div에 두 개의 수를 입력받는다.

코드 4-1 몫과 나머지 출력 401_div1.py

```
01  num = int(input('첫 번째 수: '))
02  div = int(input('나눌 수: '))
03
04  print('\n몫 =', num // div)                    # //는 몫 연산자
05  print('나머지 =', num % div)                   # %는 나머지 연산자
```

실행결과

```
첫 번째 수: 74
나눌 수: 9

몫 = 8
나머지 = 2
```

4번 줄에서 몫 연산자(//)를 사용하여 num // div의 몫을 출력한다. 5번 줄에서 나머지 연산자(%)를 사용하여 num % div의 나머지를 출력한다. 74와 9가 입력되었을 경우, 몫은 8, 나머지는 2가 출력된다.

산술 연산자의 경우 복합 대입 연산자를 사용할 수 있다. 복합 대입 연산자란 연산을 줄여서 표현하는 방식이다. 예를 들어 A = A + B를 A += B로 줄여서 쓰는 것이다. 다음의 왼쪽은 원래의 연산자, 오른쪽은 복합 대입 연산자를 나타낸다.

```
A = A ** B          A **= B
A = A * B           A *= B
A = A / B           A /= B
A = A // B          A //= B
A = A % B           A %= B
A = A + B           A += B
A = A - B           A -= B
```

몇 글자 덜 쓰는 대신 연산의 의미가 잘 보이지 않아서 복합 대입 연산자는 사용을 권하지 않는다.

2 비교 연산자

비교 연산자란 두 개의 자료를 비교하여 크다, 작다, 같다, 다르다 등을 판단할 때 사용하는 연산자이다. 비교 연산자는 앞으로 배울 조건문과 반복문에서 자주 사용하게 될 연산자이다.

표 4-1 비교 연산자

연산자	의미	비교 연산자 우선순위	비고
>	크다	높다	비교 연산자 결과는 언제나 불형 비교 기호가 2개인 경우, =이 오른쪽
<	작다		
>=	크거나 같다		
<=	작거나 같다		
==	같다	낮다	
!=	다르다		

A > B는 A가 B보다 크다는 것을 의미하며, 반대로 A < B는 A가 B보다 작다는 것을 의미한다. 마찬가지로 A >= B는 A가 B보다 크거나 같다는 것을 의미하며, A <= B는 A가 B보다 작거나 같다는 것을 의미한다.

두 수가 같은지 혹은 다른지를 비교할 수도 있다. A == B는 두 수가 같은지를 비교하는 것이며, A != B는 두 수가 다른지를 비교하는 것이다.

비교 연산자의 결과는 언제나 참(True)이거나 거짓(False)이다. 비교 연산자의 결과를 출력해보면 다음과 같이 불형이 출력된다. 1과 1은 같지 않다(!=)의 결과는 False이다.

```
print(1 != 1)                          # 비교 연산자 결과는 언제나 불형
```

실행결과

```
False
```

불형을 문자열 중간에 출력할 때는 문자열 서식문자 %s를 사용한다. 문자열과 불형은 서식문자 %s를 같이 사용한다. 다음 코드는 %s를 사용하여 비교 연산자의 결과를 출력한 것이다.

```
print('2 > 1 : %s' % (2 > 1))
print('2 < 1 : %s' % (2 < 1))
print('2 >= 1 : %s' % (2 >= 1))
print('2 <= 1 : %s' % (2 <= 1))
print('2 == 1 : %s' % (2 == 1))
print('2 != 1 : %s' % (2 != 1))
```

실행결과

```
2 > 1 : True
2 < 1 : False
2 >= 1 : True
2 <= 1 : False
2 == 1 : False
2 != 1 : True
```

[코드 4-2]는 num1과 num2 두 개의 정수(int)를 입력받아 두 수를 비교하는 코드이다. 4번 줄에서는 == 연산자를 사용하여 두 수가 같은지를 비교하고 결과를 출력한다. 5번 줄에서는 < 연산자를 사용하여 num1보다 num2가 큰 지를 비교하고 결과를 출력한다.

6번 줄에서는 >= 연산자를 사용하여 num1이 양수인가(1보다 크거나 같은가)의 결과를 출력한다. 양수인지를 확인하는 경우, num1 > 0도 같은 결과를 출력한다.

코드 4-2 두 수 비교 1 402_comp1.py

```
num1 = int(input('첫 번째 수: '))
num2 = int(input('두 번째 수: '))

print('\n%d와 %d는 같은가? %s' % (num1, num2, num1 == num2))
print('%d보다 %d가 큰가? %s' % (num1, num2, num1 < num2))
print('%d는 양수인가? %s' % (num1, num1 >= 1))
```

실행결과

```
첫 번째 수: 14
두 번째 수: 12

14와 12는 같은가? False
14보다 12가 큰가? False
14는 양수인가? True
```

비슷해 보이지만 =<, =>, =! 기호들은 비교 연산자가 아니다. 2개의 기호를 사용하는 **비교 연산자에서 = 기호는 항상 오른쪽**이라고 생각하면 된다.

또한 비교 연산자에서는 >, <, >=, <= 연산자의 우선순위가 ==과 !=보다 높다.

중간점검

1. 산술 연산자 중 지수 연산자 기호는 (   )이며, 몫 연산자 기호는 (   ), 나머지 연산자 기호는 (   )이다.
2. 산술 연산자 중 우선순위가 가장 높은 연산자는 (   ) 연산자이다.
3. 두 수가 같다(equal)의 의미를 가진 비교 연산자 기호는 (   )이며, 다르다의 의미를 가진 비교 연산자 기호는 (   )이다.
4. 2가지 기호를 가지는 비교 연산자에서 = 기호는 (   )이다.
5. 비교 연산자의 결과는 데이터 종류 중 (   )형이다.

LAB 1 생수 구매하기

단체로 MT를 가기위해 모든 사람이 마실 생수를 구매하려고 한다. 생수 12개를 묶어서 1팩으로 판매하고, 낱개로도 판매한다. MT에 가려는 전체 인원을 입력받아 생수 몇 팩과 낱개로 몇 개를 구매해야 하는지 출력하는 코드를 만들어보자.

실행결과

```
MT 인원수: 45

생수 팩 구매량 = 3
생수 낱개 구매량 = 9
```

알고리즘 만들기

MT에 가려는 인원을 입력받아 person 변수에 저장한다. 입력받은 인원수 person에 대하여 12개로 이루어진 생수 팩의 개수를 계산하는 코드를 생각해보자. 몫 연산자를 사용하면 된다. 또한, 낱개로 구매해야 하는 생수의 개수를 계산하는 코드를 생각해보자.

소스코드

코드 4-3 생수 구매 코드 403_water1.py

```
01  person = int(input('MT 인원수: '))
02
03  print('\n생수 팩 구매량 =', person // 12)
04  print('생수 낱개 구매량 =', person % 12)
```

코드설명

1번 줄에서 person 변수에는 input()을 사용하여 MT에 가는 전체 인원수를 저장한다. int() 함수로 입력받은 숫자를 정수로 바꾼다.

12개로 이루어진 생수 팩을 몇 개 구매해야 하는가의 문제는 person을 12로 나누어 몫을 구하면 된다. 따라서 코드는 person // 12이다.

낱개로 구매해야 하는 생수의 개수는 person을 12로 나누어 나머지를 구하면 된다. 따라서 코드는 person % 12이다.

논리 연산 4.3

1 논리 연산이란 무엇인가?

논리 연산이란 참과 거짓에 대한 연산을 나타낸다. 주로 쓰이는 논리 연산으로는 AND(논리곱), OR(논리합), NOT(부정)이 있다.

AND 연산은 두 조건이 모두 참(True)일 경우에만 결과가 참이 되는 논리 연산이다. 예를 들어 친구 영자와 미숙이가 함께 부산에 놀러 가려고 한다. 영자는 미숙이와 부산을 같이 가기로 마음먹었다. 이 경우 영자 그리고 미숙이 둘 다 OK(True)해야만 부산을 갈 수 있다. 한 사람이라도 NO(False)이면 부산을 못 간다. 다음 표는 AND 논리 연산에 대한 결과를 나타낸다. 표에서 T는 참(True)이고, F는 거짓(False)이다.

영자 그리고(AND) 미숙이 가면, 부산을 간다.

영자	미숙	부산
OK	OK	간다
OK	NO	못 간다
NO	OK	못 간다
NO	NO	못 간다

AND 연산		
조건		결과
T	T	T
T	F	F
F	T	F
F	F	F

AND 연산은 조건에 대하여 둘 다 참(T)인 경우 결과가 참이 된다. 단 한 개라도 거짓(F)이 있으면 결과는 거짓이 된다.

OR 연산은 두 조건이 거짓(False)일 경우에만 결과가 거짓이 되는 논리 연산이다. 같은 상황에 대하여 영자 혹은 미숙 중 한 사람이라도 OK(True)를 하면 부산을 가기로 마음먹었다고 가정해보자. 둘 다 안 가겠다는 상황을 제외하고는 누군가는 부산을 가게 된다.

영자 혹은(OR) 미숙이 가면, 부산을 간다.

영자	미숙	부산
OK	OK	간다
OK	NO	간다
NO	OK	간다
NO	NO	못 간다

OR 연산		
조건		결과
T	T	T
T	F	T
F	T	T
F	F	F

OR 연산의 경우 조건에 대하여 둘 다 거짓(F)인 경우를 제외하고는 모든 결과가 참(T)이 된다. 둘 다 거짓이면 결과는 거짓이 된다.

같은 학과에 다니는 영자와 미숙이가 심하게 싸웠다. 학과 MT를 부산으로 가기로 했는데, 영자는 미숙이가 안 가면 MT를 가고 미숙이가 MT를 가면 안 가기로 마음먹었다. 이 경우 영자는 미숙이와 반대로 행동한다. **NOT 연산은 참과 거짓을 바꿔주는 연산이다.**

미숙이와 반대(NOT)로 한다.

미숙	부산
OK	못 간다
NO	간다

NOT 연산	
조건	결과
T	F
F	T

논리 연산을 정리해보면 AND 연산은 두 개의 값이 모두 참(T)일 경우에만 결과값이 참이고 나머지 경우에는 모두 거짓(F)이다. OR 연산은 두 값이 모두 거짓(F)이면 결과값이 거짓이고 나머지 경우에는 모두 참(T)이다. NOT 연산은 결과값이 반대가 된다.

2 논리 연산자

논리 연산자란 AND와 OR와 같은 논리 연산을 하는 연산자이다. AND(논리곱) 연산자의 키워드 and이며, OR(논리합) 연산자의 키워드 or, NOT(부정) 연산자의 키워드는 not이다. not 연산자는 1항 연산자이기 때문에 AND와 OR 연산자보다 우선순위가 높다.

연산자	의미	표현식	의미
not	부정	not A	참을 거짓으로, 거짓을 참으로
and	논리곱	A and B	양쪽이 다 참이어야 참
or	논리합	A or B	한쪽만 참이면 참

논리 연산자는 다양한 조건이 참인지 거짓인지를 판단할 때 사용되는 연산자이다. 비교 연산자의 결과는 언제나 불형인 참(True)과 거짓(False)이었다. 논리 연산자는 피연산자도 불형이어야 하며, 결과도 불형이다.

[코드 4-4]는 논리 연산자를 사용하여 결과를 출력하는 코드이다. 1번과 2번 줄에서 num1과 num2를 입력받아 정수로 바꾼다. 실행화면은 num1에는 2, num2에는 0을 입력한 결과이다.

코드 4-4 두 수 비교 2 　　　　404_comp2.py

```
01  num1 = int(input('첫 번째 수: '))
02  num2 = int(input('두 번째 수: '))
03
04  print('\n둘 다 0인가? %s' % (num1 == 0 and num2 == 0))
05  print('양수가 있는가? %s' % (num1 >= 1 or num2 >= 1))
06  print('True 반대는? %s' % (not True))
```

실행결과

```
첫 번째 수: 2
두 번째 수: 0

둘 다 0인가? False
양수가 있는가? True
True 반대는? False
```

4번에서 6번 줄은 논리 연산자를 사용하여 결과를 출력한다. 논리 연산자의 결과는 불형이기 때문에 비교 연산자와 같이 서식문자 %s를 사용하여 출력한다.

4번 줄에서 둘 다 0인지를 확인한다. 둘 다 0인지 확인하기 위해서는 num1도 0이어야 하고 num2도 0이어야 한다. 따라서 두 개의 비교 연산은 and를 사용해야 한다. 그래서 num1 == 0 and num2 == 0이 된다. 실행결과를 보면, num1이 2이기 때문에 False가 출력된다.

5번 줄에서 양수가 있는지 확인한다. 양수가 있는지 확인하기 위해서는 num1과 num2 중에 하나라도 1보다 크거나 같은 수가 있으면 된다. 따라서 두 개의 비교 연산은 or을 사용해야 한다. 그래서 num1 >= 1 or num2 >= 1이 된다. num1 > 0 or num2 > 0도 같은 결과값을 가진다. 실행결과를 보면, num1이 2이기 때문에 True가 출력된다.

6번 줄에서는 참(True)의 반대를 물어본다. 참이나 거짓의 반대를 만들기 위해서는 not을 앞에 붙이면 반대의 값이 출력된다. 그래서 not True가 된다. 실행결과는 False가 출력된다.

> **여기서 잠깐**
>
> not이 and나 or보다 우선순위가 높다는 것은 같이 있을 경우 먼저 계산된다는 뜻이다. print(True and not False)에서 and와 not이 우선순위가 같다면 and 다음에 not이 연산되어야 하는 데 그러면 식이 성립되지 않는다. not의 우선순위가 높기 때문에 False를 True로 바꾼 후 True and True가 연산되어 결과는 True가 된다.

3 산술, 비교, 논리 연산자의 우선순위

지금까지 산술 연산자, 비교 연산자, 논리 연산자를 설명하였다. 산술, 비교, 논리 연산자를 섞어서 사용할 경우, 연산자의 우선순위를 살펴보자.

산술, 비교, 논리 연산자만 놓고 보면, **우선순위는 산술 > 비교 > 논리 연산자 순이다.** 따라서 산술, 비교, 논리 연산자 순으로 연산이 이루어진다.

모든 산술, 비교, 논리 연산자 중에 가장 높은 우선순위의 연산자는 지수(**) 연산자이며 그다음이 부호 연산자(-)이다. 그다음은 산술 연산자 중에서도 곱셈, 나눗셈, 몫, 나머지 연산자이다. 덧셈과 뺄셈은 그다음 우선순위를 가진다. 그다음은 크기 비교 연산자, 그다음은 같다와 다르다 연산자, 마지막으로 논리 연산자이다.

우선순위를 이해했다면, [코드 4-4]의 4번과 5번 줄에서 괄호를 사용하지 않은 이유를 이해할 수 있다. 논리 연산자 and나 or의 우선순위가 낮기 때문에 가장 마지막에 연산된다. 그래서 괄호를 사용하지 않아도 된다. 그러나 연산자의 우선순위를 잘 모를 경우,

괄호를 사용하여 코드를 만드는 것이 현명하다.

중간점검

1. 논리 연산자 중 모두 참일 경우에만 참이 나오는 논리 연산자는 (   )이다.

2. 논리 연산자 중 모두 거짓일 경우에만 거짓이 나오는 논리 연산자는 (   )이다.

3. 논리 연산자 중 참과 거짓을 바꾸는 논리 연산자는 (   )이다.

4. 논리 연산자의 피연산자는 (   )형이어야 하며, 논리 연산자의 결과는 (   )형이 된다.

5. 산술, 비교, 논리 연산자 중 가장 높은 우선순위를 가지는 연산자는 (   ) 연산자이다.

LAB 2 두 개의 피자 조각내기

A 피자집에서 불고기피자를 구매하는 손님에게 쉬림프피자를 주는 1 + 1 행사를 한다. 각 피자를 몇 조각으로 나눌지를 입력받아 조각을 내준다. 피자 조각은 짝수이기 때문에 만약 홀수가 입력되면 조각이 불가능하다고 출력하는 코드를 만들어보자.

실행결과

첫 번째 실행결과

```
불고기피자 조각 수: 7
쉬림프피자 조각 수: 8

불고기피자 7조각
쉬림프피자 8조각
조각 가능?: False
```

두 번째 실행결과

```
불고기피자 조각 수: 6
쉬림프피자 조각 수: 10

불고기피자 6조각
쉬림프피자 10조각
조각 가능?: True
```

알고리즘 만들기

두 개의 입력값은 각각 `num1`과 `num2` 변수에 저장하자. 우선 입력된 값이 짝수인지를 판단해야 한다. `num1`이 짝수인지를 어떻게 판단할지를 고민해보자. 수식 연산자 중 나머지 연산자 `%`를 이용하면 된다. 짝수의 경우, `%2` 연산을 하면 결과값이 `0`이다.

두 개의 피자의 조각 수가 모두 짝수인 경우에만 조각을 낼 수 있다. 따라서 두 개의 결과를 논리 연산자를 사용하여 연결해야 한다. 어떤 논리 연산자를 사용해야 하는지 생각해보자. 또한 코드에는 수식, 비교, 논리 연산자가 모두 사용된다. 연산자의 우선순위를 생각하면서 괄호가 필요한지를 생각해보자.

소스코드

코드 4-5 피자 조각내기 405_pizza1.py

```
01  num1 = int(input('불고기피자 조각 수: '))
02  num2 = int(input('쉬림프피자 조각 수: '))
03
04  print('\n불고기피자 %d조각' % num1)
05  print('쉬림프피자 %d조각' % num2)
06  print('조각 가능?: %s' % (num1 % 2 == 0 and num2 % 2 == 0))
```

코드설명

4번 줄에서 정수 서식문자 %d를 사용하여 불고기피자 조각 수 num1을 출력하고, 5번 줄에서는 쉬림프피자 조각 수 num2를 출력한다.

위 코드의 핵심은 둘 다 짝수인지를 판단하는 6번 줄 num1 % 2 == 0 and num2 % 2 == 0이다. 이 코드를 분해해보면 num1 % 2 == 0과 num2 % 2 == 0의 결과가 논리 연산자 and로 연산된다. 따라서 두 식의 결과가 모두 참일 경우에만 참이 출력된다. 또한 논리 연산자의 우선순위가 비교 연산자와 산술 연산자보다 낮기 때문에 맨 마지막에 연산된다.

num1 % 2 == 0 식의 경우, num1 % 2의 결과가 0인지를 비교하는 연산이다. num1 % 2는 num1을 2로 나눈 나머지를 알려준다. 나머지가 0이면 짝수이다. 산술 연산자는 비교 연산자보다 우선순위가 높기 때문에 num1 % 2가 먼저 연산되고, 결과는 0과 비교된다. num2 % 2 == 0도 같은 방법으로 연산된다.

4.4 연산자 관련 이야기

1 변수 여러 개 초기화

변수는 사용하기 전에 초기화를 해야 한다. 여러 개의 변수를 한번에 초기화하는 방법을 알아보자. 먼저 세미콜론(;)을 사용하여 여러 개의 변수를 초기화할 수 있다. 왼쪽 코드와 오른쪽 코드는 같은 의미이다.

```
num1 = 10
num2 = 20
```

```
num1 = 10; num2 = 20
```

세미콜론은 여러 개의 코드를 한 줄에 쓸 때에도 사용할 수 있다. 그러나 권장하지는 않는다.

세미콜론을 사용하는 방법 외에 쉼표(,)를 사용할 수도 있다. 다음의 왼쪽과 오른쪽 코드는 같은 의미이다. 오른쪽 코드를 보자. 대입 연산자 좌우로 쉼표를 사용하여 나열하면 된다. 다시 말해, 여러 개의 변수에 값을 저장하려는 경우, 대입 연산자 오른쪽에 저장할 값을 순서대로 나열하면 된다. 오른쪽 코드에서 num1에는 10이 저장되고, num2에는 20이 저장된다.

```
num1 = 10; num2 = 20
```

```
num1, num2 = 10, 20
```

쉼표를 사용하여 변수를 여러 개 만들고 값을 저장할 때에 대입 연산자의 왼쪽과 오른쪽의 개수는 일치해야 한다. 다음과 같이 개수가 맞지 않을 경우 에러가 발생한다.

```
num1, num2 = 10
```

에러: 왼쪽과 오른쪽 개수 맞지 않음

다음은 한 줄에 여러 개 변수의 값을 저장한 뒤에 출력하는 코드이다. 1번 줄은 세미콜론을 사용하여 변수 num1과 num2에 값을 저장하는 코드이다.

```
01  num1 = 1; num2 = 2
02  print(num1, num2)
03
04  num1, num2, num3 = 10, 20, num1
05  print(num1, num2, num3)
```

실행결과

```
1 2
10 20 1
```

4번 줄은 쉼표를 사용하여 여러 개 변수의 값을 저장한다. 주의할 것은 = 왼쪽에 변수가 와도 상관없다. 4번 줄에서 num3에는 num1의 값 1이 저장된다.

2 참과 거짓의 특징 알아보기

사용자로부터 참(True)과 거짓(False)를 입력받아보자. input() 함수를 사용하여 입력 받은 데이터는 모두 문자열이다. 그래서 정수로 바꿀 때는 int()를 사용하고, 실수로 바꿀 때는 float()를 사용한다. input() 함수로 입력받은 데이터를 불형으로 바꿀 경우에는 bool() 함수를 사용하면 된다. 다음 코드를 실행해보자.

```
tof = bool(input('bool 입력: '))          # bool()은 불형으로 변환
print(tof)
```

첫 번째 실행결과

```
bool 입력: False
True
```

두 번째 실행결과

```
bool 입력: ◀———— 엔터만 입력
False
```

그런데 조금 이상하다. 첫 번째 실행화면에서 False를 입력하였지만, True가 출력된다. 두 번째 실행화면에서 아무것도 없이 엔터만 입력하면 False가 출력된다.

bool() 함수는 문자가 한 글자라도 있으면 True를 넘겨주고, 문자가 없으면 False를 준다. 그래서 우리가 처음 예상한 것과 다른 결과가 나온다. 이 방법으로는 참과 거짓을 입력받을 수 없다.

참과 거짓을 입력받기 위해서는 참과 거짓의 속성을 이해할 필요가 있다. C나 C++는 불형이 없다. 불형 대신 거짓(`False`)을 `0`, 참(`True`)을 `1`로 정했다. 파이썬도 같은 방법을 사용할 수 있다. 다음과 같이 `True`와 `False`를 `int()`에 넣어서 출력해보자. 신기하게도 `True`를 정수로 바꾸면 `1`이 출력되고, `False`를 정수로 바꾸면 `0`이 출력된다.

```
print( int(True) )                                # True를 정수로 바꿈
print( int(False) )                               # False를 정수로 바꿈
```

실행결과

```
1
0
```

그렇다면 반대로도 가능하다. `bool()` 함수에 `1`을 넣으면 `True`가 출력되고, `0`을 넣으면 `False`가 출력된다. 다음 코드를 실행해보자.

```
print( bool(1) )                                  # 1을 불형으로 바꿈
print( bool(0) )                                  # 0을 불형으로 바꿈
```

실행결과

```
True
False
```

우리가 예상한 대로 정수 `1`을 `bool()` 함수를 사용하여 바꾸면 `True`가 출력된다. 정수 `0`은 `False`가 출력된다. 이제 사용자로부터 참과 거짓을 입력받을 수 있다. 사용자가 `1`을 입력하면 참, `0`을 입력하면 거짓으로 바꾸면 된다. `input()`으로 입력받은 데이터는 모두 문자이기 때문에 이를 `int()`를 사용하여 정수로 바꾸고, 정수를 다시 `bool()`로 바꾸면 된다. 다음 코드를 실행해보자. 조금 복잡해졌지만, `1`과 `0`을 입력받으면 참과 거짓으로 바뀌는 것을 확인할 수 있다.

```
tof = bool(int(input('1은 참, 0은 거짓 입력: ')))
print(tof)
```

첫 번째 실행결과

```
1은 참, 0은 거짓 입력: 1
True
```

두 번째 실행결과

```
1은 참, 0은 거짓 입력: 0
False
```

bool() 함수에 0과 1이 아닌 다른 수가 들어가면 어떤 결과가 나올까? 0이 아닌 모든 수는 다 True이다.

세 번째 실행결과

```
1은 참, 0은 거짓 입력: 2
True
```

1은 참과 0은 거짓의 특성을 이용하여 만들 수 있는 문제를 [LAB 3]와 [PROJECT 2]에 만들었으니 도전해보길 바란다.

여기서 잠깐

C나 C++는 불형이 없기 때문에 1과 0으로 참과 거짓을 표현한다. C나 C++도 0이 아닌 모든 수는 참이다. 자바는 불형이 있지만, 1과 0으로 참과 거짓을 대신할 수 없다.

3 연산자 우선순위

다음은 파이썬에서 사용하는 연산자의 우선순위이다. 지금까지 배운 연산자는 파란색으로 표시하였다. 모든 연산자의 우선순위를 다 외워서 코딩하는 것은 쉬운 일이 아니다. 표를 다 외우기보다는 필요할 때마다 찾아보길 바란다.

우선순위	연산자	설명
1	`() [] {}`	괄호, 리스트, 딕셔너리
2	`**`	지수
3	`+a -a ~a`	부호 연산자, 비트 NOT
4	`* / // % @`	산술 연산자, 행렬 곱셈
5	`+ -`	산술 연산자
6	`<< >>`	비트 쉬프트
7	`&`	비트 AND
8	`^`	비트 XOR
9	`|`	비트 OR
10	`< > <= >=`	비교 연산자
11	`== !=`	비교 연산자
12	`**= *= /= //= %= -= +=`	복합 대입 연산자
13	`is is not`	식별 연산자
14	`in not in`	멤버 연산자
15	`not`	논리 연산자
16	`or and`	논리 연산자
17	`=`	대입 연산자

연산자의 우선순위에 대하여 중요한 것은 우선순위를 잘 모를 경우, 우선순위 1번인 괄호 ()를 사용하는 것이다.

또한, 하나의 수식에 여러 개의 연산이 있는 경우, 우선순위가 높은 연산이 먼저 계산된다. 예를 들어 우선순위 4에 있는 곱셈, 나눗셈, 나머지 연산이 우선순위 5에 있는 덧셈과 뺄셈보다 먼저 계산된다. 크게 보면, **우선순위는 괄호 () > 산술 연산자 > 비교 연산자 > 논리 연산자 > 대입 연산자 순이다.**

우선순위 12번의 복합 대입 연산자는 일반 연산자와 대입 연산자를 합쳐 놓은 것이다. `a = a + 10`을 `a += 10`으로 바꿀 수 있다.

```
a = a + 10
```

```
a += 10
```

복합 대입 연산자를 자세히 설명하지 않는 이유는 몇 글자 덜 쓰는 대신에 코드가 읽기 어려워지기 때문이다. 득보다 실이 많다. 코드는 최대한 읽기 쉽게 만들어야 하기 때문에 복합 대입 연산자를 권장하지 않는다.

여기서 잠깐

대입 연산자(=)를 할당 연산자라고도 부른다. 보통 C나 C++에서 대입 연산자라 부르기 때문에, 이 책에는 대입 연산자로 용어를 통일한다.

중간점검

1. 여러 개의 변수를 한 줄에 쓰고 싶을 때는 세미콜론이나 (   )를 사용하면 된다.
2. 파이썬에서 참과 거짓은 정수값을 가진다. 따라서 `int(True)`의 출력값은 (   )이다. 또한 `int(False)`의 출력값은 (   )이다.
3. 전체적인 우선순위는 (   ) > 산술 연산자 > 비교 연산자 > 논리 연산자 > 대입 연산자 순이다.

LAB 3 무조건 짝수만 출력하기

사용자로부터 숫자를 입력받아 짝수만 출력하는 코드를 만들어보자. 단, 아직 배우지 않은 if와 같은 조건문은 사용할 수 없다. 지금까지 배운 내용만으로 코드를 만들어야 한다.

실행결과

```
숫자 입력: 45

가장 가까운 짝수 = 46
```

알고리즘 만들기

사용자로부터 입력받은 수를 num1이라 하자. num1이 짝수인지를 확인하는 코드는 num1 % 2 == 0이다. num1이 홀수인 경우에만 num1에 1을 더하는 코드를 만들면 출력은 언제나 짝수가 된다. True는 1이고 False는 0이라 하였다. 따라서 홀수일 때 True가 되는 식을 만들어 정수로 바꾼 후 num1에 더하면 된다.

소스코드

코드 4-6 짝수만 출력 406_even.py

```
01  num1  = int(input('숫자 입력: '))
02
03  num1 = num1 + int(num1 % 2 == 1)
04  print('\n가장 가까운 짝수 =', num1)
```

코드설명

1번 줄에서 num1 변수에는 input()과 int()를 사용하여 숫자를 저장한다. 3번 줄을 보자. num1 % 2 == 0은 짝수이다. 홀수인 경우는 num1 % 2 == 1이다. 홀수가 참인 경우를 int()에 넣으면 홀수일 때만 1이 만들어진다. 따라서 num1 = num1 + int(num1 % 2 == 1)에서 홀수일 때만 1이 더해진다.

LAB 4 다각형 만들기 2

3장과 다른 방법으로 다각형을 만들어보자. 터틀 그래픽에서 `turtle.fd(100)`은 앞으로 `100`픽셀만큼 선을 그리라는 명령이다. `turtle.forward(100)`도 같은 명령이다. 또한 `tutle.left(90)`은 `90`도만큼 왼쪽으로 회전하라는 명령이다. 오른쪽 회전은 `turtle.right()`이다. `import turtle as t`를 사용하고, `t.fd()`와 `t.left()`를 사용하여 삼각형과 사각형을 각각 그려보자.

실행결과

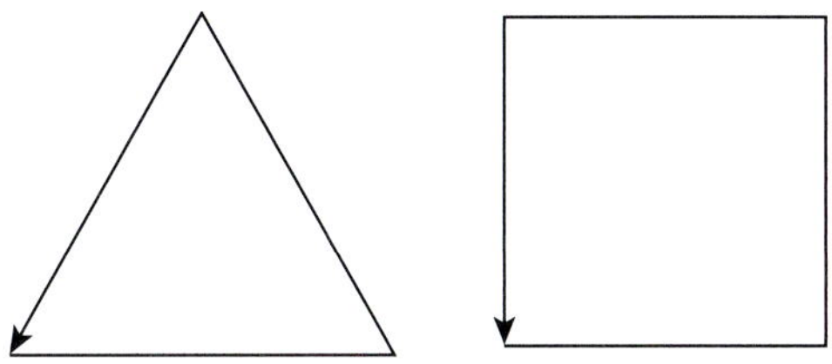

알고리즘 만들기

모든 도형의 안쪽 각을 더하면 360도이다. 삼각형을 그리고 싶다면, 360도를 3으로 나눈 120도씩 돌려서 선을 그리면 된다. 차례로 `t.fd(100)`, `t.left(120)`, `t.fd(100)`, `t.left(120)`, `t.fd(100)`이라 쓰면 삼각형이 만들어진다. 사각형은 `t.left(90)`을 사용하여 선을 4번 그리면 된다.

조금 더 생각해보자. 칠각형을 그리는 경우, 360 / 7은 51.42857142이다. 도형을 그릴 때마다 이렇게 직접 계산을 하는 것은 좋은 방법이 아니다. 변수를 하나만 만들면 좀 더 그럴싸하게 코드를 완성할 수 있다. 도형의 각을 결정할 수 있는 `steps`라는 변수를 하나 만들자. `steps = 3`이면 삼각형을 만들고, `steps = 7`이면 칠각형을 만들 수 있도록 코드를 완성해보자.

소스코드 삼각형

```python
import turtle as t

steps = 3
t.fd(100)
t.left(360 / steps)
t.fd(100)
t.left(360 / steps)
t.fd(100)
```

소스코드 사각형

```python
import turtle as t

steps = 4
t.fd(150)
t.left(360 / steps)
t.fd(150)
t.left(360 / steps)
t.fd(150)
t.left(360 / steps)
t.fd(150)
```

코드설명

삼각형 그리기와 사각형 그리기 모두 steps라는 변수를 만들어 값을 저장한다. steps = 3이면 삼각형 도형이 만들어진다. 삼각형이나 사각형에 관계없이 모든 회전에는 t.left(360 / steps)를 사용한다. 이 코드는 360을 steps로 나눈 값으로 왼쪽 회전을 한다. 삼각형의 경우 120도 회전할 것이고, 사각형의 경우 90도 회전할 것이다. steps에 값만 지정해주면 회전하는 각도가 자동으로 계산되기 때문에 편리하게 도형을 만들 수 있다.

PROJECT 1 생수 가격은 얼마?

앞서 만든 인원수만큼 생수를 구매하는 코드를 업그레이드해보자. 이번 코드에서는 MT에 가려는 전체 인원과 한 사람당 마실 생수의 개수를 입력받는다. 생수 15개를 묶어서 1팩으로 판매하는 데, 가격은 10000원이다. 낱개로 구매할 경우, 개당 가격은 900원이다. 입력받은 값으로부터 생수 구매 비용을 계산하는 코드를 만들어보자.

실행결과

```
MT 인원수: 57
1인당 생수 개수: 3

필요한 생수 개수 171개
생수 팩 구매량 11개, 110000원
생수 낱개 구매량 6개, 5400원
생수 총 구매 비용 115400원
```

알고리즘 만들기

우선 전체 인원수를 저장할 `person` 변수를 만들어 인원수를 입력받는다. 또한 한 사람당 마실 생수 개수를 저장할 변수 `amount`를 만들어 1인당 생수 개수를 저장한다.

몫 연산자를 사용하여 구매해야 할 생수 팩의 개수를 계산하여 `pack` 변수에 저장하고, 나머지 연산자를 사용하여 생수 낱개의 개수를 `bottle` 변수에 저장한다. 생수 팩과 낱개 가격을 곱하여 전체 비용을 `total` 변수에 저장한다.

소스코드

코드 4-7 생수 구매 비용 407_water2.py

```
01 person = int(input('MT 인원수: '))
02 amount  = int(input('1인당 생수 개수: '))
03 
04 pack = (person * amount) // 15
05 bottle = (person * amount) % 15
06 total = (pack * 10000) + (bottle * 900)
07 
08 print('\n필요한 생수 개수 %d개' % (person * amount))
09 print('생수 팩 구매량 %d개, %d원' % (pack, pack * 10000))
10 print('생수 낱개 구매량 %d개, %d원' % (bottle, bottle * 900))
11 print('생수 총 구매 비용 %d원' % total)
```

코드설명

4번 줄에서는 몫 연산자를 사용하여 생수 팩의 개수를 계산하고 pack에 저장한다. 5번 줄에서는 나머지 연산자를 사용하여 생수 낱개의 개수를 계산하고 bottle에 저장한다. 전체 비용은 total = (pack * 10000) + (bottle * 900)이 된다. 8번에서 11번 줄까지 각각 계산된 값을 서식문자를 사용하여 출력한다.

PROJECT 2 피자 가격을 계산해보자 난이도 상

사무실에서 피자를 배달시켜 먹으려 한다. 피자 1판에 12000원이며, 2명이서 1판을 먹는다. 오늘은 1 + 1이라 피자 1판을 시키면 2판이 온다. 인원수를 입력받아 몇 판을 시켜야 하는지와 피자 가격을 계산하는 코드를 만들어보자. 단, 인원은 최소 4명 이상이며, 피자가 남아도 되지만, 모자르면 안 된다.

실행결과

```
인원수: 7

주문 피자 개수 2판
총 피자 가격 24000원
```

알고리즘 만들기

문제를 단순화시켜보자. 2명이서 피자 1판, 4명이서 피자 2판이다. 12000원짜리 피자 1판을 시키면, 2판의 피자가 배달되기 때문에 4명이서 먹을 수 있다. 결론적으로 4명당 피자 1판 주문, 가격은 12000원이다.

5명의 경우, 피자 1판을 더 주문해야 하기 때문에 피자 2판을 주문하면 4판이 배달된다. 따라서 5명에서 8명까지는 피자 2판을 주문해야 한다.

문제를 단순화시켜보니 4명당 1판의 피자를 주문해야 하는 것을 알 수 있다. 따라서 몫 연산자를 사용하여 인원수 `// 4`의 값을 `order` 변수에 저장한다. 나머지 연산자를 사용하여 나머지가 `0`이 아니면 `order`에 `1`을 추가해야 한다.

이 코드에서 나머지가 `0`이 아닌 경우 `1`을 추가하는 코드를 생각해보자. 뒤에서 배울 `if` 문을 사용하면 쉽게 만들 수 있다. 그러나 `if` 문을 사용하지 않고서도 만들 수 있다. 힌트는 앞에서 배운 `True`는 `1`, `False`는 `0`이라는 것을 응용하면 만들 수 있다. 만약 소스코드를 보지 않고 답을 맞춘다면 우수한 프로그래머가 될 수 있는 자질을 가졌다고 생각해도 된다.

소스코드

코드 4-8 피자 주문 408_pizza2.py

```
01 person = int(input('인원수: '))
02
03 order = person // 4
04 order = order + int(person % 4 != 0)
05
06 print('\n주문 피자 개수 %d판' % order)
07 print('총 피자 가격 %d원' % (order * 12000))
```

코드설명

3번 줄에서는 // 4를 사용하여 주문할 피자 개수를 order에 저장한다. 5번 줄에서는 주문한 피자가 모자를 경우 1판을 추가 주문한다. 주문한 피자가 모자를 경우는 person % 4의 나머지가 있는 경우이다. 따라서 order + int(person % 4 != 0) 식을 사용하면 나머지가 있을 경우 1판이 추가된다. 6번과 7번 줄에서 각각 계산된 값을 서식문자를 사용하여 출력한다.

요약

- 연산에 사용되는 기호를 연산자라 부르며, 연산에 대상이 되는 기호나 숫자를 피연산자라 부른다.
- 하나의 식에서 우선순위가 높은 연산자가 먼저 연산된다. 모든 연산자 중 가장 높은 우선순위를 가지는 연산자는 괄호이다. 우선순위가 같은 경우, 연산 방향에 따라 연산된다.
- 2항 연산자의 연산 방향은 왼쪽에서 오른쪽이며 대입 연산자만 반대 방향이다.
- 산술 연산자 중 지수 연산자 기호는 `**`이며, 몫 연산자 기호는 `//`, 나머지 연산자 기호는 `%`이다. 산술 연산자 중 우선순위가 가장 높은 연산자는 지수 연산자이다.
- 두 수가 같다(equal)의 의미를 가진 비교 연산자 기호는 `==`이며, 다르다의 의미를 가진 비교 연산자 기호는 `!=` 이다.
- 2가지 기호를 가지는 비교 연산자에서 `=` 기호는 오른쪽에 위치에 위치한다. 비교 연산자의 결과는 데이터 종류 중 불형이다.
- 논리 연산자 중 모두 참일 경우에만 참이 나오는 논리 연산자는 `and`이며, 모두 거짓일 경우에만 거짓이 나오는 논리 연산자는 `or`이다. 참과 거짓을 바꾸는 논리 연산자는 `not`이다.
- 논리 연산자의 피연산자는 불형이어야 하며, 논리 연산자의 결과는 불형이 된다.
- 산술, 비교, 논리 연산자의 우선순위는 산술 > 비교 > 논리 연산자 순이다.
- 파이썬에서 `True`는 `1`, `False`는 `0`의 값을 가진다. 따라서 `int(True)`의 출력값은 `1`이며, `int(False)`의 출력값은 `0`이다.
- 여러 개의 변수를 한 줄에 쓰고 싶을 때는 세미콜론이나 쉼표를 사용하면 된다.
- 전체적인 우선순위는 괄호 > 산술 연산자 > 비교 연산자 > 논리 연산자 > 대입 연산자 순이다.

연습문제 42문제

[개념문제]

01 다음 중 연산에 사용되는 기호라는 뜻을 가진 단어는 무엇인가?

❶ 연산자 ❷ 피연산자
❸ 연산 방향 ❹ 우선순위

02 다음 중 연산의 대상이 되는 기호나 숫자라는 뜻을 가진 단어는 무엇가?

❶ 연산자 ❷ 피연산자
❸ 연산 방향 ❹ 우선순위

03 '하나의 식에서 ( )가 높은 것이 먼저 연산된다.' 괄호에 들어갈 가장 적당한 단어는 무엇인가?

❶ 연산자 ❷ 피연산자
❸ 연산 방향 ❹ 우선순위

04 다음 중 같은 중요도를 가진 경우 연산이 이루어지는 방향이라는 뜻을 가진 단어는 무엇인가?

❶ 연산자 ❷ 피연산자
❸ 연산 방향 ❹ 우선순위

05 다음 중 가장 높은 우선순위를 가진 연산자는 무엇인가?

❶ 나머지 ❷ 지수
❸ 곱셈 ❹ 괄호

06 다음 중 1항 연산자는 무엇인가?

❶ 부호 ❷ 지수
❸ 곱셈 ❹ 나머지

07 다음 중 연산 방향이 나머지와 반대인 연산자는 무엇인가?

❶ 부호 ❷ 대입
❸ 곱셈 ❹ 나머지

08 다음 산술 연산자 중 우선순위가 가장 높은 연산자는 무엇인가?

❶ 부호 ❷ 지수
❸ 곱셈 ❹ 나머지

09 다음 산술 연산자 중 우선 순위가 가장 낮은 연산자는 무엇인가?

❶ 부호 ❷ 지수
❸ 덧셈 ❹ 나머지

10 다음 산술 연산자 중 몫 연산자 기호는 무엇인가?

❶ // ❷ /
❸ ** ❹ %

11 다음 산술 연산자 중 나머지 연산자 기호는 무엇인가?

❶ // ❷ /
❸ ** ❹ %

12 다음 산술 연산자 중 지수 연산자 기호는 무엇인가?

❶ // ❷ /
❸ ** ❹ %

13 3 ** 3의 결과는 무엇인가?

❶ 30 ❷ 27
❸ 9 ❹ 6

14 33 // 4의 결과는 무엇인가?

❶ 8 ❷ 7
❸ 9 ❹ 6

15 33 % 4의 결과는 무엇인가?

❶ 8 ❷ 2
❸ 1 ❹ 9

16 2 + 3 ** 3의 결과는 무엇인가?

❶ 29 ❷ 27
❸ 9 ❹ 6

17 33 % 4 + 33 // 4의 결과는 무엇인가?

❶ 8 ❷ 2

❸ 1 ❹ 9

18 다음 비교 연산자 중 기호가 잘못 표시된 것을 고르시오.

❶ <= ❷ ==

❸ != ❹ =>

19 비교 연산자의 결과는 다음 중 어떤 자료형이 되는가?

❶ int ❷ str

❸ float ❹ bool

20 다음 중 불형을 출력할 때 사용하는 서식문자는 무엇인가?

❶ %c ❷ %s

❸ %f ❹ %d

21 다음 비교 연산자 중 우선순위가 가장 낮은 것을 고르시오.

❶ <= ❷ <

❸ != ❹ >

22 다음 논리 연산자 중 모두 참일 경우에만 참이 나오는 논리 연산자는 무엇인가?

❶ not ❷ and

❸ xor ❹ or

23 다음 논리 연산자 중 모두 거짓일 경우에만 거짓이 나오는 논리 연산자는 무엇인가?

❶ not ❷ and

❸ xor ❹ or

24 다음 논리 연산자 중 참과 거짓을 바꾸는 논리 연산자는 무엇인가?

❶ not ❷ and

❸ xor ❹ or

25 논리 연산자의 피연산자는 어떤 자료형이어야 하는가?

① int ② str
③ float ④ bool

26 논리 연산자의 결과는 어떤 자료형이 되는가?

① int ② str
③ float ④ bool

27 다음 중 우선순위가 가장 높은 연산자는 무엇인가?

① 비교 ② 산술
③ 논리 ④ 대입

28 다음 중 우선순위가 가장 낮은 연산자는 무엇인가?

① 비교 ② 산술
③ 논리 ④ 괄호

29 다음 중 input()으로 입력받은 데이터는 어떤 자료형인가?

① int ② str
③ float ④ bool

30 다음 중 int(True)의 출력값은 얼마인가?

① 0 ② -1
③ 1 ④ 2

31 다음 중 int(False)의 출력값은 얼마인가?

① 0 ② -1
③ 1 ④ 2

32 다음 중 num += 1과 같은 의미를 가진 코드는 무엇인가?

① num = num + num ② num =+ 1
③ num = 1 + 1 ④ num = num + 1

33 다음 중 num **= 2와 같은 의미를 가진 코드는 무엇인가?

① num = num ** num ② num = **2
③ num = num ** 2 ④ num = num ** num ** num

[코드문제]

34 다음 코드의 출력값은 얼마인가?

```
print(2 + 3 * 2 ** 2)
```

35 다음 코드의 출력값은 얼마인가?

```
print(7 * 2 - 7 % 3)
```

36 다음 코드의 출력값은 얼마인가?

```
print(17 - 16 // 3)
```

37 다음 코드의 출력값은 얼마인가?

```
print(1 >= 2 and 1 >= 0)
```

38 다음 코드의 출력값은 얼마인가?

```
print(1 >= 2 or 1 >= 0)
```

39 다음 코드는 MT에 가는 인원수만큼 생수를 구매하는 코드이다. 생수는 16개들이 1팩을 사고, 나머지는 낱개로 구매한다. 빈칸에 적당한 코드를 기입하시오.

```
person = int(input('MT 인원수: '))

print('\n생수 팩 구매량 = %d' %                  )
print('생수 낱개 구매량 = %d' %                  )
```

40 다음 코드는 피자 조각 수를 입력받아 둘 다 짝수일 때는 True, 홀수일때는 False를 출력하는 코드이다. 빈칸에 적당한 코드를 기입하시오.

```
num1 = int(input('불고기피자 조각 수: '))
num2 = int(input('쉬림프피자 조각 수: '))

print('\n불고기피자 %d조각' % num1)
print('쉬림프피자 %d조각' % num2)
print('조각 가능?: %s' %                  )
```

41 다음은 아래 코드의 출력 화면이다. 아래 코드는 출력값을 만드는 코드로, 1이 입력되면 True, 0이 입력되면 False가 출력된다. 빈칸에 들어갈 코드를 정확히 기입하시오.

```
1은 참, 0은 거짓 입력: 1
True
```

```
tof =
print(tof)
```

42 생수 15개를 묶어서 1팩으로 판매하고 가격은 15000원이다. 낱개로도 구입할 수 있고 개당 가격은 1500원이다. MT에 가려는 전체 인원과 한 사람당 마실 생수의 개수를 입력받아 생수 구매 비용을 계산하는 코드이다. 빈칸에 들어갈 코드를 기입하시오.

```
person = int(input('MT 인원수: '))
amount = int(input('1인당 생수 개수: '))

pack =
bottle =
total =

print('\n필요한 생수 개수 %d개' % (person * amount))
print('생수 팩 구매량 %d개, %d원' % (pack, pack * 15000))
print('생수 낱개 구매량 %d개, %d원' % (bottle, bottle * 1500))
print('생수 총 구매 비용 %d원' % total)
```

CHAPTER

05

조건문 사용하기

미리 둘러보기

지금까지 만든 모든 코드는 위에서 아래로 실행되는 순차 구조였다. 조건에 따라 실행되는 코드가 달라지는 구조를 조건선택 구조라 부른다. 조건선택 구조에 사용되는 키워드는 `if - else`이다. `if - else`를 사용하면 다양한 코드를 만들 수 있다.

조건문은 조건식이 참일 때 실행되는 코드와 거짓일 때 실행되는 코드가 다르다. 따라서 조건문에서는 조건식을 잘 만드는 것이 중요하다. 다양한 코드를 통하여 조건식을 만드는 방법을 배워본다.

조건문에 포함되는 코드는 무조건 들여써야 한다. 들여쓰기를 하는 방법에 대하여 자세히 알아본다.

`if - else` 문을 사용하여 홀짝 게임이나 가위바위보 게임과 같은 코드를 만들어본다. 컴퓨터와 대결하는 게임을 만들기 위해서는 무작위 수를 만들어야 한다. 무작위 수를 만드는 `randrange()` 함수에 대해 알아본다.

```
홀 0, 짝 1 입력: 0

틀렸음
칩 = -10
```

```
가위0 바위1 보2 선택: 0
user = 0, com = 2
user 승!
```

터틀 그래픽에는 좌표가 있다. 좌표에서 이동하는 방법을 배워본다.

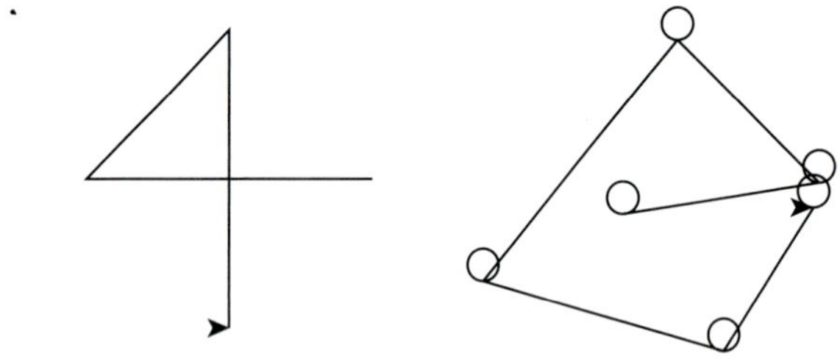

조건문이란 무엇인가? 5.1

1 조건문에 대하여

지금까지 데이터의 종류와 연산자의 특징을 배웠다. 요리로 치면 재료 준비가 끝난 것이다. 이제 본격적으로 재료(데이터)를 조리해보자. 프로그래밍 언어에서 데이터를 처리하는 구조는 순차 구조, 조건선택 구조, 반복 구조로 나뉜다.

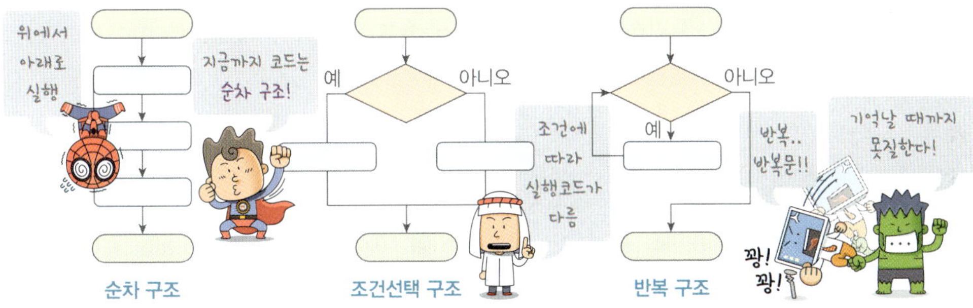

순차 구조에서는 데이터의 처리가 위에서 아래로 순차적으로 진행된다. 지금까지 만든 파이썬 코드들은 순차 구조였다. 변수를 만들어 데이터를 저장하고, 연산자를 사용하여 데이터를 처리하고 결과를 출력했던 모든 코드들은 위에서 아래로 진행되었다. 모든 데이터 처리의 기본은 순차 구조이다.

조건선택 구조에서는 조건에 따라 실행되는 코드가 달라진다. 조건이 참일 때 실행되는 코드와 조건이 거짓일 때 실행되는 코드로 나뉜다. 조건선택 구조에 사용되는 대표적인 키워드가 `if`이다.

3장에서 만들었던, 어떤 숫자가 입력되든 간에 짝수로 출력하는 코드를 기억할 것이다. `if`를 사용하여 그 코드를 바꾸면 다음과 같다.

```
num1 = int(input('숫자 입력: '))

if num1 % 2 == 1 :                          # 만약(if) 홀수이면
   num1 = num1 + 1                             # num1 = num1 + 1
print('짝수 출력 =', num1)
```

3번 줄에서 만약(if) 홀수(num1 % 2 == 1)이면, 4번 줄 num1 = num1 + 1이 실행된다. 만약 조건이 거짓이면(짝수이면) 4번 줄은 실행되지 않는다. 그래서 3장의 코드와 같은 결과를 보인다. if를 사용하여 다양한 코드를 만들 수 있으며, 이번 장에서 자세히 설명한다.

반복 구조에서는 조건이 참인 동안 반복하여 실행된다. 조건이 거짓이 되면, 반복을 그만둔다. 반복 구조에 사용되는 대표적인 키워드가 for와 while이다. 6장에서 자세히 설명한다.

조건선택 구조와 반복 구조에는 조건식이 사용된다. 조건식에 따라 특정 코드를 실행할지 혹은 반복할지가 결정된다. 조건식이란 연산의 결과로 참(True)과 거짓(False)을 가지는 코드이다. 위의 코드에서 num1 % 2 == 1이 조건식이다. num1이 홀수이면 num1에 1이 더해져 짝수가 된다. 조건선택 구조와 반복 구조를 사용하기 위해서는 조건식을 잘 만들어야 한다.

참고

파이썬 코드를 파이썬 문이라 표기하면 어색하다. 이 책에서는 코드, 문장, -문은 같은 의미를 가진 단어이며, 문장에 맞게 혼용하여 표기한다. 따라서 조건문은 조건을 나타내는 코드라는 뜻이다. 추가하여 조건식은 조건을 판단할 수 있는 연산식이라는 뜻이다.

함수소개 무작위 수 만들기 - randrange() 함수

5장에서는 홀짝 게임과 가위바위보 게임과 같은 흥미로운 코드들을 만들 것이다. 홀짝 게임의 경우, 컴퓨터가 홀과 짝 중 하나를 골라 맞추는 게임이고, 가위바위보 게임도 가위바위보 중 컴퓨터가 하나를 골라 사용자와 대결을 한다. 이런 게임의 경우, 컴퓨터가 어떤 값을 가지고 있는지 알면 재미가 없다. 그래서 컴퓨터가 어떤 값을 가졌는지 모르게 무작위 수를 만들어줘야 한다. 무작위 수[random number]를 만들어주는 함수가 random()이다.

앞서 터틀 그래픽을 사용하기 위해서는 터틀 그래픽 관련 함수가 모여 있는 모듈을 불러왔었다. 모듈이란 관련된 함수들을 하나의 덩어리로 모아 놓은 것이다. turtle.circle()과 같은 함수를 사용하기 위해서는 import turtle을 하여 turtle 모듈을 불러온다.

예를 들어 수학 관련 함수를 사용하고 싶다면 import math를 쓰면 된다. 그러면 수학 함수를 사용할 수 있다. 마찬가지로 무작위 수를 사용하기 위해서는 무작위 수 모듈인 random을 불러와야 한다. import random이라 쓰면 random 모듈을 가져온다.

참고

파이썬에서는 다양한 함수들이 있다. 이들 함수를 사용하기 위해서는 해당 모듈을 불러와야 한다. 그러나 print()나 input()와 같이 자주 사용하는 함수는 파이썬이 미리 가져다 놓았다. print()나 input()과 같이 모듈을 가져오지 않고 사용할 수 있는 함수를 내부 함수라 부른다. 내부 함수는 **보라색**으로 표시된다. 모듈에 있는 함수는 검정색으로 표시된다.

random 모듈에는 다양한 방법으로 무작위 수를 만들 수 있는 함수가 모여있다. 이 중 우리가 사용할 함수는 random.randrange()이다. random.randrange(a, b)는 **a보다 크거나 같고 b - 1까지의 정수** 중에서 무작위 수를 만들어준다. 만들어지는 정수의 범위는 a <= x < b이다. 예를 들어 random.randrange(0, 3)이라 쓰면 0, 1, 2 중 하나의 수가 무작위로 만들어진다. 3은 만들어지지 않는 것에 주의하자. 다음 코드를 실행해보자.

코드 5-1 무작위 정수 만들기 501_random1.py

```
import random

rnum = random.randrange(0, 3)      # 0보다 크거나 같고, 3보다 작은 무작위 정수
print('1번 무작위 수 =', rnum)
rnum = random.randrange(0, 3)
print('2번 무작위 수 =', rnum)
```

첫 번째 실행결과

```
1번 무작위 수 = 2
2번 무작위 수 = 0
```

두 번째 실행결과

```
1번 무작위 수 = 1
2번 무작위 수 = 2
```

[코드 5-1]을 실행하면 첫 번째는 2, 두 번째는 0이 출력된다. 무작위 수이기 때문에 두 번째 실행에는 또 다른 수가 출력된다.

다음은 random 모듈에 있는 무작위 수 함수 중 자주 사용하는 함수들을 모아놓은 것이다. random.random()과 random.uniform(a, b)은 무작위 실수를 만들어주는 함수이며, random.randint(a, b)와 random.randrange(a, b)는 무작위 정수를 만들어준다.

데이터 종류	함수명	설명	범위
실수	random.random()	0.0에서 1.0보다 작은 실수	0.0 <= x < 1.0
	random.uniform(a, b)	a부터 b까지 실수	a <= x <= b
정수	random.randint(a, b)	a부터 b까지 정수	a <= x <= b
	random.randrange(a, b)	a부터 b - 1까지 정수	a <= x < b

무작위 수가 만들어지는 범위에 주의하기 바란다. random.randint(a, b)는 a에서 b사이의 무작위 수를 만들어준다. 이때 b도 포함된다. random.randrange(a, b)는 a부터 b - 1까지의 무작위 수를 만들어준다. 이때 b는 포함되지 않는다. random.random()도 1.0보다 작은 실수만 만들어준다.

여기서 잠깐

a부터 b - 1까지의 정수를 만드는 random.randrange(a, b)보다 a부터 b까지의 정수를 만드는 random.randint(a, b)가 사용하기 편할 수 있다. 그러나 random.randrange(a, b) 방식에 익숙해질 필요가 있어서 일부러 random.randrange()를 사용한다. 그 이유는 5장에서 설명한다.

중간점검

1. (　　) 구조에서는 코드가 위에서 아래로 진행된다.
2. (　　) 구조에서는 조건에 따라 선택되는 코드가 달라진다.
3. (　　) 구조에서는 조건이 참인 동안 계속 실행된다.
4. 조건선택 구조의 대표적인 키워드는 (　　)이다.
5. 반복 구조의 대표적인 키워드는 (　　)와 (　　)이다.
6. 무작위 수를 만드는 randrange() 함수를 가진 모듈의 이름은 (　　)이다.

if - else 문

5.2

1 if 문

조건에 따라 실행되는 코드가 달라지는 조건선택 구조의 대표적인 키워드가 if이다. if 문은 if 조건 : 참일 때 실행코드의 구조를 가진다. 참일 때 실행코드는 if의 조건이 True일 때만 실행되는 코드이다. if 조건의 끝에는 콜론(:)을 붙이는 것에 주의하자.

if의 **조건이 참일 때 실행되는 코드는** 무조건 **들여쓰기를 해야 한다**. 위의 그림에서 if 문 밑에 참일 때 실행코드와 일반코드 2개가 있다. 조건에 따라 실행이 결정되는 코드는 들여쓰기를 한 코드뿐이다. 일반코드는 조건과 상관없이 무조건 실행된다.

IDLE에서 if 문을 입력 한 후 엔터를 치면, 커서는 다음 줄의 4칸 안쪽에서 깜빡인다. 들여쓰기를 하기 편하도록 배려해주는 것이다.

if 문을 사용하여 소개팅 코드를 만들어보자. 만약 비가 오면 우산을 챙겨서 약속장소에 가고, 비가 안 오면 그냥 가려 한다. 이를 if 문을 사용하여 만든 것이 [코드 5-2]이다.

코드 5-2 소개팅 502_meet1.py

```
rain = int(input('비가 온다 1, 안 온다 0 입력: '))

if rain == 1 :
    print('우산 준비')                  # if에 속한 코드는 무조건 들여쓰기
print('소개팅 간다')                  # 들여쓰기 안 된 것은 일반코드
```

첫 번째 실행결과

```
비가 온다 1, 안 온다 0 입력: 1
우산 준비
소개팅 간다
```

두 번째 실행결과

```
비가 온다 1, 안 온다 0 입력: 0
소개팅 간다
```

1번 줄에서 비가 오는 경우 1, 안 오는 경우 0을 입력받아 정수로 바꾼다. 3번 줄에서 비가 오면, 다시 말해 rain == 1이 참이면 4번 줄 print('우산 준비')가 실행된다. 4번 줄의 경우, rain의 값이 1일 경우에만 실행되는 코드이기 때문에 무조건 들여쓰기를 해야 한다.

5번 줄 print('소개팅 간다')는 비가 오든 안 오든 상관없이 무조건 실행되는 코드이다. 따라서 들여쓰기를 하지 않는다. 실행결과를 보면, 1이 입력되는 경우 우산 준비, 소개팅 간다가 같이 출력되고, 0이 입력되는 경우, 소개팅 간다만 출력된다.

다음과 같이 4장에서 배운 bool() 함수를 사용하면 코드가 단순해진다. 1번 줄에서 bool()을 사용하여 1이면 True로 바꾸고, 0이면 False로 바꾼다. 3번 줄에서 rain이 참과 거짓을 가진 bool형이기 때문에 if rain :으로 조건이 끝난다. 이는 if rain == True :와 같은 코드이다.

코드 5-3 소개팅 - bool() 503_meet2.py

```
01  rain = bool(int(input('비가 온다 1, 안 온다 0 입력: ')))
02
03  if rain :                              # if rain == True :과 같은 코드
04      print('우산 준비')
05  print('소개팅 간다')
```

2 줄을 잘 맞춰야 한다

if 문에서 들여쓰기를 하지 않으면 어떤 결과가 발생하는지 살펴보자. 다음 코드의 4번 줄과 같이 들여쓰기를 하지 않은 경우, expected an indented block 에러가 발생한다. 들여쓰기를 하지 않아 발생하는 에러이다.

```
01  rain = int(input('비가 온다 1, 안 온다 0 입력: '))
02
03  if rain == 1 :
04  print('우산 준비')                          # 들여쓰기 안 함: 일반코드
05  print('소개팅 간다')                        # 들여쓰기 안 함: 일반코드
```

실행결과

```
expected an indented block
```

반대로 다음과 같이 4번과 5번 줄 모두 들여쓰기를 하는 경우, 둘 다 if에 속한 코드가 된다. 따라서 비가 오는 경우에만 소개팅을 간다.

```
01  rain = int(input('비가 온다 1, 안 온다 0 입력: '))
02
03  if rain == 1 :
04      print('우산 준비')                          # if에 속한 코드
05      print('소개팅 간다')                        # if에 속한 코드
```

실행결과

```
비가 온다 1, 안 온다 0 입력: 0
```

if 문에 속하여 들여쓰기를 한 코드들을 블록[block]이라 부른다. 어떤 코드가 조건문에 속하는 코드인지 아니면 일반코드인지를 판단하는 것은 들여쓰기이다. 따라서 같은 수준으로 들여쓰기를 한 코드는 하나의 블록에 속한 코드이다.

여기서 잠깐

코드에 문법적인 에러가 없으나 원하지 않은 결과가 나타나는 것을 논리 에러라 부른다. 논리 에러는 문법을 이해하지 못해 잘못 사용하여 엉뚱한 결과가 나타나는 에러이다.

파이썬에서 들여쓰기는 매우 엄격하다. 다음과 같이 들여쓰기의 줄이 맞지 않는 경우에는 에러가 발생하면서 코드가 실행되지 않는다. 4칸을 들여쓰든 5칸을 들여쓰든 상관없지만, 들여쓰기가 된 코드의 줄은 같아야 한다. 파이썬을 잘 사용하려면 줄을 잘 맞추어야 한다.

```
rain = int(input('비가 온다 1, 안 온다 0 입력: '))

if rain == 1 :
   print('우산 준비')
    print('소개팅 간다')                                    # 에러 발생
```

참고로 if 문에 속한 코드가 1개일 경우, 다음과 같이 한 줄로 붙일 수 있다. 간단한 조건일 경우 코드를 짧게 만드는 효과가 있다.

```
rain = int(input('비가 온다 1, 안 온다 0 입력: '))

if rain == 1 : print('우산 준비')
print('소개팅 간다')
```

LAB 1 모히또 이벤트 코드

어느 레스토랑에서 이번 달 생일인 손님에게 모히또 한 잔을 증정하는 이벤트를 하려 한다. 모히또는 알콜이 들어간 칵테일이기 때문에 19세 이상에게만 줄 수 있다. 이번 달 생일과 나이를 확인하여 모히또를 증정하는 코드를 만들어보자.

실행결과

```
이번 달 생일? 1은 yes, 0은 no: 1
나이 입력: 19

당첨! 모히또 한 잔
```

알고리즘 만들기

이번 달 생일인 경우 1, 아닌 경우 0을 입력받아 정수로 바꾼 후 birth 변수에 저장한다. 또한 입력받은 나이는 age 변수에 저장한다. if의 조건을 어떻게 만들지 생각해보자. 모히또를 증정하는 경우는 이번 달이 생일인 동시에 19세 이상이어야 한다.

소스코드

코드 5-4 모히또 이벤트 504_event1.py

```
01  birth = int(input('이번 달 생일? 1은 yes, 0은 no: '))
02  age = int(input('나이 입력: '))
03
04  if birth == 1 and age >= 19 :
05      print('\n당첨! 모히또 한 잔')
```

코드설명

1번 줄에서 birth 변수에는 input()과 int() 함수를 사용하여 생일이면 1, 아니면 0을 입력받는다. 2번 줄에서는 나이를 정수값으로 입력받는다. 이번 달이 생일(birth == 1)이고 나이가 19세 이상(age >= 19)이어야 모히또를 증정할 수 있다. 따라서 두 조건은 and로 연결해야 한다.

만약 or로 연결할 경우 어떤 일이 발생할까? 이번 달에 생일이거나 나이가 19세 이상인 모든 사람에게 모히또를 증정한다. 초등학생도 이번 달에 생일이면 모히또를 받게 되어 레스토랑은 엉망이 된다.

if는 조건이 참인 경우에 실행되는 코드만 있었다. 조건이 참인 경우 실행되는 코드와 조건이 거짓인 경우 실행되는 코드 둘 다 있는 경우에는 if - else 문을 사용한다. if - else 문은 if 조건 : 참일 때 실행코드 else : 거짓일 때 실행코드의 구조를 가진다. 여기서 else에 속한 거짓일 때 실행코드는 if의 조건이 거짓(False)일 때 실행되는 코드이다.

if - else 문을 사용해보자. 소개팅에 갔는데 상대방이 맘에 들었다. 그래서 "이거 마시면 우리 사귀는 거다"라고 말했다. 마시면 사귀고, 안 마시면 헤어지는 코드를 만들어보자.

우리 사귈까 코드에서는 조건이 참일 때와 거짓일 때 실행하는 코드가 각각 하나씩 있다. 조건이 참(마시면)이면, 오늘부터 1일이 출력된다. 만약 조건이 거짓(안 마시면)이면 else 다음의 헤어진다가 출력된다. 조건에 따라 오늘부터 1일과 헤어진다 중 하나만 실행된다. 둘 다 실행되는 경우는 없다.

[코드 5-5]는 우리 사귈까 코드이다. 1번 줄에서 마시는 경우 1을 입력받고, 안 마시는 경우 0을 입력받는다.

코드 5-5 우리 사귈까 505_meet1.py

```
01  love = int(input('마신다 1, 아니다 0 입력: '))
02
03  if love == 1 :
04      print('오늘부터 1일')          # if의 조건이 참일 때 실행 - 들여쓰기
05  else :
06      print('헤어진다')              # if의 조건이 거짓일 때 실행 - 들여쓰기
```

실행결과

```
마신다 1, 아니다 0 입력: 0
헤어진다
```

3번 줄에서 조건이 참(love == 1)이면 4번 줄 오늘부터 1일이 출력된다. 만약 조건이 거짓(love != 1)이면 else : 다음의 헤어진다가 출력된다. if에 속한 print('오늘부터 1일')을 들여쓰기를 하였듯이, else : 다음의 print('헤어진다')도 들여쓰기를 해야 한다.

if - else에서는 둘 중 하나만 실행되는 것에 주의하자. 오늘부터 1일과 헤어진다 둘 다 출력되는 경우는 없다. 다음과 같이 6번 줄에서 들여쓰기를 하지 않을 경우 expected an indented block 에러가 발생한다.

```
01  love = int(input('마신다 1, 아니다 0 입력: '))
02
03  if love == 1 :
04      print('오늘부터 1일')              # if의 조건이 참일 때 실행 - 들여쓰기
05  else :
06  print('헤어진다')                     # 일반코드: 조건에 관계없이 실행
```

실행결과

```
expected an indented block
```

앞의 모히또 이벤트 코드를 다시 보자. 다 같은 손님인데 누구는 모히또를 주고, 누구는 아무것도 안 준다는 것은 기분 나쁜 일이다. 이번 달이 생일이고 19세 이상인 사람에게는 모히또를 주고, 나머지 손님들에게는 탄산음료를 주도록 코드를 바꿔보자. 아래와 같이 if - else 문을 사용하면 간단하게 변경할 수 있다.

```
01  birth = int(input('이번 달 생일? 1은 yes, 0은 no: '))
02  age = int(input('나이 입력: '))
03
04  if birth == 1 and age >= 19 :
05      print('\n당첨! 모히또 한 잔')
06  else :
07      print('\n음료수 한 잔')           # if의 조건이 거짓일 때 실행 - 들여쓰기
```

if - else 문에서 조건식을 어떻게 만드느냐에 따라 결과는 달라진다. 그래서 조건문에서 조건식은 중요하다. 다음과 같이 5번과 7번 줄의 print() 위치가 바뀌었을 경우, 4번 줄의 빈칸에 들어갈 조건을 만들어보길 바란다.

```
birth = int(input('이번 달 생일? 1은 yes, 0은 no: '))
age = int(input('나이 입력: '))

if                    :
    print('\n음료수 한 잔')                    # if의 조건이 참이면 음료수
else :
    print('\n당첨! 모히또 한 잔')              # if의 조건이 거짓이면 모히또
```

중간점검

1. 조건선택 구조의 대표적인 키워드는 (   )이다.
2. if 조건 다음에 붙어야 하는 기호는 (   )이다.
3. 조건문에 속한 코드는 (   )를 해야 한다.
4. if의 조건이 거짓일 때 실행되는 코드가 있다면 키워드 (   )를 사용한다.

LAB 2 홀짝 게임

컴퓨터와 겨루는 홀짝 게임을 만들어보자. 컴퓨터는 홀과 짝 중 하나를 무작위 수로 만들어서 가지고 있다. 사용자는 컴퓨터가 홀을 가지고 있는지 짝을 가지고 있는지를 맞추는 게임을 만들자. 이 게임에서는 사용자가 맞추면 칩 10개를 주고, 틀리면 10개를 뺏긴다.

실행결과

```
홀 0, 짝 1 입력: 0

틀렸음
칩 = -10
```

알고리즘 만들기

홀짝 게임을 만들기 위해서는 0과 1 중 무작위 수를 만들어야 한다. 0과 1의 무작위 수를 만드는 함수는 random.randrange(0, 2)이다. random을 사용하기 위해서는 import random을 잊지 말자. 이렇게 만들어진 무작위 수는 com 변수에 저장된다. chip 변수를 만들어 초기값 0을 저장한다.

사용자로부터 홀은 0, 짝은 1을 입력받아 user 변수에 저장한다. 맞췄을 경우와 틀렸을 경우를 나누어 코드를 만들면 된다. 맞췄을 경우 chip에 10을 더하고 맞췄다고 출력하면 되고, 틀렸을 경우 chip에서 10을 뺀 후 틀렸다고 출력하면 된다. 맨 마지막에는 칩의 개수를 출력하고 끝난다.

소스코드

코드 5-6 홀짝 게임 506_game1.py

```
01 import random
02
03 com = random.randrange(0, 2)     # randrange(0, 2): 0과 1 사이 무작위 수
04 user = int(input('홀 0, 짝 1 입력: '))
05 chip = 0                         # 변수는 사용 전에 초기화해야 함
06
07 if com == user :
08     chip = chip + 10              # if의 조건이 참일 때 블록
09     print('\n맞췄음')
10 else :
11     chip = chip - 10              # if의 조건이 거짓일 때 블록
12     print('\n틀렸음')
13 print('chip = %d' % chip)        # if에 상관없이 무조건 실행되는 일반코드
```

코드설명

1번 줄에서 random.randrange()를 사용하기 위하여 import random으로 random 모듈을 가져온다. 3번 줄에서 random.randrange(0, 2)를 사용하여 com 변수에 0과 1 중 하나의 무작위 수가 저장된다. 4번 줄에서 사용자로부터 홀(0)이나 짝(1)을 입력받아 user 변수에 저장한다.

5번 줄에 주목하자. chip 변수는 8번 줄에서 사용된다. 변수를 사용하기 전에 먼저 초기화를 시켜야 하기 때문에 5번 줄에서 chip 변수를 만들고, 초기값으로 0을 저장한다.

7번 줄에서 사용자가 맞췄을 경우(com == user)에는 8번과 9번 줄이 실행된다. 틀렸을 경우에는 11번과 12번 줄이 실행된다. if에 속한 8번과 9번 줄도 들여쓰기가 되어 있고, else에 속한 11번과 12번 줄도 들여쓰기가 되어 있는 것에 주의하자. 따라서 8번과 9번 줄은 if에 속한 블록이고, 11번과 12번 줄은 else에 속한 블록이 된다.

맞췄을 경우, chip = chip + 10을 하고 맞췄다고 출력한다. 11번 줄부터는 틀렸을 경우이다. chip = chip - 10을 하고, 틀렸다고 출력한다.

13번 줄에서 가지고 있는 칩의 개수를 출력한다. 13번 줄은 틀리거나 맞추거나 상관없이 출력되는 일반코드이다. 그래서 들여쓰기를 하지 않았다.

어렵게 만든 홀짝 게임을 겨우 한 번만 하는 것은 아깝다. 게임을 여러 번 반복할 수 있는 구조는 5장 반복문에서 다룬다.

다중 조건문 5.3

1 다중 조건문의 필요성

다중 조건문이란 조건이 여러 개 있는 코드이다. 예제를 통하여 다중 조건문을 사용하는 방법을 알아보자.

별다방에서 쿠폰 행사를 시작했다. 쿠폰이 없거나 10개 미만은 커피 1잔, 20개 미만은 다이어리, 20개 이상은 여행가방을 준다. 쿠폰 개수에 따라 사은품을 출력하는 코드를 만들어보자.

[코드 5-7]은 if 문을 여러 개 사용하여 만든 별다방 사은품 코드이다. 1번 줄에서 쿠폰의 개수를 저장할 coupon 변수를 선언하고, 쿠폰 개수를 입력받는다. 3번 줄에서 쿠폰의 개수가 20개 이상이면, 여행가방을 출력하고, 5번 줄에서 쿠폰 개수가 10개 이상이면 다이어리를 출력한다. 7번 줄에서 쿠폰 개수가 10개 미만이면 커피 1잔을 출력한다.

코드 5-7 쿠폰 행사 507_coupon1.py

```
01  coupon = int(input('쿠폰 개수 입력: '))
02
03  if coupon >= 20 :
04      print('\n여행가방')                # 쿠폰 >= 20: 여행가방
05  if coupon >= 10 :
06      print('\n다이어리')                # 쿠폰 >= 10: 다이어리
07  if coupon < 10 :
08      print('\n커피 1잔')                # 쿠폰 < 10: 커피 1잔
```

실행결과

```
쿠폰 개수 입력: 21
여행가방
다이어리
```

보기에는 이상이 없는 코드이다. 그러나 21을 입력하면 여행가방과 다이어리가 동시에 출력된다. 받은 사람은 횡재겠지만, 논리 오류이다. 문법에는 문제가 없지만 알고리즘이 잘못 만들어져 원하지 않은 결과가 나오는 오류가 논리 오류이다.

어디서 논리 오류가 발생했는지 찾아보자. 5번 줄의 조건 `coupon >= 10`은 10개 보다 큰 모든 경우에 다이어리를 준다. 여기에는 20개보다 큰 경우도 포함되어 있다. 그래서 오류가 난 것이다.

쿠폰이 20개 미만 10개 이상인 경우에는 다음과 같이 20보다 작고 10보다 크거나 같도록 코드를 수정하면 정상적인 결과가 나온다.

```
05   if coupon < 20 and coupon >= 10          쿠폰 20개 미만 10개 이상: 다이어리
```

다시 생각해보면, 이러한 문제는 `if` 문이 서로 독립적이기 때문에 발생한다. 20개 이상 쿠폰을 가진 사람이 여행가방을 받았다면, 다른 조건은 무시되어야 한다. 다시 말해, 3개의 조건 중 1개만 실행되어야 한다. **여러 조건 중 하나만 선택하는 구조가 다중 조건문이다.** 다중 조건문은 `if` 문을 계속 연결하여 1개만 선택되도록 한다.

다중 조건문은 `if` - `elif` - `else`의 형태로 구성된다. `elif`는 else if의 줄임말이다. 필요한 조건을 `elif`를 사용하여 계속 연결하는 구조이다.

다중 조건문을 사용하게 되면, 조건에 따라 실행되는 코드가 한 개뿐이기 때문에 조건을 간단하게 만들 수 있다. [코드 5-7]의 쿠폰 행사 코드를 다중 조건문을 사용하여 수정한 코드가 [코드 5-8]이다.

코드 5-8 쿠폰 행사 - 다중 조건문 508_coupon2.py

```
01 coupon = int(input('쿠폰 개수 입력: '))
02
03 if coupon >= 20 :
04     print('\n여행가방')               # 쿠폰 20 이상: 여행가방
05 elif coupon >= 10 :
06     print('\n다이어리')               # 쿠폰 20 미만 10 이상: 다이어리
07 elif coupon < 10 :
08     print('\n커피 1잔')               # 쿠폰 10 미만: 커피 1잔
```

첫 번째 실행결과

```
쿠폰 개수 입력: 21

여행가방
```

두 번째 실행결과

```
쿠폰 개수 입력: 10

다이어리
```

쿠폰 개수 21이 입력되는 경우, 3번 줄의 조건 `coupon >= 20`을 만족하기 때문에 여행가방이 출력된다. 5번 줄 이후 `elif` 문은 쿠폰 개수가 20보다 적은 경우에만 실행된다. 따라서 20개 이상인 경우, 5번부터 8번 줄의 코드를 무시된다.

두 번째 실행에서 `10`이 입력된 경우, 3번 줄의 `if` 조건은 거짓이기 때문에 5번 줄에서 조건 `coupon >= 10`을 확인한다. 조건이 참이기 때문에 다이어리가 출력된다.

`if`를 여러 개 사용하는 것과 다중 조건문은 서로 호환된다. 그러나 문제에 따라 `if`를 여러 개 사용하는 게 나을 때가 있고, 다중 조건문이 편리할 때가 있다. [LAB 3]은 `if`를 여러 개 사용하는 게 편한 문제이고, [LAB 4]는 다중 조건문을 사용하는 것이 유리한 문제이다. 각자 도전해보길 바란다.

LAB 3 놀이동산 패키지 선택하기

놀이동산에는 다양한 종류의 패키지가 있다. 1번 패키지는 입장권과 놀이기구 10종을 이용할 수 있고, 돌고래쇼도 관람할 수 있다. 2번 패키지는 입장권과 놀이기구 10종을 이용할 수 있다. 마지막으로 3번 패키지는 입장만 할 수 있다.

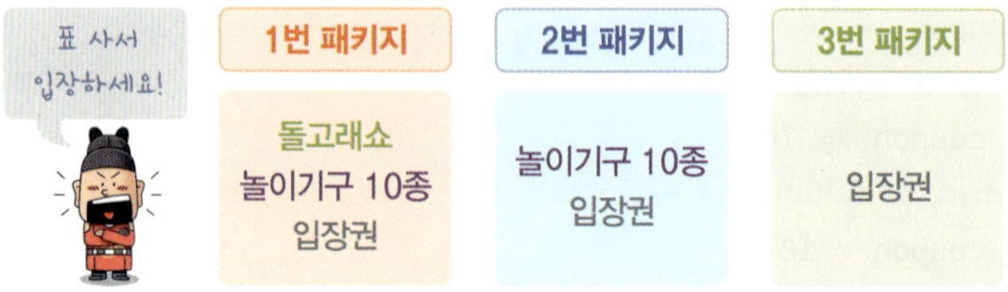

사용자가 패키지를 선택하면 해당 티켓을 출력하는 코드를 만들어보자. 조건문을 여러 개 사용하여 만들어보고, 이를 다중 조건문으로 바꿔보자.

실행결과

첫 번째 실행결과

```
1 ~ 3번 중 어떤 티켓? 1
돌고래쇼 티켓
놀이기구 10종 티켓
입장권
```

두 번째 실행결과

```
1 ~ 3번 중 어떤 티켓? 2
놀이기구 10종 티켓
입장권
```

알고리즘 만들기

1번부터 3번 패키지에 모두 입장권이 들어있다. 따라서 입장권은 언제나 출력되도록 하면 된다. 1번과 2번 패키지에는 놀이기구 10종이 공통으로 있다. 따라서 1번과 2번을 선택한 경우에는 놀이기구 10종이 출력되도록 한다. 1번 패키지를 선택한 경우에만 돌고래쇼를 출력하도록 한다. `if`를 여러 개 사용하여 만들 수 있고, 다중 조건문인 `if - elif`를 사용하여 만들 수도 있다. 처음에는 `if`를 여러 개 사용하여 만들어보자.

소스코드

코드 5-9 티켓 구매 509_ticket1.py

```
01 ticket = int(input('1 ~ 3번 중 어떤 티켓? '))
02
03 if ticket == 1 :
04     print('돌고래쇼 티켓')
05 if ticket == 1 or ticket == 2 :
06     print('놀이기구 10종 티켓')
07 print('입장권')
```

코드설명

1번 줄에서 사용자의 선택을 입력받아 ticket 변수에 저장한다. 돌고래쇼는 1번 패키지에만 있음으로 3번 줄에서 ticket == 1일 때 돌고래쇼 티켓을 출력한다.

놀이기구 10종 티켓은 1번 패키지와 2번 패키지에 모두 있다. 따라서 ticket == 1이거나 (or) ticket == 2인 경우 놀이기구 10종 티켓을 출력한다. 두 조건을 or로 연결한 것에 주의하자. 마지막으로 입장권은 모든 패키지에 들어있기 때문에 if와 상관없이 7번 줄에서 입장권을 출력한다.

if를 여러 번 사용한 코드는 if – elif로 변경할 수 있다. 다중 조건문을 사용한 코드가 다음의 [코드 5-10]이다.

코드 5-10 티켓 구매 - 다중 조건문 510_ticket2.py

```
01 ticket = int(input('1 ~ 3번 중 어떤 티켓? '))
02
03 if ticket == 1 :
04     print('돌고래쇼 티켓')
05     print('놀이기구 10종 티켓')
06 elif ticket == 2 :
07     print('놀이기구 10종 티켓')
08 print('입장권')
```

if – elif의 다중 조건문은 여러 코드 중 조건에 맞는 한 개의 블록만 실행된다. 따라서 ticket == 1인 경우 돌고래쇼 티켓과 놀이기구 10종 티켓을 모두 출력한다. 6번 줄 ticket == 2인 경우 놀이기구 10종 티켓만 출력한다.

if 문을 여러 번 사용할 것인지 아니면 다중 조건문을 사용할 것인지는 각자의 판단에 따라 사용하면 된다.

LAB 4 무작위 여행지 선택하기

4명이서 여행을 떠나려는데, 둘은 하와이를 가자고 하고, 나머지는 다른 곳을 가자고 한다. 무작위 수를 만들어 0이 나오면 제주도, 1이 나오면 사이판, 2와 3이 나오면 하와이를 가기로 했다. 이러한 일을 처리할 수 있는 코드를 만들어보자.

실행결과

첫 번째 실행결과

```
사이판으로 출발
```

두 번째 실행결과

```
하와이로 출발
```

알고리즘 만들기

0에서 3 사이의 무작위 수를 만드는 함수는 `random.randrange(0, 4)`이다. 무작위 수가 만들어지면, `trip` 변수에 저장한다. `if - elif`를 사용하여 코드를 만들어보자.

소스코드

코드 5-11 무작위로 여행가기 511_trip.py

```
import random

trip = random.randrange(0, 4) # randrange(0, 4): 0~3 사이 무작위 수 만듦

if trip == 0 :
   print('제주도로 출발')
elif trip == 1 :
   print('사이판으로 출발')
else :
   print('하와이로 출발')
```

코드설명

`trip == 0`이면 제주도, `trip == 1`이면 사이판, 나머지 2와 3인 경우는 하와이다. 3개의 여행지 중 한 곳만 택하면 되기 때문에 다중 조건문을 사용하는 것이 코드를 만들기 쉽다.

5번 줄에서 `if trip == 0 :`이면 제주도 출발이 출력되고 아니면 7번 줄이 실행된다. `elif trip == 1 :`이면 사이판으로 출발이 출력되고 아니면 9번 줄이 출력된다. `trip`이 `0`과 `1`이 아닌 경우 모두 하와이이다. 따라서 10번 줄 하와이로 출발이 출력된다. 다중 조건문 대신 `if`를 여러 개 사용하는 경우는 연습문제 24번에 만들었으니 각자 풀어보길 바란다.

2 3항 조건 연산자

3항 조건 연산자는 if - else 문을 한 줄로 표현한 것이다. 3항 조건 연산자의 구조는 참일 때 실행 if 조건 else 거짓일 때 실행이다. 맨 앞에 나오는 코드가 조건이 참일 때 실행되는 코드인 것에 주의하자.

참일 때 실행 if 조건 else 거짓일 때 실행

앞의 우리 사귈래 코드를 3항 조건 연산자로 바꾸면 다음과 같다. if 앞에 참일 때 실행되는 코드인 print('오늘부터 1일')이 먼저 나온다. 조건은 if 다음의 love == 1이다. 조건이 거짓인 경우 실행되는 코드는 else 다음의 print('헤어진다')이다.

코드 5-12 3항 조건 연산자 512_meet1.py

```
love = int(input('마신다 1, 아니다 0 입력: '))

print('오늘부터 1일') if love == 1 else print('헤어진다')
```

실행결과

```
마신다 1, 아니다 0 입력: 0
헤어진다
```

3항 조건 연산자는 if 문을 한 줄에 표현할 수 있어 코드의 길이를 줄이는 효과는 있지만, 구조를 정확하게 파악하기 어렵다는 단점이 있다. 또한 블록에 속한 코드가 여러 개일 때는 사용하기 불편하다. 따라서 간단한 조건문에 3항 조건 연산자가 사용된다.

3 탐색기에서 파이썬 실행하기

파이썬에 어느 정도 익숙해졌다면 간단하게 파이썬 코드를 만들고 실행하는 방법을 알아보자.

윈도우 탐색기를 열어 파이썬 코드가 저장된 폴더로 이동하자. 이 책에서는 바탕화면의 pcode라는 폴더에 파이썬 코드가 저장되어 있다. 다음 그림은 탐색기에서 pcode 폴더로 이동한 화면이다. 탐색기에서 파이썬 파일(확장자 .py)을 더블클릭하면 바로 실행된다.

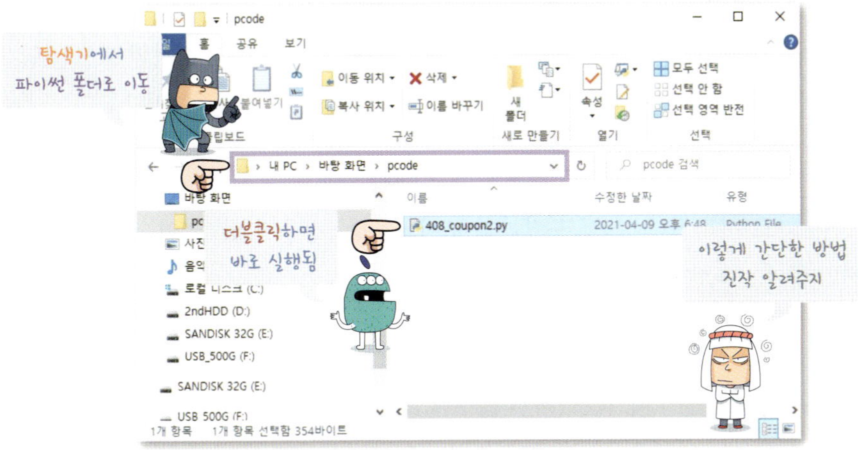

탐색기에서 파이썬을 더블클릭하여 실행하면 인터렉티브 쉘 화면이 아닌 다음과 같은 검은색 창이 뜨면서 코드가 실행된다.

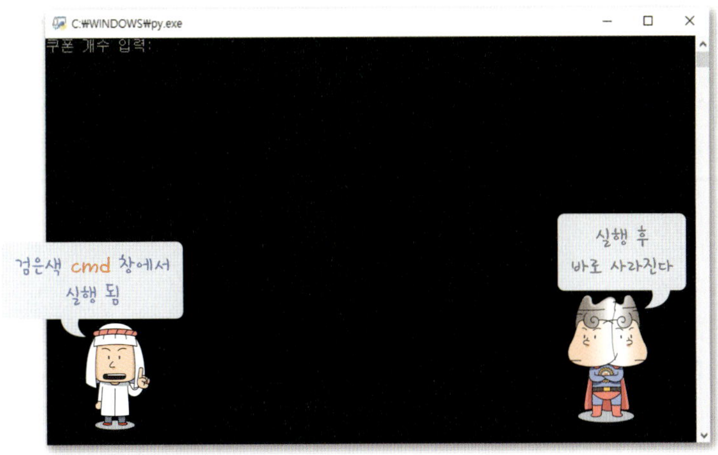

이 검은색 창은 윈도우 **콘솔창**command window이다. 윈도우 왼쪽 하단의 검색 버튼 을 눌러 cmd라고 입력하면 나타나는 창이 콘솔창이다.

파이썬의 모든 코드는 콘솔창에서 실행된다. 터틀 그래픽이 작동될 때도 콘솔창같이 떠 있다. 사실, 파이썬뿐 아니라 C언어로 만든 코드도 콘솔창에서 실행된다. 그래서 탐색기에서 파이썬 코드를 더블클릭하면 콘솔창에 결과가 나타난다.

원래는 파이썬 코드를 콘솔창에서 실행해야 한다. 그러나 콘솔창에서 사용하는 명령어를 따로 배우기 복잡하기 때문에 IDLE 인터렉티브 쉘을 대신 사용한 것이다.

이 책에는 다양한 종류의 파이썬 코드를 다룰 예정이다. 코드 중 운영체제와 관련된 코드는 인터렉티브 셸에서 이상하게 작동한다. 따라서 탐색기 라고 표시된 코드는 탐색기에서 더블클릭하여 실행해야 한다. 그래야 콘솔창에서 결과를 볼 수 있다.

탐색기에서 더블클릭하여 파이썬 코드를 실행한 경우에는 콘솔창에서 결과를 보여준 후 창이 바로 사라진다. 그래서 결과를 보기 어려운 경우가 있다. 이때에는 코드의 맨 마지막 줄에 input()을 추가하면 된다.

[코드 5-13]은 쿠폰 행사 코드에 10번 줄 input()을 추가한 것이다. 513_coupon3.py로 저장한 후 탐색기에서 더블클릭하여 실행해보자.

코드 5-13 쿠폰 행사 - input 탐색기 513_coupon3.py

```
01  coupon = int(input('쿠폰 개수 입력: '))
02
03  if coupon >= 20 :
04      print('\n여행가방')                    # 쿠폰 20 이상: 여행가방
05  elif coupon >= 10 :
06      print('\n다이어리')                    # 쿠폰 20 미만 10 이상: 다이어리
07  elif coupon < 10 :
08      print('\n커피 1잔')                    # 쿠폰 10 미만: 커피 1잔
09
10  input()                                  # 키보드를 눌러야만 종료
```

위의 10번 줄과 같이 코드 맨 마지막에 input()을 삽입하면 키를 눌러야만 콘솔창이 사라지게 된다. 따라서 탐색기에서 파이썬 코드를 직접 실행할 때는 코드 끝에 input()을 넣길 바란다.

여기서 잠깐

파이썬 코드에 익숙한 분들은 메모장에서 코드를 작성하는 것이 편할 수 있다. 탐색기에서 수정하려는 코드를 메모장으로 '드래그 앤 드롭'하면 코드를 바로 볼 수 있다.

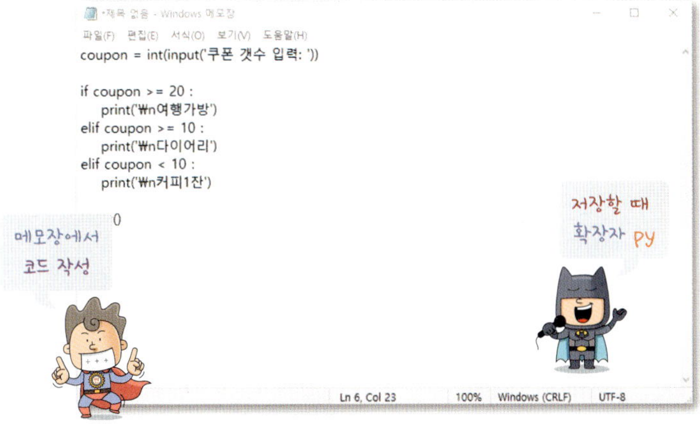

메모장을 사용하여 파이썬 코드를 새로 만들 때 주의할 것이 있다. 메모장에서 확장자를 지정하지 않으면 `.txt`로 저장된다. 따라서 그림과 같이 파일 형식을 모든 파일(*.*)로 바꾼 후 확장자 `.py`를 붙여서 저장해야 한다.

중간점검

1. 여러 개의 조건을 연달아 적용하는 것을 (　　) 조건문이라 부른다.

2. 다중 조건문에서 `if` 다음의 조건에 사용되는 키워드는 (　　)이다.

3. 3항 조건 연산자 구조는 '참일 때 실행 `if` (　　) `else` 거짓일 때 실행'이다.

LAB 5 가위바위보 게임

가위바위보 게임을 만들어보자. 가위바위보 게임의 구조는 앞에서 만든 홀짝 게임과 유사하다. random.randrange() 함수를 사용하여 컴퓨터가 가위, 바위, 보 중 하나를 선택한다. 편의상 가위는 0, 바위는 1, 보는 2로 정한다. 따라서 컴퓨터는 0, 1, 2 중 하나의 값을 가지게 된다. 사용자로부터 가위0 바위1 보2 중 하나를 입력받아 컴퓨터와 대결하는 코드를 만들어보자.

실행결과

첫 번째 실행결과

```
가위0 바위1 보2 선택: 0
user = 0, com = 2
user 승!
```

두 번째 실행결과

```
가위0 바위1 보2 선택: 1
user = 1, com = 2
com 승!
```

알고리즘 만들기

com 변수에는 0에서 2 사이의 무작위 수를 저장하고, user 변수에는 사용자로부터 0에서 2 사이의 값을 입력받아 저장한다.

홀짝 게임은 맞추거나 못 맞추는 2가지의 결과뿐이다. 가위바위보 게임은 비기거나, 사용자가 이기거나, 컴퓨터가 이기는 3가지의 결과를 가진다. 따라서 다중 조건문을 사용하는 것이 편하다.

조건문의 첫 번째는 서로 비기는 경우이다. 두 번째는 사용자가 이기는 경우이며 나머지는 컴퓨터가 이기는 경우이다. 따라서 사용자가 이기는 조건을 잘 만들면 코드는 완성된다. 다음 소스코드에 사용자가 이기는 조건을 빈칸으로 처리하였다. 각자 조건식을 만들어보길 바란다.

소스코드

코드 5-14 가위바위보 게임 514_game2.py

```
01 import random
02
03 com = random.randrange(3)
04 user = int(input('가위0 바위1 보2 선택: '))
05 print('user = %d, com = %d' % (user, com))
06
07 if user == com :
08     print('비겼습니다!')
09 elif                                   :
10     print('user 승!')
11 else :
12     print('com 승!')
```

코드설명

7번 줄은 컴퓨터와 사용자가 같은 값을 가지는 경우(com == user)로 비겼습니다!를 출력한다. 9번 줄은 사용자가 이기는 조건이며, user 승!을 출력한다. 11번 줄은 비기는 것도 사용자가 이기는 것도 아닌 경우임으로 com 승!이라고 출력한다.

9번 줄에서 사용자가 이기는 경우의 조건을 생각해보자. 사용자가 이기는 모든 경우의 수를 조건으로 만들면 된다. 사용자가 이기는 경우는 다음과 같다. 사용자 == 가위(0) 일 때 컴퓨터 == 보(2), 사용자 == 바위(1)일 때 컴퓨터 == 가위(0), 사용자 == 보(2)일 때 컴퓨터 == 바위(1)의 3가지 경우이다. 이 3가지 경우를 OR 연산으로 묶으면 사용자가 이기는 경우이며, 코드는 다음과 같다. 사용자가 이기는 조건식에서 연산자의 계산방향 때문에 괄호를 사용한 것에 주의하자.

```
09 elif (user == 0 and com == 2) or (user == 1 and com == 0) or
        (user == 2 and com == 1) :
```

좀 더 생각해보면 사용자가 이기는 조건식을 간단하게 만들 수 있다. 조건식을 줄이는 문제를 [PROJECT 2]에 설명하였으니 읽어보기 바란다.

LAB 6 좌표 이동하기

터틀 그래픽에서는 `import turtle as t`라 쓰면, `turtle.circle()` 대신 `t.circle()`로 사용할 수 있다. t.도 뺄 수 있는 방법이 있다. `from turtle import *`라 쓰면 `turtle.circle()`대신 `circle()`만 쓰면 된다.

여러 개의 모듈을 이러한 방식으로 사용할 때 서로 다른 모듈에 같은 이름의 함수가 있을 경우 충돌이 발생한다. 그래서 권장하지 않지만, 이런 방법도 있다는 것을 보여주려고 이 장에서만 사용해본다.

터틀 그래픽의 화면에는 좌표가 있다. 좌우 x축과 상하 y축을 기준으로 한가운데의 좌표는 (0, 0)이다. 터틀 그래픽은 항상 한가운데 (0, 0)에서 시작한다. 가운데를 중심으로 오른쪽은 x축이 +가 되고(+, 0), 왼쪽은 -가 된다(-, 0). 가운데를 중심으로 위쪽은 y축이 +가 되고(0, +), 아래는 y축이 -가 된다(0, -).

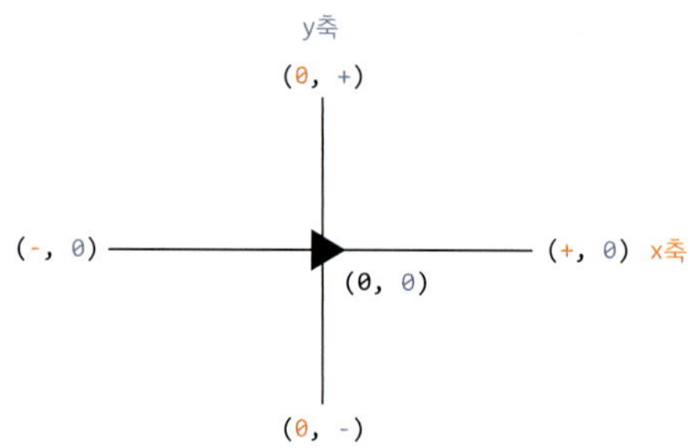

이러한 원리를 사용하여 터틀 그래픽 화면에서 자유롭게 이동할 수 있다. 터틀 그래픽에서 좌표를 이동하는 명령어는 `turtle.goto(x, y)`이다. 따라서 `turtle.goto(100, 50)`이라 쓰면, 오른쪽(x축)으로 100픽셀, 위쪽(y축)으로 50픽셀 이동한다. 다음 코드를 만들어 실행해보자.

```
from turtle import *

goto(100, 0)
goto(-100, 0)
goto(0, 100)
goto(0, -100)
```

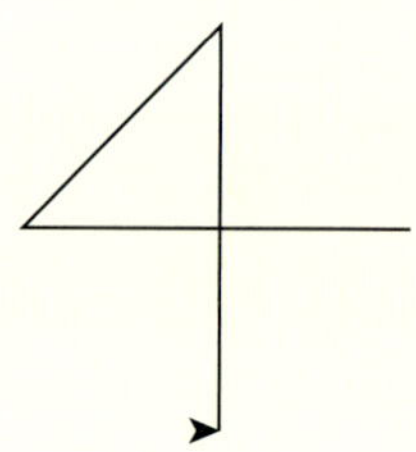

1번 줄에서 from turtle import *로 선언하였다. 따라서 앞으로는 turtle.을 생략할 수 있다. 3번 줄에서 (100, 0)으로 이동했다가 왼쪽인 (-100, 0)으로 이동한다. 여기서 (0, 100)으로 이동한 후, (0, -100)으로 이동한다. 결과적으로 4가 그려진다.

좌표를 이해했다면 무작위 함수를 사용하여 다음과 같은 그림을 그릴 수 있는 코드를 만들어보자.

실행결과

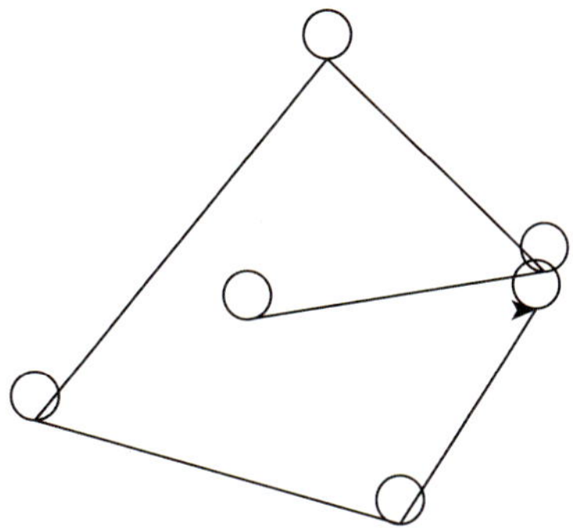

소스코드

```
01 from turtle import *
02 from random import *
03
04 circle(20)
05 goto(randrange(-300, 301), randrange(-300, 301))
06 circle(20)
07 goto(randrange(-300, 301), randrange(-300, 301))
08 circle(20)
09 goto(randrange(-300, 301), randrange(-300, 301))
10 circle(20)
11 goto(randrange(-300, 301), randrange(-300, 301))
12 circle(20)
13 goto(randrange(-300, 301), randrange(-300, 301))
14 circle(20)
```

코드설명

1번 줄 from turtle import *와 2번 줄 from random import *로 인하여 circle(), goto(), randrange() 앞의 모듈 이름이 생략되었다.

4번 줄에서 원을 하나 그린 후, goto() 함수를 사용하여 무작위로 이동한다. 무작위 수는 x축 -300부터 300까지, y축 -300부터 300까지의 수로 만들어진다. 4번과 5번 줄의 코드를 작성한 후 복사하여 붙여넣기를 하면 쉽게 만들 수 있다.

PROJECT 1 아르바이트 급여 계산하기

통닭집에서 아르바이트를 모집한다. 아르바이트 급여를 계산하는 코드를 만들어보자. 근무 조건은 다음과 같다. 시급은 시간당 12,800원이고, 4시간 근무할 때마다 식사비로 9,000원을 준다. 40시간 이상 일할 경우, 식사비는 10,000원이다.

보너스도 있다. 40시간 이상 근무한 경우 보너스는 전체 받는 금액의 10%이고, 40시간 미만이면 2%이다. 사용자로부터 근무한 시간을 입력받아 급여를 계산하는 코드를 만들자. 코드를 단순화시키기 위해, 급여의 소수점 이하는 버린다.

실행결과

첫 번째 실행결과

```
근무한 시간: 44
급여 = 740520.0
```

두 번째 실행결과

```
근무한 시간: 38
급여 = 578748.0
```

알고리즘 만들기

시급은 `perh` 변수에 저장한다. 문제에서 시급은 `12800`임으로 `perh`를 `12800`으로 초기화한다. 사용자로부터 근무한 시간을 입력받아 `wtime`에 저장한다. 4시간 근무할 때마다 식사비가 제공된다. `meal` 변수에는 몇 번의 식사비를 제공해야 하는지를 저장한다.

근무조건을 보면 40시간 이상 근무할 경우와 40시간 미만으로 근무할 경우의 계산식이 다르다. 따라서 `if` 문을 사용하여 근무한 시간이 40시간 이상일 경우와 아닐 경우를 구분하여 코드를 만들어야 한다.

소스코드

코드 5-15 아르바이트 급여 계산 515_alba3.py

```
01  perh = 12800
02  wtime = int(input('근무한 시간: '))
03  meal = wtime // 4
04
05  if wtime >= 40 :
06      sum = (wtime * perh) + (meal * 10000)
07      sum = sum + (sum * 0.1)
08  else :
09      sum = (wtime * perh) + (meal * 9000)
10      sum = sum + (sum * 0.02)
11  print('급여 =', sum)
```

코드설명

3번 줄에서 식사비 제공 횟수를 계산한다. 4시간마다 한 번씩 식사비가 제공되어야 하기 때문에 근무한 시간을 4로 나누어 몫을 구한다. 따라서 `meal = wtime // 4`이다. 정수형에 나눗셈 연산을 하면 무조건 실수형으로 바뀌는 것에 주의하자.

5번 줄에서 `if wtime >= 40 :`을 사용하여 40시간 이상 근무한 경우와 40시간 미만으로 근무한 경우를 나눈다. 6번 줄과 7번 줄이 40시간 이상 근무한 경우에 실행되는 블록이다. 40시간 이상 근무한 경우 근무한 시간에 시급을 곱(`wtime * perh`)한 값을 `sum`에 저장한다. 추가적으로 40시간 이상 근무한 경우 식사비는 10,000원임으로 `meal * 10000`의 결과를 `sum`에 더한다.

40시간 이상 근무한 경우, 보너스는 전체 금액의 10%이다. 7번 줄에서 `sum`과 `sum * 0.1` 값을 더하여 다시 `sum`에 저장한다. `sum = sum * 1.1`도 같은 코드이다.

9번과 10번 줄은 40시간 미만으로 근무한 경우이다. 따라서 `sum = (wtime * perh) + (meal * 9000)`이다. 보너스는 전체 금액의 2%임으로 `sum = sum + sum * 0.02`이다. `sum = sum * 1.02`도 같은 코드이다.

PROJECT 2 가위바위보 코드 줄이기

난이도 상

프로그래밍 초급자에서 중급자로 올라갈 수 있는 좋은 방법을 소개한다. 초급자들은 문제를 푸는 데 급급하지만, 중급자들은 문제를 푸는 것뿐 아니라 남들보다 멋진 코드를 만들고 싶어 한다. '코드 줄이기'는 코딩 실력을 늘리는 데 많은 도움이 된다.

if 문을 3항 조건 연산자로 바꾸면 코드가 줄어들 것이다. 그러나 이것은 진정한 코드 줄이기가 아니다. 앞에서 만든 가위바위보 게임에서 사용자가 이기는 조건을 보자. 매우 복잡하다. 이 조건을 짧게 줄이는 것이 코드 줄이기이다.

```
elif (user == 0 and com == 2) or (user == 1 and com == 0) or
     (user == 2 and com == 1) :
```

더 간단한 조건식을 만들기 위해 다음과 같이 표를 만들었다. 표에서 가로는 컴퓨터가 가질 수 있는 경우의 수이며, 세로는 사용자가 가질 수 있는 경우의 수이다. 각 칸의 대괄호 [] 안에는 com값에서 user값을 뺀 값(com - user)을 적어 놓았다. 그리고 사용자가 이기는 경우에만 색칠을 했다.

대괄호 [] 안의 숫자는 (com - user)의 결과값

사용자 \ 컴퓨터	가위(0)	바위(1)	보(2)
가위(0)	비김 [0]	컴퓨터 승 [1]	사용자 승 [2]
바위(1)	사용자 승 [-1]	비김 [0]	컴퓨터 승 [1]
보(2)	컴퓨터 승 [-2]	사용자 승 [-1]	비김 [0]

위의 표에서 사용자가 이기는 패턴을 찾아보자. (com - user)를 한 결과가 -1이거나 2인 경우에 사용자가 이긴다. 이러한 결과를 바탕으로 다음과 같은 조건을 만들었다.

```
elif (com - user) == -1 or (com - user) == 2 :
```

새로 만든 조건이 훨씬 단순하다. 좀 더 고민해보면, AND나 OR같은 논리 연산자를 사용하지 않고도 조건을 만들 수 있다.

(com - user)의 결과값을 보면, 사용자가 이기는 경우의 결과값은 -1과 2이다. 여기에 1을 더하면(com - user + 1) 결과는 0과 3이 나온다. 이를 3으로 나눠 나머지(% 3)를 구하면 언제나 0이 되는 값을 얻을 수 있다. 다시 말해, (com - user + 1) % 3은 사용자가 승리할 때 언제나 0이 된다. 따라서 다음과 같이 코드를 작성하면 같은 결과를 얻을 수 있다.

```
elif (com - user + 1) % 3 == 0 :
```

(user == 0 and com == 2) or (user == 1 and com == 0) or (user == 2 and com == 1)과 (com - user + 1) % 3 == 0을 비교해보면, 어떤 코드가 더 좋은 코드인지 알 수 있다. 이렇게 코드를 줄이는 과정에서 코딩 실력이 늘어나게 된다. 문제의 답을 찾는 데만 만족하지 말고, 다양한 해결방법을 찾으려고 노력해보길 바란다.

요약

- 코드가 위에서 아래로 실행되는 구조를 순차 구조라 부른다.
- 조건에 따라 선택되는 코드가 한 번만 실행되는 구조를 조건선택 구조라 부른다.
- 반복 조건이 참인 동안 실행이 반복되는 구조를 반복 구조라 부른다.
- 조건선택 구조의 대표적인 키워드는 `if`이며, `if` 조건 다음에는 콜론(:)을 붙인다.
- 조건문에 속한 코드는 들여쓰기를 해야 한다. 조건에 속하여 들여쓰기를 한 코드들을 블록이라 부른다.
- `if` 조건이 거짓일 때 실행되는 코드가 있다면 키워드 `else`를 사용한다. `else` 다음에는 콜론(:)을 붙인다.
- 다중 조건의 `if` 문을 만들 때, `if` 이후에 조건을 새로 붙이려면 키워드 `elif`를 사용해야 한다.
- 무작위 수를 만드는 함수가 들어있는 모듈 이름은 `random`이다.
- `random.randrange(a, b)`에서 a와 b의 범위 x는 a <= x < b이다. 따라서 0에서 10까지의 무작위 수를 출력하는 코드 `random.randrange(0, 11)`이라 써야 한다.
- `random.randint(a, b)`에서 a와 b의 범위 x는 a <= x <= b이다.

연습문제 30문제

[개념문제]

01 다음 중 코드가 위에서 아래로 실행되는 구조를 무엇이라 부르는가?

❶ 순차 구조 ❷ 조건선택 구조
❸ 반복 구조 ❹ 상승 구조

02 다음 중 조건에 따라 선택되는 코드가 한 번만 실행되는 구조를 무엇이라 부르는가?

❶ 순차 구조 ❷ 조건선택 구조
❸ 반복 구조 ❹ 상승 구조

03 다음 중 조건이 참인 동안 실행이 반복되는 구조를 무엇이라 부르는가?

❶ 순차 구조 ❷ 조건선택 구조
❸ 반복 구조 ❹ 상승 구조

04 다음 중 조건선택 구조의 키워드와 거리가 있는 것은 무엇인가?

❶ `else` ❷ `elif`
❸ `if` ❹ `for`

05 다음 중 `if` 조건 다음에 붙어야 하는 기호는 무엇인가?

❶ `:` ❷ `|`
❸ `;` ❹ `!`

06 다음 중 `else` 다음에 붙어야 하는 기호는 무엇인가?

❶ `:` ❷ `|`
❸ `;` ❹ `!`

07 다음 중 변수 `num`이 홀수인지를 확인하는 코드를 고르시오.

❶ `num % 2 =! 1` ❷ `num % 2 == 1`
❸ `num // 2 == 1` ❹ `num % 2 != 1`

08 다음 중 변수 num이 짝수인지를 확인하는 코드를 고르시오.

① num % 2 =! 1　　② num % 2 == 1

③ num // 2 == 1　　④ num % 2 != 1

09 다음 중 변수 num이 홀수인지를 확인하는 코드를 고르시오.

① num % 2 =! 0　　② num % 2 == 0

③ num // 2 == 0　　④ num % 2 != 0

10 다음 중 변수 num이 짝수인지를 확인하는 코드를 고르시오.

① num % 2 =! 0　　② num % 2 == 0

③ num // 2 == 0　　④ num % 2 != 0

11 다음 중 무작위 수를 만드는 모듈 이름은 무엇인가?

① turtle　　② time

③ math　　④ random

12 다음 중 random.randrange(a, b)에서 a와 b의 범위 x를 정확하게 나타낸 것을 고르시오.

① a < x < b　　② a <= x <= b

③ a <= x < b　　④ a < x <= b

13 다음 중 random.randint(a, b)에서 a와 b의 범위 x를 정확하게 나타낸 것을 고르시오.

① a < x < b　　② a <= x <= b

③ a <= x < b　　④ a < x <= b

14 다음 중 0부터 10까지의 무작위 수를 출력하는 코드를 고르시오.

① random.randrange(0, 10)　　② random.randrange(0, 11)

③ random.randrange(-1, 11)　　④ random.randrange(-1, 10)

15 다음 조건에 가장 근접한 조건식을 고르시오.

age가 19 이상이고 25 미만이어야 한다.

① age > 18 && age < 25　　② age > 19 && age < 25

③ age => 19 && age < 25　　④ age >= 19 && age <= 25

16 다음 조건에 가장 근접한 조건식을 찾으시오.

```
age가 19 미만이거나 birth는 2000인 조건 중 하나
```

❶ age < 19 || birth = 2000 ❷ age < 19 && birth = 2000

❸ age <= 19 || birth = 2000 ❹ age < 19 || birth == 2000

17 다음 조건에 가장 근접한 조건식을 찾으시오.

```
birth는 2000이어야 하며 age는 19 이하이면 안 된다.
```

❶ age >= 20 || birth == 2000 ❷ age >= 20 && birth == 2000

❸ age >= 19 && birth == 2000 ❹ age >= 19 || birth == 2000

18 다음 코드에서 생일이면 birth가 0이고, 아니면 birth는 1이다. age는 나이를 가진다. 생일이면서 19세 이상인 손님에게 모히또를 주고 그 외 손님에게는 탄산음료를 주는 코드이다. 빈칸에 들어갈 적당한 코드를 고르시오.

```
if                              :
    print('탄산음료 한 잔 당첨!')
else :
    print('축하합니다! 모히또 한 잔 당첨!')
```

❶ (birth == 1) && (age > 19) ❷ (birth == 1) && (age >= 19)

❸ (birth != 1) || (age < 19) ❹ (birth == 1) || (age < 19)

19 다음 코드에서 생일이면 birth가 0이고, 아니면 birth는 1이다. age는 나이를 가진다. 생일이면서 19세 이상인 손님에게 모히또를 주고 그 외 손님에게는 탄산음료를 주는 코드이다. 빈칸에 들어갈 적당한 코드를 고르시오

```
if                              :
    print('축하합니다! 모히또 한 잔 당첨!')
else :
    print('탄산음료 한 잔 당첨!')
```

❶ (birth == 1) && (age > 19) ❷ (birth == 1) && (age >= 19)

❸ (birth != 1) || (age < 19) ❹ (birth == 1) || (age < 19)

20 다중 조건의 if 문을 만들려 한다. if 이후에 조건을 새로 붙이려면 어떤 키워드를 사용해야 하는가?

① if ② elif

③ else ④ if else

21 코드 첫 줄에 import turtle as t라 썼다. 다음 중 좌표 이동 함수를 정확하게 쓴 코드는 무엇인가?

① turtle.goto(100, 0) ② goto(100, 0)

③ goto(100) ④ t.goto(100, 0)

[코드문제]

22 다음은 홀짝 게임 코드이다. 빈칸에 들어갈 코드 2개를 정확하게 기입하시오.

> **힌트**
> randrange() 함수의 범위를 생각해보자.

```
import random

com = random.randrange
user = int(input('홀 0, 짝 1 입력: '))
chip = 0

if                              :
    chip = chip + 10
    print('\n맞췄음')
else :
    chip = chip - 10
    print('\n틀렸음')
print('chip = %d' % chip)
```

23 비가 오는 경우 1, 안 오는 경우 0을 입력받아 우산을 가져가는 코드이다. 빈칸에 들어갈 코드를 정확하게 기입하시오.

> **힌트**
> 입력된 값을 bool형으로 바꾸는 코드가 필요하다.

```
rain = 

if rain :
    print('우산 준비')
print('소개팅 간다')
```

24 4명이 여행을 떠나려 하는 데, 둘은 하와이를 가자고 하고, 나머지는 다른 곳을 가자고 한다. 무작위 수를 만들어 0이 나오면 제주도, 1이 나오면 사이판, 2와 3이 나오면 하와이를 가기로 했다. 빈칸에 적당한 코드를 기입하시오.

```
import random

trip = random.randrange(0, 4)

if trip == 0 :
    print('제주도로 출발')
if trip == 1 :
    print('사이판으로 출발')
if                                  :
    print('하와이로 출발')
```

25 별다방에서 쿠폰 행사를 시작했다. 쿠폰이 없거나 10개 미만은 커피 1잔, 20개 미만은 다이어리, 20개 이상은 여행가방을 준다. 다음은 쿠폰 개수에 따라 사은품을 출력하는 코드이다. 빈칸에 적당한 코드를 기입하시오.

> **힌트**
> 다중 조건문이 아닌 if 문을 여러 개 사용하는 경우이다. 조건을 잘 만들어야 한다.

```
coupon = int(input('쿠폰 개수 입력: '))

if coupon >= 20 :
    print('\n여행가방')
if                                  :
    print('\n다이어리')
if coupon < 10 :
    print('\n커피 1잔')
```

26 1번 패키지는 입장권과 놀이기구 10종을 이용할 수 있고, 돌고래쇼도 관람할 수 있다. 2번 패키지는 입장권과 놀이기구 10종을 이용할 수 있다. 마지막으로 3번 패키지는 입장만 할 수 있다. 다음은 패키지에 따라 티켓을 출력하는 코드이다. 빈칸을 채우시오.

> **힌트**
> 다중 조건문이 아닌 if 문을 여러 개 사용하는 경우이다. 조건을 잘 만들어야 한다.

```
ticket = int(input('1 ~ 3번 중 어떤 티켓? '))

if ticket == 1 :
    print('돌고래쇼 티켓')
if                              :
    print('놀이기구 10종 티켓')
print('입장권')
```

27 생일이면서 19세 이상인 손님에게 모히또를 주는 코드이다. 빈칸을 채우시오.

```
birth = int(input('이번 달 생일? 1은 yes, 0은 no: '))
age = int(input('나이 입력: '))

if                      :
    print('\n음료수 한 잔' )
else :
    print('\n당첨! 모히또 한 잔')
```

28 생일이면서 19세 이상인 손님에게 모히또를 주고 아닌 손님에게는 탄산음료를 주는 코드이다. 빈칸을 채우시오.

> **힌트**
> if 조건이 참일 때 음료수 한 잔이다. 조건을 잘 만들어야 한다.

```
birth = int(input('이번 달 생일? 1은 yes, 0은 no: '))
age = int(input('나이 입력: '))

if                      :
    print('\n음료수 한 잔' )
else :
    print('\n당첨! 모히또 한 잔')
```

29 다음은 급여 계산 코드이다. 조건이 아래와 같을 경우 빈칸을 채우시오.

조건

시급은 시간당 12,800원이다. 4시간 근무할 때마다 식사비로 9,000원이 추가된다. 40시간 이상 근무한 경우 식사비는 10,000원으로 오르고 전체 받는 금액의 10%를 보너스로 더 받게 된다. 40시간 미만이면 보너스는 전체 받는 금액의 2%이다. 단 근무한 시간은 정수(int)이며, 소수점 이하는 버린다.

```
perh = 12800
wtime = int(input('근무한 시간: '))


if wtime >= 40 :
    sum =
    sum = sum + (sum * 0.1)
else :
    sum =
    sum = sum + (sum * 0.02)
print('급여 = %d' % sum)
```

30 다음은 가위바위보 게임이다. 빈칸을 채우시오.

힌트

일반적인 조건으로 채우면 100점 만점 중 80점, 코드 줄이기가 된 조건으로 채우면 100점이다.

```
import random

com = random.randrange(0, 3)
user = int(input('가위0 바위1 보2 선택: '))
print('user = %d, com = %d ' % (user, com))

if user == com :
    print('비겼습니다!')
elif                          :
    print('user 승!')
else :
    print('com 승!')
```

CHAPTER

06

반복문 배워보기

미리 둘러보기

반복 구조에서는 조건이 참인 동안에 실행이 반복된다. 대표적인 키워드로 while과 for가 있다. 조건문 if는 조건이 참이면 한 번 실행된다. while 문은 조건이 참인동안 반복되다가 조건이 거짓이 되는 순간 반복을 멈춘다. 반복문을 사용하면 복잡한 코드를 짧게 줄일 수 있다.

for 문은 반복문을 단순하게 만들 수 있기 때문에 자주 사용된다. 1부터 10까지의 수를 반복하고 싶다면 for k in range(1, 11) :이라 쓰면 된다. range() 함수를 사용하여 다양한 수를 만들 수 있다.

while 문은 반복 횟수가 정해지지 않았을 경우 사용하기 편한 반복문이다. break와 continue를 사용하면 복잡한 조건식 없이도 반복문을 만들 수 있다.

6장에서는 반복문을 사용하여 UFO 날리기, 알람시계, 구구단, 스무고개 게임, 스탠드 게임과 같은 다양한 코드를 만들어본다.

```
your num = 9, chip = 10 배팅(0은 포기): 10
com num = 4
you WIN! chip = 20

your num = 1, chip = 20 배팅(0은 포기): 0
com num = 9
```

반복문을 사용하면 적은 코드로도 다양하게 움직이는 터틀 그래픽을 만들 수 있다. 다양한 비행기 날리기 코드를 만들어본다.

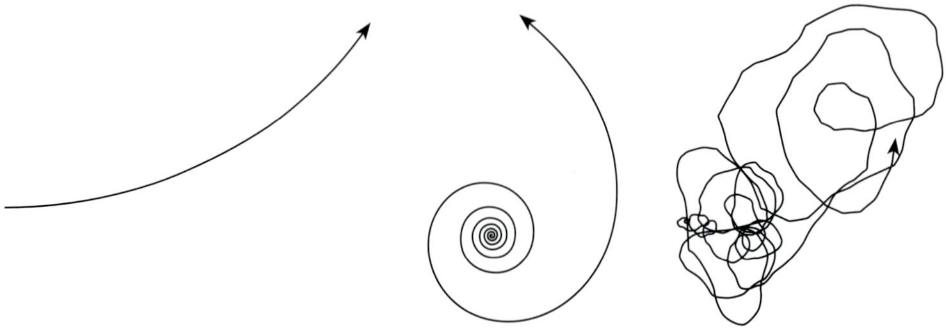

반복문이란 무엇인가? 6.1

1 반복문에 대하여

조건선택 구조(if)는 조건을 만족하면 코드가 한 번 실행된다. **반복 구조는 조건이 만족될 때까지 실행이 반복된다.** 반복 구조에 사용되는 키워드로 while과 for가 있다.

통닭 10마리 주문이 들어왔다. 위의 그림은 통닭 10마리를 튀기는 while 문의 구조를 보여준다. 주문된 통닭은 order = 10부터 시작한다. 통닭이 한 마리 튀겨질 때마다 order는 1씩 감소한다. order가 0보다 큰 동안에는 계속 통닭을 튀긴다. order가 0이 되는 순간 통닭 튀기기를 멈춘다.

while 문은 if 문과 똑같이 생겼다. 다음 코드를 보자. 차이점이 있다면, if는 조건이 참(True)인 경우에 한 번만 실행되는 반면에 while 문은 참인 동안 계속 실행된다.

if order > 0 : 통닭 튀긴다	조건이 참이면 1마리 튀긴다.	while order > 0 : 통닭 튀긴다	조건이 참인 동안 계속 튀긴다.

반복문을 사용하면 코드를 다양하게 만들 수 있다. 앞에서 만든 홀짝 게임이나 가위바위보 게임의 경우 한 판으로 모든 승부가 결정되었다. 반복문을 사용면 5판 3선승과 같이 여러 번의 게임을 통하여 승리를 결정하는 코드를 만들 수 있다. 또한 반복문을 사용하여 복잡하고 긴 코드를 짧게 줄일 수 있는 장점이 있다.

2 반복문의 구성

반복문은 초기값, 반복 조건, 증가/감소의 3가지로 구성된다. 초기값이란 반복을 시작하는 값이다. 반복 조건이란 참인 동안 반복되는 조건식을 가리킨다. 증가/감소란 조건의 값을 증가 혹은 감소시키는 연산식이다.

다음 그림은 while 문 구조를 나타낸다. 실제로 통닭을 튀길 수 없음으로 통닭 튀긴다는 print('통닭 튀긴다')로 대신한다. 앞으로 튀겨야 할 통닭이 3마리라면 초기값은 3이 된다. 따라서 order = 3이 초기값이다. while 문은 통닭 3마리가 다 튀겨질 때까지 반복된다. 따라서 반복 조건은 order > 0이다. order가 0보다 크다는 것은 튀겨야 할 통닭이 남아 있다는 뜻이다.

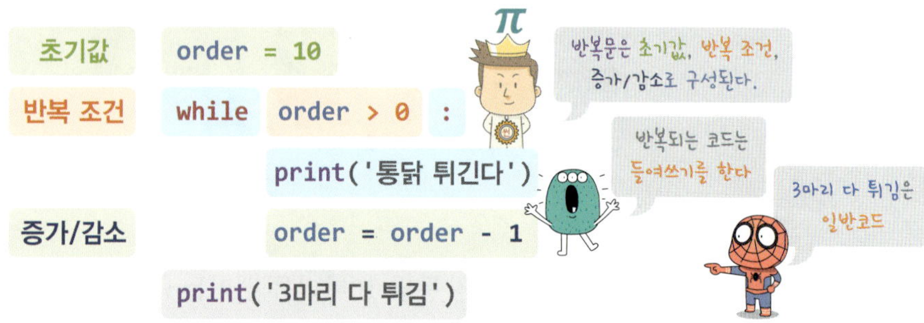

3마리 통닭을 다 튀겨서 order가 0이 되면 while 문을 빠져 나온다. 따라서 order > 0이 거짓이 될 때 반복문을 빠져 나온다. 바꿔 말하면, order <= 0이 되는 순간 반복문을 탈출한다.

증가/감소는 반복문이 실행되는 동안 조건을 증가시키거나 감소시킨다. 위의 그림에서 order = order - 1이 감소식이다. 따라서 통닭이 한 마리 튀겨질 때마다 order는 1씩 감소한다.

while 문은 조건이 만족될 때까지 블록을 반복한다. 블록이란 반복문에 속한 코드를 가리킨다. 블록에 속한 코드는 들여쓰기를 해야 한다. 그림에서 while 문 블록에는 두 줄의 코드가 있다. 하나는 통닭을 튀기는 코드(print())이고 다른 하나는 order를 감소시키는 코드이다.

들여쓰기를 안 한 print('3마리 다 튀김')은 일반코드이다. if 문과 마찬가지로 반복문에서도 들여쓰기를 안 한 코드는 블록에 속한 코드가 아니다. 따라서 반복문이 끝나면 print('3마리 다 튀김')은 1번 실행된다.

블록에서 oder = order - 1과 같이 증가/감소 연산식이 없을 경우, order > 0이 거짓이 될 수 없다. 따라서 평생 통닭만 튀기게 된다. 이렇게 무한히 반복되는 코드를 무한반복(혹은 무한루프)이라 부른다.

의도적으로 무한반복을 사용하기도 한다. 무한반복을 사용한 코드는 뒤에서 보게 된다. 그러나 조건식이 잘못되거나 증가/감소 연산식이 잘못되었을 때 발생하는 의도치 않은 무한반복은 조심해야 한다.

[코드 6-1]은 지금까지 설명한 while 문의 예제 코드이다. [코드 6-1]은 앞으로도 계속 사용할 예정이니 601_while1.py로 저장하고 실행하길 바란다.

1번 줄에서 튀겨야 할 통닭 개수를 담을 변수 order를 만들고 3을 저장한다. 2번부터 4번 줄까지는 while 문이다. while 문은 order > 0인 동안 3번 줄과 4번 줄을 반복한다. 반복이 멈추는 때는 order가 0이 되거나 음수가 되는 경우이다.

코드 6-1 **while 문** **601_while1.py**

```
01  order = 3
02  while order > 0 :                     # order <= 0이 되면 반복 멈춤
03      print('%d 통닭 튀긴다' % order)      # 들여쓰기: 블록 시작
04      order = order - 1                 # order값 1 감소
05  print('3마리 다 튀김')                   # 일반코드
```

실행결과

```
3 통닭 튀긴다
2 통닭 튀긴다
1 통닭 튀긴다
3마리 다 튀김
```

3번과 4번 줄이 while에 속한 코드인 것을 알 수 있는 이유는 들여쓰기 때문이다. while에 의해 반복되는 블록은 들여쓰기를 해야 한다. 3번 줄에서 order값과 통닭 튀긴다를 출력하고, 4번 줄에서 order에 1을 뺀다. 이러한 과정이 order가 0이 될 때까지 반복된다.

5번 줄은 들여쓰기가 안 되어 있기 때문에 while에 속한 코드가 아니다. 일반코드이기 때문에 while과 상관없이 실행된다. 3마리의 통닭이 다 튀겨지고 while을 빠져나오면 3마리 다 튀김이 출력된다.

함수소개 화면 지우기와 멈추기

601_while1.py로 저장한 [코드 6-1]을 다시 불러온 뒤 order = 60으로 바꿔서 실행해보자. 인터렉티브 쉘 화면에 60줄의 글자가 빠르게 출력되어 화면이 꽉 찰 것이다. 만약 화면을 지울 수만 있다면 깔끔하게 출력할 수 있다. 한 줄 출력하고, 화면을 지우고, 또 다음을 출력하면 계속 같은 자리에 출력된다.

불행하게도 인터렉티브 쉘에는 화면을 지우는 명령어가 없다. 대신, os 모듈에 화면을 지우는 명령어가 있다. 윈도우즈에서 화면을 지우는 명령어는 cls이다. clear의 약자이다. 이 명령어를 사용하고 싶다면, import os를 하여 os 모듈을 불러온다. 그리고 os.system('cls')라 쓰면 된다. os.system() 함수는 os의 명령어를 사용하게 해주는 함수이다.

코드 6-2 화면 지우기 탐색기 602_cls1.py

```
01  import os                    # os.system()이 있는 모듈
02
03  order = 60
04  while order > 0 :
05      print('%d 통닭 튀긴다' % order)
06      order = order - 1
07      os.system('cls')            # os.system() os 명령어 사용, cls 화면 지우기
08  print('60마리 다 튀김')
09
10  input()                      # 콘솔창이 사라지는 것 방지
```

윈도우 콘솔창 실행결과

```
60마리 다 튀김 ◀──── 한 자리에서 통닭이 계속 튀겨짐
```

os.system('cls')는 윈도우 명령어이기 때문에 윈도우 콘솔창(cmd)에서만 작동한다. 따라서 [코드 6-2]을 만들어 602_cls1.py로 저장한 후 탐색기에서 더블클릭하여 실행해야 한다. 검은색 콘솔창이 뜨면서 같은 줄에 60마리의 통닭이 튀겨지는 것을 볼 수 있다.

앞의 [코드 6-1]과 비교하면, 1번 줄에 import os가 추가되었다. 또한 7번 줄에 화면을 지우는 os.system('cls')가 추가 되었다. 4장에서 설명하였듯이 윈도우 콘솔창은 결과를 출력한 후 바로 사라진다. 10번 줄의 input()은 콘솔창이 사라지는 것을 방지하기 위해 추가된 코드이다. 앞으로는 코드의 마지막에 input()이 보이지 않더라도 알아서 추가하기를 바란다.

[코드 6-2]를 실행하면 60마리가 순식간에 튀겨진다. 60마리를 튀기는데 1초도 안 걸린다. 조금 천천히 출력하면 코드가 그럴듯해 보일 것이다. 조금 천천히 출력하는 방법을 배워보자.

함수 중 time.sleep(1)은 작업을 1초간 멈추라는 의미이다. time.sleep() 함수는 time 모듈에 있다. 따라서 import time을 사용하여 time 모듈을 불러온다. 화면을 1초간 멈추고 싶다면 time.sleep(1)이라 쓰면 된다. 0.1초간 멈추고 싶을 경우, time.sleep(0.1)이라 쓰면 된다. time.sleep(1)을 사용하여 변경한 코드가 [코드 6-3]이다.

코드 6-3 화면 멈추기 탐색기 603_sleep1.py

```
01  import os
02  import time                        # time.sleep()이 있는 모듈
03
04  order = 60
05  while order > 0 :
06      print('%d 통닭 튀긴다' % order)
07      order = order - 1
08      time.sleep(1)                  # time.sleep(1): 1초간 멈춤
09      os.system('cls')
10  print('60마리 다 튀김')
11
12  input()
```

윈도우 콘솔창 실행결과

```
60마리 다 튀김
```

◀ 1초에 한 마리씩 통닭이 튀겨짐

[코드 6-3]에서 새로 추가된 것은 2번 줄의 import time과 8번 줄의 time.sleep(1)이다. 2번 줄의 import time은 sleep() 함수를 사용하기 위해서 time 모듈을 불러온 것이다. 6번 줄에서 통닭 튀긴다가 출력된 후, 8번 줄에서 1초간 멈춘다. 그리고 9번 줄에서 화면을 지우고 다시 통닭을 튀긴다. 따라서 같은 줄에서 1초에 1마리씩 통닭이 튀겨진다.

[코드 6-3]에서 8번 줄과 9번 줄을 바꾸면 어떻게 되는지 확인해보자. 통닭을 튀기고 난 뒤 화면을 지우고 1초간 기다리게 된다. 따라서 화면에 글자가 나타났다 바로 사라진 후 1초를 기다리게 되어 확인이 어렵다.

```
08      os.system('cls')
09      time.sleep(1)
```

중간점검

1. 반복 구조의 대표적인 키워드로 (   )와 (   )이 있다.

2. (   )은 반복문의 조건식이 잘못되거나 증가/감소 연산식이 잘못되었을 때 프로그램이 끝나지 않고 실행이 반복되는 것을 의미한다.

3. 반복문의 구성 요소는 초기값, 반복 조건, (   )이다.

4. `while` 조건 다음에 붙여야 하는 기호는 (   )이다.

5. `while` 조건이 `A > 0`인 경우 탈출 조건은 A (   ) 0이다.

for 문 사용하기 6.2

1 for 문의 구조

for 문도 while 문과 같은 역할을 하는 반복문이다. for 문은 초기값, 반복 조건, 증가/감소를 간단하게 표현할 수 있기 때문에 while 문보다 자주 사용된다.

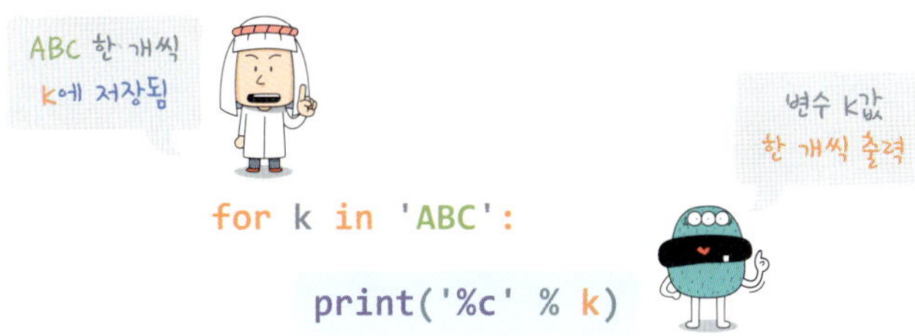

기본적인 for 문 코드를 보자. for 문은 in 다음에 나오는 데이터를 반복적으로 k에 넣는다. for k in 'ABC' :이라 쓰면 in 다음의 문자열에 있는 A, B, C를 변수 k에 한 번에 한 개씩 대입(저장)한다. print('%c' % k)를 사용하여 k값을 출력하면 A, B, C 문자가 한 줄씩 출력된다. 다음 코드를 실행해보자.

코드 6-4 for 문 604_for1.py

```
for k in 'ABC' :                    # in 다음의 'ABC'를 하나씩 k에 대입
    print(k)                         # k값 출력
```

실행결과

```
A
B
C
```

[코드 6-4]를 for 문 없이 쓰면 다음과 같다. 1번 줄에서 k에 A를 넣고, 2번 줄에서 출력하고, 3번 줄에서 k에 B를 넣고, 4번 줄에서 출력하고, 5번 줄에서 k에 C를 넣고, 6번 줄에서 출력한다. 이 모든 과정을 [코드 6-4]의 for 문이 단 2줄로 처리한다. 그래서 반복문을 사용하면 복잡한 코드를 간단하게 줄일 수 있다.

```
k = 'A'
print(k)
k = 'B'
print(k)
k = 'C'
print(k)
```

위의 예에서 변수 k가 반복되는 값을 가지게 된다. 앞서 변수 이름을 만들 때, 한 글자 변수 이름은 사용하지 말라고 하였다. 그러나 반복문에서는 i, j, k, l, m, n과 같은 한 글자 변수를 사용하기도 한다. 반복문에서는 일반적인 이름의 변수나 한 글자 변수를 골라서 사용하면 된다.

2 for 문 사용하기

for 문을 사용하여 60마리 통닭을 튀겨보자. 60마리 통닭을 튀기기 위해서는 1부터 60까지의 숫자를 반복해주어야 한다. 특정한 범위 안의 데이터를 반복하고 싶을 때에는 range() 함수를 사용한다. range() 함수는 print()나 input()과 같은 내부 함수이기 때문에 따로 모듈을 가져올 필요가 없다.

range(5)라 쓰면, 0부터 4까지의 숫자를 만들어준다. range(b)는 0부터 시작하여 b - 1까지의 수를 만들어준다. b는 포함되지 않는다. 다시 말해 0 <= x < b인 x값을 만든다. 항상 0부터 시작하여 b - 1까지의 수를 만드는 것에 주의하자.

0이 아닌 다른 수부터 시작하는 경우, range(a, b)라 쓴다. a <= x < b의 값을 만들어준다. 1부터 60까지의 숫자를 만들고 싶은 경우 range(1, 61)이라 쓰면 된다. 그러면 1부터 시작하여 61보다 작을 때까지 반복한다. 만약 range(1, 60)이라 쓰면 1부터 59까지만 반복되니 주의하기 바란다. 다음 그림은 60마리의 통닭을 튀기는 코드이다.

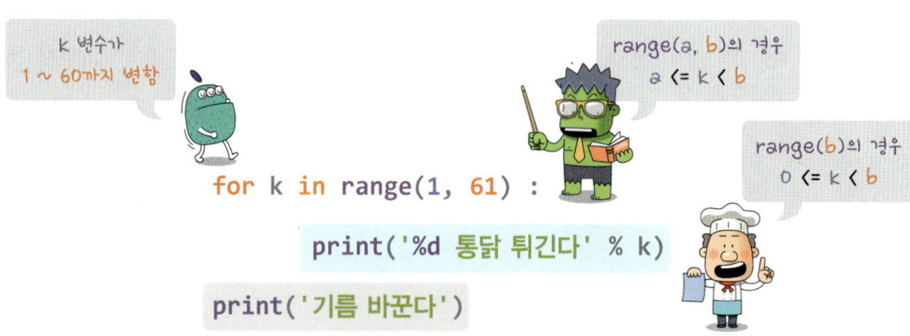

range(1, 61)이기 때문에 초기값 1부터 시작하여 60까지 for가 반복된다. for에 속한 코드는 들여쓰기를 한 print('%d 통닭 튀긴다' % k)이다. 따라서 print('기름 바꾼다')는 일반코드이다. for 문에서 통닭 60마리를 튀기고 난 뒤에 기름을 바꾼다.

여기서 잠깐

앞서 4장에서 random.randint(a, b) 대신 random.randrange(a, b) 함수를 사용한 이유가 range() 함수 때문이다. range(a, b)는 a부터 시작하여 b - 1까지 반복한다. randrange(a, b)도 b - 1까지의 무작위 수를 만들어준다. for 문을 사용할 때 range() 함수가 많이 사용되기 때문에 range()에 익숙해지기 위하여 random.randrange(a, b)를 사용했다.

강조하지만, 반복문과 조건문에서 들여쓰기는 매우 중요하다. print('기름 바꾼다')를 들여쓰기를 하면, for 블록에 속한 코드가 되어 통닭을 한 번 튀기고 난 뒤 바로 기름을 바꾼다.

위의 코드를 0부터 시작하여 60마리를 튀기는 코드로 바꿔보자. 0부터 시작하기 때문에 마지막 통닭은 59이다. 다음과 같이 range(60)이라 쓰면 된다.

```
for k in range(60) :                    # 0부터 59까지 k에 대입
    print('%d 통닭 튀긴다' % k)
```

3 for 문 활용하기

2부터 30까지 짝수만 더하는 코드를 만들어보자. 만드는 코드는 다음과 같이 출력된다. 1번 줄에서 2부터 30까지의 짝수를 출력하고, 2번 줄에서 2부터 30까지의 짝수를 더한 240이 출력된다.

실행결과

```
2 4 6 8 10 12 14 16 18 20 22 24 26 28 30
sum = 240
```

위와 같은 출력을 만들기 위해 무엇이 필요한지 생각해보자. 우선, 2부터 30까지의 짝수를 만들어야 한다. range() 함수에서 range(2, 31, 2)라 쓰면 2부터 시작하여 30까지 2씩 증가하는 수를 만들어준다. range(a, b, c)에서 **c는 증가/감소 폭**을 나타낸다.

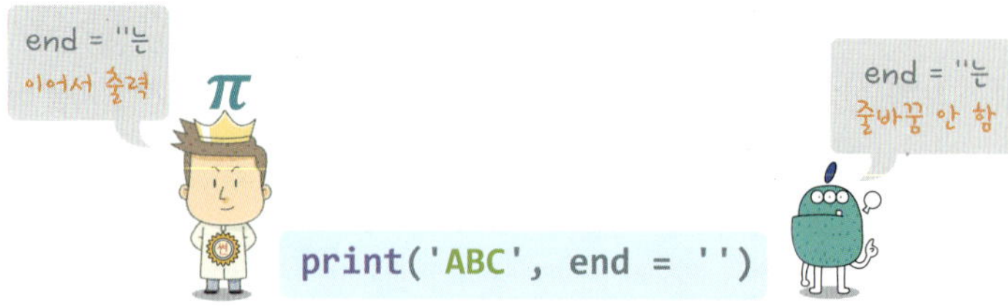

생각해야 할 또 한 가지 문제가 있다. print() 함수는 한 번 사용할 때마다 줄바꿈(\n)을 한다. 따라서 2 4 6 8과 같이 여러 개의 데이터를 한 줄에 붙여서 출력하는 방법을 찾아야 한다. print()에서 줄바꿈을 하지 말라는 명령어는 end = ''이다. 다음과 같이 print()의 맨 마지막에 쉼표(,)와 end = ''를 넣으면 줄바꿈이 일어나지 않는다. 다음 코드에서 2번 줄의 출력이 1번 줄의 이어서 다음에 줄바꿈 없이 출력된다.

```
01  print('이어서', end = '')
02  print('출력')
```

실행결과

```
이어서출력
```

지금까지 배운 코드를 사용하여 2부터 30까지 짝수를 더하는 코드가 [코드 6-5]이다. 1번 줄에서 더하는 값을 저장할 sum 변수를 선언한다. 변수는 사용하기 전에 초기화 해야 하기 때문에 sum 변수에 0을 저장하였다.

코드 6-5 짝수 더하기 605_for2.py

```
01  sum = 0                              # 변수는 사용 전에 초기화해야 한다
02  for k in range(2, 31, 2) :           # 0부터 59까지 k에 대입
03      print('%d ' % k, end = '')
04      sum = sum + k
05  print('\nsum =', sum)
```

2번 줄 range(2, 31, 2)는 2부터 31까지 2씩 증가하는 값을 만든다. 주의할 것은 30까지 만들려면 만들어지는 수의 범위를 2, 31로 지정해야 한다. 즉 31보다 작은 30까지만 만들어진다.

3번 줄에서 k값을 출력한다. 한 줄에 이어서 출력하기 위하여 end = ''를 사용했다. 4번 줄에서 sum에 k를 더하여 sum에 다시 저장하여 계속 짝수가 더해진다. k가 30이 되어 반복문이 끝나면, 5번 줄에서 sum의 값을 출력하고 끝난다.

위의 코드를 응용해보자. 9부터 1까지 숫자를 줄이면서 홀수만 곱하는 코드를 만들어 보자. 9부터 1까지 숫자를 줄이는 경우, range(9, 0, -1)이라 써야 한다. 그러면 9부터 1까지 한 개씩 숫자가 줄면서 k값이 만들어진다. 주의할 것은 1까지 출력하기 위해서는 range(9, 1, -1)이 아니라 range(9, 0, -1)이여야 한다. for 문을 사용할 때 흔히 하는 실수이니 주의하기 바란다.

```
for k in range(9, 0, -1) :
    mul = mul * k
```

[코드 6-6]은 9부터 1까지 숫자를 줄이면서 홀수만 곱하는 코드이다. 1번 줄에서 곱셈을 저장할 변수 mul을 만들고 초기화한다. 1로 초기화한 것에 주목하자. 덧셈의 경우 초기값을 0으로 했지만, 곱셈은 0을 곱하면 모든 수가 0이 되기 때문에 초기값을 1로 해야 한다.

코드 6-6 홀수 곱하기 606_for3.py

```
01 mul = 1                                  # 곱셈임으로 초기값은 1
02 for k in range(9, 0, -2) :               # 0부터 59까지 k에 대입
03     print('%d ' % k, end = '')
04     mul = mul * k
05 print('\nmul =', mul)
```

실행결과

```
9 7 5 3 1
mul = 945
```

2번 줄에서 range(9, 0, -2)가 9부터 1까지 홀수값을 만들어낸다. 4번 줄에서 mul = mul * k가 홀수를 계속 곱한다. 모두 곱하면 945가 출력된다.

중간점검

1. range(10)에서 처음 만들어지는 수는 (   )이다.

3. 0부터 10까지 반복하기 위해서는 range(   )이라 써야 한다.

4. 2부터 30까지의 짝수를 만들 경우 for k in range(   )라 써야 한다.

LAB 1 여러 번 홀짝 게임

4장의 홀짝 게임은 컴퓨터와 한 번만 겨룰 수 있었다. for 문을 사용하여 홀짝 게임을 3번 하자. 3번의 게임이 끝나면 사용자가 이긴 횟수와 컴퓨터가 이긴 횟수를 출력하는 코드를 만들어보자.

실행결과

```
홀 0, 짝 1 입력: 1
사용자 승

홀 0, 짝 1 입력: 0
사용자 승

홀 0, 짝 1 입력: 1
컴퓨터 승

userwin = 2, comwin = 1
```

알고리즘 만들기

4장의 홀짝 게임과 기본적인 코드는 같다. 사용자의 이긴 횟수를 저장할 userwin 변수와 컴퓨터가 이긴 횟수를 저장할 comwin 변수를 만들자. 총 3번의 홀짝 게임을 실행하기 위하여 for 문을 어떻게 만들지를 생각해보자. 또한, 들여쓰기(블록)에 주의하여 코드를 만들자.

소스코드

코드 6-7 반복 홀짝 게임 607_game1.py

```
01 import random
02
03 userwin, comwin = 0, 0            # 승리 횟수를 저장할 변수 - 초기화
04 for k in range(3) :               # 0부터 2까지 총 3번 반복
05    com = random.randrange(0, 2)      # for에 속한 블록 시작
06    user = int(input('\n홀 0, 짝 1 입력: '))
07
08    if com == user :
09       print('사용자 승')                # if에 속한 블록 시작: 들여쓰기
10       userwin = userwin + 1
11    else :
12       print('컴퓨터 승')                # else에 속한 블록 시작: 들여쓰기
13       comwin = comwin + 1
14 print('\nuserwin = %d, comwin = %d' % (userwin, comwin))
```

코드설명

8번부터 13번 줄까지는 누가 승리했는지를 출력하는 코드이다. 사용자가 맞췄을(com == user) 경우, 사용자 승을 출력한다. 10번 줄에서 userwin값을 1 증가시킨다.

11번 줄은 사용자가 틀렸을 경우이다. 12번 줄에서 컴퓨터 승을 출력한다. 13번 줄에서 comwin값을 1 증가시킨다. 3번의 게임으로 for 문이 끝나고, 14번 줄에서 사용자와 컴퓨터의 승리 횟수를 출력한다.

6.3 반복문 겹쳐서 사용하기

1 다중 반복문

다중 반복문이란 반복문을 여러 개 겹쳐서 사용하는 것이다. 다중 반복문을 사용하는 대표적인 경우가 구구단 출력코드이다. 구구단을 출력하기 위해서는 2단, 3단, 4단과 같은 단을 출력하는 반복문이 필요하다. 또한, 각 단에서 1부터 9까지 수를 곱하기 위한 반복문도 필요하다. 구구단 코드의 구조를 보면 다음과 같다.

```
for dan in range(2, 10) :                          각 단을 생성하는 반복문
   for num in range(1, 10)                         단의 1~9까지의 반복문
      print('%dx%d=%d ' % (dan, num, dan * num))   구구단 출력
```

바깥쪽의 for 문에서는 변수 dan을 사용하여 2부터 9까지 반복된다. 이 반복문이 2단, 3단, 4단과 같은 각 단을 만들어낸다. 각 단은 1부터 9까지 곱해야 한다. 따라서 안쪽의 for 문은 변수 num을 사용하며, 1부터 9까지 반복된다. 이렇게 반복문 안쪽에 또 다른 반복문이 겹쳐 있는 구조를 다중 반복문이라 부른다.

다음 그림을 보면 다중 반복문을 사용한 구구단의 구조를 쉽게 이해할 수 있다. 변수 dan을 사용하는 바깥쪽의 for 문은 각 단을 출력한다. 따라서 2부터 9까지 반복된다. dan이 2인 경우, num을 사용한 안쪽의 for 문은 1부터 9까지 반복된다.

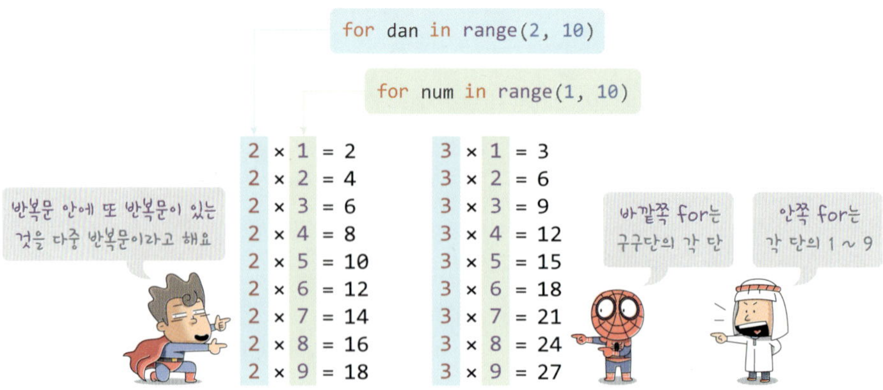

num이 9까지 출력하고 끝나면, 바깥쪽 for 문이 새로 시작된다. 새로 시작될 때 dan에 1이 더해져 3단이 된다. dan이 3일 때, num을 사용하는 for 문이 다시 실행된다. num이 1부터 9까지 반복되어 3단이 끝나면, 그다음은 4단, 그다음은 5단이 실행된다. 9단까지 실행이 끝나면 모든 반복문이 끝난다.

지금까지 설명한 내용을 코드로 만든 것이 [코드 6-8]이다. 1번 줄의 변수 dan을 사용하는 for 문은 각 단을 출력한다. 따라서 dan은 2부터 9까지 반복된다. 2번 줄에서 현재 몇 단이 시작되는지를 출력한다. 3번 줄의 num을 사용하는 for 문은 각 단의 1부터 9까지 반복한다. 4번 줄에서 dan과 num 그리고 dan * num을 출력한다.

코드 6-8 구구단 608_googoo1.py

```
01 for dan in range(2, 10) :
02     print('\n%d단: ' % dan, end = '')
03     for num in range(1, 10) :
04         print('%dx%d=%d ' % (dan, num, dan * num), end = '')
```

실행결과

```
2단: 2x1=2 2x2=4 2x3=6 2x4=8 2x5=10 2x6=12 2x7=14 2x8=16 2x9=18
3단: 3x1=3 3x2=6 3x3=9 3x4=12 3x5=15 3x6=18 3x7=21 3x8=24 3x9=27
4단: 4x1=4 4x2=8 4x3=12 4x4=16 4x5=20 4x6=24 4x7=28 4x8=32 4x9=36
5단: 5x1=5 5x2=10 5x3=15 5x4=20 5x5=25 5x6=30 5x7=35 5x8=40 5x9=45
6단: 6x1=6 6x2=12 6x3=18 6x4=24 6x5=30 6x6=36 6x7=42 6x8=48 6x9=54
7단: 7x1=7 7x2=14 7x3=21 7x4=28 7x5=35 7x6=42 7x7=49 7x8=56 7x9=63
8단: 8x1=8 8x2=16 8x3=24 8x4=32 8x5=40 8x6=48 8x7=56 8x8=64 8x9=72
9단: 9x1=9 9x2=18 9x3=27 9x4=36 9x5=45 9x6=54 9x7=63 9x8=72 9x9=81
```

유심히 봐야 할 것은 들여쓰기이다. 2번부터 3번 줄까지가 dan을 사용하는 for 문에 속한 코드들이다. 따라서 들여쓰기를 한다. 또한 4번 줄은 num을 사용하는 for 문에 속한 코드이다. 그래서 다시 한 번 들여쓰기를 한다.

4번 줄의 printf() 함수는 총 몇 번 사용되는지 계산해보자. dan을 사용하는 바깥쪽 for 문은 2부터 9까지 8번 반복된다. num을 사용하는 안쪽 for 문은 1부터 9까지 9번 반복된다. 따라서 4번 줄의 printf()는 $8 \times 9 = 72$번 사용된다.

구구단 코드는 다중 반복문의 대표적인 코드이다. 그러나 반복문을 하나만 사용하여 구구단을 만들 수 있다. 반복문을 하나만 사용하는 구구단 코드를 [PROJECT 1] 단일 반복문을 사용한 구구단 코드에서 설명한다.

2 UFO 날리기

UFO 날리기 코드를 만들기 위해서는 동영상의 원리를 이해할 필요가 있다. 여러 장의 사진을 빨리 돌리면 동영상이 된다. 동영상의 원리를 이용한 것이 플립북이다. 플립북이란 여러 종이 그림을 이어지게 그리고, 한번에 넘겨서 보는 책이다. 마치 그림이 움직이는 것처럼 보인다.

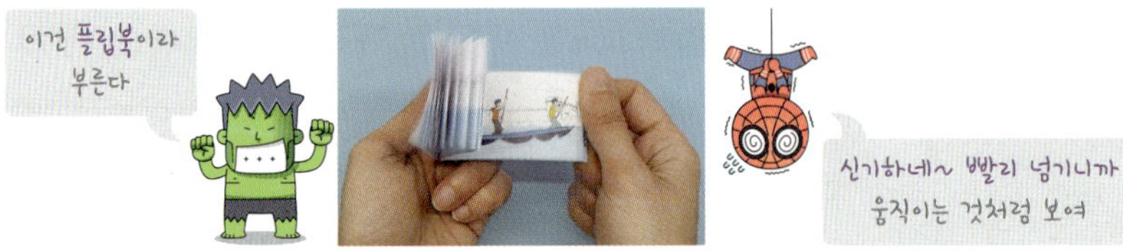

애니메이션이나 영화도 마찬가지이다. 다음 그림과 같이 이어지는 여러 장의 사진을 빠른 속도로 보여주면, 사자가 오른쪽으로 움직이는 것처럼 느껴진다. 한 번 본 것은 1/16초 동안 눈에 잔상으로 남아있다. 배경은 계속 눈에 남아있는데, 사자는 옆으로 이동하기 때문에 움직이는 것처럼 느끼게 된다. 이를 잔상 효과라 부른다. 이러한 잔상 효과를 이용한 코드가 [코드 6-9]의 UFO 날리기 코드이다. 본문 코드 6줄만으로 움직이는 UFO를 볼 수 있다.

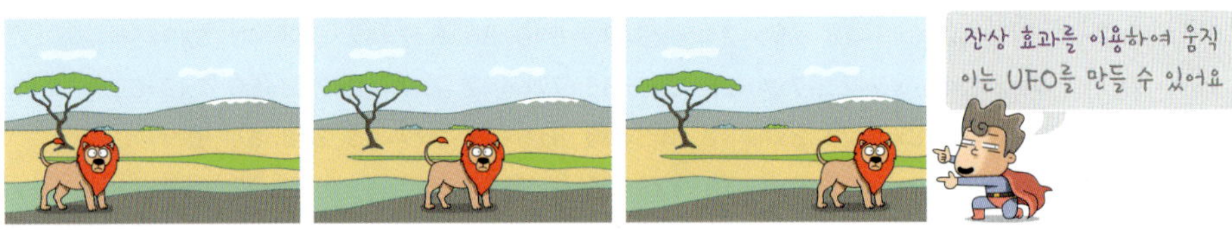

[코드 6-9]의 작동 원리는 다음과 같다. 첫 칸에 <#=#>를 출력하고 화면을 지운다. 그리고 공백문자를 1개 찍고 난 다음에 <#=#>를 출력한다. 그러면 한 칸 앞으로 이동한 것처럼 보인다. 그 후, 다시 화면을 지운다. 공백문자를 2개 찍고 <#=#>를 출력하고, 화면을 지우고, 공백문자를 3개 찍고 <#=#>를 출력하고, 화면을 지운다. 이를 계속 반복하면 <#=#>가 오른쪽으로 움직이는 것처럼 보인다.

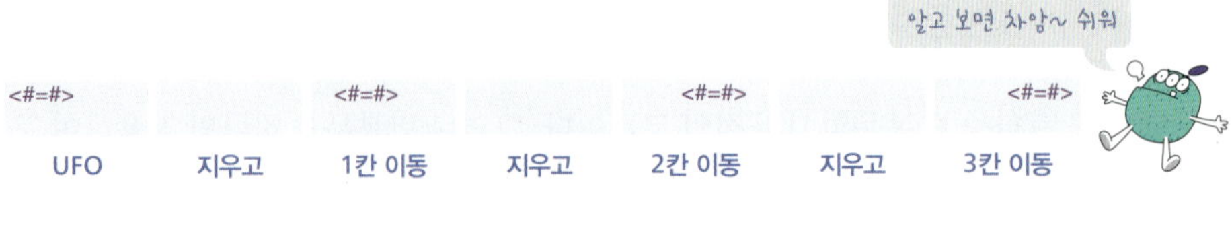

UFO를 움직이기 위하여 전체를 반복하는 반복문이 하나 필요하다. 또한, 빈칸을 만들

어내는 반복문도 필요하다. 따라서 UFO 날리기 코드는 다중 반복문을 사용한다.

코드를 살펴보자. 3번 줄의 k를 이용한 for 문은 4번부터 7번 줄까지는 반복해서 실행한다. 4번 줄에서 system('cls')를 사용하여 화면을 지우고, 7번 줄에서 <#=#>을 출력한다. 따라서 k를 사용하는 for 문은 UFO를 화면에 몇 번 보여줄지를 결정한다.

코드 6-9 UFO 날리기 탐색기 609_ufo1.py

```
01  import os
02
03  for k in range(200) :
04     os.system('cls')
05     for s in range(k) :
06        print(' ', end = '')
07     print('<#=#>')
```

실행결과

<#=#> ◄———— 이동 후 끝남

5번 줄에서 빈칸을 출력하는 for 문이 시작된다. 공백[space]이라는 의미로 변수 s를 사용한다. 처음에는 공백이 0개이고, 그다음에는 1개, 또 그다음에는 2개, 이런 식으로 계속 늘려가면서 출력해야 한다.

s를 사용하는 for 문이 공백 개수를 0개, 1개, 2개 순으로 늘려가기 위하여 바깥쪽 반복문의 k값을 이용한다. k를 사용하는 for 문에서 0부터 1씩 증가한다. 따라서 5번 줄에서 for의 범위를 range(k)로 한다. k가 1일 때는 빈칸이 1개 만들어지고, k가 10이면 빈칸이 10개 만들어진다. 따라서 k가 반복될 때마다 UFO는 점점 오른쪽으로 움직이는 것처럼 보인다.

[코드 6-9]는 간단한 코드로 UFO가 움직이는 것을 보여준다. 그러나 오른쪽으로 움직일 뿐 UFO가 나는 것처럼 보이지 않는다. 위아래로 움직이면서 동시에 오른쪽으로 움직이면 보다 UFO처럼 보일 것이다.

다 알려주면 재미없다. 위아래로 요동치면서 움직이는 UFO 코드는 연습문제 30번에 있다. 단 2줄만 추가하면 UFO처럼 위아래로 움직이며 이동한다. 그 외에 UFO 갔다가 돌아오기는 연습문제 31번, UFO 좌우로 움직이며 착륙하기는 32번, 옆으로 70칸 밑으로 26줄의 공간에 무작위로 출현하는 진짜 UFO 코드는 연습문제 33번에 있다. 도전해 보길 바란다.

여기서 잠깐

UFO 날리기와 같이 탐색기 에서 직접 실행하여 콘솔창에서 결과를 보는 코드는 터틀 그래픽으로도 만들 수 있다. 그러나 터틀 그래픽 문법은 C언어에서 사용하기 어렵다. 터틀 그래픽을 제외한 이 책의 모든 코드는 C언어로 변경할 수 있다. UFO 날리기의 C코드는 다음과 같다.

```c
#include <stdio.h>
#include <stdlib.h>

int main() {
   int k, sp;

   for (k = 0; k < 70; k++) {
      system("cls");
      for (sp = 0; sp <= k; sp++)
         printf(" ");
      printf("<#=#>");
   }
   return 0;
}
```

이 책에서는 C언어를 배울 것을 고려하여 터틀 그래픽 코드는 최대한 자제할 예정이다. 대신 C언어로 변경할 수 있는 다양한 코드를 선보일 예정이다. 이 책에 나오는 파이썬 코드의 C코드는 WONDER C(조성호, 인피니티북스)를 참고하길 바란다.

중간점검

1. 구구단의 맨 바깥쪽 반복문은 for dan in range(   )이다.

2. 화면을 지우는 명령어는 system(   )이다.

3. system() 함수를 사용하기 위해서는 import (   )이라 써야 한다.

4. 수학 함수가 들어있는 모듈의 이름은 (   )이다.

LAB 2 알람시계 만들기

보통 알람을 맞춘 다음에 통닭을 튀기기 시작한다. 그래야 언제 꺼내야 하는지 알 수 있다. 알람은 라면을 끓일 때도 필요하다. 사용자로부터 분, 초를 입력받아 시간이 다 되면 알려주는 알람시계를 만들어보자.

실행결과

```
0분 : 0초
그만 튀겨!
```

알고리즘 만들기

사용자로부터 입력받은 분은 min 변수에 저장한다. 초는 sec 변수에 저장한다. 분을 담당하는 바깥쪽 for 문은 min부터 시작하여 0까지 1씩 감소하면서 반복된다. 또한 초를 담당하는 안쪽 for 문은 sec부터 시작하여 0까지 1씩 감소하면서 반복된다. 초가 0이 되었을 때, sec을 59초부터 다시 시작하게 하는 코드를 만드는 것이 이 코드의 핵심이다.

1초는 앞에서 배운 time.sleep(1)을 사용하면 된다. 분과 초를 계속 출력하면 화면이 꽉 찰 것이다. 따라서 os.system('cls')를 사용하여 화면을 지워가며 출력한다. 그래야 진짜 알람시계처럼 보인다. os.system('cls')를 빼면 인터렉티브 쉘에서 실행해도 된다.

소스코드

코드 6-10 알람시계 탐색기 610_alarm1.py

```
import time
import os

min = int(input('분 입력: '))
sec = int(input('초 입력: '))
```

```
06
07 for m in range(min, -1, -1) :
08     for s in range(sec, -1, -1) :
09         os.system('cls')
10         print('%d분 : %d초' % (m, s))
11         time.sleep(1)
12     sec = 59                        # 59부터 새로운 초 다시 시작
13 print('그만 튀겨!')                  # if에 상관없이 무조건 실행되는 일반코드
```

코드설명

7번 줄 m을 사용하는 for 문은 min부터 시작하여 0까지 1씩 줄면서 반복된다. 그래서 코드는 for m in range(min, -1, -1)이다. 또한 8번 줄 s를 사용하는 for 문은 sec부터 시작하여 0까지 1씩 줄면서 반복된다. 그래서 코드는 for s in range(sec, -1, -1)이다.

9번 줄에서 화면을 지우고, 10번 줄에서 분과 초를 출력한 후 11번 줄에서 1초 동안 멈춘다. 이러한 과정이 sec이 0이 될 때까지 반복된다.

1분 0초가 출력된 이후에 알람시계의 변화를 보자. 11번 줄에서 1초가 흐르고 안쪽 for s in range(sec, -1, -1) 문을 탈출하여 12번 줄에 도착한다. 아직 분(min)이 0이 아니기 때문에 sec은 59초부터 0초가 될 때까지 다시 반복되어야 한다. 그래서 12번 줄에서 sec에 59를 대입한다.

sec에 59가 저장된 이후에 분을 담당하는 바깥쪽 for m in range(min, -1, -1)가 다시 반복된다. min의 값이 1 감소하여 시작되기 때문에 0분 59초부터 시계가 움직이기 시작한다. 이러한 과정을 계속 반복하여 0분 : 0초가 되면 모든 반복문을 빠져 나온다. 13번 줄에서 그만 튀겨!를 출력하고 종료한다.

실행결과를 보면 1초씩 줄다가 0분 0초가 되면 알람이 출력되는 것을 확인할 수 있다. 알람시계도 반복문을 하나만 사용하여 만들 수 있다. 반복문 하나만 사용하는 알람시계 코드는 [LAB 3] 단일 반복문을 사용한 알람시계에서 설명한다.

while 문 사용하기

6.4

1 while 문

반복문에는 초기값, 반복 조건, 증감의 3가지가 구성요소가 필요하다. while 문의 괄호 안에는 반복 조건만 있기 때문에 초기값과 증감을 따로 만들어주어야 한다. 초기값, 반복 조건, 증감을 하나의 덩어리로 처리하는 for 문이 있기 때문에 while 문의 사용은 불편할 수 있다. 그러나 경우에 따라 for 문보다 while 문이 편할 때가 있다.

for 문은 초기값과 증감을 정확하게 명시해야 한다. 따라서 몇 번 반복될지 예측할 수 있는 경우에 사용하기 편하다. 구구단과 같이 반복 횟수가 정해져 있는 경우에는 for 문이 유리하다.

정답을 맞혀야만 끝나는 게임의 경우, 사용자가 몇 번만에 정답을 맞힐지 모른다. 몇 번 반복될지 예측할 수 없는 경우에는 while 문이 편하다. 그 외에 while 문은 초기값이 미정이거나, 반복 조건을 모르거나, 불규칙적으로 증감되는 반복문에 사용하기 편하다. 원론적으로 그렇다는 뜻이고, for를 while로, while을 for로 바꾸어 사용할 수 있다.

스무고개 게임을 만들어보자. 스무고개 게임이란 컴퓨터가 무작위로 1에서 20 사이의 수 중 하나를 만들면, 사용자가 이 숫자를 맞추는 게임이다. 사용자가 입력한 값이 컴퓨터가 생각한 값보다 작으면 더 큰 수라고 알려주고, 반대의 경우 더 작은 수라고 알려준다. 이 게임은 사용자가 맞출 때까지 반복된다. 사용자가 1번 만에 맞출 수도 있고, 20번 만에 맞출 수도 있다. 몇 번 만에 맞출 수 있는지 알 수 없기 때문에 while을 사용하여 만드는 것이 편하다. while로 만들면 편하다는 말이지 for로 만들 수 없다는 뜻은 아니다.

[코드 6-11]은 스무고개 게임 코드이다. 3번 줄에서 컴퓨터가 1에서 20 사이의 숫자 중 하나를 무작위로 생성하여 com 변수에 넣는다. 코드는 com = random.randrange(1, 21)이다.

5번 줄 while 안의 조건을 살펴보자. 6번부터 12번 줄이 반복되기 위해서는 com이 생각한 값과 user가 생각한 값이 달라야 한다. com값이 user값과 같을 때 정답을 맞힌 경우이기 때문에 반복문은 끝난다. 그래서 반복 조건은 while com != user이다.

3번 줄에서 무작위 수가 만들어지고, 5번 줄에서 처음으로 while com != user 조건을 만날 때까지는 아직 사용자가 값을 입력하기 전이다. 사용자가 생각하는 user값은 6번 줄에서 받는다. 따라서 6번 줄에서 user값을 받기 전까지는 user 변수에는 임의의 값을 저장해야 한다. 우연히 user값과 com값이 같아지면 while 문은 작동하지 않는다. 그래서 4번 줄에서 user값을 1에서 20 사이의 값이 아닌 -1로 초기화한다.

코드 6-11 스무고개 게임 611_game2.py

```
01  import random
02
03  com = random.randrange(1, 21)
04  user = -1                          # 1과 20 사이의 수가 아닌 수로 초기화
05  while com != user :                # com과 user가 같으면 반복 종료
06      user = int(input('1 ~ 20 사이의 수 입력: '))
07      if com == user :
08          print('맞췄습니다')
09      elif com > user :
10          print('더 큰 수입니다')
11      else :
12          print('더 작은 수입니다')
```

실행결과

```
1 ~ 20 사이의 수 입력: 10
더 큰 수입니다
1 ~ 20 사이의 수 입력: 15
더 큰 수입니다
1 ~ 20 사이의 수 입력: 17
맞췄습니다
```

6번 줄에서 사용자가 추측하는 값을 user 변수에 받는다. 7번 줄에서 맞췄을(com == user) 경우, 맞췄습니다를 출력한다.

못 맞췄을 경우에는 2가지 조건이 있다. 9번 줄은 com값이 더 크면, 더 큰 수입니다를 출력한다. 아니면, 11번 줄에서 더 작은 수입니다를 출력한다. while 문은 사용자가 컴퓨터가 생각한 숫자를 맞출 때까지 반복된다.

스무고개 게임에서 보다시피, 몇 번 만에 끝날지 알 수 없는 코드의 경우, for 문보다 while 문이 편하다. 따라서 자신에게 적합하다고 판단되는 것을 사용하면 된다.

2 break 사용하기

break는 작업을 멈추고 탈출하는 역할을 한다. break의 특성을 사용하면 반복문의 구조를 쉽게 만들 수 있다. [코드 6-12]는 break를 사용하여 만든 스무고개 게임이다.

앞의 스무고개 게임에서 while의 반복 조건을 생각하기 쉽지 않았을 것이다. [코드 6-12]의 4번 줄을 보면 while True이다. 따라서 계속 반복되는 무한반복 코드이다. 무한반복을 사용하는 이유는 break를 사용하면 원하는 곳에서 탈출할 수 있기 때문이다. 참고로 무한반복으로 코드가 끝나지 않거나, 실행 중인 코드를 중간에서 멈추고자 할 경우 Ctrl-c (Ctrl + c)를 누르면 된다.

코드 6-12 break 사용 612_game3.py

```
01  import random
02
03  com = random.randrange(1, 21)
04  while True :
05     user = int(input('1 ~ 20 사이의 수 입력: '))
06     if com == user :
07        print('맞췄습니다')
08        break
09     elif com > user :
10        print('더 큰 수입니다')
11     else :
12        print('더 작은 수입니다')
```

스무고개 게임 코드에서 게임이 끝나는 경우는 사용자가 컴퓨터가 생각한 숫자를 맞췄을 경우이다. 해당 코드는 6번 줄의 if com == user가 참일 경우이다. 맞췄을 경우, 7번 줄에서 맞췄습니다를 출력하고 8번 줄에서 break를 만나서 반복문을 탈출한다. 앞의 스무고개 게임 코드와 비교해보면 [코드 6-12]의 구조가 더 이해하기 쉽다.

조건문이나 반복문이 중첩되어 있는 경우, break는 자신이 속한 블록 하나만 탈출한다. 따라서 반복문이 중첩되어 있는 경우, break가 속한 반복문만 탈출한다.

[코드 6-13]은 break를 사용하여 만든 구구단 코드이다. 구구단 코드에는 바깥쪽에 dan을 사용한 for 문과 안쪽에 num를 사용한 for 문이 중첩되어 있다. 4번 줄에서 num이 5가 되면 break가 작동된다. break가 작동되면, num을 사용하는 안쪽 for 문을 탈출한다.

if num == 5 : break는 6번 줄 printf()보다 앞에 있기 때문에 5가 출력되기 전에 for 문을 탈출한다. 따라서 각 단의 4까지 곱한 결과가 출력된다. dan을 사용하는 바깥쪽 for 문은 정상적으로 작동하기 때문에 다음 단의 1부터 다시 시작된다.

코드 6-13 구구단 - break 613_googoo2.py

```
01 for dan in range(2, 10) :
02    print('\n%d단: ' % dan, end = '')
03    for num in range(1, 10) :
04       if num == 5 :
05          break
06       print('%dx%d=%d ' % (dan, num, dan * num), end = '')
```

실행결과

```
2단: 2x1=2 2x2=4 2x3=6 2x4=8
3단: 3x1=3 3x2=6 3x3=9 3x4=12
4단: 4x1=4 4x2=8 4x3=12 4x4=16
5단: 5x1=5 5x2=10 5x3=15 5x4=20
6단: 6x1=6 6x2=12 6x3=18 6x4=24
7단: 7x1=7 7x2=14 7x3=21 7x4=28
8단: 8x1=8 8x2=16 8x3=24 8x4=32
9단: 9x1=9 9x2=18 9x3=27 9x4=36
```

실행결과를 보면, 각 단의 4까지 곱한 결과가 출력된 후 다음 단으로 넘어가는 것을 알 수 있다. 따라서 break는 조건문이나 반복문에서 자신이 속한 블록만 탈출한다.

3 continue 사용하기

break는 자신이 속한 반복문이나 조건문을 탈출할 때 사용하고, 밑의 코드를 실행하지 않고 다시 시작할 때는 continue를 사용한다. continue는 여기서 멈추고 반복문을 다시 시작하라는 키워드이다. 말로 표현하기 어려운 부분이 있어 코드를 통해 설명한다. 앞의 [코드 6-13]에서 break를 continue로 바꾼 코드가 [코드 6-14]이다.

continue를 만나면 밑으로 내려가지 않고, 자신이 속한 반복문을 새로 시작한다. 4번 줄 num == 5가 되면 6번 줄 printf()가 실행되지 않고, 3번 줄의 num을 사용하는 for 문이 새로운 값으로 시작된다. 그래서 출력결과를 보면 각 단의 5를 곱한 출력이 없다. num이 5일 때 printf()를 지나쳐갔기 때문이다.

코드 6-14 구구단 - continue 614_googoo3.py

```
01 for dan in range(2, 10) :
02    print('\n%d단: ' % dan, end = '')
03    for num in range(1, 10) :
04       if num == 5 :
05          continue
06       print('%dx%d=%d ' % (dan, num, dan * num), end = '')
```

실행결과

```
2단: 2x1=2 2x2=4 2x3=6 2x4=8 2x6=12 2x7=14 2x8=16 2x9=18
3단: 3x1=3 3x2=6 3x3=9 3x4=12 3x6=18 3x7=21 3x8=24 3x9=27
4단: 4x1=4 4x2=8 4x3=12 4x4=16 4x6=24 4x7=28 4x8=32 4x9=36
5단: 5x1=5 5x2=10 5x3=15 5x4=20 5x6=30 5x7=35 5x8=40 5x9=45
6단: 6x1=6 6x2=12 6x3=18 6x4=24 6x6=36 6x7=42 6x8=48 6x9=54
7단: 7x1=7 7x2=14 7x3=21 7x4=28 7x6=42 7x7=49 7x8=56 7x9=63
8단: 8x1=8 8x2=16 8x3=24 8x4=32 8x6=48 8x7=56 8x8=64 8x9=72
9단: 9x1=9 9x2=18 9x3=27 9x4=36 9x6=54 9x7=63 9x8=72 9x9=81
```

정리하면 break는 자신이 속한 블록을 빠져나가고, continue는 자신이 속한 블록을 새로 시작한다. continue가 작동되면 그 밑의 코드는 실행되지 않는다.

사실, 위의 구구단 코드만으로는 continue의 필요성을 느끼기 어려울 것이다. break와 continue의 사용방법을 보여줄 수 있는 스탠드 게임 코드를 [LAB 3] 스탠드 게임 만들기에 준비하였다. 스탠드 게임 코드를 보면 break와 continue의 필요성을 느낄 수 있을 것이다.

중간점검

1. 초기값, 반복 조건, 증감이 정확하게 정해진 반복문에 사용하기 편한 키워드는 (   )이다.
2. 반복 조건이 정해지지 않은 반복문에서 사용하기 편한 키워드는 (   )이다.
3. 불규칙적인 증감 연산을 가진 반복문에서 사용하기 편한 키워드는 (   )이다.
4. 작업을 멈추고 반복문을 탈출하는 키워드는 (   )이다.
5. 여기서 멈추고 반복문을 다시 시작할 때 사용되는 키워드는 (   )이다.

LAB 3 스탠드 게임 만들기

스탠드(stand) 게임은 컴퓨터와 사용자 중 더 큰 수를 가진 사람이 이기는 게임이다. 컴퓨터와 사용자는 1에서 10 사이의 무작위로 만들어진 숫자를 하나씩 받는다. 두 수를 비교하여 더 큰 숫자를 가진 사람이 이긴다.

스탠드 게임에서는 배팅을 할 수 있다. 사용자는 자신에게 주어진 숫자를 보고 난 뒤 배팅을 한다. 배팅을 하고 나면 컴퓨터가 가진 숫자가 공개된다. 이기면 배팅한 만큼 칩을 받고 지면 배팅한 칩을 잃는다.

사용자는 자신이 가진 칩 안에서 맘대로 배팅할 수 있다. 또한, 자신이 가진 수를 보고 배팅을 안 할 수 있다. 0이면 배팅을 포기한 것으로 간주하고 다음 판을 새로 시작한다.

칩은 10개부터 시작하고 총 5판의 게임을 한다. 그러나 칩이 0이면 게임은 멈춘다. 또한 컴퓨터가 가진 숫자와 사용자가 가진 숫자가 같으면 사용자가 이긴 것으로 한다.

실행결과

```
your num = 9, chip = 10 배팅(0은 포기): 10
com num = 4
사용자 승! chip = 20

your num = 1, chip = 20 배팅(0은 포기): 0
com num = 9

your num = 10, chip = 20 배팅(0은 포기): 20
com num = 4
사용자 승! chip = 40

your num = 1, chip = 40 배팅(0은 포기): 0
com num = 1
```

```
your num = 6, chip = 40 배팅(0은 포기): 10
com num = 10
컴퓨터 승! chip = 30
```

알고리즘 만들기

chip 변수를 만들고 10으로 초기화한다. com 변수에는 컴퓨터가 가지는 1에서 10 사이의 무작위 수가 저장되고, user 변수에는 사용자의 무작위 수가 저장된다. 무작위 수가 만들어지면 사용자의 숫자와 현재 칩의 개수를 출력한다. 사용자로부터 받는 배팅의 개수는 bet 변수에 저장한다. 배팅을 받은 후에는 com의 숫자를 공개한다.

bet의 값이 0이면 현재의 게임을 포기한 것으로 간주하고 게임 반복문을 다시 시작한다. 만약 가지고 있는 chip의 개수보다 bet의 개수가 큰 경우에도 게임을 포기한 것으로 간주하고 반복문을 다시 시작한다. 누가 승자인지를 확인하고 나면 chip의 개수에 변화가 생긴다. 이때 chip이 0 이하이면 게임을 종료한다.

소스코드

코드 6-15 스탠드 게임 615_game4.py

```
import random

chip = 10
for k in range(5) :
    com = random.randrange(1, 11)
    user = random.randrange(1, 11)
    print('\nyour num = %d, chip = %d ' % (user, chip), end = '')
    bet = int(input('배팅(0은 포기): '))
    print('com num =', com)

    if bet <= 0 or bet > chip : continue        # 이번 판 포기
    if com > user :
        chip = chip - bet
        print('컴퓨터 승! chip =', chip)
    else :
        chip = chip + bet
        print('사용자 승! chip =', chip)
    if chip <= 0 :  break                       # chip이 없으면 게임 종료
```

코드설명

11번 줄에서 사용자의 배팅이 `0`이거나 자신이 가진 `chip`보다 많은 수를 배팅한 경우(`bet <= 0 || bet > chip`)에는 이번 판을 포기하는 것이다. 이 경우 11번 줄 아래 코드는 실행할 필요가 없다. 따라서 `continue`를 사용하여 12번부터 18번 줄의 코드들을 무시하고 `for` 문을 새로 시작한다.

정상적으로 배팅이 된 경우 12번 줄이 시작된다. 컴퓨터가 더 큰 수를 가진(`com > user`) 경우, `chip`에서 배팅한 수를 빼고 컴퓨터 승!을 출력한다. 반대의 경우(`com <= user`), `chip`에 배팅한 수를 더하고 사용자 승!을 출력한다.

게임이 한 판 끝나면, 18번 줄에서 `chip`의 개수를 확인하여 `0`이거나 `0`보다 작을 경우 `break`를 사용하여 게임을 끝낸다.

스탠드 게임을 통하여 `continue`와 `break`가 어떻게 사용될 수 있는지 이해했을 것이다. 게임다운 게임을 만들었으니 즐겨보길 바란다.

스탠드 게임은 `continue`와 `break`를 사용하지 않고서도 만들 수 있다. 지면 관계상 `continue`를 사용하지 않고 만드는 스탠드 게임은 연습문제 36번에, 조건을 몇 가지 추가한 스탠드 게임은 연습문제 37번에 만들었으니 도전해보길 바란다.

LAB 4 비행기 날리기

드디어 반복문을 배웠다. 반복문을 사용하면 짧은 코드로도 다양하게 움직이는 터틀 그래픽 코드를 만들 수 있다. 이번 터틀 그래픽에서는 `import turtle as t`라 쓴다. 이후부터 turtle 대신 t라고만 쓰면 된다. 우선 비행기가 오른쪽으로 날아가는 코드를 만들어 보자.

실행결과

소스코드

```
01  import turtle as t
02
03  for k in range(400) :
04     t.fd(k / 40)
```

코드설명

비행기는 처음에는 느리게 움직이다가 점점 빨리 움직여야 한다. 3번 줄 for k in range(400)은 4번 줄을 400번 반복한다. t.fd(k)는 k만큼 앞으로 이동하는 함수이다. k를 40으로 나누어 t.fd()에 넣는다. 그러면 0부터 40까지는 거의 움직이지 않다가 for 문의 k값이 점점 커지기 시작하면 점점 빨리 움직이게 된다.

이륙하는 비행기

이제 비행기가 이륙하는 코드를 만들어보자. 위의 코드에 딱 한 줄만 추가하면 비행기가 이륙하는 모습을 볼 수 있다.

실행결과

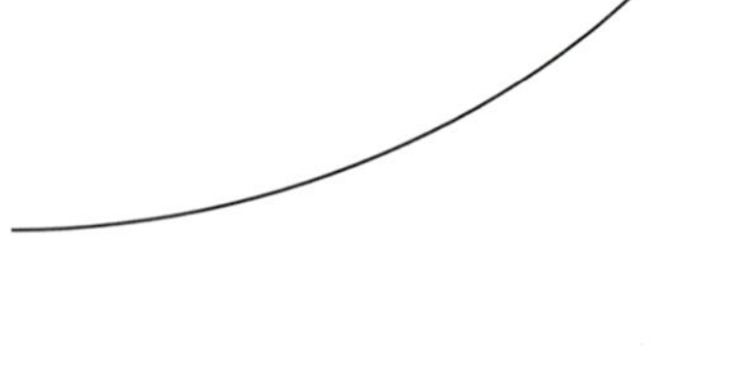

소스코드

```
01 import turtle as t
02
03 for k in range(400) :
04    t.left(k / 500)
05    t.fd(k / 40)
```

코드설명

앞으로 이동하는 코드는 앞의 비행기 날리기 코드와 같다. 4번 줄 t.left()는 숫자만큼 오른쪽으로 회전시키는 함수이다. 여기에 k를 500으로 나누어서 넣으면 처음에는 수평으로 움직이다가 점점 오른쪽으로 회전하게 된다.

회전하면서 나는 비행기

이제 비행기가 빙글빙글 회전을 하다가 날아가는 코드를 만들어보자. 비행기가 돌면서 나는 모양은 다음과 같다.

실행결과

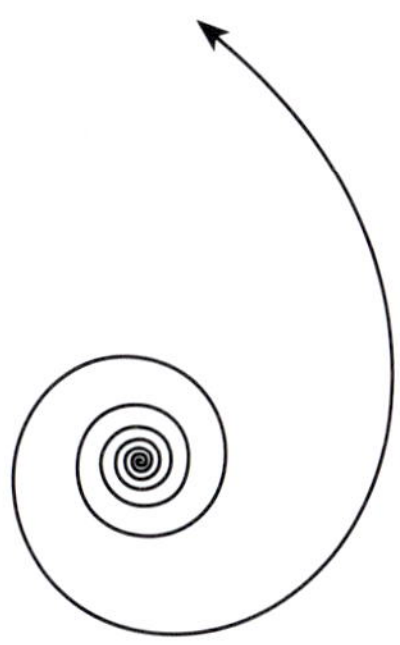

소스코드

```
import turtle as t

for k in range(400) :
   t.left((400 - k) / 30)
   t.fd(k / 40)
```

코드설명

코드는 이륙하는 비행기 코드와 같다. 다만 `t.left()`에 들어가는 k값이 다르다. 이륙하는 비행기 코드에서는 k값이 증가할 수록 `t.left()`의 값도 같이 증가하였다. 회전하면서 나는 비행기 코드에서는 반대다. k가 0일때 `t.left()`의 값이 제일 크다가 k값이 증가하면 값이 줄어들도록 만들었다. 그래서 400에서 k값을 빼고(400 - k), 이 수를 30으로 나눈다. 이러면 처음에는 급격하게 회전하다가 점점 회전이 줄면서 화면 밖으로 날아가게 된다.

고장난 비행기

비행기가 고장이 났다. 이리저리 왔다갔다 하는 코드를 만들어보자.

실행결과

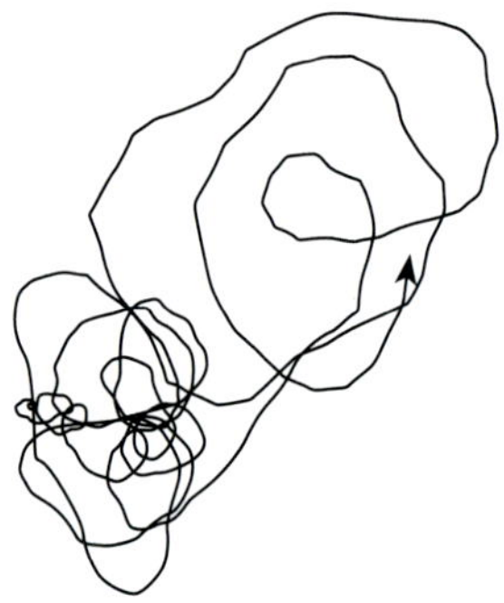

소스코드

```
01  import turtle as t
02  import random as r
03
04  for k in range(400) :
05     t.left(r.randrange(-20, 50))
06     t.fd(k / 10)
```

코드설명

고장난 비행기 코드에서는 무작위 함수를 사용한다. 그래서 2번 줄에 `import random as r`이 추가된다. 그 외 코드는 앞의 코드와 같다. 고장난 비행기를 만들기 위해 `t.left(r.randrange(-20, 50))`을 사용한다. 비행기가 회전하는 값이 -20에서 50 사이의 무작위 수로 만들어진다. 따라서 고장난 것처럼 날아다닌다.

PROJECT 1 단일 반복문을 사용한 알람시계

앞의 알람시계 코드는 분(min)을 반복하는 반복문과 초(sec)를 반복하는 반복문, 총 2개의 중첩되는 반복문을 사용하였다. 알람시계 코드를 1개의 반복문만 사용하여 바꿔보자.

실행결과

```
0분 : 0초
그만 튀겨!
```

알고리즘 만들기

반복문을 1개만 사용하여 알람시계를 만들려면, 사용자로부터 분과 초를 입력받아서 알람에 필요한 초(sec)를 구해야 한다. 구해진 전체 초를 limit 변수에 저장한다. 전체 초는 분(min)에 60을 곱하여 초(sec)와 합치면 된다. 전체 초를 시작으로 1초씩 줄여가면서 현재의 분과 초를 출력한다.

1초가 지난 뒤, sec의 값을 1 감소시킨다. 만약 sec의 값이 0보다 작을 경우, min의 값을 1 빼고, sec은 59로 바꾸면 된다. 반복문이 끝나면 알람을 울린다.

소스코드

코드 6-16 알람시계 - 단일 반복문 탐색기 616_alarm2.py

```python
import time
import os

min = int(input('분 입력: '))
sec = int(input('초 입력: '))

limit = min * 60 + sec
for m in range(limit, -1, -1) :
   os.system('cls')
   print('%d분 : %d초' % (min, sec))
   time.sleep(1)
   sec = sec - 1
   if sec < 0 :
      min = min - 1
      sec = 59                          # 59부터 새로운 초 다시 시작
print('그만 튀겨!')                      # if에 상관없이 무조건 실행되는 일반코드
```

코드설명

7번 줄의 limit는 전체 초를 담는 변수이다. 사용자가 입력한 분에 60을 곱하고 초를 더해 limit에 저장한다(min * 60 + sec). 8번 줄 for 문의 k는 limit부터 시작하여 1씩 줄면서, 0보다 클 때까지 반복된다.

9번 줄에서 화면을 지우고 10번 줄에서 현재 분과 초를 출력한다. 12번 줄에서 time.sleep(1)를 사용하여 1초간 멈춘다.

1초가 지났기 때문에 12번 줄에서 sec에서 1을 뺀다. 13번 줄에서 sec이 0보다 작은가를 확인한다. 0보다 작을 경우, sec은 59가 되고 min은 1분이 줄어든다.

전체 초를 limit 변수가 가지고 있기 때문에 limit가 0이 되면 0분 : 0초가 된다. 따라서 16번 줄에서 그만 튀겨!가 출력되고 코드가 끝난다.

[코드 6-16]과 같이 알람시계 코드는 무조건 다중 반복문을 사용해서 만들어야 하는 것은 아니다. 같은 문제라도 프로그래머에 따라 다양한 해결방법이 존재한다는 것을 보여주기 위해 예제를 만들었다.

PROJECT 2 단일 반복문을 사용한 구구단

난이도 상

다중 반복문 알람시계 코드를 단일 반복문 형태로 만들었듯이, 구구단을 단일 반복문을 사용하여 만들어보자. 단일 반복문 구구단은 단일 반복문 알람시계보다 코드는 짧지만 만들기는 어려운 코드이다.

실행결과

```
2x1=2 2x2=4 2x3=6 2x4=8 2x5=10 2x6=12 2x7=14 2x8=16 2x9=18
3x1=3 3x2=6 3x3=9 3x4=12 3x5=15 3x6=18 3x7=21 3x8=24 3x9=27
4x1=4 4x2=8 4x3=12 4x4=16 4x5=20 4x6=24 4x7=28 4x8=32 4x9=36
5x1=5 5x2=10 5x3=15 5x4=20 5x5=25 5x6=30 5x7=35 5x8=40 5x9=45
6x1=6 6x2=12 6x3=18 6x4=24 6x5=30 6x6=36 6x7=42 6x8=48 6x9=54
7x1=7 7x2=14 7x3=21 7x4=28 7x5=35 7x6=42 7x7=49 7x8=56 7x9=63
8x1=8 8x2=16 8x3=24 8x4=32 8x5=40 8x6=48 8x7=56 8x8=64 8x9=72
9x1=9 9x2=18 9x3=27 9x4=36 9x5=45 9x6=54 9x7=63 9x8=72 9x9=81
```

알고리즘 만들기

앞서 이야기했듯이 구구단의 전체 출력문의 개수는 72개이다. 따라서 반복문을 72번 반복시키면서 dan과 num값을 만들어 가면 된다. dan은 2부터 시작하고, num은 나머지 연산자 %9를 사용하여 1부터 9까지의 값이 만들어지도록 코드를 만들어보자.

소스코드

코드 6-17 구구단 - 단일 반복문 617_googoo4.py

```
dan = 2
for k in range(72) :
   num = k % 9 + 1
   print('%dx%d=%d ' % (dan, num, dan * num), end = '')
   if num == 9 :
      dan = dan + 1
      print()
```

코드설명

1번 줄에서 dan 변수를 선언하고 2로 초기화한다. dan = 2는 2단부터 시작한다는 의미이다.

2번 줄에서 k는 0부터 시작하여 k가 72보다 작을 때까지 반복한다. 이 부분이 중요하다. for k in range(1, 73)도 72번을 반복하지만, 제대로 작동하지 않는다. k가 0부터 시작해야 하는 데 그 이유는 조금 뒤에 설명한다.

3번 줄에서 k % 9로 나누어 나머지값을 num에 넣는다. 이 경우, num이 0부터 8까지의 값을 가지게 된다. 따라서 k % 9 + 1을 num에 넣는다. 그러면 num의 값은 1부터 9까지의 값을 가지게 된다.

3번 줄의 num = k % 9 + 1 때문에 k는 1부터 시작하면 안 된다. k가 1부터 시작할 경우, 각 단의 첫 번째 값은 2가 된다. 따라서 2번 줄의 k를 사용하는 for 문은 0부터 시작해야 한다.

4번 줄에서 구구단을 출력한다. 5번 줄 num이 9가 되었다는 것은 단이 끝났다는 의미이다. 따라서 dan을 하나 증가시키고, print()를 하여 줄바꿈을 한다.

요약

- 반복 구조는 조건이 만족될 때까지 실행이 반복되는 구조이다.
- 반복 구조의 대표적인 키워드로 for와 while이 있다.
- 무한반복은 반복문의 조건식이 잘못되거나 증가/감소 연산식이 잘못되었을 때 발생한다.
- 화면을 지우는 함수가 들어있는 모듈 이름은 os이며, 화면을 지우는 함수는 os.system('cls')이다.
- 화면을 일정시간 멈추게 하는 함수가 들어있는 모듈 이름은 time이며, time.sleep(1)은 1초간 화면을 멈춘다.
- for 문은 in 다음에 나오는 데이터를 반복한다.
- range(a, b)에서 a와 b의 범위 x는 a <= x < b이다.
- 0부터 10까지 반복하기 위해서는 for k inrange(0, 11)이라 써야 하며, 2부터 30까지의 짝수를 만들 경우 for k in range (2, 31, 2)라 써야 한다. 또한, 9부터 1까지 숫자를 줄이면서 홀수를 만들 경우 for k in range (9, 0, -2)라 써야 한다.
- 초기값, 반복 조건, 증감이 정확하게 정해진 반복문에서 사용하기 편한 키워드는 for이다.
- 반복 조건이 정해지지 않은 반복문이나 불규칙적인 증감 연산을 가진 반복문에서 사용하기 편한 키워드는 while이다.
- 작업을 멈추고 탈출하는 키워드는 break이다.
- 여기서 멈추고 반복문을 다시 시작할 때 사용되는 키워드는 continue이다.
- while로 무한반복 코드를 만들려면 while True :라 쓰면 된다.

연습문제 37문제

[개념문제]

01 다음 중 반복 구조의 키워드를 고르시오.

❶ break ❷ elif
❸ if ❹ for

02 다음 중 조건이 거짓일 때 반복되는 코드를 멈추는 구조를 무엇이라 부르는가?

❶ 순차 구조 ❷ 조건선택 구조
❸ 반복 구조 ❹ 상승 구조

03 다음 중 반복문의 구성요소가 아닌 것은 무엇인가?

❶ 초기값 ❷ 반복 조건
❸ 선택 조건 ❹ 증가/감소

04 다음 중 `while` 조건 다음에 붙어야 하는 기호는 무엇인가?

❶ : ❷ |
❸ ; ❹ !

05 `while A > 0 :`에서 탈출 조건 중 가장 정확한 것은 무엇인가?

❶ `A >= 0` ❷ `A <= 0`
❸ `A == 0` ❹ `A < 0`

06 다음 중 화면을 지우는 함수가 들어있는 모듈 이름은 무엇인가?

❶ os ❷ time
❸ math ❹ random

07 다음 중 화면을 일정시간 멈추게 하는 함수가 들어있는 모듈 이름은 무엇인가?

❶ os ❷ time
❸ math ❹ random

08 다음 중 수학 관련 함수가 들어있는 모듈 이름은 무엇인가?

❶ os ❷ time
❸ math ❹ random

09 다음 중 화면을 일정시간 멈추게 하는 함수는 무엇인가?

① os.system('cls')
② turtle.fd()
③ random.randrange()
④ time.sleep()

10 다음 중 화면을 지우는 함수는 무엇인가?

① os.system('cls')
② turtle.fd()
③ random.randrange()
④ time.sleep()

11 다음 중 range(a, b)에서 a와 b의 범위 x를 정확하게 나타낸 것을 고르시오.

① a < x < b
② a <= x <= b
③ a <= x < b
④ a < x <= b

12 range(10)에서 처음 만들어지는 수는 무엇인가?

① 0
② 1
③ 9
④ 10

13 range(10)에서 마지막에 만들어지는 수는 무엇인가?

① 0
② 1
③ 9
④ 10

14 "for 문은 ( ) 다음에 나오는 데이터를 반복한다"에서 괄호에 들어갈 적당한 단어를 고르시오.

① of
② as
③ while
④ in

15 다음 중 1부터 60까지 반복하는 for 문을 문법에 맞게 나타낸 것은 무엇인가?

① for k in range(1, 61)
② for k range(1, 61)
③ for k in range(1, 61) :
④ for k in range(61) :

16 다음 중 1부터 60까지 반복하는 for 문을 문법에 맞게 나타낸 것은 무엇인가?

① for k in range(0, 61) :
② for k in range(1, 61) :
③ for k in range(1, 60) :
④ for k in range(61) :

17 2부터 30까지의 짝수를 만들려고 한다. for 문을 문법에 맞게 나타낸 것은 무엇인가?

① for k in range(2, 30, 2) :
② for k in range(2, 30, 1) :
③ for k in range(2, 31, 1) :
④ for k in range(2, 31, 2) :

18 9부터 1까지 숫자를 줄이면서 홀수만 만들려고 한다. for 문을 문법에 맞게 나타낸 것은 무엇인가?

① for k in range(9, 1, -2) :
② for k in range(9, 0, -1) :
③ for k in range(9, 0, -2) :
④ for k in range(9, 1, -2) :

19 다음의 설명에 가장 근접한 키워드는 무엇인가?

초기값, 반복 조건, 증감이 정확하게 정해진 반복문에서 사용하기 편한 키워드

① while
② for
③ break
④ continue

20 다음의 설명에 가장 근접한 키워드는 무엇인가?

반복 조건이 정해지지 않은 반복문에서 사용하기 편한 키워드

① while
② for
③ break
④ continue

21 다음의 설명에 가장 근접한 키워드는 무엇인가?

불규칙적인 증감 연산을 가진 반복문에서 사용하기 편한 키워드

① while
② for
③ break
④ continue

22 다음의 설명에 가장 근접한 키워드는 무엇인가?

작업을 멈추고 반복문을 탈출하는 키워드

① while
② do while
③ break
④ continue

23 다음의 설명에 가장 근접한 키워드는 무엇인가?

여기서 멈추고 반복문을 다시 시작할 때 사용되는 키워드

① while ② do while

③ break ④ continue

24 다음 중 무한반복으로 코드가 끝나지 않거나, 실행 중인 코드를 중간에서 멈추고자 할 경우 사용하는 키는 무엇인가?

① Ctrl - A ② Ctrl - S

③ Ctrl - C ④ Ctrl - Z

[코드문제]

25 다음 코드에서 잘못된 부분을 설명하시오.

```
order = 3
while order > 0 :
   print('%d 통닭 튀긴다' % order)
order = order - 1
print('3마리 다 튀김')
```

26 다음은 화면을 지워가면서 통닭을 튀기는 코드이다. 빈칸에 들어갈 코드를 기입하시오.

```
import os

order = 60
while order > 0 :
   print('%d 통닭 튀긴다' % order)
   order = order - 1

print('60마리 다 튀김')

input()
```

27 다음은 2부터 30까지의 짝수를 더하는 코드이다. 빈칸에 들어갈 코드를 기입하시오.

```
sum = 0
                         :
   print('%d ' % k, end = '')
   sum = sum + k
print('\nsum = %d ' % sum)
```

28 9부터 1까지 숫자를 줄이면서 홀수만 곱하는 코드이다. 2개의 빈칸에 들어갈 코드를 정확하게 기입하시오.

```
mul = 
                         :
   print('%d ' % k, end = '')
   mul = mul * k
print('\nmul = %d ' % mul)
```

29 다음은 구구단 코드이다. 2개의 빈칸에 들어갈 코드를 정확하게 기입하시오.

```
for dan in range(       ) :
   print('\n%d단: ' % dan, end = '')
   for num in range(       ) :
      print('%dx%d=%d ' % (dan, num, dan * num), end = '')
```

30 앞서 배운 UFO 코드에 2줄을 추가하여 위아래로 요동치며 움직이는 UFO 코드를 만드시오.

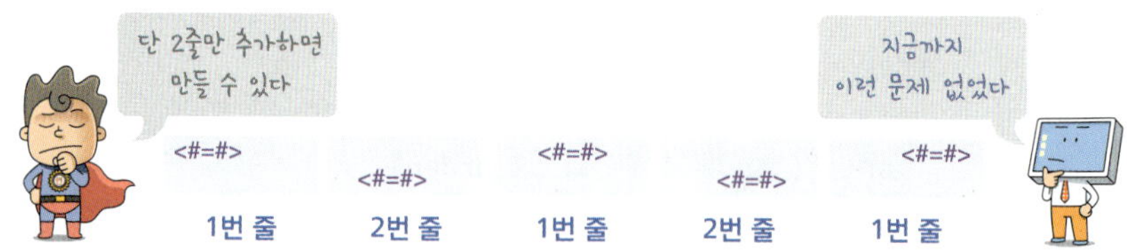

힌트

k가 짝수일 경우, print()를 사용하여 줄바꿈이 일어나도록 하면 된다. 이렇게 되면 k가 홀수일 때 윗줄에, 짝수일 때는 아랫줄에 <#=#>가 찍히기 때문에 위아래로 요동치는 것처럼 보인다.

31 30번 문제의 답을 변형하여 70칸까지 갔다가 되돌아 오도록 만드시오.

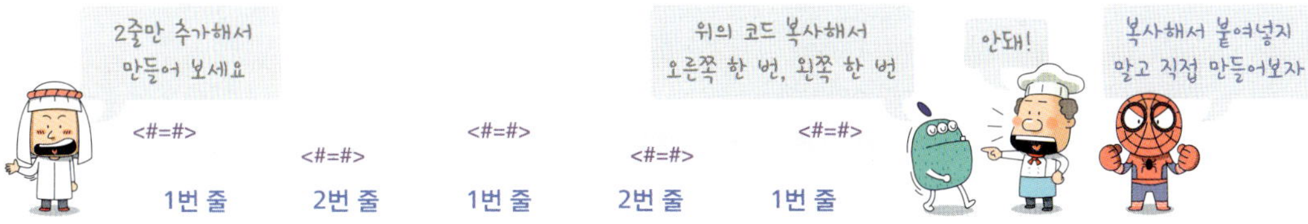

> **힌트**
>
> k를 사용하는 바깥쪽 for 문을 140보다 작을 때까지 반복한다. k가 70이 넘을 경우 m값이 감소할 수 있는 식을 하나 만든다.

32 다음 그림과 같이 UFO가 지그재그로 움직이면서 밑으로 26줄까지 내려가는 UFO 착륙 코드를 만드시오.

> **힌트**
>
> 옆으로 공백을 만드는 대신 print()로 줄바꿈을 한다. 좌우로 움직이면서 내려와야 하기 때문에 짝수일 때만 print(' ', end = '')를 사용한다.

33 옆으로 70, 밑으로 26이 되는 공간에 무작위로 나타나는 UFO 코드를 만드시오. 단, 전체를 70번 반복한다.

> **힌트**
>
> random.randrange() 함수를 수평으로 움직일 때 한 번, 아래로 내려올 때 한 번, 총 두 번 사용하면 된다.

34 다음 알람시계 코드에서 3개의 빈칸에 들어갈 적당한 코드를 기입하시오.

```
import time
import os

min = int(input('분 입력: '))
sec = int(input('초 입력: '))

for m in range                    :
    for s in range                    :
        os.system('cls')
        print('%d분 : %d초' % (m, s))
        time.sleep(1)

print('그만 튀겨!')
```

35 다음은 스무고개 게임이다. 2개의 빈칸에 들어갈 적당한 코드를 기입하시오.

```
import random

com = random.randrange(1, 21)

while                :
    user = int(input('1 ~ 20 사이의 수 입력: '))
    if com == user :
        print('맞췄습니다')
    elif com > user :
        print('더 큰 수입니다')
    else :
        print('더 작은 수입니다')
```

36 스탠드 게임을 continue를 사용하지 않고 만들어보시오.

37 기존의 스탠드 게임을 다음의 추가 조건으로 업그레이드하시오.

> **추가 조건**
>
> 판수의 제한은 없다. 사용자의 chip이 0이 되거나 30이 될 때까지 무한정 계속되는 스탠드 게임을 만드시오. 단, while True를 사용해야 한다.

CHAPTER

07

WONDER **Python**

데이터 묶음, 리스트

미리 둘러보기

리스트란 여러 개의 데이터를 하나의 묶음으로 처리할 수 있는 데이터 구조이다. 반복되는 데이터가 많을 경우, 리스트로 처리하면 관리가 수월해진다. 리스트는 대괄호 []와 쉼표(,)를 사용하여 만든다. 7장에서는 리스트를 만들고 사용하는 다양한 방법에 대하여 학습한다.

리스트에는 여러 개의 데이터들이 각 항목(방)에 모여있다. 리스트의 각 방을 가리키는 것을 인덱스 혹은 첨자라 부른다. 인덱스 5번은 리스트에 있는 방번호(항목번호) 5번을 의미한다. 인덱스에서 가장 중요한 것은 언제나 0번부터 시작한다는 것이다.

리스트를 사용하는 방법으로 슬라이싱이라는 범위지정 방식이 있다. 또한 리스트에서 덧셈(+)과 곱셈(×) 연산을 사용할 수 있으며 다양한 함수들이 준비되어 있다.

리스트를 사용하여 다양한 게임을 만들어본다. 슬롯머신과 경마 게임을 만들어볼 예정이다. 또한 사운드 미터와 운명의 바퀴 코드도 만들어본다.

```
                                    0:>
                                                            1:>
                                                    2:>
                              3:>
                                          4:>
                                               5:>
                                     6:>
                                    7:>
                                      8:>
                                         9:>
                                    10:>
                                          11:>
                                                  12:>
1번 말 승
```

터틀 그래픽을 사용하여 연기를 내뿜으며 날아가는 로켓을 만들어본다. 수평으로 움직이는 로켓을 만들어보고 코드 8줄 정도로 하늘로 올라가는 로켓도 만들어본다.

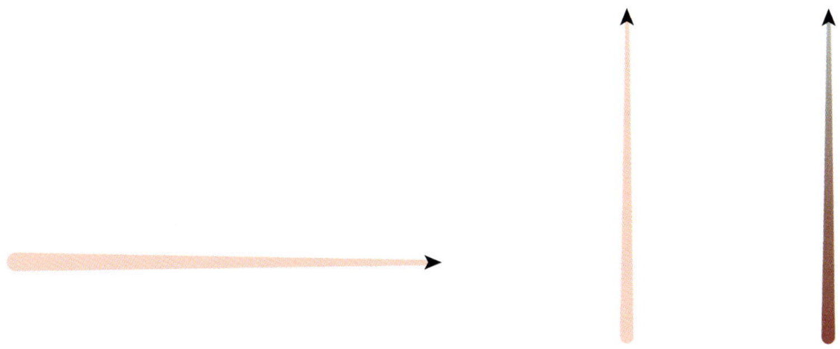

7.1 리스트란 무엇인가?

1 리스트의 필요성

변수 하나에는 데이터 하나만 저장할 수 있다. 그래서 여러 개의 데이터를 사용하려면 변수를 여러 개 만들어야 한다.

타로점 코드를 만든다고 가정해보자. 22장의 타로카드에는 각각의 의미가 적혀있다. 타로카드의 의미를 저장할 변수를 만들어보자. `taro0`, `taro1`, `taro2`, `taro3`, . . . , `taro21`까지 22개의 변수를 만들어 각 카드의 의미를 저장해야 한다. 이러면 변수를 관리하기 복잡하다.

한 묶음의 달걀을 생각해보자. 봉투에 넣으면 서로 부딪혀 깨질 것이다. 달걀을 안전하게 보관하려면 꼭 맞는 상자에 넣으면 된다. 이와 마찬가지로 데이터를 하나의 묶음으로 처리할 수 있는 데이터 구조가 리스트[list]이다. **리스트는 여러 데이터를 하나의 묶음으로 처리해준다.**

리스트를 만드는 방법은 의외로 간단하다. 한 묶음으로 처리할 데이터를 대괄호 `[]`와 쉼표(,)를 사용하여 묶어주면 된다. `arr = [10, 20, 30, 40, 50]`이라 쓰면 변수 5개를 하나로 묶은 리스트로 만든 것이다.

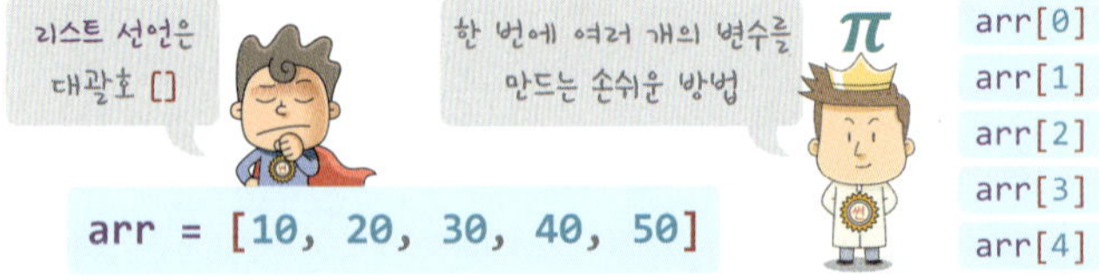

arr이라 이름 붙여진 리스트에서 대괄호 []는 데이터 묶음의 시작과 끝을 알려준다. 쉼표(,)는 각각의 데이터를 구분해준다. 리스트 arr에는 독립적인 변수 5개가 한 묶음으로 모여있는데, 번호가 붙어있는 방이 여러 개 있다고 생각하면 된다.

리스트를 만들고 출력해보자. 다음과 같이 1번 줄에서 리스트 arr를 만들고 대괄호 [] 안에 10부터 50까지의 데이터를 쉼표(,)로 구분한다. 5개의 항목(방)을 가진 리스트가 만들어진다.

```
01    arr = [10, 20, 30, 40, 50]
02
03    print(arr)
```

실행결과

```
[10, 20, 30, 40, 50]
```

print(arr)로 출력해보면 [10, 20, 30, 40, 50]이 출력된다. 대괄호 []로 묶여서 출력되는 것은 하나의 리스트라는 의미이다.

하나의 리스트에는 다음과 같이 다양한 종류의 데이터를 섞어서 저장할 수 있다. 파이썬에서 만능 변수를 제공하듯이, 만능 리스트를 제공한다.

```
arr = [1, '첫 번째', 2.34, True]

print(arr)
```

실행결과

```
[1, '첫 번째', 2.34, True]
```

파이썬이 만능 리스트를 제공한다 할지라도, 위와 같이 무작위로 데이터를 섞어서 저장하는 것은 좋지 않다. 리스트의 각 항목에 어떤 데이터가 들어있는지를 사용자가 기억해야 하기 때문이다. 위의 리스트에 있는 값들을 데이터 종류에 맞는 서식문자를 사용하여 하나씩 출력해보자. 머리가 복잡할 것이다. 데이터를 섞어서 리스트를 만들 때는 순서를 정하는 것이 좋다. 예를 들어 홀수 방에는 숫자를 저장하고 짝수 방에는 문자를 저장하는 것과 같은 패턴을 정하는 것이 좋다.

여기서 잠깐

파이썬을 제외한 C언어나 자바와 같은 대부분의 프로그래밍 언어에서는 하나의 리스트에 한 종류의 데이터만 저장할 수 있다. 그래서 리스트라 부르지 않고 배열[array]이라 부른다.

2 리스트와 인덱스

print(arr)은 리스트 arr을 통째로 출력하라는 의미이다. 리스트 안의 각 방에 있는 데이터를 사용하려면 어떻게 해야 하는지 알아보자.

다음 그림은 리스트 arr = [10, 20, 30, 40, 50]의 모습을 그려놓은 것이다. 리스트 arr에는 arr[0], arr[1], arr[2], arr[3], arr[4]의 5개의 변수가 하나로 모여있다. arr[k]에서 k는 리스트 arr의 방 번호를 의미한다.

리스트 arr에서 각 항목(방)을 구분하는 것은 [0]부터 [4]까지의 숫자이다. 리스트에서 각각의 독립적인 변수를 구분하는 숫자를 **인덱스**[index] 혹은 **색인**이라 부른다. 리스트 arr에서 arr[0]은 0번 인덱스를 가진 변수를 가리킨다. 다시 말해 방 번호(인덱스) 0에는 숫자 10이 들어있다는 의미이다.

리스트를 처음 배우는 분들이 흔히 하는 실수가 리스트 인덱스값이다. 5개의 변수가 모인 리스트에서 맨 처음 인덱스는 0이다. 따라서 리스트 arr의 변수(방)들은 arr[0]부터 시작하여 마지막은 arr[4]이다. arr[5]는 없다.

사과가 5개가 있다고 가정해보자. 사과는 1개부터 5개까지이다. 그러나 시계의 경우 0분 0초에 시작한다. 0초부터 59초까지 흐른 후, 그다음은 1분 0초이다. 1분은 60초이지만, 시계의 초나 분의 자리는 언제나 0부터 59까지만 표시된다.

리스트도 마찬가지이다. b개의 데이터가 모인 리스트 arr은 0에서 시작하여 b - 1에서 끝난다. 다시 말해 b개의 arr의 첫 번째 항목은 arr[0]이고 마지막 항목은 arr[b - 1]이다. arr[b]는 없다. 파이썬만 그런 것이 아니다. **모든 프로그래밍 언어에서 처음 시작점은 0부터이다.** 익숙하지 않겠지만, 꼭 기억하길 바란다.

여기서 잠깐

range(b)나 randrange(b) 함수의 범위 x가 0 <= x < b라 했다. 항상 b보다 작은 수를 만드는 것이 익숙하지 않았을 것이다. 그러나 리스트가 항상 0부터 시작하기 때문에 range(b) 함수도 0부터 시작한다. 따라서 맨 마지막은 b - 1이 된다.

[예제 7-1]은 리스트 arr을 선언하고 값을 대입한 후 전체 합을 출력하는 코드이다. 1번 줄에서 리스트 arr = [97, 70, 65]를 선언한다. arr[0], arr[1], arr[2]의 3개의 변수가 만들어진다.

코드 7-1 리스트 덧셈 701_list1.py

```
01  arr = [97, 70, 65]
02
03  sum = arr[0] + arr[1] + arr[2]
04  print(sum)
```

실행결과

```
232
```

3번 줄에서 리스트의 각 변수 arr[0] + arr[1] + arr[2]를 더한 후 변수 sum에 저장한다. 4번 줄에서 출력하면, 232가 출력된다.

인덱스 범위를 착각하여 sum = arr[1] + arr[2] + arr[3]이라고 작성할 경우, 파이썬은 IndexError: list index out of range라는 에러가 발생한다. 인덱스가 범위를 벗어났다는 뜻이다. 리스트를 사용하여 코드를 만들었는데 IndexError: list index out of range를 보게 된다면, 리스트의 인덱스를 잘못 사용하고 있는 것은 아닌지 살펴봐야 한다.

```python
arr = [97, 70, 65]

sum = arr[1] + arr[2] + arr[3]          # arr 리스트의 마지막 인덱스는 2
print(sum)
```

실행결과

```
Traceback (most recent call last):
  File "C:/Users/zoch/Desktop/pcode/601_list1.py", line 3, in <module>
    sum = arr[1]  arr[2]  arr[3]
IndexError: list index out of range
```

3 리스트 만들기

리스트에 있는 값을 변경시켜보자. 다음과 같이 arr[0]에는 32를 넣고, arr[1]에는 45를 넣는다. 리스트는 변수를 모아놓은 것이기 때문에 대입 연산자를 사용하여 각각의 값을 변경할 수 있다. 그러나 다음 코드는 에러가 발생한다.

```python
01  arr[0] = 32
02  arr[1] = 45
03  sum = arr[0] + arr[1]
04  print(sum)
```

왜 에러가 발생하는지 생각해보자. 파이썬에게 리스트 arr의 크기를 알려주지 않았다. arr의 크기가 [0]부터 [1]까지인지, [0]부터 [100]까지인지 파이썬은 알지 못한다. 그런데 2번 줄과 같이 arr[1]에 값을 넣으면 파이썬이 당황하여 에러를 발생시킨다.

리스트도 변수처럼 초기화를 해야 한다. **리스트의 초기화는 리스트의 크기를 파이썬에게 알려주는 것**이다. 따라서 위의 코드는 다음과 같이 변경해야 한다. 1번 줄과 같이 arr = [0, 0]으로 초기화한다. 이렇게 초기화를 하면, 리스트 arr은 arr[0]과 arr[1]의 두 개의 항목(방)을 사용한다는 것을 파이썬이 알게 된다.

코드 7-2 **리스트 덧셈** 702_list2.py

```
arr = [0, 0]                      # arr에는 두 개의 항목(방)이 만들어짐

arr[0] = 32                       # arr[0]에 32 저장
arr[1] = 45                       # arr[1]에 45 저장
sum = arr[0] + arr[1]
print(sum)
```

실행결과

```
77
```

리스트를 만들고 사용자로부터 값을 입력받아 합과 평균을 출력하는 코드를 만들어보자. 합과 평균을 구하는 코드가 [예제 7-3]이다. 1번 줄에서 앞으로 사용할 리스트 arr을 선언하고 항목 3개를 0으로 초기화한다.

코드 7-3 **합 및 평균** 703_list3.py

```
01  arr = [0, 0, 0]                    # 리스트도 사용하기 전에 초기화해야 한다
02  arr[0] = int(input('첫 번째 값: '))
03  arr[1] = int(input('두 번째 값: '))
04  arr[2] = int(input('세 번째 값: '))
05
06  sum = arr[0] + arr[1] + arr[2]
07  ave = sum / 3
08  print('합 = %d, 평균 = %.2f' % (sum, ave))
```

실행결과

```
첫 번째 값: 47
두 번째 값: 24
세 번째 값: 56
합 = 127, 평균 = 42.33
```

2, 3, 4번 줄에서 리스트 각각의 항목에 사용자로부터 값을 입력받는다. 6번 줄에서 리스트 3개 항목의 값을 더하여 sum에 저장한다. 7번 줄에서 sum을 3으로 나누어 ave에 저장한다. 8번 줄에서 합과 평균을 출력한다.

지금까지 배운 리스트를 사용하여 타로점을 출력하는 코드를 만들어보자. [코드 7-4]는 22장의 타로카드의 실제 의미를 리스트로 만든 것이다.

코드 7-4 타로점 카드 704_taro1.py

```
01 import random as r
02
03 taro = ['자유', '시작', '갈등', '풍요', '성공', '자립', '연예', '전진',
04         '극복', '회피', '선택', '안정', '희생', '불행', '인내', '유혹',
05         '파괴', '균형', '불안', '행복', '결단', '성취']
06
07 print('전체 타로카드')
08 print(taro)
09 print('\n첫 번째 타로는 =', taro[r.randrange(22)])
10 print('두 번째 타로는 =', taro[r.randrange(22)])
```

실행결과

```
전체 타로카드
['자유', '시작', '갈등', '풍요', '성공', '자립', '연예', '전진', '극복', '회피',
'선택', '안정', '희생', '불행', '인내', '유혹', '파괴', '균형', '불안', '행복',
'결단', '성취']

첫 번째 타로는 = 성취
두 번째 타로는 = 불안
```

3번 줄은 taro 리스트를 만들고 22개의 타로카드 의미로 초기화한다. 파이썬에서는 코드 한 줄을 여러 줄에 걸쳐서 만들 수 있다.

첫 번째 타로를 출력하는 9번 줄을 보자. taro[무작위 수]가 첫 번째 타로점을 출력한다. 리스트의 인덱스 위치에 r.randrange(22)를 사용한 것에 주목하자. 이렇게 무작위 수를 만들어 인덱스로 직접 사용해도 된다. 10번 줄 두 번째 타로점도 같은 방법으로 출력한다.

4 리스트를 만드는 다양한 방법

빈 리스트를 만들고 싶다면 arr = []라고 쓰면 된다. 빈 리스트를 만들고 0을 저장하려면 arr = [0]과 같이 쓴다.

```
arr = []          리스트 arr 만들기
arr = [0]         리스트 arr 만들고 0 저장하기
```

arr = [0]은 1개짜리 리스트가 만들어진다. 만약 10개의 항목을 가진 리스트를 만들고 싶다면 어떻게 해야 할까? 10개의 항목을 가진 리스트를 초기화하려면 arr = [0, 0, 0, 0, 0, 0, 0, 0, 0, 0]이라 써야 하지만, 이 방법은 무언가 불편하다. 만약 100개의 방을 가진 리스트를 만든다면, 0을 100개 써야 한다.

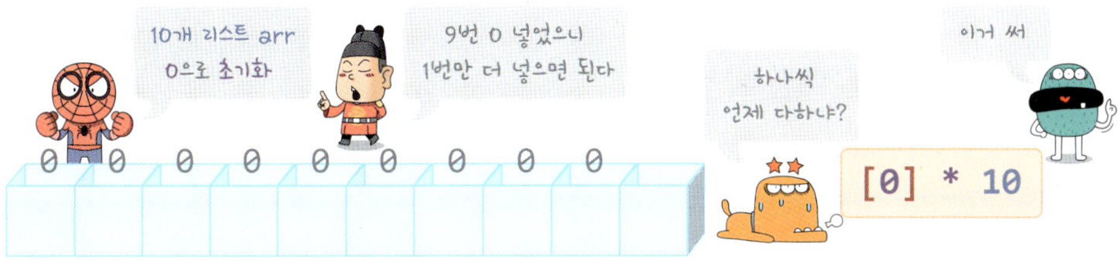

리스트를 좀 더 쉽게 초기화하는 방법이 있다. 곱셈(*)을 사용하면 간단하게 리스트 안의 항목을 여러 개 만들 수 있다. 10개의 빈 리스트를 만들고 싶다면 arr = [] * 10이라 쓰면 된다. 100개의 방을 만들고 그 안에 모두 0을 넣고 싶다면, arr = [0] * 100이라 쓰면 된다.

```
arr = [] * 10                    [] * 10은 10개의 빈 리스트를 만듦
```

리스트를 만들면서 무조건 0만 저장해야 하는 것은 아니다. 리스트를 만들면서 동시에 다양한 값을 저장할 수도 있다. 파이썬에서 list() 함수는 리스트를 새로 만들어준다. arr = list()라 쓰면 빈 리스트를 만들어준다. arr = []와 같다. arr = list(0)이라 쓰면 빈 리스트를 만들고 0을 저장해준다. arr = [0]과 같다.

```
arr = list()                     arr = []과 같음
arr = list(0)                    arr = [0]과 같음
```

반복문에서 숫자를 만들던 range() 함수를 기억할 것이다. list()와 range() 함수를 사용하면 리스트를 만들면서 동시에 값을 저장할 수 있다. 예를 들어 10개의 리스트를 만들고, 0부터 9까지 값을 저장하는 코드는 다음과 같다.

```
arr = list(range(10))

print(arr)
```

실행결과

```
[0, 1, 2, 3, 4, 5, 6, 7, 8, 9]
```

위와 같이 짧은 코드로도 0부터 9까지 들어있는 리스트를 만들 수 있다. range() 함수는 for 문뿐 아니라 리스트를 생성할 때도 매우 유용한 함수이다.

2부터 시작하여 40 미만의 짝수만을 가진 리스트를 만들고 싶다면 어떻게 하면 될까? range() 함수의 값을 변화시켜 다음과 같이 만들어주면 된다.

```
arr = list(range(2, 40, 2))

print(arr)
```

실행결과

```
[2, 4, 6, 8, 10, 12, 14, 16, 18, 20, 22, 24, 26, 28, 30, 32, 34, 36,
 38]
```

중간점검

1. 여러 개의 데이터를 하나의 묶음으로 처리하는 데이터 구조를 ( )라 부른다.
2. 데이터를 리스트로 묶을 때 사용하는 기호는 ( )이다.
3. 리스트에서 각각의 독립적인 변수를 구분하는 숫자를 ( )이라 부른다.
4. 리스트에서 인덱스의 시작 번호는 ( )이다.
5. 리스트 arr = [97, 70, 65]에서 마지막 인덱스의 번호는 ( )이다.

LAB 1 슬롯머신

리스트를 사용하여 슬롯머신을 만들어보자. 만드는 슬롯머신에는 7과 8만 나온다. 3개의 숫자를 만들어서 7 7 7이 되면 잭팟이라고 출력하는 코드를 만들어보자.

코드의 실행화면은 다음과 같다. 게임은 총 3번 반복되며, 7 7 7인 경우에만 잭팟이 터졌네요라고 출력된다. 잭팟이 터지면 게임은 멈춘다.

실행결과

```
7 8 8
아까워

8 7 8
아까워

7 7 7
잭팟이 터졌네요
```

알고리즘 만들기

우선 슬롯머신의 각 값을 저장할 리스트 `slot`을 만들고 `[0, 0, 0]`으로 초기화한다. 게임을 총 3번 하기 위해 바깥쪽 `for` 문은 3번 반복한다. 또한 7과 8 중 하나의 숫자를 3개 만들어야 하기 때문에 안쪽 `for` 문도 3번 반복한다.

`random.randrange(7, 9)`를 사용하여 7과 8 중 하나의 숫자를 3개 만든다. 금방 만들어지면 재미없기 때문에 `time.sleep(2)`를 사용하여 숫자 하나를 만들고 2초 기다린다.

숫자가 다 만들어지면, 모두 7인가를 검사하여 맞으면 잭팟이라 출력하고, 반복문을 끝낸다. 모두 7인가를 검사하기 위하여 `slot[0] == 7 and slot[1] == 7 and slot[2] == 7`의 조건을 검사하면 된다. 더 나아가 이 조건보다 더 짧은 조건으로 모두 7인지를 검사할 수 있는 방법을 찾아보자.

소스코드

코드 7-5 슬롯머신 705_slot.py

```
01 import random as r
02 import time as t
03
04 slot = [0, 0, 0]                                # slot = [0] * 3도 같은 코드
05 for s in range(3) :
06     for k in range(3) :
07         slot[k] = r.randrange(7, 9)                 # 무작위 수 7, 8 생성
08         print('%d   ' % slot[k], end = '')
09         t.sleep(2)
10     if                                  :    # 모두 7인지 검사
11         print('\n잭팟이 터졌네요')
12         break
13     else :
14         print('\n아까워\n')
```

코드설명

4번 줄에서 슬롯머신의 각 값을 저장할 리스트 slot을 만들고, [0, 0, 0]으로 초기화한다. slot = [0] * 3도 같은 코드이다.

5번 줄에서 for 문을 사용하여 전체 게임을 3번 진행한다. 6번 줄의 k를 사용하는 for 문은 3개의 숫자를 만들기 위한 반복문이다.

7번 줄에서 slot[k]에 7과 8 중의 무작위 수를 만들어 저장하고, 8번 줄에서 출력한다. 9번 줄 t.sleep(2)에서 다음 숫자가 만들어지기 전까지 2초간 기다린다. 이러한 과정이 3번 반복된다.

10번 줄에서 잭팟이 터졌는지 확인한다. 만약 모두 7이면 잭팟이 터졌네요를 출력하고 게임을 멈춘다. 아닌 경우 14번 줄 아까워가 출력된다.

슬롯머신의 모든 값이 7인 경우는 모든 수를 더했을 때 21인 경우뿐이다. 따라서 다음과 같은 코드로 잭팟을 확인할 수 있다.

```
10     if slot[0] + slot[1] + slot[2] == 21 :
```

리스트 활용하기 7.2

1 인덱스 범위지정, 슬라이싱

리스트에서 arr[k]는 k번 항목 1개를 가리킨다. 콜론(:)을 사용하면 여러 개의 인덱스 범위를 지정할 수 있다. 예를 들어 arr[2:5]라 쓰면, arr[2]부터 arr[4]까지의 값을 얻을 수 있다. 이렇게 범위를 지정하는 것을 **슬라이싱**slicing이라 부른다. 슬라이스 치즈처럼 전체 치즈에서 일부를 잘라낸다는 의미이다.

주의할 것은 arr[a:b]에서 얻어지는 값은 a<= x < b이다. a부터 시작하여 b - 1까지이다. 다행히도, a <= x < b의 범위가 익숙할 것이다. range(a, b)와 randrange(a, b)의 범위도 b – 1까지였다. 또한 b개의 변수를 가진 리스트 arr에서 마지막 인덱스도 b - 1이다.

[코드 7-6]은 인덱스의 범위를 지정하여 출력하는 코드이다. arr[2:5]라 지정하면 [2]부터 [4]까지 출력된다. 강조하지만 마지막 범위는 -1까지이다. arr[2:]라 지정하면 [2]부터 끝까지라는 뜻이다. 따라서 [2]부터 [9]까지 출력된다. 반대로 arr[:5]라 지정하면 처음부터 [4]까지라는 의미이다. 그래서 [0]부터 [4]까지 출력된다. 극단적으로 arr[:]라 쓰면 전체 범위를 출력하라는 뜻이다. 따라서 print(arr)과 같은 결과를 얻는다.

코드 7-6 슬라이싱 706_slice1.py

```
arr = [0, 1, 2, 3, 4, 5, 6, 7, 8, 9]  # arr = list(range(10))과 같다

print(arr[2:5])                       # [2:5] -> 2부터 4까지
print(arr[2:])                        # [2: ] -> 2부터 끝까지
print(arr[:5])                        # [ :5] -> 0부터 4까지
print(arr[:])                         # [ : ] -> 처음부터 끝까지
print(arr[-1])                        # [-1] -> 맨 뒤
print(arr[-5:-1])
```

실행결과

```
[2, 3, 4]
[2, 3, 4, 5, 6, 7, 8, 9]
[0, 1, 2, 3, 4]
[0, 1, 2, 3, 4, 5, 6, 7, 8, 9]
9
[5, 6, 7, 8]
```

슬라이싱에서 음수도 사용할 수 있다. arr[-1]이라 쓰면 맨 뒤에서 첫 번째를 의미한다. 따라서 맨 마지막값인 9가 출력된다. arr[-5:-1]의 의미는 무엇일까? 맨 뒤에서 다섯 번째부터 맨 뒤에서 첫 번째의 앞까지이다. 맨 뒤에서 다섯 번째는 [5]이다. 그런데 [a:b]의 경우 한 개 적은 b - 1까지 출력한다고 하였다. 그래서 뒤에서 두 번째까지 출력되어 [5]부터 시작해서 [8]까지만 출력된다.

슬라이싱			
범위지정	의미	범위	
[a:b]	a부터 b - 1까지	a <= x < b	[2:5]
[a:]	a부터 끝까지	a <= x	[2:]
[:b]	0부터 b - 1까지	0 <= x < b	[:5]
[:]	전체		[:]
[-1]	뒤에서 첫 번째	b - 1	[-1]
[-a:-b]	뒤에서 a번째부터 b + 1번째까지		[-5:-1]

2 리스트 자르고 붙이기

파이썬에서는 리스트를 자르고 붙이는 것이 가능하다. 다음 코드를 보자. 3번 줄 copy = arr[2:5]는 리스트 arr[2]부터 arr[4]까지 자른 것을 copy에게 준다. copy를 출력하면 [2, 3, 4]가 나타난다. 이때부터 copy는 리스트가 된다.

```
01  arr = [0, 1, 2, 3, 4, 5, 6, 7, 8, 9]
02
03  copy = arr[2:5]              # arr[2] ~ arr[4] 잘라서 copy에 저장
04  print(copy)
05
06  copy = copy + arr[6:10]      # arr[5] ~ arr[7] 잘라서 copy 뒤에 붙임
07  print(copy)
```

실행결과

```
[2, 3, 4]
[2, 3, 4, 6, 7, 8, 9]
```

리스트 copy 뒤에 더 많은 리스트를 붙이고 싶다면 덧셈(+)을 사용하면 된다. copy = copy + arr[6:10]은 리스트 copy에 arr[6:10]을 붙이는 코드이다. 리스트의 맨 끝이 arr[9]이기 때문에 arr[6:10]을 사용한 것에 주목하자. arr[6:]도 같은 의미이다. 덧셈(+)

을 사용하여 copy에 새로운 리스트를 붙여서 출력하면 [2, 3, 4, 6, 7, 8, 9]가 출력된다.

앞서 리스트를 여러 개 만들 때 곱셈(*)을 사용하였다. 곱셈은 리스트를 여러 개 반복하라는 의미를 가진다. [코드 7-7]은 리스트에 대하여 곱셈을 하는 코드이다.

분식집 1번 테이블에 4명의 손님은 모두 김밥과 라면을 한 개씩 주문하였다. 3번 줄에서 menu[0:2] * 4를 하여 1번 테이블에 준다.

코드 7-7 리스트 곱하기 707_slice2.py

```
01  menu = ['김밥', '라면', '쫄면', '튀김', '어묵', '만두']
02
03  table1 = menu[0:2] * 4                  # [0:2] * 4는 4번 반복
04  print(table1)
```

실행결과

```
['김밥', '라면', '김밥', '라면', '김밥', '라면', '김밥', '라면']
```

곱하기 4는 menu[0:2]를 4번 반복하라는 의미이다. 따라서 1번 테이블에는 김밥과 라면이 4개씩 제공된다.

파이썬에서 리스트 안의 항목을 지우는 것도 허용한다. del() 함수를 사용하면 리스트의 항목을 지울 수 있다. del()은 delete의 약자이다.

코드 7-8 리스트 항목 지우기 708_slice3.py

```
menu = ['김밥', '라면', '쫄면', '튀김', '어묵', '만두']

del(menu[2])                  # 리스트 menu의 인덱스 2번 항목 삭제
print(menu)

del(menu[3:])                 # 리스트 menu의 인덱스 3번 이후 모두 삭제
print(menu)
```

실행결과

```
['김밥', '라면', '튀김', '어묵', '만두']
['김밥', '라면', '튀김']
```

손이 너무 많이 가서 메뉴 중 쫄면을 빼려 한다. del(menu[2])라 쓰면 인덱스 2번의 쫄면이 리스트에서 사라진다.

슬라이싱을 이용할 수도 있다. 장사가 잘 안 돼서 어묵과 만두를 메뉴에서 삭제하고 싶다면, del(menu[3:])이라 쓰면 된다. 인덱스 3번 이후부터 끝까지 메뉴는 사라진다.

3 리스트 활용하기

리스트가 길어서 그 크기를 알지 못하는 경우에는 len() 함수를 사용해보자. len()은 length의 약자로 변수나 리스트의 크기를 알려주는 내장 함수이다. 다음과 같이 len()에 리스트 menu를 넣으면 6이라고 알려준다. menu는 6개의 항목을 가진 리스트라는 의미이다.

```
menu = ['김밥', '라면', '쫄면', '튀김', '어묵', '만두']

size = len(menu)                              # 리스트 menu의 항목 수 알려줌
print(size)
```

실행결과

```
6
```

반복문을 사용하여 리스트에 있는 값을 출력하는 코드를 만들어보자. 일반적으로는 다음과 같은 코드를 사용한다. k값을 0부터 5까지 증가시키면서 menu[k]의 값을 출력하면 된다.

코드 7-9 리스트와 반복문 709_list5.py

```
menu = ['김밥', '라면', '쫄면', '튀김', '어묵', '만두']

for k in range(6) :                           # k값은 0부터 5까지 증가
    print(menu[k])
```

실행결과

```
김밥
라면
쫄면
튀김
어묵
만두
```

len() 함수를 사용하여 위의 코드를 다음과 같이 바꿀 수 있다. 그러면 리스트의 크기를 일일이 세지 않아도 모든 리스트의 값을 출력할 수 있다.

```
menu = ['김밥', '라면', '쫄면', '튀김', '어묵', '만두']

for k in range(len(menu)) :            # k값은 0부터 len(menu)-1까지 변화
    print(menu[k])
```

리스트의 모든 값을 출력하는 경우, 더 간단한 방법이 있다. for k in menu라 쓰면 menu에 있는 값을 하나씩 k에 대입해준다. 따라서 다음과 같은 코드는 잘 작동한다.

```
menu = ['김밥', '라면', '쫄면', '튀김', '어묵', '만두']

for k in menu :                        # k값은 리스트 menu의 모든 값
    print(k)
```

만약 쫄면과 튀김만 출력하려면 어떻게 하면 될까? for k in menu[2:4]라고 쓰면 된다. 이렇게 다양하게 리스트를 다룰 수 있는 것이 파이썬 언어의 장점 중 하나이다.

```
menu = ['김밥', '라면', '쫄면', '튀김', '어묵', '만두']

for k in menu[2:4] :                   # k값은 menu의 인덱스 2부터 3까지
    print(k)
```

실행결과

```
쫄면
튀김
```

만약 메뉴 중에 쫄면이 있는지 알고 싶다면 간단하게 다음과 같이 쓰면 된다. if '쫄면' in menu라 쓰면 menu에 쫄면이 있을 경우 4번 줄 쫄면 있음이 출력된다. 없을 경우 6번 줄 쫄면 없음이 출력된다.

```
menu = ['김밥', '라면', '쫄면', '튀김', '어묵', '만두']

if '쫄면' in menu :                    # k값은 menu의 인덱스 2부터 3까지
    print('쫄면 있음')
else :
    print('쫄면 없음')
```

실행결과

```
쫄면 있음
```

여기서 잠깐

for k in menu는 다른 언어에서는 사용할 수 없는 코드이다. C언어나 C++와 같은 언어에서 리스트에 있는 값을 출력할 때 for k in range(6)과 같이 인덱스의 값을 변화시키면서 출력한다.

중간점검

1. 리스트에서 특정 범위를 지정하는 것을 (　　)이라 부른다.
2. arr = [0, 1, 2, 3, 4, 5]에서 print(arr[2:4])의 출력결과는 (　　)이다.
3. arr = [0, 1, 2, 3, 4, 5]에서 print(-1])의 출력결과는 (　　)이다.
4. arr = [0, 1, 2, 3, 4, 5]에서 print(-3:-1])의 출력결과는 (　　)이다.
5. 내장 함수 중 리스트의 항목을 지울 때 사용하는 함수는 (　　)이다.
6. 내장 함수 중 리스트나 데이터의 길이를 알고 싶을 때 사용하는 함수는 (　　)이다.

LAB 2 사운드 미터 만들기

사운드 미터(sound meter) 혹은 사운드 레벨 미터란 음악이나 소리에 따라 늘었다 줄었다 하는 막대기이다. 컴퓨터나 스마트폰에서 음악을 들을 때 현란하게 움직이는 사운드 미터를 보았을 것이다.

사운드 미터처럼 움직이는 코드를 만들어보자. 9줄이면 아래 그림과 같은 사운드 미터를 만들 수 있다.

실행결과

```
□□□□□□□□□□□□□□□□□□□□□□□□□□□□□□□□□□□□□□□□□□□□
□□□□□□□□□□□□□□□□□□□□□□□□□□□□□□□□□□□□□□□□□□□□□□□□□□□
□□□□□□□
□□□□□□□
□□□□□□□□□□□□□□□□□□□□□□□□□□□□□□□□□□□□□□□□□□□
□□□□□□□□□□□□□
□□□□□□□□□□□□□□□□□□□□□□□□□□□□□□□□□□□□□□□□
□□□□□□□□□□□□□□□□□□□□□□□□
□□□□□□□□□□□□□□□□□□□□□□□□□□□□□□□□□□□□□□□□□□
□□□□□□□□□□□□□□□□□□□□□□□□□□□□□□□□□□□□□□□□□□□□□□□□□□□□□□
□□□□□□□□□□□□□□□□□□□□□□□□□□□□□□□□□□□□□□□□□
□□□□□□□□□□□□□□□□□□□□□□□□□□□□□□□□□□□□□□□□□□□□□□
□□□□□□□□□□□
□□□□□□□□□□□□□□□□□□□□□□□□□□□□□□□□□□□□□□□□□□□□□
□□□□□□□□□□□□□□□□□□□□□□□□□□□□□□□□□□
□□□□□□□□□□□□□□□□□□□□□□□□
□□□□□□□□□□□□□□□□□□□□□□□□□□□□□
□□□□□□□□□□□□□□□□
□□□□□□□□□□□□□□□□□□□□□□□□□□□□□□□□□□□
□□□□□□□□□□□□□□□□□□□□□□□□□□□□□□□□□□□□□□□□□□□□□□□□□
□□□
□□□□□□□□□□□□□□□□□□□□□□□□□□□□□□□□□□□□□□□
□□□□□□□□□□□□□□□□□□□□□□□□□□□□□□□□□□□□□□□□□□□□□□□□□□□□□□□□
□□□□□□□□□□□□□□□□□□□□□□
□□□□□□□□□□□□□□□□□□□□□□□□□□□□□□□□□□□□□□□□□□□□□□□□
□□□□□□□□
```

알고리즘 만들기

앞서 만든 UFO 날리기 코드를 응용하면 사운드 미터를 쉽게 만들 수 있다. 가장 먼저 `os.system('cls')`를 사용하여 화면을 지운다. 그다음 `r.randrange(1, 58)`을 사용하여 `1`에서 `58` 사이의 무작위 수를 만든다. `for` 문을 사용하여 만들어진 무작위 수만큼 `□`을 출력한다. 출력코드는 `print('□', end = '')`이다.

예를 들어 무작위 수가 50이면, 50개의 ㅁ이 나타난다. 여기서 ㅁ은 한글의 자음인 미음(ㅁ)이다. 한 줄이 출력되고 나면 for 문을 빠져나오고 print()를 사용하여 줄바꿈을 한다. 그러면 한 줄이 만들어진다.

만약 26줄의 사운드 미터를 만들고 싶다면 1줄 사운드 미터를 26번 반복하면 된다. 마지막으로 이러한 작업을 몇 번 할 것인지 결정한다. 만약 200번을 반복하고 싶다면 맨 바깥쪽에 for 문을 만들어 200번 반복한다. 따라서 화면을 지우고 무작위 수를 만들어 그 수만큼 미음(ㅁ)을 출력하는 것을 200번 반복한다. 그러면 사운드 미터의 막대기가 좌우로 200번 움직이는 것처럼 보인다.

소스코드

코드 7-10 사운드 미터 탐색기 710_meter1.py

```
01  import os
02  import random as r
03
04  for k in range(200) :                              # 전체 200번 반복
05     os.system('cls')
06     for s in range(26) :                             # 사운드 미터 26줄 만듦
07        for m in range(0, r.randrange(1, 58)) :      # 사운드 미터 1줄 만듦
08           print('ㅁ', end = '')                       # ㅁ 한글 미음
09        print()
```

코드설명

사운드 미터에는 총 3개의 for 문이 사용된다. 7번 줄부터 보자. m을 사용하는 반복문이 사운드 미터 1줄을 만든다. 무작위 수를 만들어 그 수만큼 ㅁ을 출력한다. 7번 줄에서 1줄을 완성하면 9번 줄에서 print()를 출력하여 줄바꿈을 한다. 7번에서 9번 줄은 사운드 미터 1줄을 만든다.

6번 줄의 s를 사용한 for 문이 여러 줄의 사운드 미터를 만든다. 총 26줄의 사운드 미터가 만들어진다. 한 화면을 만들기 위해 사운드 미터를 몇 번이나 작동시킬지는 4번 줄의 k를 사용한 for 문이 결정한다. 5번 줄에서 화면을 지우고 6번 줄이 26줄의 사운드 미터를 만드는 작업을 200번 반복한다.

보다시피 9줄의 간단한 코드만으로 화려하게 움직이는 파이썬 코드를 만들었다. 사운드 미터와 리스트를 응용하여 만드는 경마 게임을 [PROJECT 1]에 만들어 놓았으니 도전해보길 바란다.

리스트 관련 함수 7.3

1 리스트 관련 함수란 무엇인가?

앞서 list()나 del()과 같은 리스트 관련 함수를 설명하였다. 파이썬에는 다양한 작업을 할 수 있는 리스트 관련 함수들이 더 있다. 예를 들어 기존의 리스트에 새로운 항목을 만들어 값을 넣고 싶은 경우 .append()를 사용하면 된다. 다음의 코드를 보자.

```
arr = [20, 30, 10, 5, 20, 9]

arr.append(50)
print('.append(50) >', arr)
```

실행결과

```
.append(50) > [20, 30, 10, 5, 20, 9, 50]
```

리스트 arr에 새로운 항목을 만들고 50을 넣을 때, arr.append(50)이라 쓴다. 함수 append(50)은 50을 리스트 맨 뒤에 붙여준다. 특이한 것은 리스트 이름 다음에 점을 쓰고 함수 이름을 쓴다는 것이다. 점을 사용하는 함수는 객체[object]에서 사용하는 함수이며, 정확한 명칭은 메소드[method]이다. 아직 객체에 대해 언급하지 않았기 때문에 그냥 함수라 부르겠다. 다만 일반 함수와 구분하기 위하여 함수 이름 앞에 점(.)을 붙여서 표시한다.

다음은 리스트와 관련된 함수들을 정리한 것이다. 첫 번째 묶음은 리스트에 삽입과 삭제를 하는 함수이다. 두 번째 묶음은 인덱스와 관련된 함수이며, 세 번째 묶음은 리스트 안의 값을 정렬하고 복사하는 함수이다. 마지막 묶음은 지금까지 배운 리스트 관련 함수를 정리한 것이다.

함수명	설명	사용법
	함수 - 삽입 및 삭제	
.append()	리스트 맨 뒤에 항목 추가	a.append(값)
.pop()	리스트 맨 뒤의 항목 삭제	b = a.pop()
.insert()	지정한 위치에 항목 삽입	a.insert(인덱스, 값)
.extend()	리스트에 리스트 추가, 덧셈(+)과 같음	a.extend(리스트)
.remove()	리스트에서 지정한 첫 번째 값 삭제	a.remove(값) ← 값 없으면 에러
.clear()	리스트의 모든 내용 삭제	a.clear(리스트)
	함수 - 인덱스	
.index()	지정한 값을 찾아 인덱스 반환	x = a.index(값) ← 값 없으면 에러
.count()	리스트에서 해당값의 개수 반환	x = a.count(값)
	함수 - 정렬 및 복사	
.sort()	리스트 항목 정렬	a.sort(리스트)
.reverse()	리스트 항목 역순 정렬	a.reverse(리스트)
.copy()	리스트를 새로운 곳에 복사	b = a.copy()
.sorted()	리스트를 정렬한 후 복사	b = a.sorted()
	내부 함수	
list()	리스트를 새로 만들어줌	a = list(값)
len()	길이를 알려줌	x = len(리스트)
del()	리스트에서 해당 항목 삭제	del(리스트[범위])

2 함수 사용하기

함수를 사용해보자. [코드 7-11]은 리스트 관련 삽입 및 삭제 함수 예제이다. 3번 줄 arr.append(50)은 리스트 arr의 맨 뒤에 새로운 항목을 만들고 50을 넣어준다. 출력결과를 보면 리스트 맨 마지막에 50이 생겼다.

6번 줄 arr.pop()은 리스트의 맨 마지막 항목을 삭제한다. 삭제된 항목에 있던 값은 b가 받게 된다. 따라서 b = arr.pop()을 하고 arr과 b를 출력해보면, 리스트 arr의 맨 마지막 항목은 사라지고, 50은 b에 저장된 것을 볼 수 있다.

9번 줄 arr.insert(1, 60)은 인덱스 [1]번 위치에 새로운 항목을 만들고 60을 저장한다. 인덱스 [1]번에 새로운 항목이 만들어졌기 때문에 원래 있던 항목들은 하나씩 뒤로 밀리게 된다. .insert()와 반대로 리스트의 항목을 지울 경우 어떻게 해야 할까? 앞에서 배운 내부 함수 del()을 사용하면 된다.

코드 7-11 리스트 함수 1 711_func1.py

```
01 arr = [20, 30, 10, 5, 20, 9]
02
03 arr.append(50)                    # 리스트 맨 뒤에 새 항목 만들고 50 저장
04 print('.append(50) >', arr)
05
06 b = arr.pop()                     # 리스트 맨 뒤에 항목 삭제
07 print('.pop() >', arr, b)
08
09 arr.insert(1, 60)                 # 1번 위치에 60 삽입: 나머지 뒤로 밀림
10 print('.insert(1, 60) >', arr)
11
12 arr.remove(20)                    # 항목 삭제: 맨 처음 나오는 20을 삭제
13 print('.insert(1, 60) >', arr)
14
15 arr.clear()                       # 리스트 모든 값 삭제
16 print('.clear() >', arr)
```

실행결과

```
.append(50) > [20, 30, 10, 5, 20, 9, 50]
.pop() > [20, 30, 10, 5, 20, 9] 50
.insert(1, 60) > [20, 60, 30, 10, 5, 20, 9]
.remove(20) > [60, 30, 10, 5, 20, 9]
.clear() > []
```

12번 줄 `arr.remove(20)`은 리스트에 있는 값 중 20을 찾아 해당 항목을 지운다. 20이 여러 개일 경우, 맨 처음 만나는 20을 지운다. 출력결과를 보면 [0]번의 20이 지워지고 [0]번은 사라진다. 마지막으로 15번 줄 `arr.clear()`는 리스트의 모든 내용을 지운다.

또 다른 함수의 사용법을 살펴보자. [코드 7-12]는 위치를 찾고 정렬하는 함수를 사용하여 결과를 출력하는 코드이다.

코드 7-12 리스트 함수 2 712_func2.py

```
01 arr = [20, 30, 10, 5, 20, 9]
02
03 x = arr.index(30)                    # 30이 있는 위치의 인덱스를 알려줌
04 print('.index(30) >', x)
05
06 x = arr.count(20)                    # 리스트에 20이 몇 개나 있는지 알려줌
07 print('.count(20) >', x)
08
09 arr.sort()                           # 리스트 오름차순 정렬
10 print('.sort() >', arr)
11
12 arr.reverse()                        # 리스트 내림차순 정렬
13 print('.reverse() >', arr)
```

실행결과

```
.index(30) > 1
.count(20) > 2
.sort() > [5, 9, 10, 20, 20, 30]
.reverse() > [30, 20, 20, 10, 9, 5]
```

3번 줄 arr.index(30)은 30이 있는 곳의 인덱스를 알려준다. 실행결과를 보면 1이 출력된다. .index()는 첫 번째 만나는 데이터의 위치를 알려준다. 6번 줄 arr.count(20)은 리스트에서 20이 몇 개 있는지를 알려준다. 리스트에서 20이 2개 있기 때문에 실행결과를 보면 2가 출력된다.

9번 줄 arr.sort()는 리스트의 값들을 작은 수에서 큰 수로 정렬해준다. 실행결과를 보면 모든 숫자가 오름차순으로 정렬되어 출력된다. 12번 줄 arr.reverse()은 내림차순으로 정렬해준다.

3 리스트 사용 시 주의사항

리스트에 대하여 곱셈(*)을 사용할 때 주의해야 한다. 다음의 코드를 보자. 3번 줄에서 arr[0:2]에 곱하기 2를 하면 20과 30이 2번 반복되어 b에는 [20, 30, 20, 30]이 만들어진다. 앞서 슬라이싱에서 설명한 내용이다. 그런데, b = arr[0] * 2라 쓰면 arr[0]의 값 20에 2를 곱하여 b에는 40이 저장된다. 비슷한 코드이지만, arr[0]은 리스트 arr의 [0]번째 위치의 값을 의미한다는 것을 잊지 말길 바란다.

```
arr = [20, 30, 10, 5, 20, 9]

b = arr[0:2] * 2                          # 리스트를 2번 반복
print(b)
b = arr[0] * 2                            # 리스트 [0]번 값에 곱하기 2
print(b)
```

실행결과

```
[20, 30, 20, 30]
40
```

또한, 함수 중 .index()와 .remove()는 사용에 주의해야 한다. .index(20)은 리스트 안에 있는 20을 찾아 항목을 지운다. 또한 .remove(20)은 리스트 안에 있는 20을 찾아 데이터와 항목을 모두 지운다. 문제는 20이 없을 경우 에러가 발생한다.

이러한 에러를 막기 위해서는 리스트에 20이 있는지 확인하고 난 뒤에 .index()와 .remove()를 사용해야 한다. 다음과 같이 코드를 만드는 것이 안전하다.

```
01  arr = [40, 30, 10, 5, 20, 9]
02
03  if 20 in arr :                        # 만약 20이 리스트 arr에 있으면
04      print(arr.index(20))                # 20의 위치 출력
05      arr.remove(20)                      # 20과 항목 모두 삭제
06  print(arr)
```

실행결과

```
4
[40, 30, 10, 5, 9]
```

3번 줄에서 if 20 in arr이 참인 경우에만 4번 줄과 5번 줄이 실행되어 20이 없어서 에러가 발생하는 것을 막을 수 있다.

4 2차원 리스트

심화

리스트 안에 리스트를 넣을 수 있다. 리스트 안에 리스트가 들어가게 되면 2차원 리스트라 부른다. 다음 코드를 보자.

```
arr = [ [1, 2, 3], [4, 5, 6], [7, 8, 9] ]

print(arr)
```

실행결과

```
[ [1, 2, 3], [4, 5, 6], [7, 8, 9] ]
```

arr = [[1, 2, 3], [4, 5, 6], [7, 8, 9]]의 경우, 3개의 리스트로 구성된 2차원 리스트이다. 정확하게는 3 × 3 2차원 리스트라 부른다. 3개의 리스트 덩어리에 대하여 하나의 리스트에 3개의 데이터가 들어있는 리스트라는 의미이다.

2차원 리스트 arr의 각 리스트를 따로 출력하고 싶다면, 다음과 같이 for 문을 사용하여 출력하면 된다. for k in arr이라 쓰면 리스트 arr에 들어있는 각 리스트를 k에 대입해준다. 따라서 각 줄에 리스트 한 개씩 출력된다.

```
arr = [ [1, 2, 3], [4, 5, 6], [7, 8, 9] ]

for k in arr :
   print(k)
```

실행결과

```
[1, 2, 3]
[4, 5, 6]
[7, 8, 9]
```

2차원 리스트에 있는 모든 값을 출력하고 싶다면 다음과 같이 for 문을 2번 사용하면 된다. 3번 줄에서 k는 리스트 한 덩어리를 가지게 된다. 4번 줄에서 한 덩어리의 리스트 k 중 하나의 값을 m이 가지게 된다. 5번 줄에서 m을 출력하면 1부터 9까지 모든 값이 출력된다.

```
01  arr = [ [1, 2, 3], [4, 5, 6], [7, 8, 9] ]
02
03  for k in arr :
04     for m in k :
05        print(m, ' ', end = '')
```

실행결과

```
1  2  3  4  5  6  7  8  9
```

2차원 배열에서 특정 데이터에 접근하기 위해서는 인덱스를 2개를 사용해야 한다. 예를 들어 1은 arr[0][0]이다. 4는 arr[1][0]이며 7은 arr[2][0]이다. 2차원 리스트에서 첫 번째 인덱스는 각 리스트를 가리키며, 두 번째 인덱스는 각 리스트 내의 위치를 가리킨다. 다음의 코드는 2차원 리스트에서 각 리스트의 첫 번째 값을 출력하는 코드이다.

```
arr = [ [1, 2, 3], [4, 5, 6], [7, 8, 9] ]

for k in range(3) :
   print(arr[k][0], ' ', end = '')
```

실행결과

```
1 4 7
```

2개의 인덱스를 사용하여 리스트 전체의 데이터를 출력하는 경우 다음과 같이 사용하면 된다.

```
01 arr = [ [1, 2, 3], [4, 5, 6], [7, 8, 9] ]
02
03 for k in range(3) :
04    for m in range(3) :
05       print(arr[k][m], ' ', end = '')
```

실행결과

```
1 2 3 4 5 6 7 8 9
```

3번 줄 k는 리스트 덩어리인 첫 번째 인덱스를 담당하며, 4번 줄 m은 각 리스트 내의 데이터의 인덱스를 담당한다. 따라서 1부터 9까지 모든 데이터가 출력된다.

2개의 인덱스를 사용한다는 것 이외에 2차원 리스트의 사용방법은 1차원 리스트와 동일하다. 다음 코드는 2차원 배열의 모든 값을 더하여 출력하는 코드이다.

```
sum = 0
arr = [ [1, 2, 3], [4, 5, 6], [7, 8, 9] ]

for k in range(3) :
   for m in range(3) :
      sum = sum + arr[k][m]
print(sum)
```

실행결과

```
45
```

1번 줄에서 `sum = 0`으로 초기화한 후, 6번 줄에서 2차원 리스트의 모든 값을 더한다. 7번 줄에서 `sum`을 출력하면 45가 출력된다.

중간점검

1. 리스트의 맨 뒤에 항목을 추가하는 함수는 (   )이다.
2. 리스트의 맨 뒤에 항목을 삭제하는 함수는 (   )이다.
3. 리스트의 모든 내용을 삭제하는 함수는 (   )이다.
4. 리스트에서 지정한 값을 찾아 인덱스를 반환하는 함수 (   )이다.
5. 리스트에서 해당값의 개수를 반환하는 함수는 (   )이다.

LAB 3 로켓 발사

로켓을 발사해보자. 로켓도 비행기처럼 처음에는 느리게 움직이다가 점점 빨라진다. 비행기와 로켓의 가장 큰 차이점은 로켓 주위에 연기가 생긴다는 것이다. 어떻게 연기를 표현하면 좋을까? 터틀 그래픽에서 `turtle.pensize()`는 색칠하는 펜의 굵기를 나타낸다. 로켓이 천천히 움직일 때는 펜의 두께를 두껍게 하다가 움직임이 빨라지면 펜의 두께를 얇게 만들자. 그러면 연기를 뿜으면서 날아가는 것처럼 보인다. 5장에서 만든 비행기 날리기 코드를 수정하면 간단하게 로켓 발사 코드를 만들 수 있다.

실행결과

소스코드

```
01  import turtle as t
02
03  t.pencolor('#FFCCBB')
04  for k in range(250) :
05      t.pensize((300 - k) / 10)
06      t.fd(k / 40)
```

코드설명

3번 줄 `t.pencolor()`는 펜의 색상을 바꾼다. `#FFCCBB`는 2장에서 설명했듯이 16진수로 펜의 색상을 지정한 것이다. 펜의 색상은 자신의 취향에 따라 바꾸면 된다. 4번 줄 `for` 문은 `0`부터 `249`까지 반복한다. 5번 줄 `t.pensize()`는 펜의 두께를 변경하는 함수이다. 로켓의 연기를 표현하기 위해서는 `k`가 작을 때는 펜의 두께가 두껍다가 `k`가 커질수록 두께는 얇아져야 한다. 그래서 `300 - k`를 한다. 펜의 두께가 너무 두꺼워 `10`으로 나누었다.

6번 줄 `t.fd()`는 앞으로 전진[forward]하는 함수이다. 터틀 그래픽은 좌표 `(0, 0)`에서 시작하고 `(+, 0)` 방향으로 움직인다. 그래서 로켓은 가운데서 시작하고 연기를 뿜으면서 오른쪽으로 날아간다.

우주로 로켓 발사

로켓을 우주로 발사해보자. 로켓을 우주로 발사하기 위해서는 방향을 위쪽으로 틀어야 한다. 이 명령어는 `turtle.left(90)`이다. 그 후, 가운데에 있는 로켓을 아래쪽으로 이동시킨다. 이동시키는 코드는 `turtle.goto(0, -500)`이다. 나머지는 앞의 로켓 발사 코드와 같다.

실행결과

소스코드

```
01  import turtle as t
02
03  t.pencolor('#FFCCBB')
04  t.left(90)
05  t.goto(0, -500)
06  for k in range(500) :
07      t.pensize((600 - k) / 15)
08      t.fd(k / 80)
```

코드설명

4번 줄에서 `t.left(90)`은 좌측으로 90도 회전시킨다. `t.goto(0, -500)`은 (0, -500)으로 이동한다. 다시 말해 y좌표 -500 지점으로 이동한다. 아래쪽 화면으로 사라질 것이다. 로켓은 밑에서부터 연기를 뿜으며 점점 위로 올라온다. 이동거리가 길기 때문에 앞의 코드의 숫자를 조정했다.

로켓의 연기 색상을 바꿔보자. 터틀 그래픽에서 16진수를 사용하는 것 외에 색상을 바꾸는 다른 방법이 있다. `turtle.colormode(255)`라 쓰면 RGB값을 각각 지정할 수 있다. RGB 각각의 값은 0부터 255까지의 숫자를 가진다. 따라서 빨간색은 `turtle.color(255, 0, 0)`이다. (0, 0, 0)은 검은색 (255, 255, 255)는 흰색이다.

로켓을 움직이면서 펜의 색상을 바꾸고 싶다면 다음과 같이 코드를 만들고 실행해보자. 로켓이 하늘을 날면서 연기 색상이 점점 밝아질 것이다.

```
import turtle as t

t.colormode(255)
t.left(90)
t.goto(0, -500)
for k in range(500) :
   t.color(170, int(k / 2), int(k / 2))
   t.pensize((600 - k) / 15)
   t.fd(k / 80)
```

붉은 색을 띄게 만들려고 RGB의 R값은 170으로 고정한다. G와 B의 값은 k가 증가할 수록 숫자가 커지게 된다. 따라서 연기 색상은 붉은색에서 점점 밝아지게 된다.

PROJECT 1 경마 게임

지금까지 배운 리스트를 사용하여 경마 게임을 만들어보자. 만들어볼 경마 게임에서는 13마리의 말이 달리기 시작한다.

결승점에 먼저 도달하는 말이 있다면, 승리한 말 번호를 출력하고 게임은 끝나게 된다. 실행결과는 다음과 같다.

실행결과

```
                                0:>
                                                      1:>
                                               2:>
                          3:>
                                         4:>
                                             5:>
                                   6:>
                                7:>
                                   8:>
                                      9:>
                                10:>
                                         11:>
                                                12:>
1번 말 승
```

알고리즘 만들기

경마 게임은 앞의 UFO 날리기 코드를 사용하면 된다. 13마리의 말의 위치를 가질 리스트 horse를 만들고 0으로 초기화한다.

k를 사용하는 for 문을 사용하여 각 말이 달린 거리를 추가한다. 말이 달린 거리는 무작위 수 r.randrange(9)로 만든다. 따라서 horse[k] = horse[k] + r.randrange(9)가 된다.

리스트에 각 말이 달린 거리가 만들어지면 for 문을 사용하여 말이 달린 거리만큼의 공백문자를 만든다. 그리고 말 번호를 출력한다. UFO가 이동하는 원리와 같다.

13마리의 모든 말이 화면에 출력되면, 결승점에 도달한 말이 있는지 확인한다. 결승점은 100으로 한다. 따라서 horse[k]가 100보다 큰 말이 있는지를 확인한다. 결승점에 도달한 말이 있으면 변수 win에 말 번호를 넣은 후 게임을 끝낸다. 없을 경우, 1초간 기다리고 화면을 지운 후 경마를 계속한다.

소스코드

코드 7-13 경마 게임 탐색기 713_horse.py

```
01 import random as r
02 import time as t
03 import os
04
05 horse = [-9] * 13
06 go = True
07 while go :
08     os.system('cls')
09     for k in range(13) :
10         horse[k] = horse[k] + r.randrange(9)  # 무작위 수로 말 이동
11         for s in range(horse[k]) :
12             print(' ', end = '')              # 말 위치만큼 공백문자
13         print('%2d:>\n' % k)
14         if horse[k] > 100 :                   # 결승점에 도달하면
15             win = k                           # win = 승리한 말 번호
16             go = False                        # while 문 종료
17     t.sleep(1)
18 print('%d번 말 승' % win)
19 input()
```

코드설명

5번 줄 horse = [-9] * 13은 말의 위치를 저장할 리스트 13개를 만들고 -9로 초기화한다. 0이 아닌 -9로 초기화하는 이유는 조금 뒤에 설명한다.

경마가 얼마 만에 끝날지를 알 수 없기 때문에 6번 줄에서 go = True로 저장하고, 7번 줄에서 무한반복을 시작한다. go = False가 되면 while 문은 종료된다.

8번 줄에서 화면을 지우고, 9번 줄에서 k를 사용하는 for 문은 0부터 12까지 반복된다.

말을 한 마리씩 옆으로 이동시키기 위한 반복문이다. 10번 줄에서 r.randrange(9)를 사용하여 말이 이동한 거리를 무작위 수로 만든다. 게임이 시작하자마자 말이 달리기 시작한다. 게임을 시작하고 조금 뒤에 말이 달리게 하기 위하여 리스트의 초기값을 0이 아닌 -9로 만든다.

11번 줄에서 for s in range(horse[k])를 사용하여 12번 줄에서 공백문자를 만든다. 13번 줄에서 공백문자 다음에 말 번호를 출력한다. 따라서 말은 앞으로 이동하는 것처럼 보인다.

14번 줄에서 horse[k]가 100보다 큰 경우, 결승점에 도달한 것이다. 따라서 win에 승리한 말 번호 k를 넣고, go = False로 만든다. go = False가 되면 while 문은 종료된다. 게임이 종료되면 18번 줄에서 승리한 말 번호를 출력한다.

주의할 것은 16번 줄에서 go = False 대신 break를 사용하면 안 된다. break는 여러 개의 반복문 중 하나만 탈출한다. 따라서 break를 사용하면 k를 사용하는 for 문만 탈출하게 되어 while 문은 계속 반복된다. 그래서 go = False를 사용한 것이다.

PROJECT 2 운명의 바퀴

운명의 바퀴 wheel of fortune 를 만들어보자. 규칙은 간단하다. 사용자가 0부터 19까지의 숫자 중 하나를 고른다. 20번 무작위 수를 만들어 몇 번 만에 사용자가 고른 숫자가 나오는지를 확인하는 코드이다.

확률적으로 보면 0~19 사이에 숫자 하나를 고르고, 20번의 무작위 수를 만들면 맞을 확률이 매우 높다. 단번에 맞추면 운이 좋은 거지만, 20번 만에 맞으면 운이 좋다고 할 수 없다. 그래서 규칙을 추가한다.

사용자가 고른 수가 바로 나오면 60포인트를 받는다. 1번 더 시도하여 맞으면 1포인트를 뺀 59포인트를 받는다. 2번 만에 맞으면 2포인트를 더 빼서 57포인트를 받는다. k번 만에 맞으면 앞의 값에서 k포인트만큼을 뺀 포인트를 받는다. 3번 만에 맞으면 57포인트에서 3포인트를 뺀 54포인트를 받는다.

이 코드를 실행하면 10번까지는 포인트를 받지만 11번째부터는 포인트를 뺏긴다. 코드가 우리를 화나게 할 수 있으니 주의하길 바란다.

실행결과

```
0~19 입력(현재 60point): 7
 [11] > 59point
 [11, 10] > 57point
 [11, 10, 19] > 54point
 [11, 10, 19, 14] > 50point
 [11, 10, 19, 14, 8] > 45point
 [11, 10, 19, 14, 8, 3] > 39point
 [11, 10, 19, 14, 8, 3, 1] > 32point
 [11, 10, 19, 14, 8, 3, 1, 4] > 24point
 [11, 10, 19, 14, 8, 3, 1, 4, 9] > 15point
 [11, 10, 19, 14, 8, 3, 1, 4, 9, 1] > 5point
 [11, 10, 19, 14, 8, 3, 1, 4, 9, 1, 4] > -6point
 [11, 10, 19, 14, 8, 3, 1, 4, 9, 1, 4, 8] > -18point
 [11, 10, 19, 14, 8, 3, 1, 4, 9, 1, 4, 8, 1] > -31point
 [11, 10, 19, 14, 8, 3, 1, 4, 9, 1, 4, 8, 1, 9] > -45point
 [11, 10, 19, 14, 8, 3, 1, 4, 9, 1, 4, 8, 1, 9, 10] > -60point
오늘 -60point
```

알고리즘 만들기

운명의 바퀴 코드에서 처음부터 맞을 때까지 만들어진 모든 숫자를 출력해야 한다. 만들어진 숫자를 저장할 `luck`을 만들고 빈 리스트로 초기화한다. 숫자가 만들어질 때 마다 리스트에 추가한다. 또한, 사용자에게 줄 포인트를 저장할 `point`를 만들고 `60`으로 초기화한다.

사용자가 입력한 숫자는 `user`에 저장하고 `r.randrange(20)`으로 무작위 수를 만든다. 만약 `user`와 만들어진 무작위 수가 같으면 반복문을 끝내고 포인트를 출력한다.

숫자가 같지 않은 경우 `luck` 리스트에 무작위 수를 넣고, 리스트를 출력한다. 또한 `k`만큼 포인트를 감소시킨다.

소스코드

코드 7-14 운명의 바퀴 714_wheel.py

```python
01 import random as r
02 import time as t
03
04 point = 60
05 luck = list()                                   # 빈 리스트를 만든다
06 user = int(input('0~19 입력(현재 60point): '))
07
08 for k in range(1, 21) :                         # 1부터 20까지 반복
09     rnum = r.randrange(20)
10     if rnum != user :                             # 같지 않으면
11         point = point - k                           # k만큼 포인트에서 뺀다
12         luck.append(rnum)                           # 리스트에 값 추가
13         print('\n', luck, '> %dpoint' % point)
14         t.sleep(2)
15     else :
16         break
17 print('\n오늘 %dpoint' % point)
```

코드설명

4번 줄 point는 사용자에게 지급될 포인트를 저장하는 변수로 60으로 초기화한다. 5번 줄 luck은 무작위로 만들어진 수를 저장하는 리스트이다. 빈 리스트로 초기화한다. 6번 줄에서 사용자가 입력한 수를 user에 저장한다. 8번 줄에서 k를 사용한 for 문은 20번을 반복한다. 0부터 시작하면 처음 틀렸을 경우 0포인트가 빠진다. 따라서 1부터 시작해야 하기 때문에 for k in range(1, 21)이다.

9번 줄에서 rnum에 무작위 수 하나를 만들어 저장한다. 10번 줄에서 rnum과 user가 같지 않으면 point에서 k만큼 뺀다. 12번 줄에서 luck.append(rnum)을 사용하여 리스트 luck에 rnum을 추가한다. 13번 줄에서 리스트 luck과 현재 포인트를 출력한다.

너무 빨리 무작위 수가 만들어지면 재미없다. 다음엔 어떤 수가 만들어질지 기대하면서 기다리는 것이 재미이다. 그래서 14번 줄에서 2초간 기다린다.

만약 rnum과 user가 같은 경우, 16번 줄에서 break를 만나 반복문은 종료되고 17번 줄에서 최종 포인트를 출력하고 끝난다.

요약

- 여러 개의 데이터를 하나의 묶음으로 처리하는 데이터 구조를 리스트라 부른다. 데이터를 리스트로 묶을 때는 대괄호 []를 사용하고 각각의 데이터는 쉼표(,)로 구분한다.

- 리스트에서 각각의 독립적인 변수를 구분하는 숫자를 인덱스 혹은 색인이라 부른다.

- 리스트에서 인덱스의 시작 번호는 언제나 0이다. 따라서 5개의 항목을 가진 리스트 arr에서 시작은 arr[0]이며 맨끝은 arr[4]이다.

- 리스트를 사용하기 전에 언제나 초기화를 해야 한다. 초기화란 변수가 아닌 리스트를 사용하겠다고 파이썬에게 알려주는 작업이다.

- 2개의 항목을 가진 리스트를 만들고 싶다면 arr = [0, 0]으로 초기화한다. 10개의 항목을 가진 리스트를 만들 경우 arr[0] * 10과 같이 곱셈을 사용한다.

- 리스트에서 특정 범위를 지정하는 것을 슬라이싱이라 부른다. arr[2:5]라 지정하면 [2]에서 [4]까지 출력된다. arr[2:]라 지정하면 [2]부터 끝까지라는 뜻이다. arr[:5]라 지정하면 처음부터 [4]까지라는 의미이다.

- 슬라이싱에서 음수도 사용할 수 있다. arr[-1]이라 쓰면 맨 뒤에서 첫 번째라는 의미가 된다. arr[-5:-1]의 의미는 맨 뒤에서 5번째부터 맨 뒤에서 첫 번째 앞, 다시 말해 맨 뒤에서 두 번째까지 출력하라는 의미이다.

- 파이썬에는 다양한 작업을 할 수 있는 리스트 관련 함수들이 있다. list()는 새로운 리스트를 만들어주는 함수이며, len()은 리스트나 데이터의 길이를 알려주고 del()은 리스트의 항목을 지운다.

- .append()는 리스트의 맨 뒤에 항목을 추가하는 함수이며, .pop()은 리스트의 맨 뒤에 항목을 삭제한다.

- 리스트의 모든 내용을 삭제하는 함수는 .clear()이며, 리스트에서 지정한 값을 찾아 인덱스를 반환하는 함수는 .index()이다. 리스트에서 해당값의 개수를 반환하는 함수는 .count()이다.

연습문제 34문제

[개념문제]

01 여러 개의 데이터를 하나의 묶음으로 처리하는 데이터 구조를 지칭하는 단어는 무엇인가?

❶ 리스트 ❷ 반복문
❸ 변수 ❹ 슬라이싱

02 데이터를 리스트로 묶을 때 사용하는 기호는 무엇인가?

❶ 괄호 () ❷ 중괄호 {}
❸ 대괄호 [] ❹ 작은 따옴표 ('')

03 리스트에서 각각의 독립적인 변수를 구분하는 숫자를 무엇이라 부르는가?

❶ 변수 ❷ 정수
❸ 문자 ❹ 인덱스

04 리스트에서 인덱스의 시작 번호는 몇 번인가?

❶ −1 ❷ 0
❸ 1 ❹ 2

05 리스트 `arr = [97, 70, 65]`에서 마지막 인덱스의 번호는 몇 번인가?

❶ 3 ❷ 0
❸ 1 ❹ 2

06 다음 코드 중 10개의 항목을 가진 리스트로 초기화하는 코드는 무엇인가?

❶ `arr = [0] + 10` ❷ `arr = [0] * 10`
❸ `arr = [10]` ❹ `arr = [10, 10]`

07 리스트에서 특정 범위를 지정하는 것을 무엇이라 부르는가?

❶ 인덱스 ❷ 반복문
❸ 변수 ❹ 슬라이싱

08 arr = [0, 1, 2, 3, 4, 5]에서 print(arr[2:4])의 출력결과로 올바른 것을 고르시오.

❶ [0, 1, 2, 3, 4, 5] ❷ [2, 3, 4]
❸ [2, 3] ❹ [2, 4]

09 arr = [0, 1, 2, 3, 4, 5]에서 print(arr[4:])의 출력결과로 올바른 것을 고르시오.

❶ [4] ❷ [4, 5]
❸ [5] ❹ [2, 3]

10 arr = [0, 1, 2, 3, 4, 5]에서 print(arr[:3])의 출력결과로 올바른 것을 고르시오.

❶ [0, 1, 2] ❷ [0, 1, 2, 3]
❸ [1, 2, 3] ❹ [0, 1, 2, 3, 4]

11 arr = [0, 1, 2, 3, 4, 5]에서 print(arr[-1])의 출력결과로 올바른 것을 고르시오.

❶ [4] ❷ [4, 5]
❸ [5] ❹ [2, 3]

12 arr = [0, 1, 2, 3, 4, 5]에서 print(arr[-3:-1])의 출력결과로 올바른 것을 고르시오.

❶ [3, 4] ❷ [3, 4, 5]
❸ [4, 5] ❹ [5]

13 arr = [0, 1, 2, 3, 4, 5]에서 print(arr[1] * 2)의 출력결과로 올바른 것을 고르시오.

❶ [0, 0] ❷ 1
❸ 2 ❹ [1, 1]

14 내장 함수 중 리스트의 항목을 지울 때 사용하는 함수 이름은 무엇인가?

❶ input() ❷ len()
❸ del() ❹ range()

15 내장 함수 중 리스트나 데이터의 길이를 알고 싶을 때 사용하는 함수 이름은 무엇인가?

① input()
② len()
③ del()
④ range()

16 다음 중 리스트의 맨 뒤에 항목을 추가하는 함수 이름은 무엇인가?

① .append()
② .extend()
③ .pop()
④ .clear()

17 다음 중 리스트의 맨 뒤에 항목을 삭제하는 함수 이름은 무엇인가?

① .append()
② .extend()
③ .pop()
④ .insert()

18 다음 중 지정한 위치에 항목을 삽입하는 함수 이름은 무엇인가?

① .insert()
② .extend()
③ .pop()
④ .clear()

19 다음 중 리스트에 리스트를 추가하는 함수 이름은 무엇인가?

① .append()
② .extend()
③ .pop()
④ .clear()

20 다음 중 리스트에서 지정한 첫 번째 값을 삭제하는 함수 이름은 무엇인가?

① .append()
② .extend()
③ .remove()
④ .clear()

21 다음 중 리스트의 모든 내용을 삭제하는 함수 이름은 무엇인가?

① .append()
② .extend()
③ .remove()
④ .clear()

22 다음 중 지정한 값을 찾아 인덱스를 반환하는 함수 이름은 무엇인가?

① .count()
② .reverse()
③ .sort()
④ .index()

23 다음 중 리스트에서 해당값의 개수를 반환하는 함수 이름은 무엇인가?

① .count()
② .reverse()
③ .sort()
④ .index()

24 다음 중 리스트 항목을 정렬하는 함수 이름은 무엇인가?

❶ .count() ❷ .reverse()

❸ .sort() ❹ .index()

25 다음 중 리스트 항목을 역으로 정렬하는 함수 이름은 무엇인가?

❶ .count() ❷ .reverse()

❸ .sort() ❹ .index()

[코드문제]

26 다음 코드의 에러를 찾으시오.

```
arr[0] = 32
arr[1] = 45
sum = arr[0]  arr[1]
print(sum)
```

27 다음과 같이 리스트가 만들어지도록 빈칸을 채우시오.

```
[2, 4, 6, 8, 10, 12, 14, 16, 18, 20, 22, 24, 26, 28, 30, 32, 34,
 36, 38]
```

```
arr = list(                    )

print(arr)
```

28 다음 코드의 출력결과를 정확하게 기입하시오.

```
arr = [0, 1, 2, 3, 4, 5, 6, 7, 8, 9]

copy = arr[2:5]
copy = copy + arr[6:10]
print(copy)
```

29 다음 코드의 출력결과를 정확하게 기입하시오.

```
menu = ['김밥', '라면', '쫄면', '튀김', '어묵', '만두']

for k in menu[2:4] :
   print(k, end = '')
```

30 다음 코드의 출력결과를 정확하게 기입하시오.

```
arr = [20, 30, 10, 5, 20, 9]

x = arr.index(30)
print(x)
```

31 다음 코드의 출력결과를 정확하게 기입하시오.

```
arr = [20, 30, 10, 5, 20, 9]

x = arr.count(20)
print(x)
```

32 다음 코드의 출력결과를 정확하게 기입하시오.

```
arr = [20, 30, 10, 5, 20, 9]

b = arr[0:2] * 2
print(b)
```

33 다음은 운명의 바퀴 코드이다. 2개의 빈칸에 들어갈 코드를 기입하시오.

```
import random as r
import time as t

point = 60
luck = list()
user = int(input('0~19 입력(현재 60point): '))

for k in range(1, 21) :
    rnum = r.randrange(20)
    if                  :
        point = point - k
        
        print('\n', luck, '> %dpoint' % point)
        t.sleep(2)
    else :
        break
print('\n오늘 %dpoint' % point)
```

34 다음은 경마 게임 코드이다. 2개의 빈칸에 들어갈 코드를 기입하시오.

```
import random as r
import time as t
import os

horse = [-9] * 13
go = True
while go :
    os.system('cls')
    for k in range(13) :
        horse[k] = horse[k] + r.randrange(9)
        for s in range(                  ) :
            print(' ', end = '')
        print('%2d:>\n' % k)
        if horse[k] > 100 :
            win = k
            
    t.sleep(1)
print('%d번 말 승' % win)
input()
```

CHAPTER 08

도전 프로젝트 1

- PROJECT 1 수직 사운드 미터
- PROJECT 2 내 팔자 어찌하오 게임
- PROJECT 3 꽃 피는 봄
- PROJECT 4 여름 소나기
- PROJECT 5 가을 구름
- PROJECT 6 눈 내리는 겨울

미리 둘러보기

UFO 날리기, 스탠드 게임, 경마 게임, 사운드 미터, 슬롯머신과 같은 프로그램을 만들었다. 8장에서는 앞서 배운 코드를 응용해서 만들 수 있는 재밌고 다양한 코드들을 소개한다.

7장에서 수평으로 움직이는 사운드 미터를 만들었다. 첫 번째 프로젝트에서는 리스트를 사용하여 막대기가 위아래로 움직이는 수직 사운드 미터를 만들어본다.

두 번째 프로젝트는 내 팔자 어찌하오 게임이다. 40개의 0 사이에 숨겨진 8자를 찾는 게임이다. 2초만에 사라지는 화면에서 숨겨진 8자를 찾아야 한다.

세 번째 프로젝트는 봄날 꽃이 피어나는 코드이다. 코드를 실행하면 화면 밑에서 꽃이 피기 시작하여 점점 자란다.

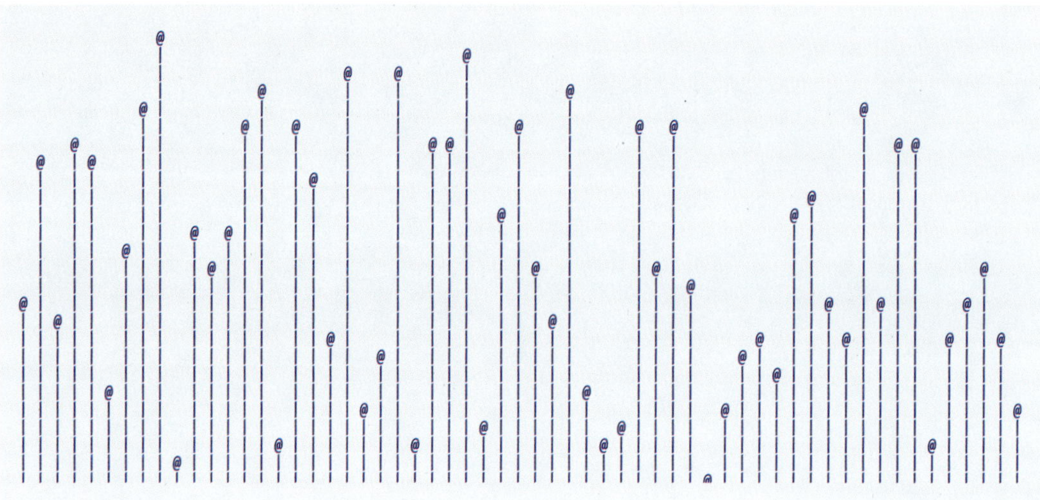

네 번째 프로젝트는 여름에 소나기가 내리는 풍경이다. 꽃 피는 코드를 이해했다면 소나기 내리는 코드는 쉽게 만들 수 있다.

다섯 번째는 가을 구름이 흘러가는 코드이다. 소나기는 모두 내리는 속도가 같다. 구름 코드에서는 구름마다 움직이는 속도가 다 다르도록 구현한다.

마지막 여섯 번째 프로젝트는 봄, 여름, 가을을 지나 겨울의 눈 내리는 코드이다. 이 코드의 특징은 눈이 쌓이는 것이다.

PROJECT 1 수직 사운드 미터

첫 번째 프로젝트는 수직 사운드 미터이다. 앞서 만든 사운드 미터는 수평으로 움직였었다. 막대기가 위아래로 움직이는 수직 사운드 미터는 리스트를 사용해야만 만들 수 있다. 수직 사운드 미터는 만들려는 막대기만큼의 리스트를 만들고 리스트에 무작위 수를 넣은 뒤, 무작위 수만큼의 미음(ㅁ)을 출력하면 된다.

사용하는 화면은 가로 120글자, 밑으로 24줄이다. 그런데 한글 미음(ㅁ)은 영문 2글자의 크기이다. 따라서 수직 사운드 미터의 막대기 개수는 60개이다. 다음은 수직 사운드 미터 실행결과이다.

실행결과

알고리즘 만들기

우선, 만들려는 사운드 미터 막대기 개수 만큼의 리스트 `draw`를 만든다. 우리는 60개의 사운드 미터를 만들 예정이기 때문에 `draw = [0] * 60`이라 선언한다. 막대기마다 무작위 수를 만들어 저장한다. 해당 코드는 draw[met] = r.randrange(24)이다.

문제는 지금부터이다. draw[met]에 10이 저장되어 있는 경우 위에서부터 10개의 미음(ㅁ)을 출력하면 안 된다. 그러면 위에서 아래로 움직이는 사운드 미터가 된다. 우리가 만들려는 사운드 미터는 아래에서 위로 움직이는 사운드 미터이기 때문에 어떻게 하면 아래에서 위로 움직이게 할 수 있는지 생각해보자.

소스코드

코드 8-1 수직 사운드 미터 탐색기 801_meter.py

```
01  import os
02  import random as r
03  import time as t
04
05  draw = [0] * 60
06  for k in range(100) :
07     os.system('cls')
08     for met in range(60) :
09        draw[met] = r.randrange(24)
10     for jul in range(24) :              # 화면 0번 줄부터 23번 줄까지 만듦
11        for met in range(60) :           # 화면 좌로 60개 막대기 만듦
12           if draw[met] > jul :          # 줄 번호보다 크면 공백
13              print('  ', end = '')
14           else :                        # 줄 번호보다 작으면 ㅁ
15              print('ㅁ', end = '')
16        print()                          # 한 줄 끝나면 줄바꿈
17     t.sleep(0.1)                        # 화면 깜빡임 방지
```

코드설명

5번 줄의 draw = [0] * 60이 사운드 미터의 높이를 저장하는 리스트이다. 사운드 미터의 총 막대기 수(가로 폭)는 60개이다. 6번 줄의 k를 사용하는 for 문은 사운드 미터의 반복 횟수이다. 총 100번을 반복한다. 7번 줄에서 화면을 지우고, 8번 줄 for 문에서 막대기마다 무작위 수를 만들어 저장한다.

수평 사운드 미터와 마찬가지로 수직 사운드 미터도 두 개의 반복문을 사용한다. 10번 줄의 jul을 사용하는 for 문은 0부터 23까지 반복하면서 화면의 각 줄을 출력한다. 11번 줄의 met을 사용하는 for 문은 0부터 59까지 반복하면서 draw[met]에 저장된 값을 하나씩 살펴본다.

바깥쪽 jul을 사용하는 for 문을 보자. jul이 0이면 0번 줄을 출력하는 것이고, jul이 1이면 1번 줄, jul이 23이면 23번 줄을 출력하는 것이다.

jul이 0일 경우, 안쪽 met을 사용하는 for 문이 0부터 59까지 증가하면서 draw[met]에 저장된 값을 살펴본다. draw[met]에 저장된 값이 jul과 같거나 작은 경우 미음(ㅁ)을 출력한다. 아닌 경우에는 공백을 출력한다. 다시 말해, draw[met] <= jul이면 ㅁ이 출력되고 아닌 경우에는 공백문자가 출력된다.

그림으로 설명하면 이해하기 쉬울 것이다. 그림의 맨 밑의 값은 리스트 draw[]에 저장된 값을 의미한다. draw = [3, 2, 0, 2, 1, 4, 2, 0, 3, 2]가 저장되어 있다고 가정해보자.

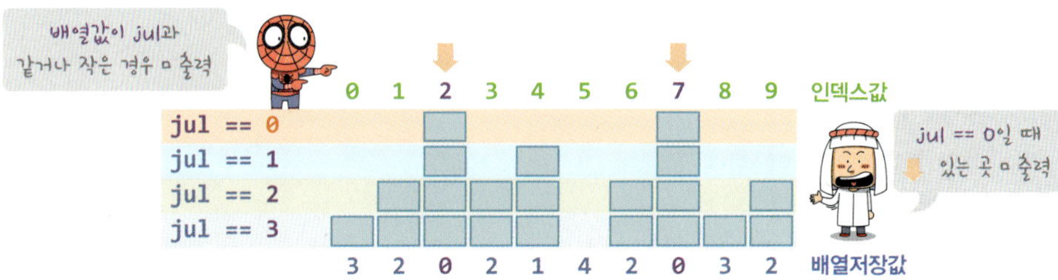

jul이 0인 경우를 보자. draw[0]의 값이 3임으로 공백문자가 출력되고, draw[1]의 값이 2임으로 공백문자가 출력된다. draw[2]는 값이 0임으로 미음(ㅁ)이 출력된다. 그림에서 jul == 0일 때 ㅁ이 출력되는 막대기는 draw[2]와 draw[7]이다. 이렇게 met을 사용하는 for 문이 끝나면, 15번 줄에서 printf('\n')이 줄바꿈을 하면 한 줄이 완성된다.

jul이 1로 바뀌어 다음 줄이 시작된다. 미음(ㅁ)이 출력되는 조건은 draw[met] <= jul이다. 따라서 draw[met]의 값이 1보다 작은 경우 모두 미음(ㅁ)이 출력된다. draw[2], draw[4], draw[7]은 ㅁ이 출력되고 나머지는 공백문자가 출력된다. 이런 방식으로 jul이 증가하면서 최대 길이 24줄의 막대기가 그려진다.

결론적으로 0번 줄부터 시작되기 때문에 draw[met]에 저장된 수 중 가장 긴 막대기는 0이다. 23번 줄부터 0번 줄까지 막대기가 세워진다. 반대로 가장 짧은 막대기는 23이다.

한 화면이 다 그려지면, k를 사용하는 for 문이 다시 시작되어 7번 줄에서 화면을 지우고, 8에서 9번 줄까지 무작위 수를 만들고, 10에서 15번 줄까지 화면에 막대기를 그린다. 이러한 과정을 100번 반복한다.

화면을 그리고 너무 빨리 지우면 화면이 깜빡거리게 된다. 이를 방지하기 위한 코드가 17번 줄이다. 17번 줄의 `t.sleep(0.1)`은 화면을 0.1초 동안 멈추게 한다. 이 코드가 없어도 코드가 작동하는 데 지장은 없지만, 화면 깜빡거림을 줄여준다.

미음(ㅁ)과 같은 크기의 빈 공간을 만들기 위해서는 공백문자를 연달아 2개 사용하는 것에 주의하길 바란다. 재미있는 것은 12번 줄의 공백문자를 2개에서 1개로 줄이면 다음과 같이 모닥불 코드가 된다. 모닥불이 타고 있는 모습처럼 보이니 직접해보길 바란다.

PROJECT 2 내 팔자 어찌하오 게임

내 팔자 어찌하오 게임을 만들어보자. 40개의 0 사이에 누군가 8자를 숨겨놓았다. 숨겨진 8자를 찾는 게임이다.

```
0 1 2 3 4 5 6 7 8 9 10 11 12 13 14 15 16 17 18 19 20 21 22 23 24 25 26 27 28 29 30 31 32 33 34 35 36 37 38 39
0 0 0 0 0 0 0 0 0 0 0  0  0  0  0  0  0  0  0  0  0  8  0  0  0  0  0  0  0  0  0  0  0  0  0  0  0  0  0  0
```

번호 0부터 39까지 40개의 0 중에 딱 한 곳에 8이 있다. 2초간 전체를 보여준 후 화면이 사라지면 몇 번에 8이 있었는지 맞추면 된다. 총 5번을 시도하여 몇 번만에 찾았는지를 출력한다.

실행결과

```
0 1 2 3 4 5 6 7 8 9 10 11 12 13 14 15 16 17 18 19 20 21 22 23 24 25 26 27 28 29 30 31 32 33 34 35 36 37 38 39
0 0 0 0 0 0 0 0 0 0 0  0  0  0  0  0  0  0  0  0  0  8  0  0  0  0  0  0  0  0  0  0  0  0  0  0  0  0  0  0
8자 어디에? :
```

알고리즘 만들기

40개의 0을 가진 리스트 palja를 만든다. 또한 맞춘 횟수를 저장할 vic 변수를 만들고 0을 저장한다.

pos 변수에는 pos = r.randrange(40)으로 0에서 39 사이의 무작위 수가 저장된다. 그리고 plaja[pos]에 8을 저장한다. 그러면 무작위로 만들어진 pos 위치에 8이 하나 저장된다.

이후 간격을 맞추어 0부터 39까지 출력하고, 다음 줄에는 리스트 palja의 값을 출력한다. 윗줄의 0에서 39의 위치와 리스트 palja에 있는 값들의 위치를 딱 맞추어 출력하는 것이 관건이다. 2초간 화면을 정지시킨 후 화면을 지우고 숫자를 입력받아 맞췄는지 혹은 틀렸는지를 판단한다.

소스코드

코드 8-2 내 팔자 어찌하오 게임 탐색기 802_palja.py

```
01 import os
02 import random as r
03 import time as t
04
05 palja = [0] * 40
06 vic = 0
07 for k in range(5) :
08     pos = r.randrange(40)                  # pos는 8이 들어갈 인덱스
09     palja[pos] = 8
10     for m in range(40) :
11         print('%2d ' % m, end = '')         # 0부터 39까지 출력
12     print('\n')
13     for m in range(40) :
14         print(' %d ' % palja[m], end = '')  # palja에 있는 값 출력
15     print('\n')
16     t.sleep(2)
17     os.system('cls')
18     user = int(input('8자 어디에? : '))
19     if user == pos :                       # 8이 있는 곳을 맞췄으면
20         vic = vic + 1
21         print('\n%d번 맞췄음' % vic)
22     else :
23         print('\n틀렸음, 맞춘 횟수 = %d' % vic)
24     palja[pos] = 0              # 8이 있던 곳에 0을 넣고 게임 다시 시작
25 input()
```

코드설명

7번 줄의 k를 사용하는 for 문은 게임을 5번 반복한다. 8번 줄의 pos는 전체 40개 중에 8이 들어갈 인덱스 번호를 저장하는 변수이다. 따라서 r.randrange(40)으로 무작위 수를 만들어 pos에 저장한다. 9번 줄에서 palja[pos]에 8을 저장한다.

11번 줄은 0부터 39까지의 숫자를 3칸에 하나씩('%2d ') 출력한다. 정수(int) 출력문자 %d에 숫자 2가 들어가 %2d라고 나타내었다. %2d는 정수를 출력할 때, 2칸에 오른쪽으로 정렬하라는 뜻이다.

14번 줄에서 리스트 palja에 저장된 숫자들을 3칸에 하나씩(' %d ') 출력한다. 윗줄과

간격을 맞추어 39개의 0과 1개의 8이 출력된다. 16번 줄에서 2초간 기다리고 17번 줄에서 화면을 지운다.

18번 줄에서 사용자로부터 받은 숫자를 user 변수에 저장하고, 19번 줄에서 pos와 user가 같은지를 확인한다. 만약 맞췄을 경우, 20번 줄에서 맞춘 횟수를 저장하는 vic의 값을 1 증가시키고 맞췄음을 출력한다. 틀렸을 경우, 23번 줄에서 틀렸음을 출력한다.

내 팔자 어찌하오 게임은 5번 반복된다. 다시 게임을 하기 위해서는 8이 있던 자리를 0으로 만들고 새로운 자리에 8을 넣어야 한다. 따라서 24번 줄에서 8이 있던 palja[pos]에 0을 넣고 다시 게임을 시작한다.

16번 줄의 기다리는 시간을 2초에서 1.5초나 1초로 줄이면 게임이 굉장히 어려워지니 도전해보기 바란다.

PROJECT 3 꽃 피는 봄

꽃이 피어나는 봄 코드를 만들어보자. 꽃 피는 봄 코드는 수직 사운드 미터를 기본으로 한다. 따라서 수직 사운드 미터 코드를 완전히 이해한 뒤 꽃 피는 봄 코드를 읽어보길 바란다. 꽃 피는 봄 코드를 이해하게 된다면 게임의 배경 화면이 움직이는 원리를 이해할 수 있다.

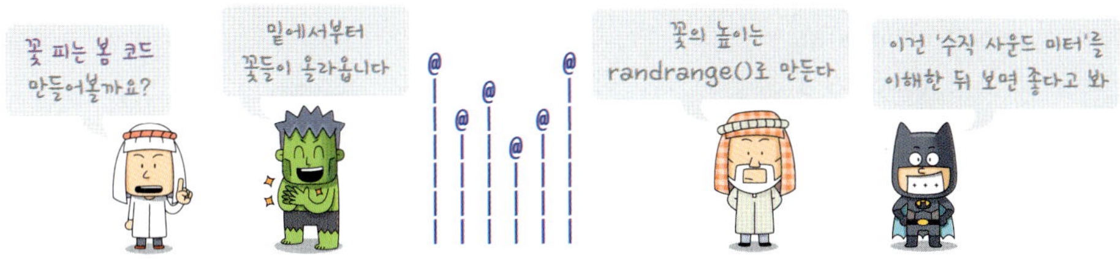

화면의 크기는 가로 120에 세로 23줄이다. 꽃과 꽃 사이를 한 칸 띄우기 때문에 만드는 꽃은 59송이로 한다. 꽃 피는 봄 코드는 화면의 밑에서부터 꽃이 점점 위로 올라오는 코드이다. 꽃송이는 @ 문자이며 줄기는 | 문자이다.

실행결과

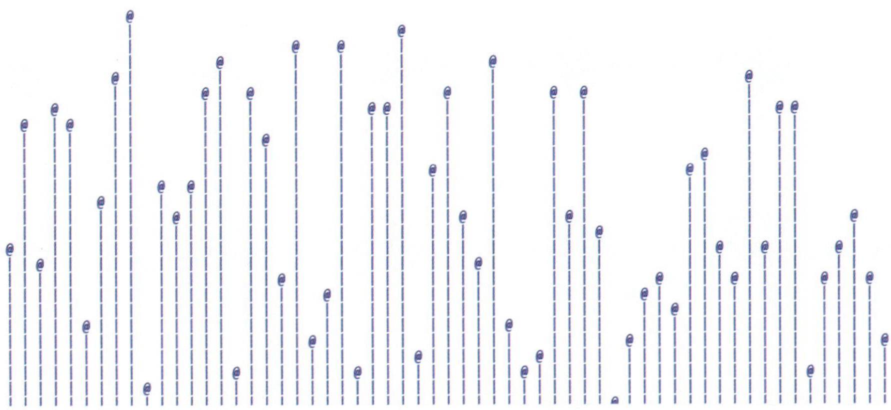

알고리즘 만들기

`flw[]`는 꽃의 높이를 저장하는 리스트이다. 공백문자를 넣어 꽃과 꽃 사이는 한 칸 씩 떨어져 피도록 한다. 따라서 `flw`는 59개의 0으로 초기화한다. 꽃의 높이는 `r.randrange(0, 24)`로 만든다.

for 문 구조는 수직 사운드 미터와 동일하다. 꽃 피는 봄 코드는 이미 만들어진 전체 꽃 그림을 한 줄 보여주고 지우고, 두 줄 보여주고 지우고, 세 줄 보여주고 지우는 방식이다. 전체 그림을 조금씩 보여주는 것이 꽃 피는 봄 코드의 핵심이다. 어떻게 하면 꽃이 움직이는 것처럼 보일지 고민해보길 바란다.

소스코드

코드 8-3 꽃 피는 봄 탐색기 **803_flower.py**

```
import os
import random as r
import time as t

flw = [0] * 59
for met in range(59) :
   flw[met] = r.randrange(0, 24)    # 0부터 23까지 꽃 높이: 0이 제일 긴 꽃

for k in range(23, -1, -1) :
   os.system('cls')
   for jul in range(24) :
      for met in range(59) :
         if flw[met] + k == jul :
            print(' @', end = '')                    # 꽃봉오리 출력
         elif flw[met] + k < jul :
            print(' |', end = '')                    # 꽃줄기 출력
         else :
            print('  ', end = '')                    # 공백 출력
      print()
   t.sleep(1)
input()
```

코드설명

코드를 설명하기 전에 먼저 이해해야 할 것이 있다. 화면은 위에서 아래로 그려진다. 화면 맨 위의 jul 번호는 0번이며, 화면의 바닥이 23인 경우, 맨 아래의 jul 번호는 23번이다. 따라서 리스트 flw에 저장된 숫자가 0인 경우 가장 긴 길이의 꽃이 만들어진다. 리스트 안의 숫자가 0인 경우, jul 번호 0부터 23번까지 그려지기 때문이다. 반대로 가장 짧은 길이의 꽃은 flw[]에 저장된 숫자가 23인 경우이다.

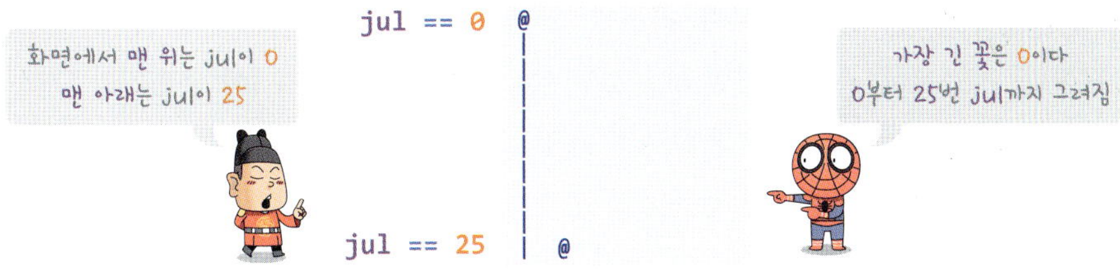

13번부터 18번까지가 화면에 그림을 그리는 코드이다. 이 코드는 수직 사운드 미터와 유사하다. jul을 하나씩 증가시키면서 13번 줄에서 flw[met]에 저장된 숫자와 jul 번호가 같으면 @을 출력한다. 그 밑으로(jul 번호가 큰 경우)는 꽃의 줄기인 |을 출력한다.

코드에서 가장 중요한 역할을 하는 것은 9번 줄의 k를 사용하는 for 문이다. k는 23부터 0까지 1씩 감소한다. 13번 줄의 비교 조건을 보면 (flw[met] + k) == jul이다. flw[met]에 저장된 숫자와 jul 번호를 비교할 때 flw[met]에 k를 더한 값과 jul 번호를 비교한다. 따라서 k가 화면을 한 줄씩 올려주는 역할을 한다.

다음 그림은 k가 23부터 18일 때까지의 화면 변화를 보여준다. 리스트 flw[]에는 [0, 2, 1, 3, 2, 0]이 들어있다고 가정하자. k가 23일 때를 보자. flw[]에 저장된 값에 k값 23을 더하여 jul과 비교한다. 가장 긴 꽃은 저장값이 0이라 했다. 여기에 23을 더하면 23이 된다. 따라서 k가 23일 때는 리스트에 저장된 값 0인 꽃송이 @이 출력된다.

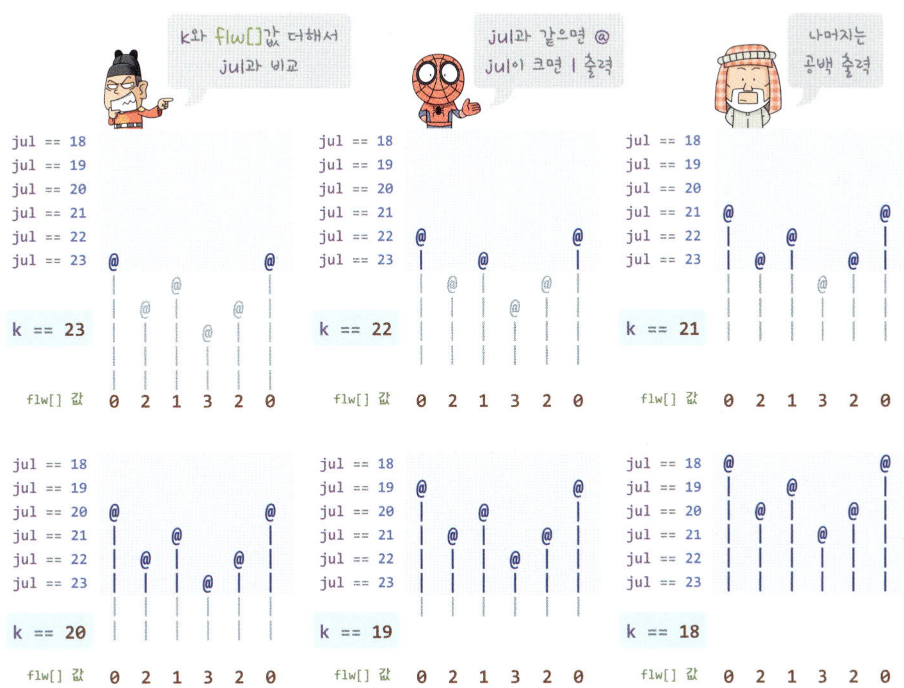

k가 1 감소하여 22인 경우를 보자. 리스트 flw[]에 저장된 값에 22를 더하여 jul 번호와 비교한다. 리스트에 저장된 값이 0인 경우에는 꽃송이 @과 줄기 |이 출력된다. 저장된 값이 1인 경우 꽃송이 @만 출력된다. k가 21로 감소하면 같은 방식으로 저장된 값이 0인 꽃은 3줄이 출력되고, 1인 꽃은 2줄, 2인 꽃은 @만 출력된다. k값이 줄어들 때마다 꽃은 더 높이 올라오게 되고 k가 0이 되면 전체 그림이 다 그려지게 된다.

겨우 21줄짜리 코드로 꽃 피는 모습을 볼 수 있다. 여러분들이 하는 게임의 배경 화면이 움직이는 원리가 꽃 피는 봄 코드와 같다. 배경을 미리 그려 놓고 화면에 보여주는 부분만 조정하는 것이다.

PROJECT 4 여름 소나기

하늘에서 소나기가 내리는 코드를 만들어보자. 꽃 피는 봄 코드와 비교하면 여름 소나기 코드는 쉽다. 비는 | 문자로 표현하며, 화면이 한 번 그려질 때마다 비의 높이를 점점 높이면 된다.

리스트를 사용하여 무작위 수로 비의 높이를 만들고 화면이 한 번 그려질 때마다 비의 높이를 증가시키면 비가 하늘에서 땅으로 떨어지는 것처럼 보인다. 실행결과는 다음과 같다.

실행결과

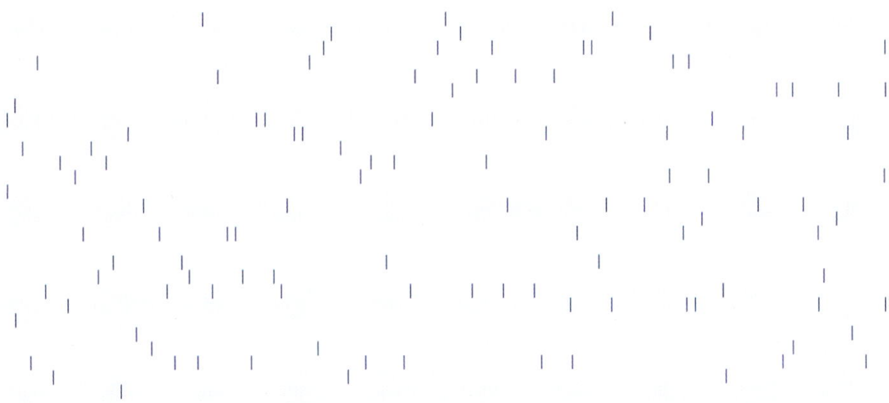

알고리즘 만들기

rain[]은 소나기의 높이를 저장하는 리스트이다. 120개의 리스트를 만들고 각각에 무작위 수로 만들어진 비의 높이를 저장한다. 무작위 수를 음수로 만들면 비가 화면 밖에서 시작하여 시간이 지나면 화면에 나타나기 시작한다.

화면이 한 번 그려질 때마다 rain[k]의 값을 1 증가시킨다. 화면의 높이는 14이다. 따라서 rain[k]의 값이 25 이상인 경우에는 음수 무작위 수를 만들어 화면 밖에서 다시 시작하도록 한다. 이 외의 코드는 꽃 피는 봄 코드와 유사하다.

소스코드

코드 8-4 여름 소나기 탐색기 804_rain.py

```
01 import os
02 import random as r
03 import time as t
04
05 rain = [0] * 120
06 for jul in range(120) :
07     rain[jul] = r.randrange(-25, 0)            # 비 높이: 화면 밖에서 시작
08
09 for k in range(300) :
10     for met in range(120) :
11         if rain[met] < 25 :                   # 비 높이 < 25이면
12             rain[met] = rain[met] + 1          # 비 높이 1 증가
13         else :                                 # 처음부터 다시 시작
14             rain[met] = r.randrange(-25, 0)
15
16     os.system('cls')
17     for jul in range(25) :
18         for met in range(120) :
19             if rain[met] == jul :
20                 print('|', end = '')
21             else :
22                 print(' ', end = '')
23         print()
24     t.sleep(0.05)                              # 화면 깜빡임 방지
25 input()
```

코드설명

6번과 7번 줄이 비의 높이를 저장하는 코드이다. rain[jul] = r.randrange(-25, 0)으로 무작위 수를 만들어 저장한다. 비의 높이를 -25부터 -1까지 음수로 만든 이유는 아무것도 없는 화면에서 비가 내리게 하기 위해서이다. 만약 양수로 비의 높이를 만들면 코드를 실행하자마자 화면에 비가 보이게 된다. 비의 높이를 음수로 저장하면, 양수가 되는 순간부터 화면에 나타나기 때문에 진짜 비가 오는 것처럼 보인다. 이런 작은 디테일이 좋은 코드를 만든다.

11번에서 14번 줄이 비를 밑으로 내리게 하는 코드이다. `rain[met]`이 `25` 미만인 경우 비가 아직 바닥에 닿지 않았다는 의미이다. 이 경우에는 `rain[met]`의 값을 `1` 증가시킨다. 나머지는 비가 땅에 닿은 것이기 때문에 `r.randrange(-25, 0)`으로 음수로 된 무작위 수를 만들어 처음부터 다시 움직이게 한다.

17번부터 23번 줄이 화면에 비를 출력하는 코드이다. 앞서 수직 사운드 미터와 꽃 피는 봄에서 사용했던 코드와 같다. `rain[met]`과 `jul`이 같으면 `|` 문자를 출력하고 아니면 공백문자를 출력한다. 24번 줄은 화면이 깜빡이는 것을 방지하기 위하여 화면을 잠깐 멈추는 코드이다. 9번 줄의 `for` 문이 `0`부터 `299`까지이기 때문에 화면이 `300`번 그려진다.

PROJECT 5 가을 구름

구름이 흘러가는 가을 코드를 만들어보자. 여름 소나기 코드를 옆으로 움직이게 하고 가을 코드라고 할 수도 있겠지만 상상력이 곧 코딩 실력이니 조금 더 상상력을 발휘해 보자.

하늘의 구름을 보면 구름마다 흘러가는 속도가 다 다르다. 어떤 구름은 빨리 지나가고 어떤 구름은 천천히 흐른다. 가을 구름 코드는 이런 구름의 특징을 표현하도록 만들어 본다. 화면은 옆으로 110까지, 밑으로는 25줄이다. 구름은 25개이며, CLOUD라는 문자열로 대신한다.

실행결과

```
                                                     CLOUD
                      CLOUD
                                                 CLOUD
                   CLOUD
                                        CLOUD
 CLOUD
                                                                                 CLOUD
                                  CLOUD
                                                                CLOUD
                                                                CLOUD
                                                   CLOUD
                                                     CLOUD
                                                                        CLOUD
                      CLOUD
                                                  CLOUD
       CLOUD
                                                                                                 CLOUD
                                                     CLOUD
                                                   CLOUD
                                                                                     CLOUD
                                                  CLOUD
                                              CLOUD
                                                     CLOUD
     CLOUD
                 CLOUD
```

알고리즘 만들기

가을 구름 코드에서 구름의 움직이는 속도가 다 다르기 때문에 두 개의 리스트를 사용한다. pos는 구름의 현재 위치를 저장하는 리스트이고, spd는 구름의 속도(speed)를 저장하는 리스트이다. pos[]는 여름 소나기 코드의 rain[]의 역할을 하며, spd[]에는 무작위로 만들어진 숫자가 들어간다.

여름 소나기 코드에서는 화면이 한 번 그려질 때마다 rain[k]를 사용하여 1씩 증가하였다. 가을 구름 코드에서는 화면이 한 번 그려질 때마다 pos[k] = pos[k] + spd[k]가 된다. spd[k]에 저장된 숫자를 더하면, 구름마다 움직이는 속도가 달라진다.

소스코드

코드 8-5 가을 구름 탐색기 805_cloud.py

```
import os
import random as r
import time as t

pos, spd = [0] * 25, [0] * 25
for jul in range(25) :
   pos[jul] = r.randrange(-25, 0)          # -25부터 -1까지 구름 위치 만듦
   spd[jul] = r.randrange(1, 10)           # 1부터 9까지 구름 속도 만듦

for k in range(100) :
   os.system('cls')
   for jul in range(25) :
      pos[jul] = pos[jul] + spd[jul]           # 구름 위치는 위치+속도
      if pos[jul] > 110 :                      # 위치가 110보다 크면
         spd[jul] = r.randrange(1, 10)            # 구름 속도 변경
         pos[jul] = 0                             # 다시 시작
      for met in range(110) :
         if pos[jul] == met :
            print('CLOUD', end = '')
         else :
            print(' ', end = '')
      print()
   t.sleep(1)
input()
```

코드설명

코드에서 구름의 개수는 총 25개이다. 5번 줄 리스트 pos와 spd는 25로 초기화한다.

7번 줄에서 pos[jul] = r.randrange(-25, 0)으로 구름의 시작 위치를 만든다. 위치값이 음수이기 때문에 화면 바깥에서부터 구름이 만들어진다. 8번 줄에서 리스트 spd[]에 무작위 수를 만들어 구름의 이동 속도를 저장한다. 이동 속도가 0이면 움직이지 않는다. 따라서 무작위 수는 1에서 9 사이의 값 중 하나이다.

10번 줄 k는 전체 화면의 반복횟수를 의미하며 100번 반복한다. 11번 줄에서 화면을 지우고, 12번 줄에서부터 한 줄씩 구름이 출력된다.

13번 줄에서 pos[jul] = pos[jul] + spd[jul]을 사용하여 구름을 spd[]에 저장된 숫자만큼 오른쪽으로 이동시킨다. 만약 pos[jul]이 110보다 큰 경우에는 오른쪽 끝에 도달한 경우이다. 가로 폭은 120칸이지만, 구름이 5글자이기 때문에 110보다 크면 화면을 벗어나게 된다. 110보다 크면, randrange()를 사용하여 구름 이동 속도를 다시 만들고, 구름 위치를 0으로 재설정한다.

23번에서 25번 줄까지가 구름을 출력하는 코드이다. pos[jul]과 met이 같은 경우 CLOUD를 출력한다. 따라서 15개의 구름이 서로 다른 위치에서 서로 다른 속도로 움직이이게 된다.

봄, 여름, 가을, 겨울 코드 중 가을 코드를 만드는 데 가장 많은 시간이 걸렸다. 코드가 어려워서가 아니다. 구름의 특징을 파악하고 이를 어떻게 코드로 표현할지를 많이 고민하였다. 봄, 여름, 가을 코드를 통하여 수직 사운드 미터 코드가 상상력에 따라 어떻게 변하는지를 보았을 것이다. 파이썬 문법이 아니라 상상력이 좋은 코드를 만든다.

PROJECT 6 눈 내리는 겨울

이제 봄, 여름, 가을을 지나 눈 내리는 겨울 코드를 만들어보자. 앞에서 본 봄, 여름, 가을 코드를 이해했다면 눈 내리는 겨울 코드는 쉽게 이해할 수 있다.

눈 내리는 겨울 코드는 처음 시작할 때는 화면에 아무것도 없다가, 별표(*)가 하늘에서 내려오면서 쌓이는 것이 핵심이다. 화면은 가로 120이며 밑으로는 23이다. 따라서 120개의 리스트를 만든다.

실행결과

알고리즘 만들기

눈 내리는 겨울 코드는 앞의 여름 소나기 코드와 거의 유사하다. 차이점이 있다면 눈이 바닥에 닿으면 그 자리에 멈추게 된다. 그러면 눈이 쌓이는 것처럼 보인다. 바닥은 23으로 정한다. 또한 눈은 소나기보다 내리는 속도가 느리다. 그래서 한 화면을 다 그리고 나면 1초간 기다린 뒤 다음 화면을 그린다. 소나기 코드를 변경하여 눈이 내리다가 바닥에 쌓이는 코드를 만들어보자.

소스코드

코드 8-6 눈 내리는 겨울 탐색기 806_snow.py

```
01 import os
02 import random as r
03 import time as t
04
05 snow = [0] * 120
06 for jul in range(120) :
07     snow[jul] = r.randrange(-25, 0)          # 눈 높이: 화면 밖에서 시작
08
09 for k in range(50) :
10     for met in range(120) :
11         if snow[met] < 23 :                   # 눈 높이 < 23이면
12             snow[met] = snow[met] + 1          # 눈 높이 1 증가
13
14     os.system('cls')
15     for jul in range(24) :
16         for met in range(120) :
17             if snow[met] == jul :
18                 print('*', end = '')
19             else :
20                 print(' ', end = '')
21         print()
22     t.sleep(1)
23 input()
```

코드설명

5번 줄에서 각 눈의 높이를 저장하는 리스트 snow는 120개를 만들고 0으로 초기화한다. 화면 밖에서부터 시작하기 위하여 7번 줄 snow[jul] = r.randrange(-25, 0)으로 리스트 snow에 저장되는 눈의 높이를 -25부터 -1까지 무작위 수로 저장한다.

9번 줄 k를 사용하는 for 문은 전체 화면을 몇 번 그리는가를 결정한다. 눈 내리는 겨울 코드에서는 50번만 반복한다. 그 이유는 가장 낮은 눈의 높이는 -25이고 땅의 높이는 23이여서 가장 낮은 눈이 땅에 도달할 때까지 49번 정도만 반복하면 되기 때문이다. 너무 많이 반복하면 움직임이 없이 같은 화면만 계속 그리게 된다.

11번 줄에서 각 눈의 높이가 snow[met] < 23인 경우 1을 증가시킨다. 여름 소나기에서는 조건이 거짓(snow[met] >= 23)인 경우 snow[met]을 0으로 만들어 다시 하늘에서 비가 내리게 하였다. 그러나 눈 내리는 겨울에서는 눈이 바닥에 닿으면 더 이상 움직이지 않게 하여 쌓여 있는 것처럼 보인다. 그래서 snow[met]의 값이 23이 되면 값의 변화는 없다.

나머지 코드는 여름 소나기 코드와 같다. 비대신 눈(*)을 그리고, 눈이 내리는 속도를 늦추기 위하여 22번 줄에서 화면을 다 그리고 나면 1초간 화면을 멈춘다. 눈 내리는 겨울 코드를 실행해보면 진짜로 눈이 내리는 것처럼 움직이다가 바닥에 닿으면 쌓이는 느낌이 난다.

CHAPTER

09

WONDER **Python**

문자열과 딕셔너리

미리 둘러보기

파이썬의 장점은 다른 프로그래밍 언어보다 쉽게 문자열을 다룰 수 있다는 것이다. 문자열은 리스트처럼 사용할 수 있는데, 문자열과 리스트가 유사하지만 다른 점도 있다. 9장에서 문자열과 리스트의 닮은 점과 다른 점을 살펴보자.

문자열에 대하여 덧셈(+), 곱셈(*), 슬라이싱(범위지정)이 가능하다.
`del()`과 같은 일부 함수와 `.append()`와 같은 함수는 문자열에서 사용할 수 없다. 대신 문자열을 위한 다양한 함수를 학습해본다.

함수 중 `.split()`은 공백문자를 기준으로 문자를 잘라준다. 내장 함수인 `map()`을 사용하면 리스트 안의 데이터를 한꺼번에 다른 종류의 데이터로 바꿀 수 있다. `input().split()`와 `map()`을 사용하면 한꺼번에 입력을 받아 데이터의 형태를 자유자재로 변환할 수 있다.

리스트에 데이터를 넣고 접근할 때 숫자만 가능한 인덱스를 사용한다. 반면에 딕셔너리의 경우 정수, 실수, 문자열과 같이 다양한 인덱스를 사용하여 데이터에 접근할 수 있다. 딕셔너리에서는 데이터에 접근하기 위한 인덱스를 키라 부르며, `key:value`의 쌍으로 묶어서 저장한다. 딕셔너리는 중괄호 `{}` 안에 `key:value`의 형태로 선언한다.

```
you > 4 스티플 < 0
   chip = 10, 배팅(0은 포기): 10
com > 12 원페어 < 7
   you WIN! chip = 20
```

9장에서는 문자 회전시키기, 유효 암호 검사, 딕셔너리를 이용한 가위바위보 게임, 아지랑이 문자열과 같은 다양한 코드를 만들어본다. 특히, 24줄로 만드는 간단한 포커 게임과 움직이는 슬롯머신도 만든다. 터틀 그래픽에서는 거북이가 이리저리 날아다니는 코드를 만들어본다.

9.1 문자열 다시보기

1 문자열의 특징

파이썬의 장점은 다른 어떤 프로그래밍 언어보다 쉽게 문자열을 다룰 수 있다는 것이다. 큰따옴표나 작은따옴표로 감싼 데이터가 문자열이다. 지금까지 여러 개의 문자로 이루어진 문자열string을 사용했었다. 이번 장에서 문자열의 특징과 다루는 방법을 배워 본다.

문자열은 리스트처럼 사용할 수 있다. 리스트처럼 사용할 수 있다는 것은 **문자열과 리스트가 유사하지만 다른 점도 있다**는 것이다. 문자열과 리스트의 닮은 점과 다른 점을 살펴보자.

앞서 문자열에 대하여 덧셈(+)이나 곱셈(*) 연산을 사용했었다. 문자열이 리스트와 유사하기 때문에 가능한 일이다. [코드 9-1]은 문자열에 리스트 연산을 적용한 것이다.

코드 9-1 문자열 연산 901_string1.py

```
st1 = '문자열'
st2 = '리스트'

print(st1)
print(st1[0], st1[1], st1[2])
print(st1 + st2)
print(st2 * 3)
```

실행결과

```
문자열
문 자 열
문자열리스트
리스트리스트리스트
```

1번 줄 변수 st1에 '문자열'을 저장하고, st2에는 '리스트'를 저장한다. st1과 st2 둘 다 3개의 문자로 이루어진 리스트이다. 4번 줄에서 st1을 출력하면 문자열이 나타난다. 5번 줄에서 인덱스를 사용하여 리스트 st1의 각 항목을 출력해본다. print(st1[0], st1[1], st1[2])라 출력하면 문 자 열이 화면에 나타난다.

6번 줄에서 덧셈(+)을 사용하여 두 개의 문자 리스트(문자열)를 더해서 문자열리스트가 출력된다. 곱셈(*)도 사용할 수 있다. print(st2 * 3)이라 쓰면 화면에 리스트가 3번 출력된다. 실행결과에서 알 수 있듯이 문자열은 리스트처럼 인덱스를 사용할 수 있다.

여기서 잠깐

파이썬뿐 아니라 C언어나 자바와 같은 프로그래밍 언어에서 문자열은 리스트(배열)로 처리한다. C언어는 string이라는 데이터 종류가 없기 때문에 문자열을 다루기가 파이썬보다 훨씬 어렵다.

2 문자열과 리스트의 닮은 점

문자열에 슬라이싱(범위지정)도 가능하다. [코드 9-2]는 문자열을 다양한 방법으로 슬라이싱하는 예제이다.

코드 9-2 문자열 슬라이싱 902_string2.py

```python
st1 = '문자열은리스트'

print(st1[1:4])                # [1:4] -> 1부터 3까지
print(st1[4:])                 # [4: ] -> 4부터 끝까지
print(st1[:4])                 # [ :4] -> 0부터 3까지
print(st1[:])                  # [ : ] -> 처음부터 끝까지
print(st1[-1])                 # [-1] -> 맨 뒤
print(st1[-6:-1])              # 뒤에서 6 ~ 2번째까지
print(st1[4:7] * 3)
```

실행결과

```
자열은
리스트
문자열은
문자열은리스트
트
자열은리스
리스트리스트리스트
```

3번 줄 st1[1:4]는 1부터 3까지 범위를 지정한 것이다. 자열은이 출력된다. 4번 줄 st1[4:]은 4부터 끝까지이다. 리스트가 출력된다. 5번 줄 st1[:4]는 0부터 3까지이다. 문자열은이 출력된다. 6번 줄 st1[:]은 전체를 나타낸다. 7번 줄 st1[-1]은 맨 마지막 글자를 의미한다. 트가 출력된다. 8번 줄 st1[-6:-1]은 뒤에서 6번째부터 2번째까지를 의미한다. 자열은리스가 출력된다. 9번 줄 st1[4:7] * 3은 인덱스 4번부터 6번까지를 3번 반복한다. 그래서 리스트가 3번 출력된다.

리스트에서 배운 내부 함수 중 길이를 알려주는 len() 함수를 문자열에서 사용할 수 있다. 또한 for 문이나 if 문에서 문자열을 리스트처럼 사용할 수 있다. [코드 9-3]을 보자.

코드 9-3 **문자열 사용** 903_string3.py

```
st1 = '문자열'

for k in range(len(st1)) :          # k값은 0부터 len(st1) -1까지 변화
   print('< %s >' % st1[k])

for k in st1 :                      # k값은 문자열 st1의 모든 값
   print('< %s >' % k)

if '문' in st1 :                     # 문 있으면 True
   print('문 있음')
```

실행결과

```
< 문 >
< 자 >
< 열 >
< 문 >
< 자 >
< 열 >
문 있음
```

3번 줄에서 len(st1)을 사용하여 st1의 크기를 얻은 후 for 문을 시작한다. 4번 줄에서 st1[k]를 사용하여 한 줄에 한 문자씩 출력한다. < 문 > < 자 > < 열 >이 출력되는 것을 확인할 수 있다.

3번에서 4번 줄과 같은 코드가 6번에서 7번 줄이다. for k in st1이라 쓰면 k에 문자가 한 번에 한 개씩 대입된다. 따라서 같은 출력결과가 나온다.

if 문을 사용하여 문자열 st1에 문이라는 글자가 있는지 확인할 수 있다. if '문' in st1이라 쓰면 문이 있기 때문에 문 있음이 출력된다.

위에서 배운 코드를 사용하여 문자열을 입력받은 후 거꾸로 출력하는 코드를 만들어보자. 거꾸로 출력은 생각보다 간단히 만들 수 있다. [코드 9-4]는 입력받은 문자열을 거꾸로 출력하는 코드이다.

코드 9-4 거꾸로 출력 904_string4.py

```
01  st1 = input('문자열 입력: ')
02
03  for k in range(len(st1) - 1, -1, -1) : # k값은 len(st1) - 1부터 0까지
04      print(st1[k], end = '')
```

실행결과

```
문자열 입력: 귀뚜라미보일러
러일보미라뚜귀
```

1번 줄에서 사용자로부터 문자열을 입력받아 st1에 저장한다. 3번 줄에서 k를 사용하는 for 문은 len(st1) - 1부터 시작하여 0까지 1씩 줄어든다. 4번 줄에서 k를 인덱스로 사용하여 st1[k]에 저장된 문자를 하나씩 출력한다. 귀뚜라미보일러가 입력된 경우 러일보미라뚜귀가 출력된다.

7개의 글자로 된 귀뚜라미보일러의 경우 문자 길이는 7이지만, st1[0]부터 시작하여 마지막은 st1[6]이다. 따라서 문자열 거꾸로 출력하는 경우 k값은 len(st1) - 1부터 시작하여 0까지 줄어들어야 한다. 그래서 range(len(st1) - 1, -1, -1)이라 써야 한다.

3 문자열과 리스트의 다른 점

문자열과 리스트의 다른 점을 살펴보자. del()과 같은 일부 함수와 .append()와 같은

함수는 문자열에서 사용할 수 없다. 대신 문자열을 위한 다양한 함수가 따로 마련되어 있으며 2절에서 다룬다.

7장에서 menu = ['김밥', '라면', '쫄면', '튀김', '어묵', '만두']에서는 del(menu[2])가 가능했었다. 그런데 문자열에서는 del()을 사용할 수 없다는 것이 이상할 수 있다. 리스트의 각 항목이 문자열인 경우에는 del()을 사용할 수 있지만, 하나의 문자열에 대해서는 del()을 사용하면 다음과 같이 에러가 발생한다.

```
str1 = '하나의 문자열'
del(st1[2])
```

실행결과

```
Traceback (most recent call last):
  File "C:/Users/zoch/Desktop/pcode/307p_1.py", line 2, in <module>
    del(st1[2])
NameError: name 'st1' is not defined
```

에러의 내용을 보면 문자열 str1은 리스트로 정의되지 않았다는 뜻이다. '문자열은 리스트와 유사하지만 완전히 똑같지는 않다'로 해석하면 된다.

4 여러 데이터 입력받기

input() 함수를 사용하여 입력되는 값은 모두 문자열이다. 문자열이 리스트에 저장될 때에는 문자 하나당 하나의 리스트에 저장된다. 다시 말해, 다음과 같이 '10 20 30'이라고 입력하면 숫자 3개가 입력된 것이 아니다. 공백문자를 포함하여 한 글자씩 8개의 리스트에 저장된다.

4번에서 5번 줄이 리스트에 저장된 값을 한 줄씩 출력한다. 실행결과를 보면 10 20 30으로 출력되지 않는다. 한 줄에 한 글자씩 총 8줄이 출력된다.

```
01  arr = [0]
02  arr = input('3개 입력: ')                # 한 글자당 리스트의 항목 하나
03
04  for k in arr :
05      print(k)
```

실행결과

```
3개 입력: 10 20 30
1
0

2
0

3
0
```

'10', '20'', '30'의 형태로 입력받으려면 어떻게 해야 할까? 공백문자를 기준으로 잘라서 입력을 받아야 한다. input() 함수에는 문자열과 관련된 함수를 사용할 수 있다. 문자열 관련 함수 중 .split()은 **공백문자를 기준으로 문자를 잘라준다.** 따라서 input()에 .split()을 붙이면 공백문자를 기준으로 잘라서 입력받을 수 있다. 다음 코드를 보자.

코드 9-5 split() 함수 905_string5.py

```python
arr = [0]
arr = input('3개 입력: ').split()    # 공백문자를 기준으로 글자를 나누어 저장

for k in arr :
   print(k)
```

실행결과

```
3개 입력: 10 20 30
10
20
30
```

'10 20 30'이 입력되는 경우 input().split()은 공백문자를 빼고, '10', '20'', '30'만 3개의 리스트에 저장해준다. 출력결과를 보면 3줄이 출력된다.

.split()은 리스트뿐 아니라 여러 개의 변수에 한꺼번에 입력을 받을 때도 사용할 수 있다. 변수 var1과 var2에 2개의 값을 동시에 입력받고 싶다면 다음과 같이 .split()을 사용하면 된다.

```
01  var1, var2 = input('2개 입력: ').split() # 공백 기준 2개로 나누어 변수에 저장
02
03  print(var1, var2)
04  print(var1 * 2, var2 * 2)
```

실행결과

```
2개 입력: 10 20
10 20
1010 2020
```

입력받은 데이터는 모두 문자열이다. 따라서 4번 줄 print(var1 * 2, var2 * 2)의 출력결과는 10이 두 번, 20이 두 번 출력된다.

입력된 데이터를 정수나 실수로 변환하려면 어떻게 해야 할까? input()으로 데이터 한 개를 입력받을 때는 int()나 float()를 사용하여 정수나 실수로 변환할 수 있었다. 그러나 여러 개의 데이터를 한꺼번에 int()나 float()에 넣을 수 없다. 따라서 input().split()을 int()나 float()와 함께 사용할 수 없다.

내장 함수인 map()을 사용하면 **리스트 안의 데이터를 한꺼번에 다른 종류의 데이터로 바꿀 수 있다.** b = map(데이터 종류, 리스트)라 쓰면 리스트의 모든 데이터의 종류를 바꾸어 b에 저장해준다. 다음 코드를 보자.

코드 9-6 map() 함수 906_string6.py

```
arr = [0]
arr = input('3개 입력: ').split()
b = map(int, arr)              # map(): arr의 모든 데이터를 정수로 바꿈

for k in b :
    print(k * 2)
```

실행결과

```
3개 입력: 10 20 30
20
40
60
```

2번 줄에서 input().split()을 사용하여 3개의 데이터를 리스트 arr에 저장한다. arr에는 3개의 문자열이 저장되어 있다. 3번 줄에서 b = map(int, arr)이라 쓰면 arr의 데이터를 int(정수)로 바꾸어 b에 저장한다. 5번 줄에서 반복문을 사용하여 6번 줄에서 곱하기 2를 하고 출력하면 20, 40, 60이 출력된다. map()이 리스트 arr의 데이터를 모두 정수로 바꿔서 b에게 준 것을 확인할 수 있다. 실수로 바꾸고 싶다면 b = map(float, arr)이라 쓰면 된다.

input().split()과 map()을 사용하면 한꺼번에 입력을 받아 데이터의 형태를 자유자재로 변환할 수 있다.

5 문자열에 데이터 넣기

이미 만들어진 문자열의 특정한 위치에 데이터를 넣을 수 있는 방법이 있다. 문자열에 {0}이라 표시하고, .format(st)라 쓰면 {0}의 위치에 문자열 st가 들어가서 새로운 문자열이 만들어진다. 마치 print()에서 %s를 사용하여 출력하면 특정한 위치에 문자열이 출력되는 것과 유사하다.

[코드 9-7]을 보자. 문자열 st1은 '{0}는 과일'이다. 여기서 {0}은 새로운 문자열이 들어갈 위치이다. 5번 줄에서 st3 = st1.format(var1)이라 쓰면, {0}의 위치에 var1에 저장된 사과가 들어간다. 6번 줄에서 문자열 st3을 출력하면 사과는 과일이 출력된다.

코드 9-7 문자열에 데이터 넣기 907_string7.py

```
01 var1 = '사과'
02 st1 = '{0}는 과일'
03 st2 = '{0}, {1}는 과일'
04 
05 st3 = st1.format(var1)            # {0} 위치에 사과 삽입
06 print(st3)
07 st3 = st2.format(var1, '포도')    # {0} 위치에 사과, {1} 위치에 포도 삽입
08 print(st3)
```

실행결과

```
사과는 과일
사과, 포도는 과일
```

하나의 문자열에 여러 개의 문자열을 넣고 싶다면, {0}, {1}, {2}와 같이 숫자를 늘려주

면 된다. 3번 줄 `st2 = '{0}, {1}는 과일'`에서 문자열을 위치할 곳을 2개 만들었다. 7번 줄 `st3 = st2.format(var1, '포도')`라 쓰면 `var1`에 저장된 사과는 `{0}`에 들어가고, 포도는 `{1}`에 들어가서 하나의 문자열이 다시 만들어진다. 8번 줄에서 출력하면 사과, 포도는 과일이 출력된다.

중간점검

1. 여러 개의 문자로 이루어진 데이터를 (　　)이라 부른다.
2. 동일한 문자열을 여러 번 출력하는 경우 (　　) 연산을 사용한다.
3. 항목을 지울 때 사용하는 함수로 리스트에서는 사용 가능하지만 한 개의 문자열에서 사용 불가능한 함수의 이름은 (　　)이다.
4. 공백문자를 기준으로 문자를 잘라주는 함수는 (　　)이다.
5. 리스트 안의 데이터를 한꺼번에 다른 종류의 데이터로 바꿔주는 함수는 (　　)이다.

LAB 1 문자 회전시키기

문자를 회전시키는 코드를 만들어보자. 만약 리스트 st1에 love라는 문자가 저장되어 있을 경우 처음엔 love, 그다음에 ovel, 그다음엔 velo, 그다음엔 elov, 다음엔 다시 love를 출력하는 코드를 만들어보자.

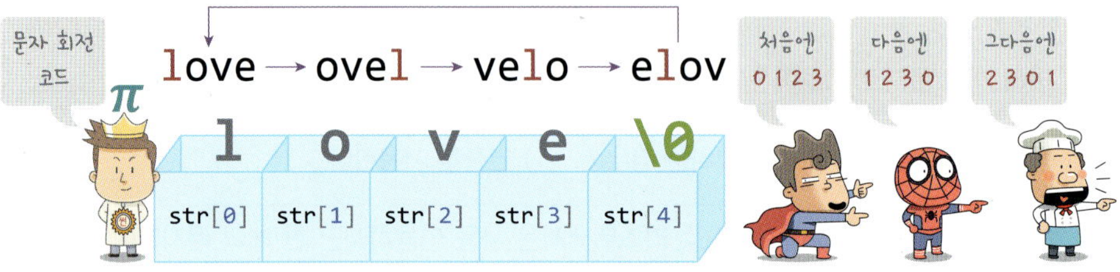

다음의 실행결과는 > I LOVE YOU <라는 문자열을 회전시킨 결과이다. 한 줄에 한 글자씩 출력하면 글자가 위로 올라가는 것처럼 보인다. 글자의 수에 상관없이 회전하는 코드를 만들어보길 바란다.

실행결과

```
<
>

I

L
O
V
E

Y
O
U
```

알고리즘 만들기

리스트 st1에 love라는 문자가 들어있을 경우, 처음에는 st[0], st[1], st[2], st[3]이 출력되고, 그다음엔 st[1], st[2], st[3], st[0]이 출력되도록 인덱스의 값을 변화시키는 코드를 만드는 것이 핵심이다. 또한, 문자 길이에 상관없이 코드를 만들기 위해 len(st1)

함수를 이용해보자.

소스코드

코드 9-8 문자 회전시키기 탐색기 908_string8.py

```
01 import os
02 import time as t
03
04 st1 = '> I LOVE YOU <'
05
06 for k in range(len(st1) * 10) :
07     os.system('cls')
08     for m in range(len(st1)) :
09         print(' ', st1[ (k + m) % len(st1) ])          # 한 글자씩 회전
10     t.sleep(0.2)
```

코드설명

4번 줄에서 st1에 > I LOVE YOU <라는 문자열을 저장한다. 6번 줄의 k를 사용하는 반복문은 전체 회전 수를 결정한다. 여기서는 문자 길이의 10배만큼 반복한다.

8번 줄의 m을 사용하는 반복문은 문자 길이 만큼 반복한다. 9번 줄이 이 코드의 핵심이다. 문자가 회전하는 인덱스를 만들기 위해서는 k + m을 사용하면 된다. k가 0인 경우 0부터 문자 길이 - 1까지 출력한다. k가 1인 경우, 1부터 문자 길이까지 출력한다.

그런데 리스트에서 문자 길이는 인덱스를 넘어가는 값이다. 인덱스가 문자 길이를 넘어가는 것을 방지하기 위해서는 k + m에 len(st1)을 나머지 연산해주면 된다. 그러면 언제나 len(st1)보다 작은 인덱스값이 만들어진다. 따라서 k + m % len(st1) 식을 사용하면 된다.

마지막 10번 줄은 글자가 너무 빨리 회전하는 것을 막기 위해 잠시 멈추는 코드이다. 10줄이면 글자가 위로 회전하는 코드를 만들 수 있다. 위의 코드를 응용하여 여러 줄이 한꺼번에 회전하는 코드를 연습문제 45번에 만들었으니 도전해보기 바란다.

9.2 문자열을 위한 함수들

1 문자열 찾기

7장에서 리스트 관련 함수를 배웠었다. 리스트 관련 함수 중 문자열에서 사용 가능한 것은 .index()와 .count()뿐이다. 대신, 문자열과 관련된 다양한 함수들이 준비되어 있다. 문자열 관련 함수의 종류와 사용방법을 학습해보자.

.count(st)는 st가 문자열에서 몇 개나 있는지를 알려준다. .index(st)는 문자열에서 처음 나오는 st의 인덱스값을 알려준다. .rindex(st)는 오른쪽에서 시작하여 처음 나오는 st의 위치를 알려준다. 다시 말해 문자열의 뒤에서 앞으로 찾는다.

함수명	의미	반환값
.count(st)	문자열에 st가 몇 개 있는지 알려줌	개수
.index(st)	st의 위치를 알려줌	인덱스: st 없으면 에러
.rindex(st)	오른쪽에서 시작하여 st의 위치를 알려줌	인덱스: st 없으면 에러
.find(st)	st의 위치를 알려줌	인덱스: st 없으면 -1
.rfind(st)	오른쪽에서 시작하여 st의 위치를 알려줌	인덱스: st 없으면 -1
.startswith(st)	처음이 st인지 알려줌 - bool형 반환	True, False
.endswith(st)	마지막이 st인지 알려줌 - bool형 반환	True, False

.index()와 .rindex()는 찾는 문자열 st가 없는 경우 에러가 발생한다. 그래서 .find()와 .rfind()를 사용하기를 권장한다. .find(st)와 .rfind(st)는 st의 위치를 알려주며, st가 없을 경우 -1을 반환한다. 따라서 에러 없이 사용하기 편한 함수이다.

.startswith(st)는 문자열이 st로 시작하면 True를 반환하고 아닐 경우 False를 반환한다. .endswith(st)는 문자열이 st로 끝나면 True를 반환하고 아닐 경우 False를 반환한다. [코드 9-9]는 찾기와 관련된 문자열 함수의 예제이다.

코드 9-9 문자열 찾기 909_func1.py

```
01  st1 = '과자먹자'
02
03  print('count >', st1.count('자'))
04  print('index >', st1.index('자'))              # 찾는 글자 없으면 에러
05  print('rindex >', st1.rindex('자'))            # 찾는 글자 없으면 에러
06  print('find >', st1.find('자'))                # 찾는 글자 없으면 -1
07  print('find >', st1.find('짜'))                # 찾는 글자 없으면 -1
08  print('rfind >', st1.rfind('자'))              # 찾는 글자 없으면 -1
09
10  print('startswith >', st1.startswith('자'))    # 자로 시작하면 True
11  print('endswith >', st1.endswith('자'))        # 자로 끝나면 True
```

실행결과

```
count > 2
index > 1
rindex > 3
find > 1
find > -1                                          # 찾는 글자 없으면 -1
rfind > 3
startswith > False
endswith > True
```

7번 줄 st1.find('짜')의 실행결과에 주목하자. st1에 짜 문자가 없기 때문에 -1이 출력된다.

2 문자열 분리와 변경

.split() 함수는 공백문자를 기준으로 문자열을 잘라준다. 앞서 input()에서 여러 개의 문자열을 입력받을 때도 사용했었다. .split()은 문자를 자를 때 기준이 되는 문자를 지정할 수도 있다. 예를 들어 .split(':')이라 쓰면, 공백문자 대신 콜론(:)을 기준으로 문자열을 잘라준다. 여러 줄로 이루어진 문자열을 줄 단위로 자르고 싶다면 .splitlines()를 사용하면 된다. .splitlines()는 줄의 맨 끝에 있는 줄바꿈 문자 '\n'를 제거하고 문자열만 반환한다.

.join() 함수는 좀 특별하다. st1.join(st2)라 쓰면 st2의 각 문자를 st1로 결합시켜준다. .replace(st1, st2)는 문자열에서 st1을 찾아 st2로 바꿔준다.

함수명	의미
.split(st)	st를 기준으로 문자열 분리, st가 없으면 공백문자 기준
.splitlines()	줄 단위로 잘라줌, 줄 맨 끝의 '\n' 제거
st2.join(st1)	st1을 st2와 합치기
.replace(st1, st2)	문자열에서 st1을 st2로 바꿈
.upper()	모든 소문자를 대문자로 바꿈
.lower()	모든 대문자를 소문자로 바꿈
.swapcase()	대문자는 소문자로, 소문자는 대문자로 바꿈
.title()	영단어의 첫 글자는 대문자로 나머지는 소문자로 바꿈

한글에는 없지만, 영어에는 대소문자가 있다. .upper()는 모든 소문자를 대문자로 바꿔주며, .lower()는 모든 대문자를 소문자로 바꿔준다. .swapcase()는 대문자와 소문자를 바꿔준다. .title()은 영어 단어의 첫 글자는 대문자로, 나머지는 소문자로 바꿔준다. [코드 9-10]은 문자열 분리와 변경에 관련된 함수의 예제이다.

코드 9-10 문자열 분리와 변경 910_func2.py

```
01  st1 = '소문자abc 대문자ABC'
02
03  print('split >', st1.split())              # 공백을 기준으로 문자열 분리
04  print('split >', '1:2:3'.split(':'))       # 콜론(:)을 기준으로 문자열 분리
05  print('join >', ':'.join(st1))             # st1을 콜론(:)과 결합
06  print('replace >', st1.replace(' ', '*')) # 공백문자를 별표로 바꾸기
07
08  print('upper >', st1.upper())
09  print('lower >', st1.lower())
10  print('swapcase >', st1.swapcase())
11  print('title >', st1.title())
```

실행결과

```
split > ['소문자abc', '대문자ABC']          # 공백을 기준으로 문자열 분리
split > ['1', '2', '3']                    # 콜론(:)을 기준으로 문자열 분리
join > 소:문:자:a:b:c: :대:문:자:A:B:C     # st1을 콜론(:)과 결합
replace > 소문자abc*대문자ABC               # 공백문자를 별표로 바꾸기
upper > 소문자ABC 대문자ABC
lower > 소문자abc 대문자abc
swapcase > 소문자ABC 대문자abc
title > 소문자Abc 대문자Abc
```

3번 줄 st1.split()은 공백문자를 기준으로 소문자abc와 대문자ABC로 나눈다. 4번 줄

'1:2:3'.split(':')의 경우 '1:2:3'에 대하여 공백문자 대신 콜론(:)을 기준으로 문자를 나눈다. 그래서 '1', '2', '3'으로 나눠진 것을 확인할 수 있다.

':'.join(st1)의 경우 st1의 모든 문자열을 콜론(:)과 결합하여 새로운 문자열이 만들어진다. st1의 각 문자 사이에 콜론(:)이 들어가서 구분해준다. st1.replace(' ', '*')의 경우 st1의 공백문자를 찾아 별표(*)로 바꾼다.

8번 줄 .upper()는 abc를 ABC로 바꾸고, .lower()는 ABC를 abc로 바꾼다. .swapcase()는 대소문자를 바꾸고 .title()은 첫 글자는 대문자로 나머지는 소문자로 바꾼다.

3 문자열 정렬하기

이번에 나오는 함수는 문자를 정렬하거나 공백문자를 제거하는 함수이다. .center(20)은 20칸을 만든 후 문자열을 중앙에 배치한다. .rjust()는 오른쪽 정렬, .ljust()는 왼쪽 정렬이다. 3개의 정렬 함수는 크기 다음에 빈칸을 채우는 문자를 사용할 수도 있다. .center(20, '*')라 쓰면 빈칸은 별표로 채워진다.

함수명	의미
.center(크기)	크기만큼의 문자열을 만든 후 중앙 정렬
.rjust(크기)	크기만큼의 문자열을 만든 후 오른쪽 정렬
.ljust(크기)	크기만큼의 문자열을 만든 후 왼쪽 정렬
.strip()	오른쪽, 왼쪽 공백문자 제거
.rstrip()	오른쪽 공백문자 제거
.lstrip()	왼쪽 공백문자 제거

.strip()은 양쪽의 공백문자를 제거한다. .rstrip()은 오른쪽 공백문자만 제거하고, .lstrip()은 왼쪽 공백문자만 제거한다. [코드 9-11]은 정렬과 공백문자 제거 함수의 사용 예이다.

코드 9-11 문자열 정렬과 공백문자 제거 911_func3.py

```python
st1 = ' 과자 먹자 '

print('center <%s>' % st1.center(20))           # 20칸 만든 후 중앙 정렬
print('center <%s>' % st1.center(20, '*'))      # 중앙 정렬: 빈칸 별표
print('rjust <%s>' % st1.rjust(20))
print('ljust <%s>' % st1.ljust(20))

print('strip <%s>' % st1.strip())
print('rstrip <%s>' % st1.rstrip())
print('lstrip <%s>' % st1.lstrip())
```

실행결과

```
center <       과자 먹자        >
center <****** 과자 먹자 *******>
rjust <              과자 먹자 >
ljust < 과자 먹자              >
strip <과자 먹자>
rstrip < 과자 먹자>
lstrip <과자 먹자 >
```

코드에서 눈여겨 볼 것은 `st1.center(20, '*')`이다. `st1.center(20, '*')`는 20칸을 만든 후 중앙 정렬을 하고, 원래 문자열을 제외한 추가된 부분을 별표(*)로 채운다.

4 문자열 구성 검사

문자열이 무엇으로 구성되어 있는지 확인해주는 함수도 있다. 여기에 나오는 함수는 결과 값으로 참(True)과 거짓(False)과 같은 bool형을 반환한다.

함수명	의미	반환값
.islower()	소문자인가?(a-z)	True, False
.isupper()	대문자인가?(A-Z)	True, False
.isalpha()	영문자인가?(대문자 또는 소문자)(a-z, A-Z)	True, False
.isdigit()	숫자인가?(0-9)	True, False
.isalnum()	영문자 또는 숫자인가?(a-z, A-Z, 0-9)	True, False
.isspace()	공백문자인가?(' ')	True, False

.islower()는 문자열이 모두 소문자인지를 검사한다. .isupper()는 문자열이 모두 대

문자인지 검사한다. .isalpha()는 문자열이 모두 영문자(대문자와 소문자)로 이루어져 있는지 검사한다.

isdigit()은 문자열이 모두 숫자인지 검사하고, isalum()은 문자열이 숫자나 영문자로 이루어져 있는지 검사한다. isspace()는 문자열이 공백문자인지 검사한다. [코드 9-12]는 문자열 구성을 검사하는 함수의 사용 예이다.

코드 9-12 문자열 구성 검사 912_func4.py

```python
01 print('islower abcd>', 'abcd'.islower())
02 print('isupper abcd>', 'abcd'.isupper())
03 print('isalpha abcABC>', 'abcABC'.isalpha())
04 print('isdigit 123>', '123'.isdigit())
05 print('isalnum abc123!>', 'abc123!'.isalnum())
06 print('isspace     >', ' '.isspace())
```

실행결과

```
islower abcd> True
isupper abcd> False
isalpha abcABC> True
isdigit 123> True
isalnum abc123!> False
isspace     > True
```

코드에서 유심히 볼 것은 5번 줄 'abc123!'.isalnum()이다. isalnum()은 문자열이 영문자와 숫자로 구성되었는지 검사한다. 따라서, 문자열에 특수문자가 하나라도 있으면 False를 반환한다.

중간점검

1. 문자열에서 지정한 문자를 찾아 인덱스를 반환하는 함수는 (   )이다.
2. 문자열에서 해당 문자의 개수를 반환하는 함수는 (   )이다.
3. 문자열에서 찾는 문자열이 없을 경우 -1을 반환하는 함수는 (   )이다.
4. 문자열에서 문자를 다른 문자로 바꿔주는 함수는 (   )이다.
5. 문자열에서 크기만큼 문자열을 만든 후 중간 정렬하는 함수는 (   )이다.
6. 문자열에 특수문자가 있는지 없는지 확인할 수 있는 함수는 (   )이다.

LAB 2 유효 암호 검사

유효한 암호인지 검사하는 코드를 만들어보자. 암호를 만들 때 소문자, 대문자, 숫자, 특수문자 중 3개 이상을 조합하여 만들어야 한다.

문자열을 입력받아 3개 이상으로 조합된 경우 사용 가능, 아닌 경우 사용 불가능한 암호라고 출력하는 코드를 만들어보자.

실행결과

첫 번째 실행결과

```
사용할 암호 입력: passwd123
!불가능한 암호!
```

두 번째 실행결과

```
사용할 암호 입력: 12passwd!!
사용 가능
```

알고리즘 만들기

문자열이 3개 이상으로 조합되었는지 확인하기 위해서 대문자를 위한 변수 `upp`, 소문자 `low`, 숫자 `dig`, 특수문자 `pct`를 만들어 모두 `0`으로 초기화한다. 입력된 문자열 `pswd`를 검사하여 대문자가 있으면 `upp`에 `1`을 저장한다. 소문자가 있을 때는 `low`가 `1`이 되고, 숫자가 있으면 `dig`가 1이 되며, 특수문자가 있으면 `pct`가 1이 된다. 모든 문자를 확인한 이후에 4개의 변수의 합이 3 이상이면 암호로 사용 가능한 문자열이라 출력하면 된다.

소스코드

코드 9-13 유효 암호 검사 913_passwd1.py

```
01 upp, low, dig, pct = 0, 0, 0, 0
02
03 pswd = input('암호 입력: ')
04 if pswd.isalnum() == False : pct = 1        # 특수문자 있으면 pct = 1
05 for k in pswd :
06     if k.isupper() : upp = 1                 # 대문자 있으면 upp = 1
07     elif k.islower() : low = 1               # 소문자 있으면 low = 1
08     elif k.isdigit() : dig = 1               # 숫자 있으면 dig = 1
09
10 if low + upp + dig + pct >= 3 :
11     print('사용 가능')
12 else : print('!불가능한 암호!')
```

코드설명

암호로 사용할 문자열에 특수문자가 있는지 확인하는 코드는 4번 줄 `pswd.isalnum() == False`로 확인한다. 거짓이면 특수문자가 있는 것임으로 `pct`는 1이 된다. 나머지는 모든 문자를 하나씩 검사해야 한다.

5번 줄에서 반복문은 `k` 변수에 글자를 하나씩 넘겨준다. 6번 줄에서 `k.isupper()`로 대문자인지 검사하고, 7번 줄에서 `k.islower()`로 소문자인지 검사하며, 8번 줄에서 `k.isdigit()`으로 숫자인지 검사한다. 검사가 참이면 1로 바꾼다. 10번 줄에서 모든 변수의 합이 3 이상이면 사용 가능, 아니면 불가능한 암호라 출력한다.

9.3 딕셔너리

1 딕셔너리란 무엇인가?

딕셔너리dictionary는 특별한 형태의 리스트이다. 리스트에 데이터를 넣고 접근할 때 숫자만 가능한 인덱스index를 사용한다. 반면에 딕셔너리의 경우 정수, 실수, 문자열과 같이 다양한 인덱스를 사용하여 데이터에 접근할 수 있다.

딕셔너리에서는 데이터에 접근하기 위한 인덱스를 키라 부르며, 키key와 값value을 쌍으로 묶어서 저장한다. **key:value**의 형태이다. 예를 들어 과일과 가격을 저장할 때 '사과':1800, '포도':2500, '망고':3200으로 나타낸다. 사과, 포도, 망고가 key이며, 1800, 2500, 3200이 value이다.

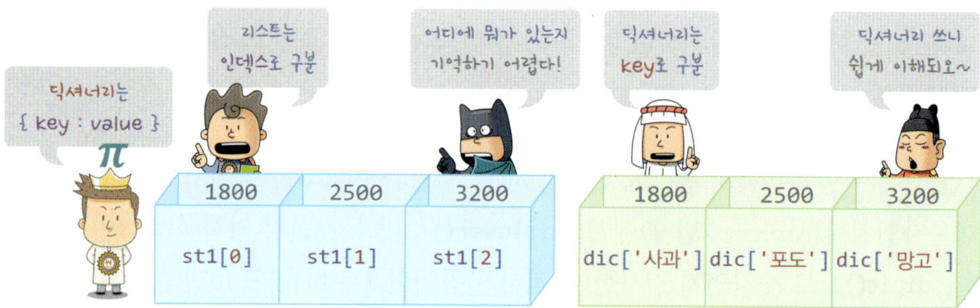

리스트에는 st1[0]에 1800, st1[1]에 2500, st[2]에 3200이 저장되어 있어서. st1[0]의 1800이 사과 가격이라는 것을 기억하고 있어야 한다. 그러나 딕셔너리에서는 '사과':1800, '포도':2500, '망고':3200이라 저장되어 있어 찾기도 쉽고 기억하기도 좋다.

딕셔너리는 다양한 형태로 구성할 수 있다. 조민석:02-548-777, 김성연:031-34-311과 같이 사람 이름과 전화번호를 묶을 수 있고, 사과:apple, 포도:grape, 망고:mango와 같이 과일과 영어 이름을 묶을 수도 있다. 마치 사전과 같다고 하여 딕셔너리라 부른다.

리스트는 대괄호 []를 사용한다. **딕셔너리는 중괄호 {} 안에 key:value의 형태로 선언한다.** dic = {key:value}의 형태이다.

딕셔너리를 선언하고 나면 리스트와 유사하게 사용하면 된다. 딕셔너리에 있는 value를 얻고 싶다면 dic[key]라 쓰면 key에 해당하는 value를 얻을 수 있다. 리스트와 비교하면 인덱스 대신 key를 사용하는 것이 다르다. 다음 코드를 보자.

코드 9-14 딕셔너리 선언 914_dict1.py

```
01  dic = {'사과':1800, '포도':2500}           # 딕셔너리: 중괄호 {} 사용
02
03  print(dic)                                 # 딕셔너리 전체 출력
04  print(dic['포도'])                         # 포도(key)를 통해 value 출력
```

실행결과

```
{'사과': 1800, '포도': 2500}
2500
```

1번 줄에서 중괄호 {}를 사용하여 딕셔너리 dic을 선언하고 '사과':1800과 '포도':2500의 두 개의 쌍을 저장한다. 3번 줄에서 dic 전체를 출력한다.

딕셔너리에 있는 value를 얻고 싶다면 key를 사용한다. 4번 줄에서 포도 가격 2500을 얻기 위해 dic['포도']를 사용하였다. 실행결과 2500이 출력된다.

딕셔너리에 데이터를 추가하거나 삭제해보자. 새로운 데이터를 추가할 때는 dic[key] = value라 쓰면 된다. 반대로 삭제하는 경우 내장 함수 del()을 사용한다. del(dic[key])라 쓰면 key에 해당하는 데이터가 삭제된다. 다음 코드를 보자.

코드 9-15 딕셔너리 추가, 삭제 915_dict2.py

```
01  dic = {'사과':1800, '포도':2500}
02
03  dic['망고'] = 3200                         # 딕셔너리에 key와 value 추가
04  print(dic)
05
06  del(dic['사과'])                           # 딕셔너리에서 사과 삭제
07  print(dic)
```

실행결과

```
{'사과': 1800, '포도': 2500, '망고': 3200}
{'포도': 2500, '망고': 3200}
```

3번 줄에서 dic['망고'] = 3200 코드는 딕셔너리 dic에 '망고': 3200을 추가한다. 6번 줄에서 del(dic['사과'])로 '사과': 1800이 삭제된다.

딕셔너리를 사용할 때 주의할 사항이 있다. 딕셔너리의 value로 리스트를 사용할 수 있

지만, key에는 리스트를 사용할 수 없다. 다음 코드의 1번 줄에서 포도의 value는 리스트 [2500, 2800]이다.

```
01 dic = {'사과':1800, '포도':[2500, 2800]}
02
03 print(dic['포도'])                              # value에 리스트 사용 가능
04
05 dic['사과'] = 2200
06 print(dic['사과'])                              # key 중복은 이상한 결과 유발
```

실행결과

```
[2500, 2800]
2200
```

리스트는 0번부터 데이터가 순서대로 들어가지만, 딕셔너리의 데이터는 순서가 없다. 딕셔너리에서 데이터를 구분하는 것은 key뿐이다. 따라서 **딕셔너리에서 key가 중복되면 안 된다.**

위의 코드 5번 줄에서 사과를 추가하고, 6번 줄에서 dic['사과']를 출력하면 사과가 2개가 된다. 이 경우 둘 중 하나는 무시된다. key가 여러 개일 경우 어떤 value를 출력할지 파이썬이 결정하지 못하기 때문이다.

key가 중복되는지를 확인한 이후에 딕셔너리에 새로운 값을 넣는 것이 좋다. key가 중복되는지 확인하기 위해 키워드 in을 사용한다. key in dic이라 쓰면 dic 안에 key가 있는 경우 True를 반환한다. 따라서 다음 코드와 같이 검사한 후 키를 삽입하면 된다.

코드 9-16 **딕셔너리와 in** 916_dict3.py

```
01 dic = {'사과':1800, '포도':[2500, 2800]}
02
03 if not '멜론' in dic :                          # key(멜론)가 dic 안에 없으면
04     dic['멜론'] = 2900                             # 멜론: 2900 삽입
05 print(dic)
```

실행결과

```
{'사과': 1800, '포도': [2500, 2800], '멜론': 2900}
```

3번 줄 '멜론' in dic에서 dic 안에 '멜론'이 있는 경우 True가 된다. 멜론을 추가하기 위해서는 멜론이 없는 경우여야 함으로 수식 앞에 not을 붙여 결과를 반대로 만든다.

2 딕셔너리 관련 함수

딕셔너리를 위한 함수도 마련되어 있다. .key()는 딕셔너리의 key만 모아주는 함수이다. .value()는 value만 모아주는 함수이며, .items()은 (key, value) 형태로 모아준다.

함수명	의미	반환값
.keys()	key만 추출	dict_keys([])
.values()	value만 추출	dict_values([])
.itmes()	key:value 추출	dict_items([])
.get(key)	key로 value 얻기, key 없으면 None 반환	value, None
.clear()	내용물 삭제	

.key(), .value(), .items()의 결과값은 우리가 배운적 없는 독특한 형태이다. [코드 9-17]을 보자. 3번 줄 dic.keys()의 경우 결과값은 dict_keys('사과', '포도', '망고'])이다. 결과값 dict_keys([])는 객체이며 나중에 나올 내용이라 길게 설명하지 않는다.

코드 9-17 **딕셔너리 함수** 917_dict4.py

```
01  dic = {'사과':1800, '포도':2500, '망고':3200}
02
03  print(dic.keys())                # .keys() 결과는 dict_keys([])
04  print(dic.values())              # .values() 결과는 dict_values([])
05  print(dic.items())               # .items() 결과는 dict_items([])
06
07  arr = list(dic.keys())           # .keys() 결과를 리스트 형태로 전환
08  print(arr)
```

실행결과

```
dict_keys(['사과', '포도', '망고'])
dict_values([1800, 2500, 3200])
dict_items([('사과', 1800), ('포도', 2500), ('망고', 3200)])
['사과', '포도', '망고']
```

우리가 원하는 것은 딕셔너리의 key를 리스트 형태로 받아서 처리하는 것이다. 딕셔너리의 key값을 가지는 리스트를 만들고 싶다면 list() 함수를 사용하면 된다. 위 코드의 7번 줄에서 arr = list(dic.keys())라 쓰면 key값이 리스트 arr에 저장된다.

함수와 in을 같이 사용하면 특별한 변환 없이도 딕셔너리의 값을 얻을 수 있다. [코드 9-18]은 딕셔너리의 모든 key와 value를 출력하는 코드이다.

코드 9-18 딕셔너리값 출력 918_dict5.py

```
01  dic = {'사과':1800, '포도':2500, '망고':3200}
02
03  for k in dic.keys() :
04     print(k, '가격은', dic[k], '원')
```

실행결과

```
사과 가격은 1800 원
포도 가격은 2500 원
망고 가격은 3200 원
```

3번 줄에서 for k in dic.keys()라 쓰면 딕셔너리의 key를 하나씩 k에 저장한다. 4번 줄에서 k와 dic[k]를 출력하면 key와 value를 모두 출력할 수 있다.

.clear()는 딕셔너리의 모든 값을 삭제하는 함수이다. .get(key)는 key에 해당하는 value를 반환하는 함수이다. dic[key]와 같은 역할을 한다. 차이점은 딕셔너리에 해당하는 키가 없는 경우 .get(key)는 None을 반환한다. None은 없다는 뜻을 가진 키워드이다. 따라서 [코드 9-16]은 다음과 같이 나타내도 같은 결과를 얻는다.

```
dic = {'사과':1800, '포도':[2500, 2800]}

if dic.get('멜론') == None :                # key(멜론)가 dic 안에 없으면
   dic['멜론'] = 2900                          # 멜론: 2900 삽입
print(dic)
```

실행결과

```
{'사과': 1800, '포도': [2500, 2800], '멜론': 2900}
```

LAB 3 딕셔너리를 이용한 가위바위보 게임

앞에서 만든 가위바위보 게임을 리스트와 딕셔너리를 사용하여 업그레이드해보자. 사용자가 0, 1, 2 중 하나를 선택하면 사용자와 컴퓨터가 가위, 바위, 보 중 무엇을 선택했는지 출력한다. 또한 딕셔너리를 사용하여 이기는 조건식을 간단하게 만들어보자.

실행결과

첫 번째 실행결과

```
가위0 바위1 보2 선택: 0
user = 가위, com = 보
user 승!
```

두 번째 실행결과

```
가위0 바위1 보2 선택: 0
user = 가위, com = 바위
com 승!
```

알고리즘 만들기

새로운 가위바위보 게임의 구조는 앞에서 만든 게임과 같다. 추가적으로 str 리스트에 ['가위', '바위', '보']를 저장하여 0에서 2 사이의 수를 문자열로 바꾸어 출력한다. 또한 지는 경우의 수를 딕셔너리로 만들어 딕셔너리에 키만 넣으면 승패를 바로 알 수 있도록 만들어보자.

소스코드

코드 9-19 가위바위보 게임 - 딕셔너리 919_game.py

```python
import random as r

str = ['가위', '바위', '보']
rule = {0:1, 1:2, 2:0}                # 지는 경우의 수를 딕셔너리로 만듦

com = r.randrange(3)
user = int(input('가위0 바위1 보2 선택: '))
print('user = %s, com = %s' % (str[user], str[com]))

if user == com :
    print('비겼습니다')
```

```
12  elif rule[com] == user :        # rule[com] == user이면 com이 지는 경우
13      print('user 승!')
14  else :
15      print('com 승!')
```

코드설명

앞의 가위바위보 게임과 코드 구조는 똑같다. 3번 줄 str = ['가위', '바위', '보']는 0, 1, 2가 입력되었을 경우 가위, 바위, 보 문자열을 출력하기 위해 만들어진 리스트이다. 8번 줄에서 사용자와 컴퓨터가 무엇을 냈는지를 문자열로 출력한다.

이 코드의 핵심은 지는 경우의 수를 담은 4번 줄의 딕셔너리 rule = {0:1, 1:2, 2:0}이다. 가위(0)는 바위(1)에게 지고, 바위(1)는 보(2)에게 지고, 보(2)는 가위(0)에게 진다는 것을 딕셔너리 형태로 만든다.

10번 줄에서 비기는 경우를 검사하고 12번 줄에서 사용자가 이기는 경우를 검사한다. 딕셔너리 rule은 지는 경우의 수를 가지고 있다. 따라서 사용자가 이기는 경우는 rule[com]의 값이 사용자의 값과 같은 경우이다. 결론적으로 rule[com] == user로 간단하게 사용자가 승리하는 경우를 확인할 수 있다.

3 튜플

튜플[tuple]은 내용물을 변경할 수 없는 리스트이다. 튜플은 한 번 선언되고 나면 그 안의 데이터를 새로 만들거나 수정하거나 삭제할 수 없다. 따라서 데이터에 변화가 있는 경우 리스트를 사용하고, 변화시키면 안 되는 경우 튜플을 사용한다.

튜플은 다음과 같이 괄호 ()를 사용하여 선언하며, 리스트와 마찬가지로 곱셈, 덧셈, 슬라이싱이 가능하다. 다음은 튜플을 만들고 사용하는 코드이다.

```
01  tp = (1, 2, 3, 4, 5)            # 튜플: 괄호 () 사용, 데이터 변경 불가
02
03  print(tp)
04  print(tp[1:2])
05  print(tp[1:2] + tp[2:3])
06  print(tp[1:2] * 2)
```

실행결과

```
(1, 2, 3, 4, 5)
(2,)                # 튜플에서 데이터가 한 개일 때는 쉼표을 붙여야 함
(2, 3)
(2, 2)
```

1번 줄에서 괄호를 사용하여 튜플 tp를 만들고 1, 2, 3, 4, 5를 저장한다. 3번 줄에서 튜플 전체를 출력하고, 4번 줄에서는 슬라이싱을 사용하여 tp[1:2]를 출력한다. 4번 줄의 출력결과를 주의 깊게 보자. (2,)와 같이 2 다음에 쉼표도 같이 출력된다. 튜플값이 한 개인 경우에는 쉼표(,)를 붙여 주어야 한다. 즉, 튜플을 처음 만들 때 값이 한 개라면 그 경우에도 쉼표를 써야 한다.

5번 줄의 덧셈 연산과 6번 줄의 곱셈 연산도 리스트와 같이 잘 작동한다. 앞서 딕셔너리의 `dict.items()`의 결과로 `dict_items([('사과', 1800), ('포도', 2500), ('망고', 3200)])`이 출력되었다. `('사과', 1800)`과 같이 각 아이템이 괄호로 묶여있는 것은 변경이 불가능한 튜플이라는 의미였다. 자세히 설명하지 않은 이유는 튜플은 리스트에 비해 활용도가 떨어지기 때문이다. 따라서 튜플은 변경 불가능한 리스트 정도로만 이해하면 된다.

4 집합

집합set 은 수학의 집합 개념을 도입한 리스트이다. 수학 시간에 집합, 교집합, 합집합과 같은 개념을 배웠을 것이다. 이러한 개념이 도입된 리스트가 집합이다. 집합은 set() 함수로 만든다. **집합의 특징은 중복을 허용하지 않으며 순서가 없다.**

```
st = set([1, 2, 1, 3, 4, 2])          # 집합: 중복 없음, 순서 없음

print(st)
```

실행결과

```
{1, 2, 3, 4}
```

실행결과를 보면, 중복이 제거 되어 {1, 2, 3, 4}만 출력된다. 또한 중괄호 {}라는 것은 결과가 순서가 없는 딕셔너리라는 의미이다. 집합은 데이터의 중복을 제거할 때 많이 사용된다.

집합에는 다음과 같은 함수를 사용할 수 있다. 또한 연산자를 사용하여 교집합, 합집합, 차집합을 구할 수 있다. 예를 들어 두 집합의 교집합은 st1 & st2로 얻을 수 있으며, 함수를 사용하는 경우 st1.intersection(st2)이다. 합집합은 st1 | st2이며, 함수는 st1.union(st2)이다. 차집합은 st1 - st2이며, 함수는 st1.difference(st2)이다.

함수명	의미	작업
st1.intersection(st2)	교집합	st1 & st2
st1.union(st2)	합집합	st1 | st2
st1.diffrence(st2)	차집합	st1 - st2
st1.isdisjoint(st2)	완전 다르다(교집합이 없다)	
.add(a)	데이터 1개 추가	
.update(list)	여러 데이터(리스트) 추가	
.remove(a)	데이터 1개 삭제	
.clear()	ahems 데이터 삭제	

집합 st1과 st2가 같은지를 알고 싶다면 st1 == st2를 하면 된다. 반대로 두 집합이 다른지를 알고 싶다면 st1 != st2라 쓰면 된다. 이때 데이터가 하나만 달라도 결과는 True이다. 만약 st1의 데이터와 st2의 데이터가 겹치는 것이 하나도 없는지를 알고 싶다면 st1.isdisjoint(st2)를 사용하면 된다. 결과로 True이면 겹치는 것이 없는 것이며, False이면 한 개 이상 겹친다는 의미이다.

집합에 데이터 한 개를 추가할 때는 .add()를 사용하면 되고, 리스트를 추가할 때는 .update()를 사용한다. 데이터를 삭제할 때는 .remove()를 사용한다. 집합에서 중요한 것을 코드로 만든 것이 [코드 9-20]이다.

코드 9-20 집합의 사용 920_set1.py

```
st1 = set([1, 2, 3, 4, 5, 6])
st2 = set([3, 4, 5, 6, 7, 8])

print('교집합', st1 & st2)           # st1.intersection(st2)도 같은 코드
print('합집합', st1 | st2)           # st1.union(st2)도 같은 코드
print('차집합', st1 - st2)           # st1.diffrence(st2)도 같은 코드
print('두 집합이 같은가?', st1 == st2)
print('두 집합이 완전히 다른가?', st1.isdisjoint(st2))
```

실행결과

```
교집합 {3, 4, 5, 6}
합집합 {1, 2, 3, 4, 5, 6, 7, 8}
차집합 {1, 2}
두 집합이 같은가? False
두 집합이 완전히 다른가? False
```

중간점검

1. key와 value의 쌍으로 구성되는 데이터 구조를 (　　)라 부른다.
2. 딕셔너리에서 사용하는 기호는 (　　)이다.
3. 딕셔너리에서 key로 사용할 수 없는 데이터 구조는 (　　)이다.
4. 가지고 있는 데이터를 변화시킬 수 없는 데이터 구조를 (　　)이라 부른다.
5. 데이터 중복을 허락하지 않는 데이터 구조를 (　　)이라 부른다.

<table><tr><td>LAB 4</td><td>아지랑이 문자열</td></tr></table>

문자열이 아지랑이처럼 요동치는 코드를 만들어보자. 앞의 수평으로 움직이는 사운드 미터 코드를 수정하면 만들 수 있다. S자 모양으로 요동치게 하기 위해서는 사인(sin) 함수를 사용하면 된다. 요동치는 문자열은 `Phython is worderful code`이다.

실행결과

```
     P
    h
        y
            t
             h
          o
     n

       i
           s

          w
       o
    r
      d
          e
             r
            f
       u
    l

         c
             o
             d
         e
```

알고리즘 만들기

리스트 `st`를 만들고 `'Phython is worderful code'` 문자열을 저장한다. 사인 곡선을 만들기 위해서는 `import math`를 추가해야 한다. `math.sin()` 은 −1에서 1이 나온다. 여기에 6을 곱하면 −6에서 6의 실수값이 나온다. 옆 공간을 확보하기 위하여 10을 더하자.

math.sin()은 실수이기 때문에 int()를 사용하여 정수로 바꿔준다. 나머지는 수평 사운드 미터와 같다.

소스코드

코드 9-21 아지랑이 문자열 탐색기 921_movest.py

```
01 import os
02 import math
03 import time as t
04 
05 st = 'Phython is worderful code'
06 for k in range(200) :
07    os.system('cls')
08    for s in range(25) :
09       for m in range(int(math.sin(s + k) * 6 + 10)) : # 사인 곡선 만듦
10          print(' ', end = '')
11       print(st[s])
12    t.sleep(0.1)                                  # 화면 깜빡임 방지
13 input('아무 키나 누르세요')
```

코드설명

위 코드에서 sin()의 값만큼 여백을 만드는 코드는 9번과 10번 줄이다. math.sin(s)는 s값에 따라 −1에서 1 사이의 실수를 만든다. 이 경우 같은 줄에 동일한 sin()의 값이 만들어지기 때문에 곡선이 움직이지 않는다. math.sin(s + k)를 사용하면 k값이 변하면서 곡선이 요동치게 된다.

math.sin(s + k)가 만드는 값은 −1에서 1임으로 6을 곱하고 10을 더한다. 그러면 4에서 16 사이의 값이 만들어진다. 10번 줄에서 그만큼의 공백문자를 만들면 문자가 요동치는 것처럼 보인다. 12번 줄 t.sleep(0.1)은 화면이 깜빡이는 것을 방지하기 위한 코드이다.

LAB 5 거북이 날다

그림을 그리는 터틀 그래픽에서 터틀의 의미는 거북이이다. 지금까지는 화살표만 보았는데 화살표 모양을 터틀 모양으로 바꿀 수 있다. 터틀 모양으로 바꾸는 명령어는 `turtle.shape('turtle')`이다. 터틀 그래픽에서는 이동할 때마다 선이 그려진다. 선을 그리지 않고 이동시키려면 펜을 들어야 한다. 펜을 드는 명령어는 `turtle.penup()`이다. 두 개의 명령어를 사용하여 동에 번쩍 서에 번쩍하는 거북이 코드를 만들어보자.

실행결과

소스코드

코드 9-22 **거북이 날다** 922_turtle.py

```
01 import turtle as t
02 import random as r
03 import time
04
05 t.setup(width = 900, height = 700)
06 t.shape('turtle')
07 t.penup()
08 for k in range(100) :
09     t.goto(r.randrange(-400, 401), r.randrange(-300, 301))
10     time.sleep(r.random() / 2)
```

코드설명

6번 줄에서 `t.shape('turtle')`을 사용하여 터틀 모양으로 바꾼다. 7번 줄에서 `t.penup()`을 사용하여 터틀이 이동할 때 선이 그려지지 않도록 한다. 8번 줄에서 9번과 10번 줄을 100번 반복한다.

9번 줄에서는 `t.goto()`를 사용하여 터틀을 이동시킨다. 이동시키는 좌표는 x축 -400에서 400까지, x축 -300에서 300까지의 무작위 위치이다. 화면 전체를 무작위로 이동한다. 이동하고 나면 9번 줄에서 일정 시간을 기다린다. `r.random()`은 0에서 1 이하의 실수를 만드는 무작위 함수이다. 이를 2로 나누면 0에서 0.5초 이하 동안 멈추게 된다.

코드를 실행해보면 거북이가 요란하게 날아다니는 것을 볼 수 있다. 코드를 만들고 보니 거북이가 아니라 파리가 날아다니는 것처럼 보인다. 기왕에 좀 더 파리가 날아다니는 것처럼 만들어보자.

```
01  import turtle as t
02  import random as r
03  import time
04
05  t.setup(width = 900, height = 700)
06  t.penup()
07  t.shape('turtle')
08  for k in range(100) :
09      t.goto(r.randrange(-400, 401), r.randrange(-300, 301))
10      time.sleep(r.random() / 2)
11      t.left(r.randrange(-90, 91))
12      time.sleep(r.random() / 2)
```

[코드 9-22]에 위와 같이 11번 줄과 12번 줄을 추가해보자. 11번 줄 `t.left()`는 오른쪽으로 회전시키는 함수이다. `-90`도에서 `90`도까지 무작위로 회전하고 12번 줄에서 일정 시간 동안 기다린다. 코드를 실행해보면 진짜 파리가 날아다니는 것처럼 보인다.

PROJECT 1 간단한 포커 게임

컴퓨터와 대결하는 간단한 포커 게임을 만들어보자. 딕셔너리를 사용하여 24줄 코드로 간단한 포커 게임을 만들 수 있다.

포커 게임에서 높은 순서, 즉 족보는 다음과 같다. 카드는 1부터 13까지의 숫자로 한다. J는 11, Q는 12, K는 13이다. 원래 1이 가장 높은 카드이지만, 이 게임에서는 가장 낮은 카드이다.

순위	족보	영문명	설명
0	스트레이트 플러시	stple	같은 모양의 이어지는 숫자 5장
1	포 카드	4card	같은 숫자 4장
2	풀 하우스	fhouse	같은 숫자 3장 + 같은 숫자 2장
3	플러시	flush	같은 모양 5장
4	스트레이트	straight	숫자 연달아 5장
5	트리플	triple	같은 숫자 3장
6	투 페어	2pair	같은 숫자 2장 + 같은 숫자 2장
7	원 페어	1pair	같은 숫자 2장

컴퓨터와 사용자는 숫자 하나와 족보 하나를 무작위 수로 선택한다. 족보가 높은 쪽이 승리하고, 족보가 같을 경우, 카드 숫자가 높은 쪽이 승리한다. 또한 컴퓨터가 가진 숫자와 족보가 사용자가 가진 숫자와 족보와 같으면 사용자가 이긴 것으로 한다.

사용자는 자기 카드 숫자와 족보를 보고 배팅을 한다. 족보를 외우지 못한 경우를 위해 족보 옆에 우선 순위도 같이 출력한다. 배팅을 0개 하면 해당 판은 무효가 된다. 칩은 10개부터 시작하고 총 5판의 게임을 한다. 그러나 사용자의 칩의 개수가 0이 되면 그 즉시 게임은 끝난다.

실행결과

```
you > 4 스티플 < 0
   chip = 10, 배팅(0은 포기): 10
com > 12 원페어 < 7
   you WIN! chip = 20

you > 2 스트레이트 < 4
   chip = 20, 배팅(0은 포기): 5
com > 3 트리플 < 5
   you WIN! chip = 25

you > 5 스티플 < 0
   chip = 25, 배팅(0은 포기): 25
com > 1 원페어 < 7
   you WIN! chip = 50

you > 4 스티플 < 0
   chip = 50, 배팅(0은 포기): 50
com > 10 트리플 < 5
   you WIN! chip = 100

you > 8 투페어 < 6
   chip = 100, 배팅(0은 포기): 5
com > 9 포카드 < 1
   com WIN! chip = 95
```

알고리즘 만들기

딕셔너리 rule에 우선순위: 족보 이름을 저장한다. 예를 들어 0: 스티플 형태이다. 우선순위는 족보를 찾는 key인 동시에 승패를 결정하는 값이다. 사용자의 카드값을 가지는 user와 컴퓨터의 카드값을 가지는 com 변수는 각각 2개의 값을 가지는 리스트로 선언한다. 리스트 인덱스 0에는 카드 숫자가, 인덱스 1에는 족보가 들어간다. 따라서 인덱스 0번 위치에는 1에서 14 사이의 무작위 수가 저장되고, 인덱스 1에는 0에서 7 사이의 무작위 수가 저장된다.

사용자의 카드 숫자와 족보, 족보의 우선순위를 출력한 후 배팅한 칩의 개수를 bet 변수로 받는다. 이후 컴퓨터가 이기면 배팅한 칩의 개수를 빼고 com WIN을 출력한다. 반대의 경우, 칩에 배팅한 칩의 개수를 더하고 user WIN을 출력한다. 승패가 결정되면, 칩의 개수가 0보다 작은 경우 게임은 종료되고 아니면 5번을 반복한다.

소스코드

코드 9-23 간단한 포커 게임 923_poker1.py

```
01 import random as r
02 
03 rule = { 0:'스티플', 1:'포카드', 2:'풀하우스', 3:'플러시',
04         4:'스트레이트', 5:'트리플', 6:'투페어', 7:'원페어' }
05 user, com = [0, 0], [0, 0]
06 chip = 10
07 
08 for k in range(5) :
09    com[0], user[0] = r.randrange(1, 14), r.randrange(1, 14)
10    com[1], user[1] = r.randrange(8), r.randrange(8)
11    print('\nyou >', user[0], rule[user[1]], '<', user[1])
12    bet = int(input('\tchip = %d, 배팅(0은 포기): ' % chip))
13    print('com >', com[0], rule[com[1]], '<', com[1])
14 
15    if bet <= 0 or bet > chip :                    # 이번 판 포기
16       continue
17    if com[1] < user[1] or (com[1] == user[1] and com[0] > user[0]) :
18       chip = chip - bet
19       print('\tcom WIN! chip =', chip)
20    else :
21       chip = chip + bet
22       print('\tyou WIN! chip =', chip)
23    if chip <= 0 :                                 # chip이 없으면 게임 종료
24       break
```

코드설명

9번과 10번 줄은 com과 user에 카드 숫자(인덱스 0)와 족보(인덱스 1)를 무작위 수로 만들어 저장하는 코드이다.

11번 줄에서 현재 사용자의 카드 숫자, 족보, 족보 우선순위를 보여준다. 12번 줄에서 배팅할 칩의 개수를 변수 bet으로 받는다. 사용자가 배팅을 하면, 13번 줄에서 컴퓨터가 가진 카드 숫자, 족보, 족보 우선순위를 보여준다.

15번 줄에서 사용자가 0을 배팅하거나 자신이 가진 chip보다 많은 수를 배팅한 경우 (bet <= 0 or bet > chip)에는 이번 판을 포기하는 것이다. 이 경우 17번 아래 코드는 실행할 필요가 없다. 따라서 continue를 사용하여 for 문을 새로 시작한다.

정상적으로 배팅이 된 경우 17번 줄이 시작된다. 컴퓨터가 더 큰 족보를 가진 경우 (com[1] < user[1]) 혹은 같은 족보인데 더 큰 숫자를 가진 경우(com[1] == user[1] and com[0] > user[0])에는 컴퓨터가 승리한 것이다. 따라서 chip에서 배팅한 수를 빼고 com WIN을 출력한다. 반대의 경우에는, 사용자가 이긴 것임으로 chip에 배팅한 수를 더하고 user WIN을 출력한다.

게임이 한 판 끝나고 나면, 27번 줄에서 chip의 개수를 확인하여 0이거나 0보다 작을 경우 break를 사용하여 게임을 종료한다.

간단한 포커 게임인 이유는 모든 족보가 나올 확률이 같기 때문이다. 실제 포커에서는 스트레이트 플러시가 나올 확률이 원페어가 나올 확률보다 30만 배나 낮다. 족보가 나올 확률을 고려하여 만든 진짜 포커 게임은 10장에서 만들어본다.

PROJECT 2 움직이는 슬롯머신

실제 슬롯머신은 그림이 돌다가 하나씩 멈춘다. 돌다가 그림이 멈추는 움직이는 슬롯머신 코드를 만들어보자. 움직이는 슬롯머신에서 그림은 'COW', 'BTS', 'PSY', 'ELF', '777'의 5개로 구성된다. 5개가 회전하다가 하나씩 멈춘다. 3개가 모두 같으면 잭팟이라 출력하고 칩을 1000개 주고, '777'이 2개면 칩을 450개 준다. 초기 칩의 개수는 100개이며 꽝이면 30개씩 줄어든다. 칩이 0보다 작거나 500개를 넘어야만 게임이 끝난다.

실행결과

첫 번째 실행결과

```
['777', '777', '777']

!!! 잭팟 !!! chip = 1100
```

알고리즘 만들기

슬롯머신에 그림 대신 사용할 'COW', 'BTS', 'PSY', 'ELF', '777'은 변하지 않는 데이터이기 때문에 튜플로 만들며 이름은 slot으로 한다. 튜플 slot의 값들을 10번 출력하다가 무작위 수를 만들어 나오는 값을 리스트 ret에 넣는다. ret의 초기값은 빈 리스트이며, ret.append()를 사용하여 무작위로 만들어진 슬롯그림을 3개 넣는다.

ret에 3개의 데이터가 들어가면 3개가 모두 같을 경우 칩을 1000개 추가한 후 잭팟이라 출력한다. '777'이 2개면 칩을 450개 추가한다. 나머지 경우에는 칩을 30개 뺀다. 칩의 개수가 0 미만이거나 500 이상이면 게임을 종료한다. 아닌 경우 게임을 반복한다.

소스코드

코드 9-24 움직이는 슬롯머신 탐색기 924_slot2.py

```
01 import os
02 import random as r
03 import time as t
04
05 slot = ('COW', 'BTS', 'PSY', 'ELF', '777')     # 튜플로 슬롯그림 만듦
06 ret, chip = [], 100
07
08 while True :
09    for s in range(3) :
10       for k in range(10) :
11          print(ret, slot[k % 5], '\n chip =', chip)
12          t.sleep(0.1)
13          os.system('cls')
14       ret.append(slot[r.randrange(5)])
15    print(ret)
16
17    if ret[0] == ret[1] and ret[1] == ret[2] :
18       chip = chip + 1000
19       print('\n!!! 잭팟 !!!', ' chip =', chip)
20    elif ret.count('777') == 2 :
21       chip = chip + 450
22       print('\n앗싸! 777 두 개', ' chip =', chip)
23    else : chip = chip - 30
24
25    if chip < 0 or chip > 500 :          # 칩이 0 미만 500 초과 - 게임 종료
26       print('\n이젠 그만~', ' chip =', chip)
27       break
28    ret.clear()                          # ret 리스트 리셋
29    input('\n슬롯 땡겨 -> Enter key')     # 엔터키 다시 시작
30 input('아무키나 누르세요')
```

코드설명

5번 줄 slot = ('COW', 'BTS', 'PSY', 'ELF', '777')은 슬롯에 사용될 그림을 튜플로 선언한 것이다. 11번 줄에서 배열, 슬롯그림, 칩의 개수를 10번 출력한다. 이후 14번 줄 ret.append(slot[r.randrange(5)])는 무작위 수를 만들어 슬롯그림 하나를 ret에 저장한다. 이러한 과정이 3번 반복된다.

17번 줄에서 리스트 ret에 저장된 3개의 값이 같으면 칩에 1000을 더하고, 잭팟이라 출력한다. 아닐 경우, 20번 줄에서 ret에 '777'이 2개 있으면 칩에 450을 더하고 777 두 개라고 출력한다. 나머지 경우에는 칩에서 30을 뺀다.

25번 줄에서 칩이 0 미만이거나 500을 초과하면 게임을 끝낸다. 아닌 경우, 28번 줄에서 ret.clear()를 사용하여 ret의 모든 데이터를 지우고, 29번 줄에서 사용자가 엔터키를 누르면 다시 슬롯머신이 돌아간다.

요약

- 여러 개의 문자로 이루어진 데이터를 문자열이라 부른다. 문자열과 리스트가 유사하지만, 다른 점도 있다. 덧셈, 곱셈, 슬라이싱을 사용할 수 있지만 del() 함수는 사용할 수 없다.

- 공백문자를 기준으로 문자를 잘라주는 함수는 .split()이다. input()과 같이 사용하면 문자열을 공백 기준으로 잘라서 저장할 수 있다.

- 리스트 안의 데이터를 한꺼번에 다른 종류의 데이터로 바꿔주는 함수는 map()이다.

- 리스트 관련 함수 중 문자열에서 사용할 수 있는 것은 .index()와 .count()뿐이다. 대신, 문자열과 관련된 다양한 함수들이 준비되어 있다.

- .index()는 찾는 문자열이 없는 경우 에러가 발생한다. .find()를 사용하면, 찾는 문자열이 없을 경우 -1을 반환한다.

- .replace()는 문자열에서 문자를 다른 문자로 바꿔주는 함수이다.

- 문자열에서 크기만큼 문자열을 만든 후 중앙 정렬하는 함수는 .center()이다.

- 딕셔너리는 key와 value의 쌍으로 구성되는 데이터 구조를 이며, 중괄호 {}를 사용한다. key가 중복되면 안 된다.

- 딕셔너리에서 key로 대부분의 데이터를 사용할 수 있지만 리스트는 사용할 수 없다.

- 딕셔너리 관련 함수 중에는 key만 추출하는 .keys(), value만 추출하는 .values(), key와 value의 쌍을 추출하는 .items()가 있다.

- 튜플은 내용문을 바꿀 수 없는 데이터 구조이다.

- 집합은 수학의 집합을 구현한 데이터 구조로 set() 함수를 사용하여 만든다. 집합의 특징은 데이터 중복을 허락하지 않는다.

- 리스트 st1과 st2에 대하여 교집합은 st1 & st2로 합집합은 st1 | st2로 차집합은 st1 - st2로 구할 수 있다.

연습문제 46문제

[개념문제]

01 문자열 st1 = '문자열은리스트'에서 마지막 인덱스의 번호는 몇 번인가?

❶ 4　❷ 5
❸ 6　❹ 7

02 문자열 st1 = '문자열은리스트'에서 print(st[1:4])의 출력결과로 맞는 것을 고르시오.

❶ 자열은　❷ 문자열
❸ 문자열은　❹ 리스트

03 문자열 st1 = '문자열은리스트'에서 print(st[-1])의 출력결과로 맞는 것을 고르시오.

❶ 스　❷ 리스트
❸ 스트　❹ 트

04 동일한 문자를 여러 번 출력하는 경우 사용하는 연산자는 무엇인가?

❶ 덧셈　❷ 곱셈
❸ 나눗셈　❹ 뺄셈

05 다음 중 공백문자를 기준으로 문자를 잘라주는 함수는 무엇인가?

❶ .find()　❷ .title()
❸ .split()　❹ .rindex()

06 항목을 지울 때 사용하는 함수로 리스트에서는 사용 가능하지만 한 개의 문자열에서 사용 불가능한 함수 이름은 무엇인가?

❶ map()　❷ len()
❸ del()　❹ range()

07 리스트 안의 데이터를 한꺼번에 다른 종류의 데이터로 바꿔주는 함수 이름은 무엇인가?

❶ map()　❷ len()
❸ del()　❹ range()

08 문자열에서 지정한 문자를 찾아 인덱스를 반환하는 함수 이름은 무엇인가?

① .count() ② .reverse()

③ .sort() ④ .index()

09 문자열에서 해당 문자의 개수를 반환하는 함수 이름은 무엇인가?

① .count() ② .reverse()

③ .sort() ④ .index()

10 문자열에서 찾는 문자열이 없을 경우 -1을 반환하는 함수 이름은 무엇인가?

① .count() ② .find()

③ .sort() ④ .index()

11 두 개의 문자열을 합쳐주는 함수 이름은 무엇인가?

① .split() ② .join()

③ .replace() ④ .endswitch()

12 문자열에서 문자를 다른 문자로 바꿔주는 함수 이름은 무엇인가?

① .split() ② .join()

③ .replace() ④ .endswitch()

13 문자열에서 소문자만 대문자로 바꿔주는 함수 이름은 무엇인가?

① .upper() ② .lower()

③ .swapcase() ④ .title()

14 문자열에서 대문자만 소문자로 바꿔주는 함수 이름은 무엇인가?

① .upper() ② .lower()

③ .swapcase() ④ .title()

15 문자열에서 소문자는 대문자로, 대문자는 소문자로 바꿔주는 함수 이름은 무엇인가?

① .upper() ② .lower()

③ .swapcase() ④ .title()

16 문자열에서 소문자만 대문자로 바꿔주는 함수 이름은 무엇인가?

① .upper() ② .lower()

③ .swapcase() ④ .title()

17 문자열에서 첫 글자는 대문자로, 나머지는 소문자로 바꿔주는 함수 이름은 무엇인가?

❶ .upper() ❷ .lower()

❸ .swapcase() ❹ .title()

18 문자열에서 크기만큼 문자열을 만든 후 중앙 정렬하는 함수 이름은 무엇인가?

❶ .ljust() ❷ .rjust()

❸ .center() ❹ .strip()

19 문자열에서 크기만큼 문자열을 만든 후 오른쪽 정렬하는 함수 이름은 무엇인가?

❶ .ljust() ❷ .rjust()

❸ .center() ❹ .strip()

20 문자열에서 크기만큼 문자열을 만든 후 왼쪽 정렬하는 함수 이름은 무엇인가?

❶ .ljust() ❷ .rjust()

❸ .center() ❹ .strip()

21 문자열에서 오른쪽 및 왼쪽 공백문자를 제거하는 함수 이름은 무엇인가?

❶ .ljust() ❷ .rjust()

❸ .center() ❹ .strip()

22 문자열의 모든 문자가 소문자인지 확인할 수 있는 함수 이름은 무엇인가?

❶ .islower() ❷ .isalpha()

❸ .isdigit() ❹ .isalum()

23 문자열의 모든 문자가 숫자인지 확인할 수 있는 함수 이름은 무엇인가?

❶ .islower() ❷ .isalpha()

❸ .isdigit() ❹ .isalum()

24 문자열의 모든 문자가 영문자로만 이루어졌는지 확인할 수 있는 함수 이름은 무엇인가?

❶ .islower() ❷ .isalpha()

❸ .isdigit() ❹ .isalum()

25 문자열에서 특수문자가 있는지 없는지 확인할 수 있는 함수 이름은 무엇인가?

① .islower()
② .isalpha()
③ .isdigit()
④ .isalum()

26 key와 value의 쌍으로 구성되는 데이터 구조를 가리키는 단어는 무엇인가?

① 딕셔너리
② 집합
③ 리스트
④ 튜플

27 가지고 있는 데이터를 변화시킬 수 없는 데이터 구조를 가리키는 단어는 무엇인가?

① 딕셔너리
② 집합
③ 리스트
④ 튜플

28 데이터 중복을 허락하지 않는 데이터 구조를 가리키는 단어는 무엇인가?

① 딕셔너리
② 집합
③ 리스트
④ 튜플

29 딕셔너리에서 사용하는 기호는 무엇인가?

① 괄호 ()
② 중괄호 {}
③ 대괄호 []
④ 작은 따옴표 ('')

30 튜플에서 사용하는 기호는 무엇인가?

① 괄호 ()
② 중괄호 {}
③ 대괄호 []
④ 작은 따옴표 ('')

31 딕셔너리에서 key로 사용할 수 없는 것은 무엇인가?

① 정수
② 문자
③ 실수
④ 리스트

32 딕셔너리에서 key만 추출하는 함수 이름은 무엇인가?

① .key()
② .items()
③ .values()
④ .keys()

33 딕셔너리에서 value만 추출하는 함수 이름은 무엇인가?

① .keys()
② .items()
③ .values()
④ .velue()

34 딕셔너리에서 key와 value의 쌍을 추출하는 함수 이름은 무엇인가?

① .keys() ② .items()

③ .values() ④ .get()

35 딕셔너리에서 key가 없으면 None을 반환하는 함수 이름은 무엇인가?

① .gets() ② .items()

③ .values() ④ .get()

36 집합에서 st1과 st2의 교집합 연산으로 올바른 것은 무엇인가?

① st1 | st2 ② st1 & st2

③ st1 + st2 ④ st1 - st2

37 집합에서 st1과 st2의 합집합 연산으로 올바른 것은 무엇인가?

① st1 | st2 ② st1 & st2

③ st1 + st2 ④ st1 - st2

38 집합에서 st1과 st2의 차집합 연산으로 올바른 것은 무엇인가?

① st1 | st2 ② st1 & st2

③ st1 + st2 ④ st1 - st2

[코드문제]

39 다음과 같이 리스트가 만들어지도록 빈칸을 채우시오.

```
문자열 입력: 귀뚜라미보일러
러일보미라뚜귀
```

```
st1 = input('문자열 입력: ')

for k in range(                    ) :
   print(st1[k], end = '')
```

40 다음과 같이 리스트가 만들어지도록 빈칸을 채우시오.

```
3개 입력: 10 20 30
10
20
30
```

```
arr = [0]
arr = input('3개 입력: ')

for k in arr :
    print(k)
```

41 다음과 같이 출력되도록 빈칸을 채우시오.

```
3개 입력: 10 20 30
20
40
60
```

```
arr = [0]
arr = input('3개 입력: ').split()
b = 

for k in b :
    print(k * 2)
```

42 다음은 문자열을 회전시키는 코드이다. 빈칸을 채우시오.

```
import os

st1 = '> I LOVE YOU <'

for k in range(len(st1) * 10) :
    os.system('cls')
    for m in range(len(st1)) :
        print(' ', st1[                    ])
```

43 다음은 유효한 암호인지 검사하는 코드이다. 빈칸을 채우시오.

```
upp, low, dig, pct = 0, 0, 0, 0

pswd = input('암호 입력: ')
if                                : pct = 1
for k in pswd :
    if k.isupper() : upp = 1
    elif k.islower() : low = 1
    elif k.isdigit() : dig = 1
```

```python

if low + upp + dig + pct >= 3 :
    print('사용 가능')
else : print('!불가능한 암호!')
```

44 다음은 딕셔너리를 이용한 가위바위보 게임 코드이다. 빈칸을 채우시오.

```python
import random as r

str = ['가위', '바위', '보']
rule = {0:1, 1:2, 2:0}

com = r.randrange(3)
user = int(input('가위0 바위1 보2 선택: '))
print('user = %s, com = %s' % (str[user], str[com]))

if user == com :
    print('비겼습니다')
elif                                  :
    print('user 승!')
else :
    print('com 승!')
```

45 문자 회전 코드를 변형하여 다음과 같이 출력되는 코드를 만드시오.

힌트

s를 사용하는 for 문을 하나 더 사용하여 가로로도 회전을 하고, 세로로도 회전을 하는 코드를 만들면 된다.

```
< >   I   L O V E   Y O U  
>   I   L O V E   Y O U   <
  I   L O V E   Y O U   < >
I   L O V E   Y O U   < >  
  L O V E   Y O U   < >   I
L O V E   Y O U   < >   I  
O V E   Y O U   < >   I   L
V E   Y O U   < >   I   L O
E   Y O U   < >   I   L O V
  Y O U   < >   I   L O V E
Y O U   < >   I   L O V E  
O U   < >   I   L O V E   Y
```

```
U  < >  I  L O V E  Y O
 < >  I  L O V E  Y O U
```

46 유효 암호 검사 코드에 암호가 최소 8자 이상인 경우만 암호로 사용할 수 있는 코드를 추가하시오.

CHAPTER

10

WONDER **Python**

함수 만들기

미리 둘러보기

파이썬에서 print()와 같은 다양한 함수를 사용하였다. 함수는 사용자가 바로 사용할 수도 있도록 미리 만들어 놓은 코드이며, 사용자가 직접 만들어 사용할 수 있다. 함수의 가장 큰 장점은 코드를 다시 사용함으로써 코드 구조가 단순해진다.

함수를 만들 때 사용하는 키워드는 def이다. 함수에 속한 코드는 무조건 들여쓰기를 해야 하며, 함수를 호출하기 전에 먼저 만들어야 한다. 10장에서 통닭을 튀기면서 함수를 만들고 사용하는 방법을 학습한다.

함수에서 함수를 호출하는 쪽과 받는 쪽을 연결하는 것을 매개 변수라 부른다. 함수에게 매개 변수를 전달하는 방법과 함수로부터 데이터를 반환받는 방법을 학습한다.

특정 영역에서만 사용할 수 있는 변수를 지역 변수라 부르고, 영역에 상관없이 마음대로 읽을 수 있고 값을 변경할 수 있는 변수를 전역 변수라 부른다. 지역 변수와 전역 변수의 특징을 살펴본다.

10장에서는 함수를 사용하여 사다리타기 게임, 늘어나면서 회전하는 문자열, 카멜레온 사운드 미터와 확률을 이용한 진짜 포커 게임을 만들어본다.

```
you > 4 스티플 < 0
   chip = 10, 배팅(0은 포기): 10
com > 12 원페어 < 7
   you WIN! chip = 20
```

터틀 그래픽에서는 거북이가 날아다니는 코드를 응용하여 거북이 잡아라 게임을 만들어본다. 빠르게 날아다니는 거북이를 마우스로 잡는 중독성 강한 게임이다.

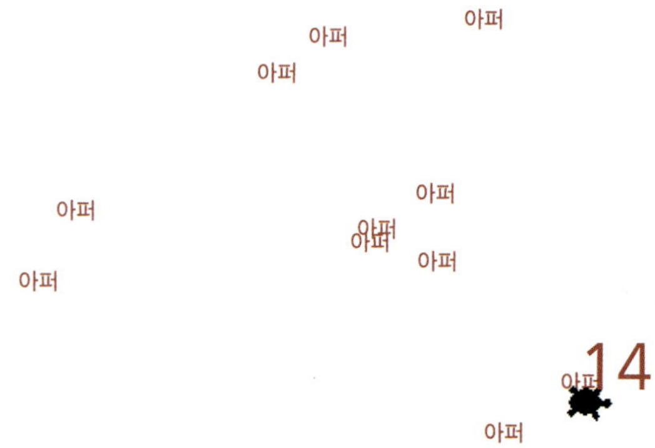

함수 만들기 10.1

1 다양한 종류의 함수

지금까지 여러 함수들을 사용해왔다. 화면에 출력할 때는 `print()` 함수를 사용했고, 입력을 받을 때는 `input()` 함수를 사용했다. `print()`나 `input()` 함수가 없다면 화면에 출력하는 코드와 입력받는 코드를 사용자가 직접 만들어서 사용해야 한다. 보다 편하게 사용자가 바로 사용할 수 있도록 미리 만들어 놓은 코드가 **함수** function 이다.

파이썬은 자주 사용하는 `print()`, `input()`, `int()`, `len()`과 같은 함수를 파이썬 내부에 미리 만들어 놓았다. 정한 규칙만 따른다면 필요한 함수를 불러서 사용할 수 있다. 함수를 사용하는 것을 함수 호출 function call 이라 부른다. call taxi는 불러서 오는 택시이듯이, 함수 호출은 함수를 불러서 사용한다는 뜻이다.

`print()` 외에도 사용자를 위해 미리 만들어 놓은 함수들이 많다. 그 많은 함수를 전부 다 파이썬 내부에 가지고 있기 힘들다. 파이썬은 사용 횟수가 비교적 적은 함수들을 외부에 따로 모아 놓았다. 서로 관련 있는 함수들을 하나의 덩어리로 모아 놓았는데 이를 **모듈** module 이라 부른다.

지금까지 모듈에 있는 함수를 사용했었다. 무작위 수를 만드는 `randrange()` 함수는 `random` 모듈에 있고, 터틀 그래픽과 관련된 `circle()` 함수는 `turtle` 모듈에 있다. 화면을 지우는 명령어 `system('cls')`는 `os` 모듈에 있고, 일정시간 화면을 멈추는 `sleep()` 함수는 `time` 모듈에 있다. 수학과 관련된 `sin()`과 같은 함수는 `math` 모듈에 있다.

모듈에 있는 함수를 사용할 때는 해당 모듈을 불러와야 하는 데, 모듈을 불러오는 명령어가 import이다. 무작위 수를 만들고 싶을 때는 import random, 터틀 그래픽을 사용할 때는 import turtle, 화면을 지우는 명령어를 사용할 때는 import os, 화면을 멈추고 싶을 때는 import time을 사용한다.

모듈에서 불러온 함수와 파이썬 내부에 있는 함수를 호출하는 방법에는 차이가 있다. print()는 그냥 사용하면 되지만, 모듈에 있는 함수는 모듈 이름.함수 이름() 형태로 사용해야 한다. 예를 들어 random 모듈에서 가져온 무작위 수 함수는 random.randrange(), turtle 모듈에서 원을 그리는 함수는 turtle.circle(), os 모듈의 화면 지우기는 os.system(), time 모듈의 멈추기는 time.sleep()으로 호출해야 한다.

모듈에 있는 함수를 호출할 때 이름을 짧게 줄일 수도 있다. import random as r로 모듈을 가져오면 모듈 이름 random 대신 r이라 쓰면 된다. 다시 말해 r.randrange()라 쓸 수 있다.

앞에 점(.)을 사용하는 함수도 있었다. 이러한 함수는 메소드라 부르는데 뒤에서 따로 다룰 예정이다.

2 함수 직접 만들기

사용자도 함수를 만들어 사용할 수 있다. 사용자가 직접 만들어 사용하는 함수를 **사용자 정의 함수**[user define function]라 부른다. **함수의 가장 큰 장점은 코드를 다시 사용할 수 있다는 것이다.** 코드에서 자주 사용하는 부분을 함수로 만들면 간결한 구조의 코드를 만들 수 있다.

왕갈비 통닭집에서 새로운 메뉴를 개발했다. 기존 왕갈비 통닭에 추가하여, 전통 후라이드 조리법을 사용한 후라닭, 경기도 고천의 간장으로 맛을 낸 고천 통닭, 기존보다 60배 매운 60배 불닭이 신메뉴이다.

메뉴마다 조리법은 조금씩 다르다. 왕갈비 통닭은 닭에 튀김옷을 입히고 4분간 튀긴다. 다 튀겨지면, 갈비 소스를 바른다. 후라닭은 튀김옷을 입히고 6분간 튀긴다. 고천 통닭은 후라닭과 조리법은 같지만 5분간 튀긴 후 고천 소스를 바른다. 60배 불닭은 튀김옷을 입히고 7분간 튀긴 뒤 불 소스를 바른다.

왕갈비 통닭	후라닭	고천 통닭	60배 불닭
튀김옷 입히기	튀김옷 입히기	튀김옷 입히기	불 소스 바르기
4분 튀기기	6분 튀기기	5분 튀기기	튀김옷 입히기
갈비 소스 바르기		고천 소스 바르기	7분 튀기기

모든 통닭을 1마리씩 만들어보자. 첫 번째 방법은 모든 조리법을 아래로 써내려 가는 것이다. 다음의 왼쪽 코드가 기존 방법이다. 위에서부터 차례로 왕갈비 통닭, 후라닭, 고천 통닭, 60배 불닭이 1마리씩 만들어진다.

```
튀김옷 입히기        // 왕갈비 통닭
4분 튀기기
갈비 소스 바르기

튀김옷 입히기        // 후라닭
6분 튀기기

튀김옷 입히기        // 고천 통닭
5분 튀기기
고천 소스 바르기

불 소스 바르기       // 60배 불닭
튀김옷 입히기
7분 튀기기
```

```
def fry(min) :  // 사용자 정의 함수
    튀김옷 입히기
    A분 튀기기

    fry(4)              // 왕갈비 통닭
    갈비 소스 바르기

    fry(6)              // 후라닭

    fry(5)              // 고천 통닭
    고천 소스 바르기

    fry(7)
    불 소스 바르기      // 60배 불닭
```

오른쪽이 사용자 함수를 만든 코드이다. 메뉴마다 튀기는 시간은 다르지만, 튀김옷 입히기, min분 튀기기가 공통 작업이다. 공통 작업을 하나로 묶어서 fry() 함수를 만들었다. fry()와 같이 공통된 부분을 함수로 만들면, 모든 메뉴들이 fry() 함수를 재사용함으로써 작업이 단순해진다. 또한 코드가 간결해지고 구조를 쉽게 파악할 수 있다.

fry() 함수는 필요할 때마다 호출하여 사용하면 된다. 튀기는 시간과 함께 fry() 함수를 호출하면, 주어진 시간만큼 튀겨진다. 예를 들어 fry(4)로 호출하면 통닭은 4분간 튀겨진다.

왕갈비 통닭 주문이 들어오면, fry(4)를 호출한 후, 갈비 소스를 바르기만 하면 된다. 후라닭은 fry(6), 고천 통닭은 fry(5) 다음에 고천 소스 바르기, 60배 불닭은 fry(7) 다음에 불 소스 바르기를 하면 해당 통닭들이 만들어진다.

3 함수 만들어보기

직접 함수를 만들어 사용해보자. 함수를 만드는 키워드는 def이다. def 함수명() :으로 만든다. [코드 10-1]은 통닭 튀기기를 사용자 정의 함수 형태로 만든 것이다.

코드 10-1 통닭 튀기기 1001_func1.py

```
def fry() :                          # def: 사용자가 만든 함수 fry()
    print('튀김옷 입히기')              # 함수 안의 코드는 들여쓰기부터 시작
    print('통닭 튀기기')                # fry() 함수 끝1

fry()                                # 본문코드 시작: fry() 함수 호출
print('후라닭 완성\n')

fry()                                # fry() 함수 호출
print('고천 소스 바르기')
print('고천 통닭 완성')
```

실행결과

```
튀김옷 입히기
통닭 튀기기
후라닭 완성

튀김옷 입히기
통닭 튀기기
고천 소스 바르기
고천 통닭 완성
```

1번 줄 def fry() :는 함수 정의[function definition]라 부른다. 함수 정의란 fry() 함수가 어떤 일을 하는지를 써놓은 것이다. 함수를 만들 때 중요한 것은 함수에 속한 코드는 무조건 들여쓰기를 해야 한다는 것이다. 반대로 들여쓰기를 하지 않은 코드는 함수에 속한 코드가 아니다. 2번에서 3번 줄까지가 함수에 속한 코드이며, 5번 줄부터는 일반코드이다.

이 책에서는 5번 줄부터는 **본문코드**[main code]라 부르겠다. 본문코드란 함수에 속하지 않는 일반코드를 의미한다. 기억해야 할 것은 **본문코드가 먼저 실행되며, 함수는 본문에서 호출할 때만 실행**된다. [코드 10-1]에서 비록 1번에서 3번 줄 fry() 함수가 코드의 맨 위에 있지만 5번 줄에서 fry()로 함수를 호출할 때만 실행된다.

5번 줄에서 fry() 함수를 호출하면 2번과 3번 줄이 실행되어 튀김옷 입히기와 통닭 튀기기가 출력되고 후라닭이 완성된다. 8번 줄에서 fry() 함수가 다시 호출되어 튀김옷 입히기와 통닭 튀기기가 출력되고 고천 소스를 바르고 나면 고천 통닭이 완성된다.

본문코드가 먼저 실행되고 함수는 호출할 때만 실행되는데, 함수를 본문코드의 위쪽에 정의하는 게 이상할 것이다. 리스트나 변수를 사용하기 위해서는 먼저 초기화를 해야 했다. 마찬가지로 함수를 호출하기 전에 먼저 만들어야 한다. 함수 호출 이후에 함수가 만들어져 있다면 다음과 같은 에러를 만나게 된다.

```
01  fry()                      # fry() 함수 호출
02  print('후라닭 완성\n')
03
04  def fry() :                # 호출 이후에 fry() 함수를 만들면 에러
05      print('튀김옷 입히기')     # 함수 안의 코드는 들여쓰기부터 시작
06      print('통닭 튀기기')       # fry() 함수 끝
```

실행결과

```
Traceback (most recent call last):
  File "C:/Users/zoch/Desktop/pcode/359p.py", line 1, in <module>
    fry()                                    # fry() 함수 호출
NameError: name 'fry' is not defined
```

1번 줄에 fry()가 정의되지 않았다고 에러가 발생한다. 에러가 발생하지 않으려면 함수는 사용하기 전에 만들어져야 한다. 그래서 본문코드 위에 위치하게 된다.

함수를 여러 개 만들어서 사용하는 경우에도 마찬가지이다. 함수는 호출되기 전에 먼저 만들어져야 한다. 다음 코드에서 본문코드가 가장 먼저 실행되기 때문에 8번 줄이 실행

되어 본문코드가 출력된다. 9번 줄에서 func_1()을 호출하고, func_1()은 함수 1번을 출력한 후, func_2()를 호출한다.

```
01 def func_2() :                    # func2() 호출 전에 먼저 정의
02     print('함수 2번')
03
04 def func_1() :                    # func1() 호출 전에 먼저 정의
05     print('함수 1번')
06     func_2()
07
08 print('본문코드')                  # 본문코드: 가장 먼저 실행
09 func_1()                          # func_1() 호출
```

실행결과

```
본문코드
함수 1번
함수 2번
```

함수는 호출되기 전에 만들어져야 하기 때문에 func_2()는 맨 위에 만들어진다. 또한 func_1()은 본문보다 위쪽에 만들어져야 한다. 따라서 코드의 순서는 fun_2() → func1_() → 본문 순이다. 순서가 바뀌는 경우 에러가 발생한다.

중간점검

1. 사용자가 바로 사용할 수 있도록 미리 만들어 놓은 코드를 (   )라 부른다.
2. 서로 관련 있는 함수를 하나의 덩어리로 모아 놓은 것은 (   )이라 부른다.
3. 모듈을 불러올 때 사용하는 키워드는 (   )이다.
4. 함수를 만들 때 사용하는 키워드는 (   )이다.
5. 함수를 만들 때 함수에 속한 코드는 무조건 (   )를 해야 한다.
6. 본문에서 호출하는 사용자 정의 함수는 본문코드보다 (   )에 위치해야 한다.

함수로 값 전달하기 10.2

1 값을 전달하는 매개 변수

함수와 일반 변수를 구분하는 것은 괄호 ()이다. 함수에게 데이터를 전달해야 하는 경우 괄호 안에 데이터를 적는다. 예를 들어 통닭 튀기는 시간을 함수로 전달하는 경우 fry(4)라 쓴다. 이때, 함수 정의에서는 전달되는 데이터를 받을 변수를 만들어야 한다. def fry(min)이라 정의하면, 괄호 안의 변수 min이 전달되는 데이터를 받는 변수이다. fry(4)로 함수를 호출할 때, 함수로 전달되는 값 4는 min에 저장된다. 함수를 호출하는 쪽에서 보내는 데이터를 받는, min과 같은 변수를 **매개 변수**parameter 라 부른다.

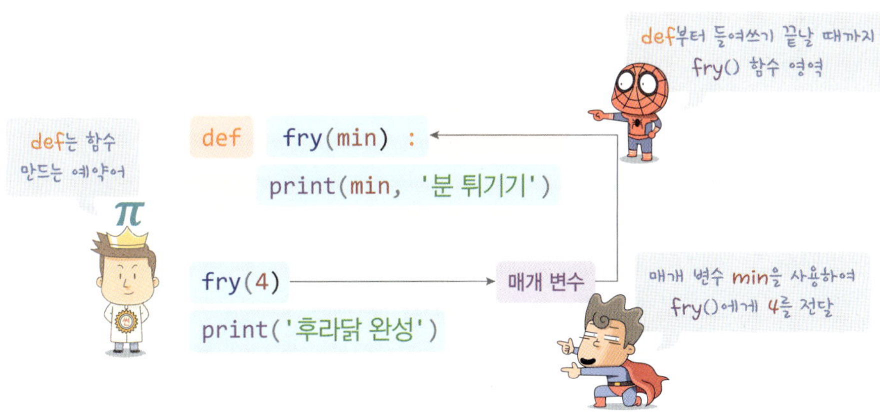

매개 변수는 함수를 호출하는 쪽의 데이터를 함수쪽으로 연결해주는, 매개체의 역할을 하는 변수이다. 매개 변수로 정수, 실수, 문자열, 리스트와 같이 모든 종류의 데이터를 사용할 수 있다. 매개 변수가 여러 개일 경우 쉼표(,)를 사용하여 연결하고 **호출하는 쪽과 받는 쪽의 매개 변수의 개수를 맞춰야 한다.**

앞에서 설명한 통닭 튀기기를 매개 변수를 사용하여 바꾼 것이 [코드 10-2]이다. 함수 fry()는 def fry(min, source)로 만들어졌으며 전달되는 매개 변수는 2개이다. 첫 번째 변수 min은 통닭 튀기는 시간을 나타낸다. 두 번째 변수 source는 통닭에 바르는 소스를 나타낸다.

코드 10-2 매개 변수 1002_para1.py

```python
def fry(min, source) :                        # def: 사용자가 만든 함수 fry()
    print('\n튀김옷 입히기')                     # 들여쓰기부터 시작
    print(min, '분 튀기기')
    print('소스 바르기 =', source)               # fry() 함수 끝

fry(4, '갈비 소스')                            # 본문코드 시작: 왕갈비 통닭
fry(6, '없음')                                 # 후라닭
fry(5, '고천 소스')                            # 고천 통닭
fry(7, '불 소스')                              # 60배 불닭
```

실행결과

```

튀김옷 입히기
4 분 튀기기
소스 바르기 = 갈비 소스

튀김옷 입히기
6 분 튀기기
소스 바르기 = 없음

튀김옷 입히기
5 분 튀기기
소스 바르기 = 고천 소스

튀김옷 입히기
7 분 튀기기
소스 바르기 = 불 소스
```

fry(min, source) 함수를 만들면 여러 종류의 통닭을 쉽게 만들 수 있다. 4분을 튀기고 갈비 소스를 바르는 왕갈비 통닭은 fry(4, '갈비 소스')로 만든다. 다른 통닭도 마찬가지이다. 후라닭은 fry(6, '없음'), 고천 통닭은 fry(5, '고천 소스'), 60배 불닭은 fry(7, '불 소스') 코드로 만들 수 있다. 함수를 만들어 사용하면 코드를 재사용하여 간단하게 만들 수 있다.

파이썬에서는 매개 변수에 기본값을 줄 수 있다. 다음 코드는 [코드 10-2]와 똑같은 결과가 출력된다. 아래 코드에서 def fry(min, source = '없음')이라고 정의하면, source 값 없이 호출하는 경우, source 매개 변수에는 없음이 기본값으로 사용된다.

```
01 def fry(min, source = '없음') :  # def: 사용자가 만든 함수 fry()
02     print('\n튀김옷 입히기')        # 들여쓰기부터 시작
03     print(min, '분 튀기기')
04     print('소스 바르기 =', source)   # fry() 함수 끝
05
06 fry(4, '갈비 소스')
07 fry(6)                          # 매개 변수 source에 값이 없으면 기본값 사용
08 fry(5, '고천 소스')
09 fry(7, '불 소스')
```

위의 코드에서 7번 줄 fry(6)의 경우, source에 문자열 없이 호출하였다. 이 경우 소스 바르기 = 없음이 출력된다.

2 반환 데이터가 있는 함수

사용자 만든 함수에서 데이터를 만들어 보내줄 수도 있다. 함수에서 만든 데이터를 전달할 때는 키워드 return을 사용한다. [코드 10-3]은 cal() 함수에 2개의 정수를 보내면 더한 결과를 반환하는 코드이다.

코드 10-3 함수의 반환값 1003_return1.py

```
01 def cal(num1, num2) :        # def: 사용자가 만든 함수 cal()
02     add = num1 + num2
03     return add                 # return add 데이터를 돌려줌
04
05 result = cal(20, 5)          # cal()의 return 데이터를 result가 받음
06 print(result)
```

실행결과

```
25
```

1번 줄 def cal(num1, num2)는 매개 변수 num1과 num2를 받아 3번 줄 return add에서 더한 결과 add를 반환한다. 5번 줄을 유심히 살펴보기 바란다. cal(20, 5)로 함수를 호출하여 더해진 결과값을 result가 받는다. 반환 데이터가 있는 함수를 호출할 때는 5번 줄과 같이 반환 데이터를 받을 변수를 만들어야 한다.

반환 데이터가 있는 함수를 사용한 적이 있다. 바로 input() 함수이다. input()을 사용

할 때 var = input()과 같이 반환되는 데이터를 받을 변수를 같이 사용하였다.

파이썬에서는 쉼표(,)를 사용하여 여러 개의 데이터을 동시에 반환할 수도 있다. [코드 10-4]는 두 개의 수를 매개 변수로 받아 더한 결과와 곱한 결과를 반환하는 코드이다.

코드 10-4 함수의 반환값 1004_return2.py

```
01  def cal(num1, num2) :                # def: 사용자가 만든 함수 cal()
02      add = num1 + num2
03      mul = num1 * num2
04      return add, mul                      # add와 mul 데이터를 돌려줌
05
06  re1, re2 = cal(20, 5)                # return 데이터를 re1과 re2가 받음
07  print(re1, re2)
```

실행결과

```
25 100
```

cal() 함수는 4번 줄 return add, mul에서 두 개의 값 add와 mul을 반환한다. 6번 줄 re1, re2 = cal(20, 5)에서 2개의 반환값은 각각 re1과 re2에 저장된다. 7번 줄에서 출력하면 더한 값 25와 곱한 값 100이 출력된다.

앞서 리스트와 딕셔너리를 배웠다. 리스트, 튜플, 딕셔너리를 함수의 매개 변수로 전달할 수 있을 뿐 아니라 반환할 수도 있다. [코드 10-5]는 딕셔너리를 get_key() 함수로 전달하고 리스트를 반환받는 코드이다.

코드 10-5 리스트 반환 1005_return3.py

```
01  def get_key(dic_data) :              # def: 사용자가 만든 함수 get_key()
02      arr = list(dic_data.keys())          # .keys() 결과를 리스트 형태로 전환
03      return arr                           # 리스트 arr 반환
04
05  dic = {'사과':1800, '포도':2500, '망고':3200}
06  fruit = get_key(dic)
07  print(fruit)
```

실행결과

```
['사과', '포도', '망고']
```

5번 줄에서 딕셔너리 dic을 선언하고 get_key() 함수로 dic을 전달한다. 2번 줄에서

arr = list(dic_data.keys())에서 모든 키값을 리스트 형태로 바꾼 후 arr에 저장한다. 3번 줄에서 리스트 arr을 반환하면 6번 줄에서 fruit가 받는다. 7번 줄에서 리스트 fruit의 값을 출력하면 ['사과', '포도', '망고']가 출력된다.

중간점검

1. 함수에서 함수를 호출하는 쪽과 받는 쪽을 연결하는 것을 (　　)라 부른다.
2. 매개 변수가 여러 개일 경우 (　　)를 사용하여 연결한다.
3. 함수에서 만들어진 데이터를 반환할 때 사용하는 키워드는 (　　)이다.
4. 반환하는 데이터가 여러 개일 경우 (　　)를 사용하여 연결한다.

LAB 1 사다리 타기 게임

친구나 회사 동료들 사이에 자주 하는 사다리 타기 게임을 만들어보자. 사다리 타기 게임은 사다리의 항목을 입력받아 무작위로 결과를 출력한다.

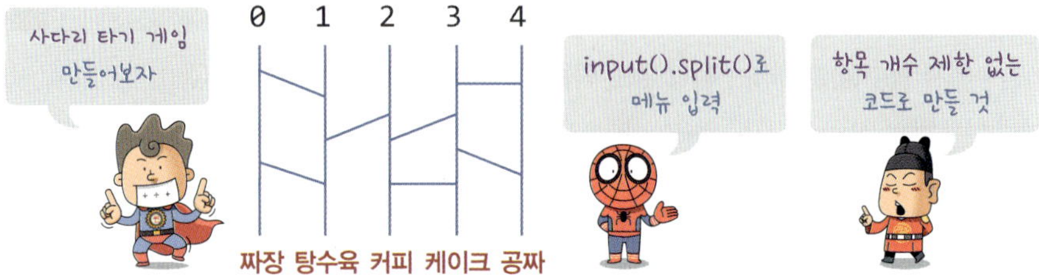

만들어지는 사다리 타기 게임에서는 입력되는 항목 개수에 제한이 없다. 2개든 10개든 입력을 받으면 자동으로 결과를 출력한다. 또한, 사용자 정의 함수를 배웠으니 함수 형태로 만들어보자.

실행결과

```
사다리 타기 항목 입력: 짜장 탕수육 커피 케이크 공짜
0 번은 케이크
1 번은 공짜
2 번은 탕수육
3 번은 커피
4 번은 짜장
```

알고리즘 만들기

사다리 항목을 입력받을 리스트 `srd`를 만들고 `input().split()`을 사용하여 공백문자를 기준으로 나누어 리스트에 저장한다. `len(sdr)`을 사용하여 항목의 개수만큼 반복한다. `sadari()` 함수를 만들어 리스트 `sdr`의 크기를 매개 변수로 전달한다. `sadari()` 함수는 전달받은 리스트의 크기 안에서 무작위 수를 만들어 반환한다.

`sadari()` 함수에서 반환하는 값은 `hit` 변수로 받는다. 결과가 너무 빨리 나오면 재미없다. 항목을 출력하기 전에 2초간 화면을 멈춘다. 이후, `hit`값에 해당하는 항목을 출력하고, 출력된 항목은 리스트에서 지워야 한다. 지우지 않을 경우 같은 항목이 반복해서 나올 수 있다.

소스코드

코드 10-6 사다리 타기 게임 1006_sadari.py

```
01 import random as r
02 import time as t
03
04 def sadari(st) :                           # def: 사용자가 만든 함수 sadari()
05     s = r.randrange(st)
06     return s                               # return s: s값 반환, 함수 끝
07
08 sdr = [0]
09 sdr = input('사다리 타기 항목 입력: ').split()
10 for k in range(len(sdr)) :
11     hit = sadari(len(sdr))                 # sadari()로 부터 값 받음
12     t.sleep(2)                             # 2초간 뜸들이다가
13     print(k, '번은', sdr[hit])
14     del(sdr[hit])                          # 출력된 항목 리스트에서 삭제
```

코드설명

4번 줄에서 6번 줄은 사용자 정의 함수 영역이고, 본문은 8번 줄부터 시작한다. 8번 줄에서 사다리 타기 항목을 저장할 리스트 sdr을 초기화하고, 9번 줄 input().split()으로 항목을 입력받아 리스트 sdr에 저장한다.

10번 줄 k를 사용하는 for 문은 0부터 len(sdr) - 1까지 반복한다. 11번 줄에서 sadari 함수를 호출하는 데, 매개 변수로 len(sdr)이 전달된다. 4번 줄 sadari()는 전달받은 매개 변수를 st에 저장하고, 5번 줄에서 0에서 st - 1 사이의 무작위 수를 만든 다음 6번 줄 return s에서 값을 반환한다.

sadari()로부터 반환받은 값은 11번 줄에서 hit에 저장되고, 12번 줄에서 2초를 기다린 후, 13번 줄에서 k와 선택된 항목 sdr[hit]을 출력한다. 14번 줄이 중요한 코드이다. 방금 출력된 항목 sdr[hit]을 리스트에 놔두면 다시 출력될 수 있다. 따라서 del(sdr[hit])을 사용하여 리스트에서 항목을 삭제한다. 이러한 과정을 모든 항목이 출력될 때까지 반복한다.

10.3 변수의 범위

1 지역 변수에 대하여

사용자가 함수를 만들어 사용할 경우, 사용자 정의 함수 부분과 본문코드 2개의 부분으로 나뉜다. 보기에는 한 개의 영역이지만, 함수 정의 부분과 본문코드는 서로 다른 공간이다. 서로 다른 공간에 같은 이름을 가진 변수가 존재할 수 있다. 이 경우 어떤 현상이 발생하는지 살펴보자.

왕갈비 통닭집이 오늘 하루 100마리의 통닭을 팔아 최고 매출을 올렸다. 왕갈비 통닭집 사장 호식이는 기분이 매우 좋다. 그런데 옆집 두마리 통닭집 사장 호식이도 기분이 좋을까? 사장 이름이 같아도 왕갈비 통닭집 사장과 두마리 통닭집 사장은 서로 다른 사람이다. 따라서 왕갈비 통닭집 사장 호식이의 기분이 좋다고 해서 두마리 통닭집 사장 기분도 좋은 것은 아니다.

[코드 10-7]을 보자. 가장 먼저 시작하는 코드는 5번 줄의 본문코드이다. 5번 줄에 `hosik = 100`을 만들고 6번 줄에서 함수 `doomari()`를 호출한다. 2번 줄에서 `hosik = 10`으로 `hosik` 변수에 `10`을 저장하고 3번 줄 `print(hosik)`에서 `10`이 출력된다. 다시 7번 줄로 돌아와 `print(hosik)`을 하면 `100`이 출력된다.

2번 줄에서 `hosik`에 `10`을 넣었는데 7번 줄에서는 `100`이 출력되는 이상한 일이 발생한다. 2번 줄 `hosik`은 `doomari()` 함수 안에서만 존재하는 **지역 변수** local variable 이기 때문이다. 지역 변수란 해당 지역에서만 존재하는 변수이다. 이름은 같지만, 2번 줄 `hosik = 10`은 5번 줄, 본문코드의 `hosik = 100`과 서로 다른 변수이다. 함수 안에서 `hosik` 변수를 만들면 본문의 `hosik`과 이름은 같지만 다른 `hosik`이 만들어지고, 함수 안에서만 사용할 수 있다.

코드 10-7 지역 변수 1007_scope1.py

```
01 def doomari() :              # def: 사용자가 만든 함수 doomari()
02     hosik = 10                 # doomari() 함수 안에서만 유효한 지역 변수
03     print(hosik)
04
05 hosik = 100                  # 본문코드 시작: hosik 변수 만들어 100 저장
06 doomari()
07 print(hosik)
```

실행결과

```
10
100
```

위의 코드에서 다음과 같이 본문코드의 hosik = 100을 지워보자. 이 경우 hoski 변수는 함수 안에서만 존재하는 지역 변수 hosik = 10뿐이다. 6번 줄, 본문코드에서 hosik을 출력하면 에러가 발생한다.

```
01 def doomari() :
02     hosik = 10                 # doomrai() 함수 안에서만 유효한 지역 변수
03     print(hosik)
04
05 doomari()
06 print(hosik)                 # doomrai() 안의 지역 변수를 출력하려 함
```

실행결과

```
Traceback (most recent call last):
  File "C:/Users/zoch/Desktop/pcode/369p.py", line 6  in <module>
   print(hosik)
NameError: name 'hosik' is not defined
```

6번 줄에서 hosik은 정의되지 않은 변수라는 에러가 뜬다. 이는 2번 줄의 hosik이 지역 변수이기 때문에 doomari() 함수를 벗어나면 사용할 수 없다는 뜻이다. 따라서 서로 다른 영역에 선언된 같은 이름의 변수는 이름만 같을 뿐 독립적인 존재라는 것을 알 수 있다. 마치 왕갈비 통닭집 호식이와 두마리 통닭집 호식이가 이름만 같을 뿐 서로 다른 사람인 것과 같다.

2 전역 변수 만들기

본문에서 만든 변수를 함수 안에서 사용할 때 주의해야 한다. 다음 코드를 보자. 4번 줄 본문코드에서 hosik = 100을 만들고, 2번 줄에서 hosik을 출력하면 정상적으로 100이 출력된다. 4번 줄 hosik 변수를 doomari() 함수 안에서도 읽을 수 있다는 의미이다.

```
01  def doomari() :
02      print(hosik)                          # 본문의 변수 hosik을 출력
03
04  hosik = 100
05  doomari()
```

실행결과

```
100
```

위의 코드에서 2번 줄 아래에 hosik = hosik - 99를 추가해보자. 3번 줄을 추가하여 실행하면 다음과 같이 에러가 발생한다.

```
01  def doomari() :
02      print(hosik)                          # 본문의 변수 hosik을 출력
03      hosik = hosik - 99                    # 추가된 코드
04
05  hosik = 100
06  doomari()
```

실행결과

```
Traceback (most recent call last):
  File "C:/Users/zoch/Desktop/pcode/370p_2.py", line 6, in <module>
    doomari()
  File "C:/Users/zoch/Desktop/pcode/370p_2.py", line 2, in doomari
    print(hosik)
UnboundLocalError: local variable 'hosik' referenced before assignment
```

3번 줄을 추가했는데 에러가 발생하는 이유는 본문코드의 hosik 변수의 값을 doomari() 안에서 변경하려 했기 때문이다. 따라서 본문의 변수는 함수 안에서 읽을 수는 있지만 값을 변경할 수 없다.

본문코드의 변수를 함수에서 변경할 수 없도록 만든 이유가 있다. 위의 코드에서 5번 줄

hosik에 오늘 통닭 판매량 100마리를 넣었는데, doomari() 함수 안, 3번 줄에서 hosik - 99를 하면 hosik값이 1로 바뀐다. 본문코드의 변수값을 함수 안에서 변경하면, 본문코드가 영향을 받게 된다. 코드가 길어졌을 경우, 생각도 못한 곳에서 본문코드의 값이 변경되어 코드가 이상해질 수 있다. 이를 막기 위해 본문코드의 변수값은 함수 안에서 볼 수 만 있을 뿐 변경할 수는 없다.

앞의 [코드 10-7]을 다시 살펴보자. 함수 doomari() 안에는 본문코드의 hosik 변수와 지역 변수 hosik이 같이 존재한다. 본문코드의 변수와 같은 이름의 지역 변수가 있다면, **함수 안에서는 지역 변수가 본문코드의 변수보다 우선된다.**

```
01  def doomari() :
02      hosik = 10
03      print(hosik)                         # 지역 변수 hosik을 출력
04
05  hosik = 100
06  doomari()
07  print(hosik)
```

실행결과

```
10
100
```

다시말해, 2번 줄에서 hosik = 10은 본문코드의 hosik 변수에 10을 저장하는 것이 아니라 지역 변수 hosik을 만들고 10을 저장한 것이다. 2번 줄의 위치에서 보면 본문 hosik 변수와 지역 변수 hosik 변수 2개가 있지만, 10은 지역 변수 hosik에 저장된다.

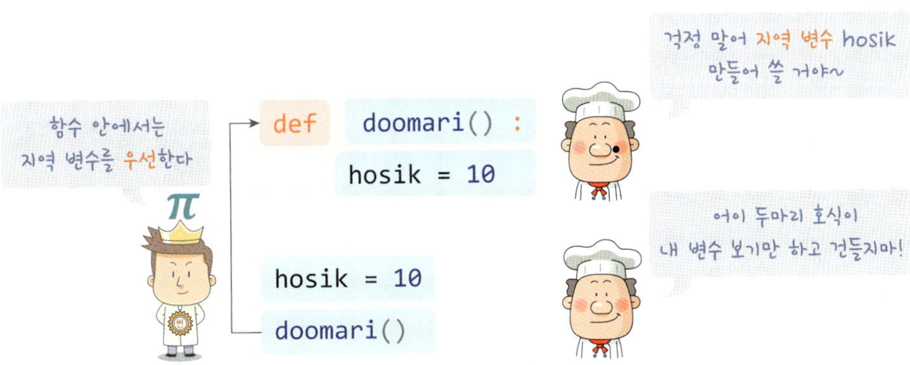

함수에서 변화된 값을 사용하고 싶을 경우에는 return으로 반환되는 값을 받아서 사용하면 된다. 그러나 본문코드의 변수를 함수 안에서 직접 변화시키고 싶은 경우가 있을

것이다. 본문코드의 변수를 함수 안에서 변화시킬 때 사용하는 키워드가 `global`이다. `golbal`로 선언된 변수는 전역 변수가 된다. **전역 변수**global variable란 모든 영역에서 값을 변경할 수 있는 변수이다.

[코드 10-7]은 `global`을 사용하여 함수 안에서 전역 변수를 만드는 예제이다. 본문코드 5번 줄에서 `hosik = 100`을 만들고 6번 줄에서 `doomari()`를 호출한다. `doomari()` 함수 안의 2번 줄 `golobal hosik`은 `hosik`을 전역 변수로 바꾼다. 2번 줄 이후부터 전역 변수 `hosik`의 값은 변경할 수 있게 된다. 3번 줄에서 전역 변수 `hosik`에 `10`을 저장하고, 본문코드 7번 줄에서 `print(hosik)`을 하면 `10`이 출력된다.

코드 10-8 전역 변수 만들기 1008_global1.py

```
01  def doomari() :
02      global hosik                      # 본문코드 hosik이 전역 변수가 됨
03      hosik = 10
04
05  hosik = 100
06  doomari()
07  print(hosik)
```

실행결과

```
10
```

여기서 잠깐

일부 책에서 본문코드의 변수를 전역 변수라고 하는 것은 오류이다. 변수란 변할 수 있는 수를 의미하며, 전역이란 전체코드를 의미한다. 본문에서 만든 변수는 함수 안에서는 읽을 수만 있을 뿐 값을 변화시킬 수 없다. 값을 변화시킬 수 없는 데이터를 상수constant라 부른다. 따라서 본문코드의 변수는 함수 안에서는 전역 상수가 된다. 파이썬에서 전역 상수를 전역 변수로 만드는 키워드가 `global`이다. 전역 상수는 `global` 이후에 전역 변수가 된다. 파이썬과 달리 C나 C++에서는 코드 맨 위에 선언된 모든 변수가 전역 변수이다. `global`과 같은 특별한 키워드 없이도 함수 안에서 값을 변경시킬 수 있다.

전역 변수는 함수 안에서도 만들 수 있다. 다음 코드를 보자. 2번 줄에서 `global hosik`을 사용하여 `hosik` 전역 변수를 만든 후, 3번 줄에서 `10`을 저장한다. 본문코드에 `hosik` 변수가 없지만, 6번 줄에서 `hosik`을 출력하면 `10`이 출력된다. `doomari()` 함수에서 만든 변수를 본문코드에서 사용할 수 있게 된 것이다.

```python
def doomari() :                              # def: 사용자가 만든 함수 cal()
    global hosik                              # global: 전역 변수 선언
    hosik = 10

doomari()
print(hosik)
```

실행결과

```
10
```

`global`을 사용할 때 주의해야 할 것이 있다. 전역 변수를 만드는 것과 동시에 값을 넣을 수는 없다. 다음의 `global hosik = 10`과 같이 전역 변수를 만들고 값을 저장하면 에러가 발생한다.

```python
global hosik = 10
```

전역 변수는 선언과 동시에 값을 저장할 수 없음

중간점검

1. 특정 영역에서만 사용할 수 있는 변수를 (　　)라 부른다.
2. 영역에 상관없이 마음대로 읽을 수 있고 값을 변경할 수 있는 변수를 (　　)라 부른다.
3. 본문에서 만들어진 변수는 함수에서 읽을 수는 있지만 변수의 값을 (　　)할 수는 없다.
4. 전역 변수를 만드는 키워드는 (　　)이다.
5. 함수 안에서 전역 변수와 지역 변수가 같은 이름이라면 (　　) 변수가 우선된다.

LAB 2 늘어나는 문자 회전

앞에서 만든 문자 회전 코드를 함수를 사용하여 만들어보자. 새로 만드는 문자 회전 코드는 처음에는 1줄이 회전하다가 다음에는 2줄 그다음엔 3줄로 계속 늘어난다. 마지막엔 21줄까지 늘어나도록 만들어보자.

실행결과

```
< >   I   L O V E   Y O U   < >   I   L O
>   I   L O V E   Y O U   < >   I   L O V
  I   L O V E   Y O U   < >   I   L O V E
I   L O V E   Y O U   < >   I   L O V E
  L O V E   Y O U   < >   I   L O V E   Y
L O V E   Y O U   < >   I   L O V E   Y O
O V E   Y O U   < >   I   L O V E   Y O U
V E   Y O U   < >   I   L O V E   Y O U
E   Y O U   < >   I   L O V E   Y O U   <
  Y O U   < >   I   L O V E   Y O U   < >
Y O U   < >   I   L O V E   Y O U   < >
O U   < >   I   L O V E   Y O U   < >   I
U   < >   I   L O V E   Y O U   < >   I
  < >   I   L O V E   Y O U   < >   I   L
```

알고리즘 만들기

함수 `round()`를 만든다. `round()`는 회전시킬 문자열 `st1`과 회전하는 줄의 수 `num`을 매개 변수로 받는다. `round('> I LOVE YOU <', 1)`은 `> I LOVE YOU <`를 1줄 회전시킨다는 의미이다. 반복문을 사용하여 줄의 수를 늘리면 점점 더 많은 줄의 문자열이 회전하게 된다.

소스코드

코드 10-9 늘어나는 문자 회전 탐색기 **1009_string9.py**

```
01 import os
02
03 def round(st1, num) :
04    for k in range(len(st1)) :
05       os.system('cls')
06       for m in range(len(st1)) :
07          for s in range(num) :              # num만큼 줄을 만들어 회전
08             print(' ', st1[ (s + k + m) % len(st1) ], end = '')
09          print()
10
11 for q in range(1, 22) :               # 본문코드 시작
12    round('> I LOVE YOU <', q)
```

코드설명

3번에서 9번 줄까지 새로 만든 함수 round(st1, num)은 앞서 만든 문자 회전 코드와 똑같다. 다만, 회전을 시킬 문자열은 매개 변수 st1이 받고, 회전하는 줄의 수는 num이 받는다. 7번 줄의 s를 사용하는 반복문이 num만큼 줄을 만든다. 따라서 num이 1이면 1줄이 회전하고 num이 21이면 21줄이 회전한다.

11번 줄의 본문코드는 매우 단순하다. q를 사용하는 반복문은 1부터 21까지 반복된다. q를 사용하여 round('> I LOVE YOU <', q) 함수를 계속 호출하면, 1줄부터 시작하여 21줄까지 반복되는 문자 회전을 볼 수 있다.

LAB 3 거북이를 잡아라 게임

지금까지는 터틀 그래픽으로 움직이는 모습만 보았다. 이제 거북이를 잡아라 게임을 만들어보자. 거북이를 잡아라 게임의 기본적인 구조는 앞의 거북이 날다와 똑같다. 날아다니는 거북이를 마우스로 잡는 것이다. 잡은 경우 아퍼가 출력된다. 총 50번을 날아다니며, 게임이 끝나면 몇 번이나 잡았는지 숫자가 표시된다.

실행결과

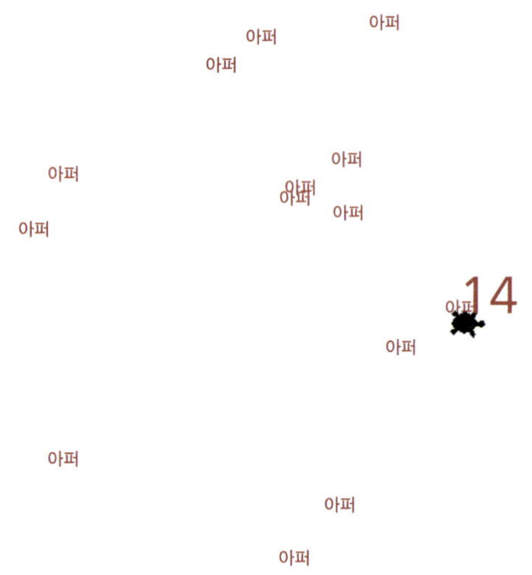

소스코드

코드 10-10 거북이를 잡아라 게임 **1010_catch_game.py**

```
import turtle as t
import random as r
import time

def pos(ux, uy) :                    # ux, uy: 마우스 x, y좌표값
   global hit                          # hit: 잡은 수를 저장하는 전역 변수
   cx, cy = t.pos()                    # cx, cy: 거북이 x, y좌표값
   if (ux - cx) < 2.0 and (uy - cy) < 2.0 :
      hit = hit + 1
      t.write('아퍼')

hit = 0
t.penup()
t.pencolor('red')
```

```
15  t.shape('turtle')
16  for k in range(50) :
17      t.goto(r.randrange(-300, 301), r.randrange(-300, 301))
18      t.onscreenclick(pos)                    # 마우스 눌리면 pos 실행
19      time.sleep(r.random() / 3)
20  t.write(hit, font = ('', 30))            # 문자 크기 30으로 hit 출력
21  t.done()                                  # 화면 사라지는 것 방지
```

코드설명

13번부터 19번 줄까지 거북이가 날아다니는 코드는 앞의 거북이 날다 코드와 유사하다. 18번 줄의 `t.onscreenclick()`은 화면에서 마우스가 눌렸을 때 이를 감지하는 함수이다. 사용자가 마우스를 누르면 `pos` 함수가 실행된다.

5번 줄 `def pos(ux, uy)`는 마우스가 눌리면 실행되는 함수이다. 여기서 매개 변수 `ux`는 마우스의 x좌표값을 저장하고 있고, `uy`는 마우스의 y좌표값을 저장하고 있다. 따라서 마우스가 눌린 순간 마우스 포인터의 x, y좌표값은 `ux`와 `uy`가 가지고 있다.

7번 줄 `.pos()`는 거북이의 현재 위치를 알려주는 함수이다. `cx, cy = t.pos()`는 거북이가 있는 위치의 x, y좌표를 반환한다. 따라서 `cx`에는 거북이의 x좌표가 `cy`에는 거북이의 y좌표가 저장된다.

8번 줄에서 `if (ux - cx) < 2.0 and (uy - cy) < 2.0`은 마우스 좌표와 거북이 좌표의 차이가 2보다 작은가를 확인한다. 만약 작다면 거북이를 잡은 것이다. 따라서 9번 줄에서 `hit`를 1 증가시키고, 10번 줄에서 `write('아퍼')`로 터틀 그래픽 화면에 아퍼를 출력한다.

게임이 끝나면 20번 줄에서 `hit`를 출력해야 한다. 그런데 `hit`는 `pos()` 함수 안에서 만들어진 지역 변수이다. 이를 본문코드에서 볼 수 있도록 하기 위하여 6번 줄에서 `global hit`를 사용하여 전역 변수로 만든다. 12번 줄의 본문코드에서 `0`으로 초기화한다. 또한 20번 줄 `t.write(hit, font = ('', 30))`은 `hit`를 `30`포인트로 크게 출력하라는 뜻이다. 21번 줄 `t.done()`은 터틀 그래픽이 끝나고 화면이 바로 사라지는 것을 방지하는 코드이다. 일반코드에서 `input('아무 키나 누르세요')`와 같은 역할을 한다.

21줄로 구성된 거북이를 잡아라 게임은 엄청 빨리 움직이기 때문에 정신 차리고 게임에 임해야 한다. 은근 중독성이 심한 게임으로 친구들과 함께 점심 내기를 해볼 수 있을 것이다. 아무리 봐도 거북이가 아닌 파리를 잡는 느낌이다.

PROJECT 1 카멜레온 사운드 미터

앞서 만든 사운드 미터는 한글 미음(ㅁ)이 좌우로 움직였었다. 사운드 미터가 움직이는 동안에 키보드를 누르면 해당 문자로 움직이는 카멜레온 사운드 미터를 만들어보자.

실행결과

```
xxxxxxxxxxxxxxxxxxxxxxxxxxxxxxxxxxxxxxxxxxxxxxxxxxxxxxxxxxxxxxxxxxxx
xxxxxx
xxxxxxxxxxxxxxxxxxxxxxxxxxxxxxxxxxxxxxxxxxxxxxxxxxxxxxxxx
xxxxxxxxxxxxxxxxxxxxxxxxxxxxxxxxxxxxxxxxxxxxxxxxxxxxxxxxxxxxxxxxxxxxxxxxxxxxxxxxxxxxxxxxxxxxxxxxxxxxx
xxxxxxxxxxxxxxxxxx
xxxxxxxxxxxxxxxxxxxxxxxxxxxxxxxxxxxxxxxxxxx
xxxxxxxxxxxxxxxxx
xxxxxxxxxxxxxxxxxxxxxxxxxxxxxxxxxxxxxxxxxxxxxxxxxxxxxxxxxxxxxxxxxx
xxxxxxxxxxxxxxxxxxx
xxxxxxxxxxxxxxxxxxxxxxxxxxxxxxxxxxxxxxxxxxxxxx
xxxxxxxxxxxxxxxxxxxxxxxxxxxxxxxxxxxxxxxxxxxxxxxxxxxxxxxxxxxxxxxx
xxxxxxxxxxxxxxxxxxxxxxxxxxxxxxxxxxxxxx
xxxxxxxxxxxxxxxxxxxxxxxxxxxxxxxxxxxxxxxxxxxxxxxxxxxxxxxxxxxxxxxxxxxxxxxxxxxxxxxxxxxxxxxxxxxxxxxxxxxxxxxxxxxxxxx
xxxxxxxxxxxxxxxxxxxxxxxxxxxxxxxxxxxxxxxxxxxxxxxxxxxxxxxxxxxxxxxxxxxxxxxxxxxxxxxxxxxxxxxxxxxxxx
xxxxxxxxxxxxxxxxxxxxxxxxxxxxxxxxxxxxxxxxxxxxxxxxxxxxxxxxxxxxxxxxxxxxxxxxxxxxxxxxxxxxxxxxxxx
xxxxxxxxxxxxxxxxxxxxxxxxxxx
xxxxxxxxxxxxxxxxxxxxxxxxxxxxxxxx
xxxxxxxxxxxxxxxxxxxxxxxxxxxxxxxxxxxxxxxxxxxxxxxxxxxxxxxxxxxxxxxxxxxxxxxxxxx
xxxxxxxxxxxxxxxxxxxxxxxxxxxxxxxxxxxxxxxxxxxxxxxxxxxxxxxxxxxxxxxxxxxxx
xxxxxxxxxxxxxxxxxxxxxxxxxxxxxxxxxxxxxxxxxxxxxxxxxxxxxxxxxxxxxxxxxxxxxxxxxxxxxx
```

알고리즘 만들기

입력 함수인 `input()`의 경우 사용자가 데이터를 입력하고 엔터키를 누를 때까지 코드가 멈춘다. 따라서 코드가 실행되는 동안에 키보드의 입력을 받는 것은 쉬운 일이 아니다. 코드가 실행되는 중간에 입력을 받기 위해서는 `kbhit()` 함수와 `getch()` 함수를 사용해야 한다. 두 함수 모두 `msvcrt` 모듈에 있는 함수이다.

`msvcrt.kbhit()`는 키보드가 눌리지 않으면 `False`를 반환하다가 키보드가 눌린 순간 `True`를 반환하는 함수이다. 눌린 키보드값은 `msvcrt.getch()`가 가져온다. 문제는 키보드에서 입력된 값이 유니코드 정수값이라는 것이다. 우리가 원하는 것은 문자이다. 따라서 `msvcrt.getch()`에서 얻은 값을 `ord()`를 사용하여 아스키 코드로 바꾸고, 이를 `chr()`을 사용하여 문자로 바꿔야 한다.

아스키 코드란 영문자로만 이루어진 코드이며 유니코드는 영문뿐 아니라 한글, 중국어 문자, 일본어 문자와 같은 전 세계 모든 문자를 사용할 수 있게 만든 코드이다. 긴 설명은 생략하고 코드 실행 도중 `ch` 변수에 문자 한 개를 받고 싶다면 다음과 같이 사용하면 된다.

```
import msvcrt                                # kbhit()가 있는 모듈

if msvcrt.kbhit() :                          # 코드 실행 중간에 키가 눌리면 True
    ch = chr(ord(msvcrt.getch()))            # 문자로 바꿔 ch에 저장
```

위의 코드를 기존의 사운드 미터에 삽입하면, 키보드가 눌릴 때마다 바뀌는 문자는 ch 변수에 저장된다.

소스코드

코드 10-11 카멜레온 사운드 미터 탐색기 **1011_meter2.py**

```
01 import os
02 import random as r
03 import msvcrt                                        # kbhit()가 있는 모듈
04
05 def cmeter(jul, ch = '>') :
06     for k in range(200) :
07         os.system('cls')
08         for s in range(jul) :
09             if msvcrt.kbhit() :                     # 코드 실행 중간에 키가 눌리면 True
10                 ch = chr(ord(msvcrt.getch()))       # 문자로 바꿔 ch에 저장
11             for m in range(0, r.randint(1, 110)) :
12                 print(ch, end = '')
13             print()
14
15 cmeter(20, '>')
```

코드설명

기존의 사운드 미터와 비교하여 크게 달라진 부분은 없다. 3번 줄 키보드를 입력받기 위한 msvcrt 모듈을 가져온다. 사운드 미터 코드는 5번 줄부터 13번 줄까지 cmeter() 함수 형태로 만들었다. 15번 cmeter(20, '>')은 20줄짜리 사운드 미터를 만들라는 의미이며, 움직이는 문자는 >이다.

9번에서 10번 줄이 실행되는 동안에 문자를 받는 코드이다. 키보드가 눌리면 해당 문자는 ch에 저장된다. 12번 줄에서 ch에 저장된 문자를 화면에 출력하면 카멜레온 사운드 미터가 만들어진다.

PROJECT 2 확률을 적용한 진짜 포커 게임

앞에서 만든 포커 게임은 모든 족보가 나올 확률이 모두 같은 포커 게임이었다. 실제로 포커에서는 스트레이트 플러시가 나올 확률이 원페어가 나올 확률보다 약 30만 배나 낮다. 족보마다 나올 확률이 다른 포커 게임을 만들어보자. 간단한 포커 게임과 비교하여 달라진 점은, 포커 게임이 무한히 반복되며, chip이 0 이하가 되거나 100을 넘어야만 끝난다.

실행결과

```
you > 8 플러시 < 3
   chip = 10, 배팅(0은 포기): 10
com > 7 스트레이트 < 4
   you WIN! chip = 20

you > 13 투페어 < 6
   chip = 20, 배팅(0은 포기): 0
com > 2 원페어 < 7

you > 5 스트레이트 < 4
   chip = 20, 배팅(0은 포기): 20
com > 6 투페어 < 6
   you WIN! chip = 40

you > 3 플러시 < 3
   chip = 40, 배팅(0은 포기): 30
com > 8 트리플 < 5
   you WIN! chip = 70

you > 13 원페어 < 7
   chip = 70, 배팅(0은 포기): 1
com > 13 트리플 < 5
   com WIN! chip = 69

you > 8 트리플 < 5
   chip = 69, 배팅(0은 포기): 21
com > 11 투페어 < 6
   you WIN! chip = 90

you > 1 원페어 < 7
```

```
   chip = 90, 배팅(0은 포기): 1
com > 3 스트레이트 < 4
   com WIN! chip = 89

you > 13 스트레이트 < 4
   chip = 89, 배팅(0은 포기): 12
com > 13 투페어 < 6
   you WIN! chip = 101
```

알고리즘 만들기

우리가 지금까지 배운 무작위 함수 randrange()는 모든 숫자가 나올 확률이 같다. 따라서 확률을 반영하여 무작위 수를 만드는 코드를 직접 만들어야 한다. 확률을 반영한 무작위 수(확률 무작위 수)는 포커 게임뿐 아니라 게임의 아이템에도 적용할 수 있는 유용한 코드이다. 예를 들어 어느 게임에 무적 칼이 나올 확률은 10%이고, 일반 칼이 나올 확률은 90%라고 가정해보자. randrange() 함수를 사용하면 무적 칼이 나올 확률 50%, 일반 칼이 나올 확률 50%가 된다. 이를 10% 대 90%의 확률로 무작위 수가 나오도록 코딩을 해야 한다. 이때 사용하는 코드가 확률 기반 무작위 수이다.

확률 기반 무작위 수의 원리는 매우 간단하다. 0부터 9까지 난수를 만들어 0이 나오면 무적 칼, 나머지 수가 나오면 일반 칼이 되는 코드를 만들면 된다. 0부터 9까지 10개의 숫자 중 0이 차지하는 비율은 10%임으로 무적 칼이 나올 확률은 10%가 된다. 확률을 기반으로 무작위 수를 만들어 내어 그 값을 반환하는 prob() 함수를 만들어보자.

소스코드

코드 10-12 진짜 포커 게임 1012_poker2.py

```
import random as r

def prob(max) :                                    # 확률반영 무작위 수 생성 함수
   pnum = r.randrange(max ** 2 * 100)
   for k in range(max + 1) :
      if pnum <= (k ** 2 * 100) :
         return k

rule = { 0:'스티플', 1:'포카드', 2:'풀하우스', 3:'플러시',
        4:'스트레이트', 5:'트리플', 6:'투페어', 7:'원페어' }
user, com = [0, 0], [0, 0]
chip = 10
```

```
13
14  while True :
15      com[0], user[0] = r.randrange(1, 14), r.randrange(1, 14)
16      com[1], user[1] = prob(7), prob(7)          # 확률 반영 무작위 수 생성
17      print('\nyou >', user[0], rule[user[1]], '<', user[1])
18      bet = int(input('\tchip = %d, 배팅(0은 포기): ' % chip))
19      print('com >', com[0], rule[com[1]], '<', com[1])
20
21      if bet <= 0 or bet > chip : continue        # 이번 판 포기
22      if com[1] < user[1] or (com[1] == user[1] and com[0] > user[0]) :
23          chip = chip - bet                        # com이 이긴 경우
24          print('\tcom WIN! chip = %d ' % chip)
25      else :                                       # user가 이긴 경우
26          chip = chip + bet
27          print('\tyou WIN! chip = %d ' % chip)
28      if chip <= 0 or chip >= 100 : break         # 게임 종료
```

코드설명

확률을 기반한 포커 게임의 핵심은 3번부터 7번 줄까지의 확률에 기반하여 k값을 반환하는 prob() 함수이다. prob()는 최대값 max를 매개 변수로 받는다. 족보는 0부터 시작하여 7까지 있음으로 7이 최대값이다. 4번 줄에서 0부터 max * max * 100보다 1 작은 범위의 무작위 수를 발생시킨다. 최대값이 7임으로 무작위 수는 0에서 4899까지 발생한다.

5번 줄에서 k는 0부터 7까지 반복하면서 만들어진 무작위 수가 k * k * 100보다 작은 경우 k값을 반환한다. 스트레이트 플러시의 경우를 보자. 스트레이트 플러시에 해당하는 k는 0이며, 0 * 0 * 100은 0이다. 0에서 4899 중 무작위 수가 0일 경우에만 스트레이트 플러시값 0이 반환(return)된다. 따라서 스트레이트 플러시가 나올 확률은 1/4899이다.

포카드의 경우를 보자. 포카드에 해당하는 k는 1이며, 1 * 1 * 100은 100이다. 0에서 4899 중 무작위 수가 0에서 100일 경우에만 포카드값 1이 반환된다. 따라서 포카드가 나올 확률은 101/4899이다. 이런 식으로 족보의 아래로 갈수록 나올 확률은 점점 올라가게 된다.

16번 줄 com[1], user[1] = prob(7), prob(7)에서 확률에 기반한 k값을 반환받아 com[1]과 user[1]에 저장한다. 나머지 코드는 앞의 간단한 포커 게임과 유사하다. 물론 값을 조정하여 스트레이 플러시가 나올 확률을 30만분의 1까지 만들 수 있다. 그러나 게임이기 때문에 약 5천분의 1 수준으로 낮췄다. 28줄로 진짜 포커 게임을 즐길 수 있다.

요약

- 사용자가 바로 사용할 수 있도록 미리 만들어 놓은 코드를 함수라 부른다. 파이썬에서는 자주 사용하는 함수를 파이썬 내부에 미리 만들어 놓았다.
- 함수의 가장 큰 장점은 코드를 다시 사용할 수 있다는 것이다. 사용자가 만든 함수를 사용자 정의 함수라 부른다. 함수를 불러서 사용하는 것을 함수 호출이라 부른다.
- 서로 관련 있는 함수를 하나의 덩어리로 모아 놓은 것은 모듈이라 부른다. 모듈을 불러올 때 사용하는 키워드가 `import`이다.
- 모듈에 있는 함수는 `모듈 이름.함수 이름()` 형태로 사용해야 한다.
- 함수를 만들 때 사용하는 키워드는 `def`이다. 함수를 만들 때 함수에 속한 코드는 무조건 들여쓰기를 해야 한다.
- 함수는 호출되기 전에 먼저 만들어져야 한다.
- 함수에서 함수를 호출하는 쪽과 받는 쪽을 연결하는 것을 매개 변수라 부른다. 매개 변수가 여러 개일 경우, 호출하는 쪽과 받는 쪽의 매개 변수의 개수를 맞춰야 한다.
- 매개 변수가 여러 개일 경우 쉼표를 사용하여 연결한다.
- 함수에서 만들어진 데이터를 반환할 때 사용하는 키워드는 `return`이다. 반환하는 데이터가 여러 개일 경우 쉼표를 사용하여 연결한다.
- 특정 영역에서만 사용할 수 있는 변수를 지역 변수라 부른다.
- 본문에서 만들어진 변수는 함수에서 읽을 수는 있지만 변수의 값을 변경할 수는 없다.
- 영역에 상관없이 마음대로 읽을 수 있고 값을 변경할 수 있는 변수를 전역 변수라 부른다. 전역 변수를 만드는 키워드는 `global`이다. `global`로 전역 변수를 만들 수는 있지만 동시에 값을 저장할 수는 없다.
- 함수 안에서 전역 변수와 지역 변수가 같은 이름이라면 지역 변수가 우선된다.

연습문제 22문제

[개념문제]

01 사용자가 바로 사용할 수 있도록 미리 만들어 놓은 코드를 무엇이라 부르는가?

❶ 변수 ❷ 리스트
❸ 문자열 ❹ 함수

02 서로 관련 있는 함수를 하나의 덩어리로 모아 놓은 것은 무엇이라 부르는가?

❶ 메소드 ❷ 모듈
❸ 문자열 ❹ 리스트

03 모듈을 불러 올 때 사용하는 키워드는 무엇인가?

❶ `import` ❷ `def`
❸ `input` ❹ `call`

04 `import random`으로 `random` 모듈을 불러 왔을 때 `randrange()`를 정확하게 사용한 것은 무엇인가?

❶ `r.randrange()` ❷ `randrange.random()`
❸ `random.randrange()` ❹ `randrange()`

05 `import turtle as t`로 `turtle` 모듈을 불러 왔을 때 `circle()`를 정확하게 사용한 것은 무엇인가?

❶ `circle()` ❷ `t.circle()`
❸ `circle.t()` ❹ `turtle.circle()`

06 함수를 만들 때 사용하는 키워드는 무엇인가?

❶ `import` ❷ `def`
❸ `input` ❹ `call`

07 함수에서 함수를 호출하는 쪽과 받는 쪽을 연결하는 것을 무엇이라 부르는가?

❶ 변수 ❷ 지역 변수
❸ 매개 변수 ❹ 전역 변수

08 def fry(min, source)로 선언된 함수를 호출할 때 가장 올바르게 호출한 코드는 무엇인가?

❶ fry()
❷ fry(6, 7, 8)
❸ fry(6)
❹ fry(6, '없음')

09 def fry(min, source = '없음')으로 선언된 함수를 호출할 때 에러가 발생하는 코드는 무엇인가?

❶ fry(4, '갈비 소스')
❷ fry(6, 7, 8)
❸ fry(6)
❹ fry(6, '없음')

10 함수에서 만들어진 데이터를 반환할 때 사용하는 키워드는 무엇인가?

❶ return
❷ def
❸ global
❹ import

11 특정 영역에서만 사용할 수 있는 것을 가리키는 정확한 단어를 고르시오.

❶ 함수
❷ 지역 변수
❸ 메소드
❹ 전역 변수

12 영역에 상관없이 마음대로 읽을 수 있고 값을 변경할 수 있는 것을 가리키는 정확한 단어를 고르시오.

❶ 함수
❷ 지역 변수
❸ 메소드
❹ 전역 변수

13 전역 변수를 만들 때 사용하는 키워드는 무엇인가?

❶ return
❷ def
❸ global
❹ import

[코드문제]

14 다음은 에러가 발생하는 코드이다. 코드의 틀린 부분을 설명하시오.

```
fry()
print('후라닭 완성\n')

def fry() :
    print('튀김옷 입히기')
    print('통닭 튀기기')
```

15 다음은 에러가 발생하는 코드이다. 코드의 틀린 부분을 설명하시오.

```
def fry() :
print('통닭 튀기기')

fry()
print('후라닭 완성\n')
```

16 다음은 에러가 발생하는 코드이다. 코드의 틀린 부분을 설명하시오.

```
def cal(num1, num2) :
    print(num1, num2)

cal(10)
```

17 다음은 두 개의 수를 곱한 결과를 반환하는 함수이다. 빈칸에 들어갈 코드를 기입하시오.

```
def cal(num1, num2) :
    mul = num1 * num
    

re1 = cal(10, 5)
print(re1)
```

18 다음은 두 개의 수를 더한 결과와 곱한 결과를 반환하는 함수이다. 빈칸에 들어갈 코드를 기입하시오.

```
def cal(num1, num2) :
    add = num1 + num2
    mul = num1 * num2
    

           = cal(20, 5)
print(re1, re2)
```

19 다음은 에러가 발생하는 코드이다. 코드의 틀린 부분을 설명하시오.

```
def doomari() :
    hosik = 10

doomari()
print(hosik)
```

20 다음은 에러가 발생하는 코드이다. 코드의 틀린 부분을 설명하시오.

```
def doomari() :
    global hosik = 10

doomari()
print(hosik)
```

21 다음은 에러가 발생하는 코드이다. 코드의 틀린 부분을 설명하시오.

```
def doomari() :
    hosik = hosik - 99

hosik = 100
doomari()
```

22 사다리타기 게임 코드이다. 빈칸에 들어갈 코드를 기입하시오.

```
import random as r
import time as t

def sadari(st) :
    s = r.randrange(st)
    return s

sdr = [0]
sdr = input('사다리 타기 항목 입력: ').split()
for k in range(len(sdr)) :

    t.sleep(2)
    print(k, '번은', sdr[hit])

```

CHAPTER

11

WONDER **Python**

윈도우 프로그래밍

미리 둘러보기

마우스를 사용할 수 있는 윈도우 형태의 명령창을 그래픽 사용자 인터페이스 혹은 GUI라 부른다. 파이썬에서는 GUI 형태의 프로그램을 만들 수 있는 모듈을 제공하는 데 이름이 `tkinter`이다. `tkinter`를 사용하여 다양한 프로그램을 만들어본다.

윈도우 안에 들어가는 다양한 장치들을 위젯이라 부른다. `tkinter`에는 다양한 위젯들이 있다. 문자를 표시하는 `Label()`, 버튼을 만드는 `Button()`, 메시지를 만드는 `Message()`, 메뉴를 만드는 `Menu()` 위젯 등의 사용방법과 특징을 배운다.

윈도우에서 마우스 버튼을 누르거나 키보드에서 키를 누르는 것을 이벤트라 부른다. `tkinter`에서는 이벤트를 감지하여 다양한 작업을 할 수 있게 해준다.

`Canvas()` 위젯은 도형, 그림, 이미지를 만들고 이를 움직이게 할 수 있는 위젯이다. `Canvas()`와 이벤트를 사용하여 재미있고 다양한 코드를 만들어본다.

11장에서는 버튼을 누르면 로켓이 발사되는 코드와 키보드의 방향키에 반응하여 움직이는 코드를 만든다. 또한 옆으로 움직이다가 마우스를 만나면 멈추는 코드도 만든다.

버튼을 누르면 그림이 회전하는 진짜 슬롯머신을 만들어본다. 32줄짜리 코드가 진짜 슬롯머신처럼 회전하다가 결과도 알려준다.

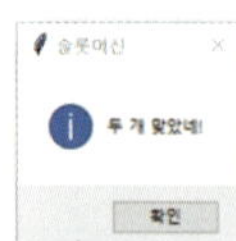

윈도우에서 작동하는 코드 만들기 11.1

1 기본 윈도우 만들기

터틀 그래픽을 제외하고 지금까지 만든 파이썬 코드들은 검은색 바탕에 흰색 글씨의 명령창[command window]에서 실행되었다. 명령창은 문자로 명령을 내리고 실행하는 곳으로 운영체제 초기에 만들어졌다. 우리가 현재 사용하는 대부분의 프로그램들은 윈도우[Window]에서 실행된다. 이렇게 마우스를 사용할 수 있는 윈도우 형태의 명령창을 **그래픽 사용자 인터페이스 혹은 GUI**[Graphical User Interface]라 부른다. 파이썬에서는 GUI 형태의 프로그램을 만들 수 있는 모듈을 제공하는 데 이름이 `tkinter`이다. `tkinter`란 `tk interface`의 약자로 윈도우, 매킨토시, 유닉스와 같은 운영체제와 관계없이 사용할 수 있다.

다음은 http://pythoncard.sourceforge.net에서 가져온 `tkinter` 예시 화면이다. `tkinter`로 버튼, 슬라이드, 그림, 글상자와 같은 다양한 장치들을 만들 수 있다. 윈도우 안에 들어가는 다양한 장치들을 **위젯**[widget]이라 부른다.

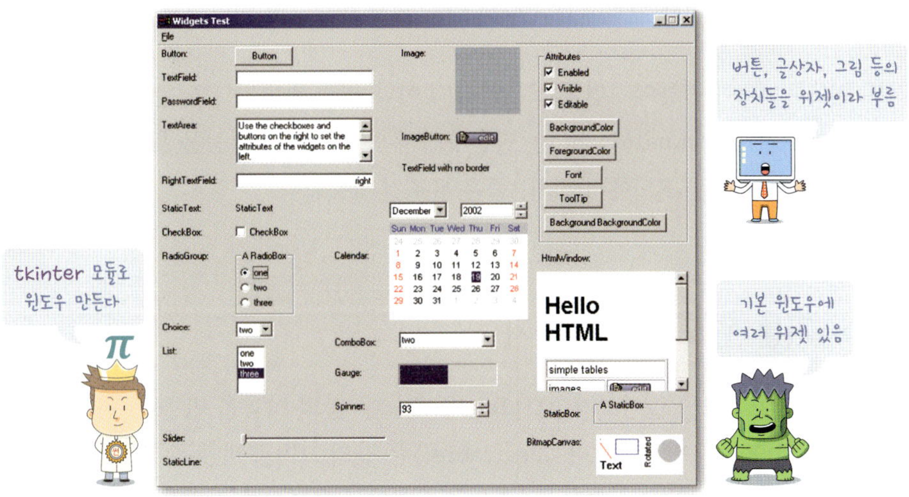

참고: http://pythoncard.sourceforge.net/samples/widgets.html

윈도우를 만들기 위해서는 `tkinter` 모듈을 불러와야 한다. `tkinter` 모듈에 있는 함수들은 이름도 길고 설정도 많다. 그래서 `from tkinter import *` 의 형태로 불러와서 사용한다. 그러면 함수 이름 앞에 모듈 이름을 생략하고 쓸 수 있다. 다음 [코드 11-1]은

tkinter 모듈을 불러와서 기본적인 윈도우 창을 만드는 코드이다. 읽기 편하게 하기 위하여 tkinter와 관련된 함수들은 **보라색**으로 표시한다.

코드 11-1 윈도우 생성 1101_window1.py

```
01 from tkinter import *                    # 윈도우를 만들어주는 함수가 있는 모듈
02
03 win = Tk()                               # win이라 불리는 기본 윈도우 생성
04 # win 설정, 위젯은 여기에 위치
05 win.mainloop()                           # 기본 윈도우의 기능 활성화
```

윈도우 화면

1번 줄 from tkinter import *로 tkinter 모듈을 불러온다. 3번 줄 win = Tk()는 win이라는 이름을 가진 윈도우를 만든다. Tk()의 첫 글자가 대문자인 것에 주의하자. 이렇게 만들어진 윈도우는 전체 코드에서 바탕이 되는 기본 윈도우가 된다.

기본 윈도우 win이 만들어지면 윈도우의 설정이나 위젯 관련된 코드는 4번 줄에 위치하게 된다. 5번 줄 win.mainloop()는 만든 윈도우와 위젯들의 기능을 활성화해주는 코드이다. tkinter 관련 코드에서 위의 3줄은 무조건 사용한다.

2 기본 윈도우 설정하기

기본 윈도우의 설정을 알아보자. .title()은 윈도우 창의 이름을 만들어준다. .geometry()는 창의 크기를 만들어준다. .resizable()은 창의 크기를 바꿀 수 있게 하거나 못하게 하는 함수이다. [코드 11-2]는 윈도우를 설정하는 코드이다.

코드 11-2 윈도우 설정 1102_window2.py

```
01  from tkinter import *
02
03  win = Tk()
04  win.title('윈도우 창')          # 창 이름(title): 윈도우 창
05  win.geometry('300x200')        # 창 크기(geometry): 가로 300 X 세로 200
06  win.resizable(width = True, height = False)
07
08  win.mainloop()
```

윈도우 화면

창 이름(title): 윈도우 창

창 크기(geometry): 가로 300 X 세로 200

width(가로) 크기변경 가능, hight(세로) 크기변경 불가

4번 줄 win.title('윈도우 창')은 창의 이름을 윈도우 창으로 만들어준다. 5번 줄 win.geometry('300x200')은 윈도우의 크기를 가로 300, 세로 200픽셀로 만들어준다. 특이한 것은 크기를 문자열 형태로 전달하기 때문에 따옴표로 감싸야 한다. 6번 줄 win.resizable(width = True, height = False)는 윈도우의 크기를 변경할 수 있게 또는 변경할 수 없게 만들어준다. 6번 줄에서 width(가로, 좌우)는 True이며, height(세로, 상하)는 False이다. 따라서 가로 크기는 변경 가능하지만, 세로 크기는 변경이 불가능한 윈도우가 만들어진다.

윈도우 창을 설정할 때 몇 가지 옵션을 줄 수 있다. 화면에서 x좌표 100, y좌표 100이 되는 지점에 윈도우를 나타나게 하려면 다음과 같이 +를 사용한다. win.geometry('300x200+100+100')은 300 x 200 크기의 윈도우를 x좌표 100, y좌표 100에 만들어준다.

```
05  win.geometry('300x200+100+100')  # 가로 300 X 세로 200 + x좌표 + y좌표
```

화면 크기를 변경하는 win.resizable(width = True, height = False)는 다음과 같이 width와 height를 생략할 수 있다.

```
06  win.resizable(True, False)        # width = True, height = False와 같음
07  win.resizable(1, 0)               # width = True, height = False와 같음
```

또한, 7번 줄과 같이 True는 1, False는 0이라 써도 된다. 추가적으로 True나 False 대신 대문자로 TRUE나 FALSE라 써도 정상적으로 작동한다.

3 위젯 만들기

tkinter와 관련된 수많은 위젯과 설정방법이 있다. 위젯을 만드는 방법을 알아보자. 처음 만드는 위젯은 **레이블**[label] 위젯으로 기본 윈도우 창에 문자를 표시한다. 형식은 `label = Label(win, text = 'Label 만들었음')`이다. `Label()` 함수로 만들어진 레이블 위젯 이름은 `label`이다.

꼭 기억해야 할 것이 있다. **위젯을 만드는 함수의 첫 글자는 대문자이다.** 또한, 어떤 윈도우에 위젯을 만드는지 파이썬에게 알려주어야 한다. 그래서 `Label()` 함수 안의 첫 번째 위치에 기본 윈도우 이름인 `win`은 적는다. 대부분의 **위젯 함수의 첫 번째 위치에는 기본 윈도우 이름을 적어야 한다.**

코드 11-3 **레이블 생성** 1103_label1.py

```
from tkinter import *
win = Tk()
win.geometry('300x200')

label = Label(win, text = 'Label 만들었음')        # 레이블 위젯 만듦
label.pack()                                      # pack(): win과 결합
win.mainloop()
```

윈도우 화면

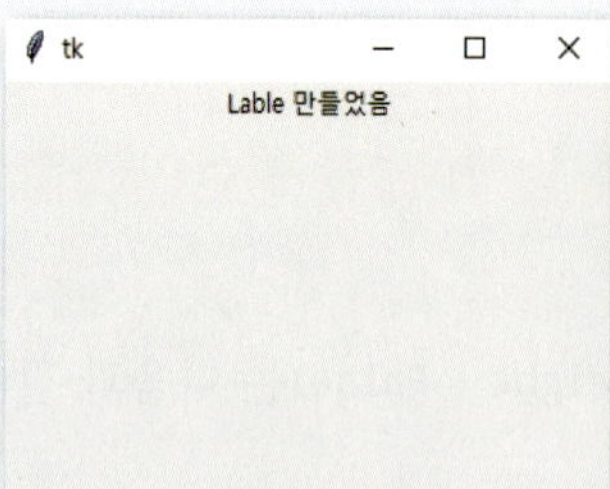

Label(win)로 레이블 위젯 만듦

위젯 함수 처음 위치에 기본 윈도우 이름 명시

.pack()으로 배치

위젯을 만든 후에는 기본 윈도우와 결합을 시켜야 한다. 기본 윈도우의 특정 위치에 레이블을 나타나게 하는 함수가 6번 줄 `label1.pack()`이다. 6번 줄이 빠지면, `Label 만들었음` 글자가 화면에 나타나지 않는다. 위젯을 기본 윈도우에 배치하는 함수로 `.pack()`이외에도 `.place()`와 `.grid()`가 있다. 각 함수의 특징과 사용법은 나중에 자세히 다룬다.

4 이미지 사용하기

위젯에 문자열을 사용하고 싶을 때는 `text =` 다음에 명시하면 된다. 앞서 레이블에 문자를 표시할 때 `Label(win, text = 'Label 만들었음')`이라고 썼다. 위젯에 이미지image 도 넣을 수 있다. 이미지를 사용하고 싶을 때는 `PhotoImage()`로 원하는 이미지를 가져온 후 사용해야 한다. `PhotoImage()`는 이미지를 위젯에 넣을 수 있는 형태로 변환하는 함수이다. [코드 11-4]는 레이블 위젯에 이미지를 표시하는 코드이다.

코드 11-4 이미지 사용 1104_image1.py

```
01  from tkinter import *
02  win = Tk()
03
04  img = PhotoImage(file = 'man1.png')       # 이미지를 불러와 img에 저장
05  label = Label(win, image = img)           # img를 레이블에 넣음
06  label.pack()                              # .pack(): 레이블 배치
07  win.mainloop()
```

윈도우 화면

`# PhotoImage()로 이미지를 먼저 가져올 것`

4번 줄 `img = PhotoImage(file = 'man1.png')`는 `man1.png` 파일을 불러와 `img` 변수에 저장한다. 5번 줄에서 `Label(win, image = img)`를 사용하여 `label` 위젯에 이미지를 넣고, 6번 줄 `label.pack()`이 윈도우에 이미지를 나타나게 한다.

`PhotoImage()`에서 변환시킬 수 있는 이미지는 확장자 `gif`와 `png` 2종류이다. 참고로 터

틀 그래픽에서는 `gif`만 사용할 수 있다. 주의할 것은 불러오는 이미지는 파이썬 코드와 같은 폴더에 있어야 한다. 만약 다른 폴더에 있을 경우, 폴더 이름을 같이 써주어야 한다. 예를 들어 파이썬 코드가 있는 폴더 밑의 `image` 폴더에 `man1.png`가 있는 경우, `img = PhotoImage(file = 'image/man1.png')`라 써야 한다.

중간점검

1. 윈도우에서 작동하는 코드를 만드는 데 많이 사용하는 모듈은 (   )이다.
2. 기본 윈도우 `win`을 만드는 코드는 `win = (      )`이다.
3. 윈도우 안에 들어가는 다양한 장치들을 (   )이라 부른다.
4. 레이블 위젯을 만드는 함수 이름은 (   )이다.
5. 윈도우에 위젯을 결합하고 나타나게 하는 함수 이름은 (   )이다.
6. 이미지를 위젯에 사용할 수 있는 형태로 변환하는 함수는 (   )이다.

위젯 사용하기 11.2

1 레이블 위젯

tkinter에는 수많은 위젯이 있지만, 이 책에서는 자주 쓰이는 위젯을 중심으로 살펴본다. 첫 번째는 앞에서 배운 **레이블**label 위젯으로 주요 옵션은 다음과 같다.

```
Label(win, text = '문자열', image = 이미지, width = 넓이, height = 높이,
fg = '글자색', bg = '배경색', font = ('글꼴', 크기), anchor = 'CENTER')
```

fg(foreground)	bg(background)	font	anchor(방위)		
글자색	배경색	('글꼴', 크기)	ne	n	nw
'red' '#ff0000'	'blue' '#0000ff'		e	center	w
			se	s	sw

win은 결합될 기본 윈도우를 의미한다. width는 레이블의 너비, height는 레이블의 높이를 의미한다. fg는 foreground의 약자이며 글자색을 정하고, bg는 background의 약자이며 글자의 배경색을 정한다. foreground와 background라 써도 된다.

font = ('글꼴', 크기)는 글꼴과 크기를 지정하며, anchor는 방위를 가리킨다. 방위란 레이블의 위치를 정한다. 북 = 'n', 남 = 's', 동 = 'e', 서 = 'w'이며 기본값은 중앙인 'center'이다. 또한 북동 = 'ne', 남동 = 'se', 북서 = 'nw', 남서 = 'sw'도 지정할 수 있다. 설명한 주요 옵션들은 다른 위젯에서도 많이 사용되니, 외워두면 편하다. [코드 11-5]는 레이블의 옵션을 사용한 코드이다.

코드 11-5 레이블 위젯 1105_label2.py

```
01 from tkinter import *
02 win = Tk()
03
04 label1 = Label(win, text='색상', fg='light yellow', bg='#ff0000')
05 label2 = Label(win, text='폰트', font=('궁서체', 20))
06 label3 = Label(win, text='anchor=남쪽', height=5, anchor='s')
07 label1.pack()
08 label2.pack()
09 label3.pack()
10 win.mainloop()
```

윈도우 화면

```
# label1: fg(글자색)='light yellow', bg(배경색)='#ff0000'
# labe2: font= ('궁서체', 20)

# labe3: height=5, anchor='s'
```

4번 줄 label1은 fg와 bg를 사용하여 글자색과 배경색을 지정한다. 'light yellow'와 같이 문자로 색을 지정할 수 있고 '#ff0000'과 같이 16진수로 색을 지정할 수 있다. 5번 줄 label2의 font=('궁서체', 20)은 폰트를 궁서체, 크기를 20으로 지정한다.

6번 줄 label3은 anchor = 's'를 사용하여 전체 레이블 중 글자를 남쪽(아래쪽 중앙)에 위치시킨다. anchor를 지정할 때는 's'처럼 따옴표로 감싸서 문자열을 만들어야 한다. anchor = s라 쓰면 에러가 발생한다. 다양한 위젯에서 anchor를 지정할 수 있다.

레이블을 만들고 나서, 레이블 안의 문자를 변경하고 싶다면, .config() 함수를 사용하면 된다. 다음과 같이 label.config(text='바뀐 문자열')을 사용하면, 원래의 문자열이 바뀐 문자열로 변경된다.

```
label_1.config(text='바뀐 문자열')
```

2 버튼 관련 위젯

버튼button 위젯은 Button() 함수로 만들며 버튼이 눌리면 다양한 작업을 수행하게 한다. 버튼 위젯은 앞의 Label() 위젯에서 사용한 text, width, height, fg(foreground), bg(background), font, anchor, image와 같은 옵션을 사용할 수 있다. 그 외의 주요 옵션은 다음과 같다.

옵션	의미	기본값	옵션값
bd(borderwidth)	버튼 테두리 두께	2	
padx	버튼 안쪽 좌우 여백		
pady	버튼 안쪽 상하 여백		
justify	여러 줄 문자열 정렬방법	center	center, left, right
compound	버튼 내 이미지 위치	none	bottom, center, left, right

bd는 borderwidth의 약자이며, 버튼 테두리의 두께를 나타낸다. bd 대신 borderwidth라 써도 된다. padx는 버튼 안쪽 좌우(x방향)여백을 지정한다. pady는 버튼 안쪽 상하여백(y방향)을 지정한다. padx와 pady를 지정하지 않으면 글자크기에 딱 맞는 버튼이 만들어진다.

justify는 버튼 안쪽의 글자가 여러 줄일 경우 정렬방식을 지정한다. 기본값은 중앙 정렬('center')이다. 버튼에 이미지를 넣을 수 있는데, compound는 버튼 안쪽 이미지의 위치를 지정한다. [코드 11-6]은 버튼 위젯의 사용 예제이다.

4번 줄 button1은 fg와 bg를 사용하여 글자색과 배경색을 지정한다. 5번 줄 button2는 bd = 5, padx = 20을 사용하여 버튼 테두리 두께를 5로 만들고, 버튼 안쪽의 글자 좌우 여백을 20으로 만들었다. button1과 비교해보면 테두리도 두꺼워졌을뿐 아니라 문자열 b2 좌우로 여백이 생긴 것을 알 수 있다.

코드 11-6 버튼 위젯 1106_button1.py

```
01 from tkinter import *
02 win = Tk()
03
04 button1 = Button(win, text='b1', fg='light yellow', bg='#ff0000')
05 button2 = Button(win, text='b2', bd=5, padx=20)
06 img = PhotoImage(file='man2.png')
07 button3 = Button(win, image = img)
08
09 button1.pack()
10 button2.pack()
11 button3.pack()
12 win.mainloop()
```

윈도우 화면

```
# button1: fg(글자색)='light yellow', bg(배경색)='#ff0000'
# button2: bd(테두리)=5, padx(안쪽 좌우 여백)=20

# button3: image='man2.png'
```

6번 줄에서 man2.png를 불러와서 img에 저장한 후, 7번 줄에서 button3에 해당 이미지를 넣었다. 실행결과를 보면, 이미지를 누르면 작동하는 버튼이 생겼다.

버튼 위젯이 눌렸을 경우 반응하는 코드는 사용자 정의 함수로 만든다. [코드 11-7]은 버튼 위젯이 눌릴 때마다 레이블의 숫자를 1씩 올리는 코드이다.

코드 11-7 버튼 위젯과 레이블 위젯 1107_button2.py

```
01  from tkinter import *
02
03  def press() :                                # button이 눌리면 실행되는 함수 press
04      global hit                                 # hit를 전역 변수로 사용
05      hit = hit + 1
06      label.config(text=str(hit))                # .config(): 레이블 문자 변경
07
08  hit = 0
09  win = Tk()
10  label = Label(win, text=str(hit), font=('', 10), bg='#bbffff')
11  button = Button(win, text='버튼 1', bd=5, padx=50, command=press)
12  label.pack()
13  button.pack()
14  win.mainloop()
```

윈도우 화면

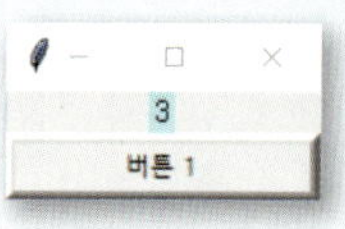


```
# 버튼이 눌릴 때마다 레이블값 변경
```

8번 줄에서 변수 hit를 만들고 0을 넣은 뒤 10번 줄에서 label에 hit값을 출력한다.

text = 다음에는 문자열이 와야 함으로 str(hit)를 사용하여 정수값을 문자로 바꾼다. 11번 줄에서 버튼이 눌렸을 때 실행하는 함수를 command = press로 지정한다. 버튼이 눌릴 때마다 3번에서 6번 줄의 press() 함수가 실행된다. 위젯의 **옵션에서 함수를 지정할 때 괄호를 생략**하는 것에 주의하자.

4번 줄에서 global hit를 사용하여 hit를 함수 안에서도 사용할 수 있도록 바꾼다. 5번 줄에서 hit에 1을 더한 후 6번 줄에서 label.config(text = str(hit))를 사용하여 변경된 hit값을 출력한다.

버튼 위젯과 유사한 위젯으로 여러 개의 항목을 복수로 선택할 수 있는 체크버튼 위젯이 있으며 Checkbutton() 함수로 만든다. [코드 11-8]은 체크버튼 위젯 예제이다.

코드 11-8 체크버튼 위젯 1108_button3.py

```
01  from tkinter import *
02  win = Tk()
03
04  var1 = IntVar()                          # IntVar() 정수형 객체 만듦
05  var2 = IntVar()                          # IntVar() 정수형 객체 만듦
06  cb1=Checkbutton(win, text='하와이', variable=var1, onvalue=1,
07                                                     offvalue=0)
08  cb2=Checkbutton(win, text='이태리', variable=var2, onvalue=1,
09                                                     offvalue=0)
10  cb1.pack()
11  cb2.pack()
12  win.mainloop()
13
14  print(var1.get())                        # 정수값 가져옴
15  print(var2.get())                        # 정수값 가져옴
```

윈도우 화면

```
# 하와이 선택되면 var1은 1 아니면 var1은 0
# 이태리 선택되면 var2는 1 아니면 var2는 0
```

4번 줄 var1 = IntVar()에서 IntVar()는 정수형 객체를 선언하는 함수이다. 아직 객체를 설명하지 않았기 때문에 정수를 담는 변수라 생각하면 된다. 6번 줄 cb1 = Checkbutton(win, text='하와이', variable=var1, onvalue=1, offvalue=0)에서 하와이가 선택되면(onvalue), 정수 객체 var1에 1이 저장된다. 선택이 안 되면(offvalue) 0이 저장

된다. var2와 연결된 체크버튼 cb2도 마찬가지이다.

사용자가 어떤 선택을 했는지 12번과 13번 줄에서 출력한다. 정수형 변수가 아니라 객체이기 때문에 바로 출력할 수 없다. 대신 .get() 함수를 사용하면, 가지고 있던 정수값이 출력된다.

Checkbutton()과 유사한 위젯으로 라디오버튼 위젯이 있다. Radiobutton() 위젯은 여러 항목 중 하나만 선택할 수 있다는 차이점이 있다. 따라서 Radiobutton()도 Checkbutton() 위젯과 유사한 방법으로 사용할 수 있다.

LAB 1 로켓 발사 버튼 만들기

tkinter의 Button() 위젯을 사용하여 버튼이 눌리면 터틀 그래픽의 로켓이 발사되는 코드를 만들어보자.

실행결과

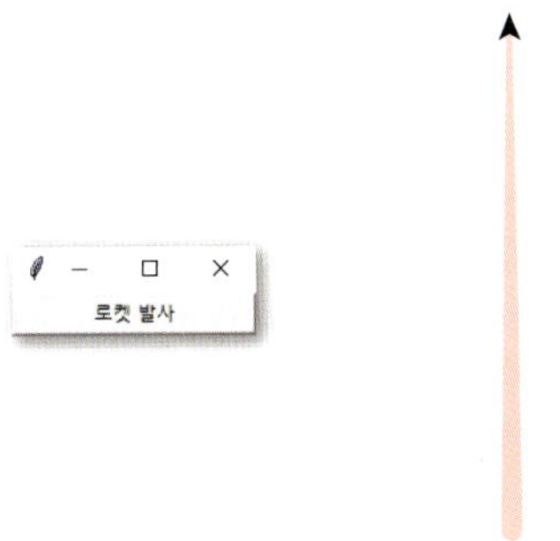

알고리즘 만들기

앞서 만든 로켓 발사 코드를 함수 rocket()으로 만든 후 Button() 위젯의 commad = rocket으로 연결하면 된다. 버튼이 여러 번 눌릴 수 있기 때문에 해당 함수의 첫 번째 코드는 화면을 지우는 코드 turtle.reset()을 사용한다. 그러면 버튼이 눌릴 때마다 로켓이 새로 발사된다.

소스코드

코드 11-9 **로켓 발사** 1109_rocket.py

```
from tkinter import *
import turtle as t

def rocket() :                          # button이 눌리면 실행되는 함수 rocket()
    t.reset()                              # t.reset(): 처음으로 되돌리는 함수
    t.pencolor('#FFCCBB')
    t.left(90)
    t.goto(0, -500)
    for k in range(500) :
        t.pensize((600 - k) / 15)
        t.fd(k / 80)

t.pencolor('red')                       # 터틀 그래픽 화면을 나타나게 함
win = Tk()
```

```
15 button = Button(win, text = '로켓 발사', padx = 50, command = rocket)
16 button.pack()
17 win.mainloop()
```

코드설명

4번에서 11번 줄까지 def rocket()은 터틀 그래픽의 로켓 발사 코드를 함수 형태로 만든 것이다. 5번 줄 t.reset()은 터틀 그래픽의 모든 것을 초기화한다. 따라서 버튼이 눌리면 화면이 다 지워지고 처음부터 다시 시작한다.

터틀 그래픽 관련 함수를 사용해야만 비로소 터틀 그래픽 화면이 나타나게 된다. 그래서 13번 줄 t.pencolor('red')를 넣어서 터틀 그래픽 화면을 나타나게 하였다.

14번 줄에서 기본 윈도우를 만들고 15번 줄 button = Button(win, text = '로켓 발사', padx = 50, command = rocket)으로 버튼 위젯을 만든다. 해당 버튼이 눌리면 command = rocket 옵션 때문에 rocket() 함수가 실행된다. win 윈도우에 버튼이 나타나게 하는 코드는 16번 줄 button.pack()이다.

3 메시지 관련 위젯

작업의 결과를 알려준다던가 경고를 하는 것과 같이 메시지를 표시할 경우에는 **메시지** message 위젯을 사용한다. 메시지 위젯은 `Message()` 함수로 만들며 다음과 같이 사용한다.

코드 11-10 메시지 위젯 1110_msg1.py

```
01 from tkinter import *
02 win = Tk()
03 win.geometry('300x100')
04
05 msg = Message(win, text = '메시지', width = 100, font = ('', 15))
06 msg.pack()
07 win.mainloop()
```

윈도우 화면

기본 윈도우에 메시지 나타남

5번 줄 `Message(win, text = '메시지', width = 100, font = ('', 15))`는 기본 윈도우 안에 메시지를 표시한다. 폰트 변경 없이 크기만 바꾸고 싶다면 `font = ('', 15)`로 쓰면 된다.

기본 윈도우가 아닌 별도의 윈도우에 메시지를 나타나게 하려면 `messagebox`를 사용한다. `messagebox`를 사용하기 위해서는 `tkinter` 모듈에서 메시지박스를 다시 가져와야 한다. 메시지박스를 다시 가져오는 방법은 `from tkinter import messagebox`이다. [코드 11-11]은 버튼을 누르면 경고 메시지가 메시지박스에 나타나는 코드이다.

2번 줄에서 `from tkinter import messagebox`를 사용하여 `tkinter`에서 `messagebox`를 가져온다. 9번 줄에서 버튼이 눌리면 `info()` 함수가 실행되도록 `command`에 `info`를 연결한다. 버튼이 눌리면 6번 줄 `messagebox.showinfo('경고', '누르지 마쇼!')`가 실행된다. 새로운 메시지 윈도우가 나타나는데 메시지박스의 제목은 경고이며, 내용은 누르지 마쇼!가 된다. 메시지박스는 확인 버튼을 눌러야만 사라지는 특징이 있다.

코드 11-11 메시지박스 1111_mbox1.py

```
from tkinter import *
from tkinter import messagebox                  # messagebox를 다시 가져옴
win = Tk()

def info() :
   messagebox.showinfo('경고', '누르지 마쇼!')

img = PhotoImage(file = 'man3.png')
button = Button(win, image = img, command = info)
button.pack()
win.mainloop()
```

윈도우 화면

```
# 버튼 누르면 messagebox 윈도우 나타남

# messagebox 제목은 경고, 내용은 누르지 마쇼!

# 확인을 눌러야 messagebox 사라짐
```

4 캔버스 위젯

대부분의 위젯들은 한 번 만들어지면 위치를 변경하기 어렵다. **캔버스**canvas 위젯은 도형이나 그림을 만들고 움직일 수 있도록 해준다. `Canvas()` 함수로 만드는 캔버스 위젯은 선, 사각형, 원, 이미지를 만들고 움직이게 할 수 있다. 주요 함수와 특징은 다음과 같다.

동작	함수	비고
선	.ceate_line(x1, y1, x2, y2, ..., xn, yn, option)	모든 선 연결
사각형	.create_rectangle(x1, y1, x2, y2, option)	
다각형	.create_polygon(x1, y1, x2, y2, ..., xn, yn, option)	
원	.create_oval(x1, y1, x2, y2, option)	
호	.create_arc(x1, y1, x2, y2, start, arc, option)	arc는 각도
이미지	.create_image(x, y, image, option)	x, y 시작점
텍스트	.create_text(x, y, text, option)	x, y 시작점
이동	.move(id, x, y)	id는 객체
바꾸기	.itemconfig(id,)	id는 객체

canvas.create_line()은 x1, y1부터 시작하여 x2, y2로 선을 연결하고 계속하여 xn, yn까지 연결되는 선을 만들어준다. canvas.create_rectangle()은 x1, y1과 x2, y2를 꼭지점으로 하는 사각형을 만들어준다. canvas.create_polygon()은 x1, y1부터 시작하여 x2, y2를 xn, yn까지 연결되는 다각형을 만들어준다. canvas.create_oval()은 x1, y1과 x2, y2의 사각형 안에 인접하는 원 혹은 타원을 만들어준다. canvas.create_arc()는 x1, y1과 x2, y2의 사각형 안에 인접하는 호를 그려준다. 호의 시작점은 start이고 각도는 arc가 된다.

canvas.create_image()는 이미지를 만들어주며, canvas.create_text()는 문자열을 만들어준다. 옵션으로 fill은 배경 색상, outline은 외곽선 색상, width는 두께 등을 지정할 수 있다.

캔버스 위젯에서 만들어지는 선, 사각형, 원, 그림, 문자열들은 독립적인 객체가 된다. 독립적인 객체라는 것은 각각 따로 작업할 수 있다는 의미이다. 캔버스 위젯에서 만들어지는 모든 객체는 1번부터 시작하여 순서대로 식별자(id)를 갖는다. .create_()를 사용하여 만들어지는 첫 번째 id는 1번, 두 번째의 id는 2번이다.

캔버스 위젯에서는 식별자(id)를 기준으로 작업을 한다. .move(id, x, y)는 id에 해당하는 캔버스 객체를 x방향과 y방향으로 움직이게 하는 함수이다. x자리에 양수가 오면, 현재 있는 위치를 기준으로 오른쪽으로 움직이고, 음수가 오면 왼쪽으로 움직인다. y자리에 양수가 오면, 현재 있는 위치를 기준으로 위쪽으로 움직이고, 음수가 오면 아래쪽으로 움직인다. .itemconfig(id,)는 id 객체의 글씨를 바꾸거나 그림을 바꿀 수 있다. [코드 11-12]는 캔버스 위젯에 그림 객체를 만든 후 움직이게 하는 코드이다.

코드 11-12 캔버스 위젯 1112_canvas1.py

```
01 from tkinter import *
02 import time as t
03 win = Tk()
04 
05 canvas = Canvas(win, width = 1000, height = 200)
06 canvas.pack()
07 img = PhotoImage(file = 'man4.png')
08 canvas.create_image(0, 100, image = img)    # 처음 만들어진 객체 id 1번
09 
10 for k in range(0, 90) :
11    if k % 2 == 0 :
12       canvas.move(1, 10, 20)       # 1은 캔버스에 만들어진 첫 번째 객체
13    else :
14       canvas.move(1, 10, -20)      # 현재를 기준으로 x방향 +10, y방향 -20
15    win.update()                    # 윈도우를 새로 그림
16    t.sleep(0.1)
17 win.mainloop()
```

윈도우 화면

5번 줄에서 너비 1000, 높이 200 픽셀의 캔버스 위젯이 만들어진다. 8번 줄에서 canvas.create_image(0, 100, image = img)로 man4.png를 이미지 객체로 만든다. 처음 만들어진 객체는 id가 1이 된다. 만들어진 객체가 있는 위치의 x좌표는 0이고, y좌표는 100이다. 이미지의 중심점이 위치하는 곳이 0, 100이 된다. 따라서 이미지의 오른쪽 반만 화면에 나타난다.

10번 줄부터는 객체를 움직이는 코드이다. 만약 k가 짝수이면 12번 줄 canvas.move(1, 10, 20)이 실행된다. id 1번 객체를 x방향으로 10, y방향으로 20픽셀 움직인다. 홀수인 경우, id 1번 객체를 x방향으로 10, y방향으로 -20픽셀 움직인다. 따라서 위로 움직인다. 캔버스 위젯에서 객체에 변화가 생기면, 이를 윈도우에 반영시켜주어야 하는 데, 그 코드가 win.update()이다. 객체는 움직일 때마다 win.update()를 해야만 한다. 코드를 실행하면 위아래로 움직이며 오른쪽으로 이동하는 이미지를 볼 수 있다.

5 메뉴 관련 위젯

기본 윈도우에 메뉴를 만들고 하위에 여러가지 하위메뉴들을 만들 수 있다. 메뉴를 만들 때 사용하는 **메뉴**[menu] 위젯이며 Menu() 함수로 만든다. 메뉴에는 윈도우 화면에 나타나는 상위메뉴와 상위메뉴를 눌렀을 때 나타나는 하위메뉴가 있다. 여러 개의 상위메뉴만으로 구성할 수 있고, 하나의 상위메뉴에 여러 개의 하위메뉴가 달릴 수도 있다. 윈도우마다 구성되는 메뉴 형태가 다르기 때문에 메뉴를 만드는 방법은 조금 복잡하다. [코드 11-13]을 통해 메뉴를 구성하는 방법을 설명한다.

11번 줄의 upmenu = Menu(win)은 기본 윈도우의 첫 번째 메뉴를 만든다. Menu(win) 함수를 사용하여 만드는 메뉴는 모두 상위메뉴이다. 기본 윈도우 win에 노출되는 메뉴라는 의미이다. 12번 줄 dnmenu = Menu(upmenu)는 메뉴 upmenu 밑에 만들어지는 메뉴이다. 따라서 dnmenu는 upmenu의 하위메뉴가 된다. 13번 줄 upmenu.add_cascade(label = '상위메뉴', menu = dnmenu)는 상위메뉴라는 이름의 이름 상위메뉴를 만들고 하위메뉴를 상위메뉴에 연결한다. 보통 상위메뉴는 하위메뉴들을 대표하는 이름이며, 어떤 동작을 하는 실제메뉴는 하위메뉴이다.

코드 11-13 **메뉴 위젯** 1113_menu1.py

```
01  from tkinter import *
02  win = Tk()
03
04  def msg() :                    # load 메뉴가 선택되면 실행되는 함수 msg
05      msg1 = Message(win, text = 'Load 눌렀음!')
06      msg1.pack()
07
08  def quit() :                   # quit 메뉴가 선택되면 실행되는 함수 quit
09      win.destroy()                  # .destroy(): 윈도우 종료
10
11  upmenu = Menu(win)             # 윈도우의 Menu 생성 -> upmenu
12  dnmenu = Menu(upmenu)          # upmenu 하위메뉴 생성 -> dnmenu
13  upmenu.add_cascade(label = '상위메뉴', menu = dnmenu)
14
15  dnmenu.add_command(label = '하위메뉴 Load', command = msg)
16  dnmenu.add_command(label = '하위메뉴 Quit', command = quit)
17  win.config(menu = upmenu)      # 윈도우에 Menu 나타나게 함
18  win.mainloop()
```

윈도우 화면

상위메뉴는 기본 윈도우에 노출되는 메뉴

하위메뉴는 상위메뉴를 눌렀을 때 나타나는 메뉴

각 하위메뉴마다 command로 함수 연결

하위메뉴들은 .add_command()를 사용하여 구성한다. 15번 줄 dnmenu.add_command(label = '하위메뉴 load', command = msg)는 하위메뉴 이름이 하위메뉴 load이고, 메뉴가 선택되면 msg() 함수가 실행된다는 의미이다. 같은 방식으로 16번 줄 dnmenu.add_command(label = '하위메뉴 quit', command = quit)은 두 번째 하위메뉴를 만들며, 선택되면 quit() 함수가 실행된다. 상위메뉴와 하위메뉴가 모두 완성되면, win.config(menu = upmenu)를 사용하여 기본 윈도우에 만들어진 메뉴를 결합시킨다. 조금은 복잡하지만, 이러한 과정을 통하여 여러 개의 상위메뉴와 하위메뉴를 만들 수 있다.

만들어진 메뉴들에서 하위메뉴 Load를 선택하면 실행되는 4번 줄 msg()는 Message()를 사용하여 윈도우에 'Load 눌렀음!'를 출력한다. 메시지를 새로운 윈도우에 나타나게 하려면 앞에서 설명한 messagebox.showinfo()를 사용하면 된다.

하위메뉴 Quit을 선택하면 실행되는 8번 줄의 quit() 함수는 윈도우를 종료한다. 윈도우 종료에는 win.destroy()를 사용한다. **메뉴 버튼** 위젯을 사용하면 메뉴를 버튼 형태로 만들 수 있으며, Menubutton() 함수를 사용하여 만든다.

중간점검

1. 버튼 위젯을 만드는 함수 이름은 (　　)이다.
2. 여러 개의 항목을 복수로 선택할 수 있는 버튼 관련 위젯은 (　　)이다.
3. 만들어진 객체를 이동시킬 수 있는 위젯은 (　　)이다.
4. 별도의 윈도우에 메시지를 나타내려면 (　　)를 사용해야 한다.

LAB 2 원과 사각형 움직이기

캔버스 위젯을 사용하여 원과 사각형을 만들고 원은 왼쪽에서 오른쪽으로, 사각형은 오른쪽에서 왼쪽으로 움직이는 코드를 만들어보자. 무작위 수를 만들어 움직임에 변화를 주자.

실행결과

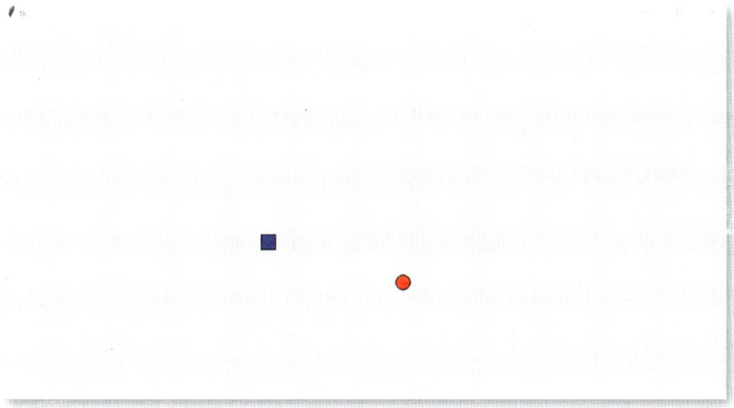

알고리즘 만들기

가로 1000, 세로 500픽셀의 캔버스 위젯을 만든다. 캔버스 위젯에서 원을 만드는 함수는 .create_oval(x1, y1, x2, y2, option)이고, 사각형을 만드는 함수는 .create_rectangle(x1, y1, x2, y2, option)이다. 원은 왼쪽에 만들고 사각형은 오른쪽에 만든다. canvas.move()와 random.randrange()를 사용하여 서로 반대 방향으로 이동시킨다.

소스코드

코드 11-14 원과 사각형 움직이기 1114_move.py

```
from tkinter import *
import random as r
import time as t
win = Tk()

canvas = Canvas(win, width = 1000, height = 500)
canvas.pack()
id1 = canvas.create_oval(0, 240, 20, 260, fill = 'red')
id2 = canvas.create_rectangle(980, 240, 1000, 260, fill = 'blue')

```

```
11 for k in range(150) :
12     canvas.move(id1, r.randrange(10), r.randrange(-10, 11))
13     canvas.move(id2, r.randrange(-9, 1), r.randrange(-10, 11))
14     win.update()
15     t.sleep(0.1)
```

코드설명

8번 줄 id1 = canvas.create_oval(0, 240, 20, 260, fill = 'red')는 가로 20, 세로 20의 사각형에 인접하는 원이 만들어지며, fill = 'red'로 인하여 내부는 빨간색으로 칠해진다. 캔버스에서 처음 만들어지는 객체 식별자는 1이다. 8번 줄에서는 id1 변수가 식별자 1을 저장한다. 캔버스 위젯에서 객체의 위치는 중심점을 기준으로 한다. 따라서 id1의 시작 위치는 10, 250이다.

9번 줄 id2 = canvas.create_rectangle(980, 240, 1000, 260, fill = 'blue')는 가로 20, 세로 20의 사각형이 990, 250 위치에 만들어지며, 내부는 파란색으로 칠해진다. 사각형의 식별자 2는 id2 변수가 저장한다. id2의 시작 위치는 990, 250이다.

12번 줄 canvas.move(id1)에서는 x위치(좌우)의 r.randrange(10)이 0에서 9 사이의 무작위 수를 만들기 때문에 오른쪽으로 이동한다. y위치는 -10에서 +10 사이의 무작위 수가 만들어지기 때문에 위아래로 움직이며 이동한다. 13번 줄 canvas.move(id2)에서는 x위치의 r.randrange(-9, 1)이 -9에서 0 사이의 무작위 수를 만들기 때문에 왼쪽으로 이동한다. 따라서 원과 사각형은 서로 반대 방향으로 이동한다.

위젯 활용하기

11.3

1 여러 위젯 배치하기

기본 윈도우에 여러 개의 위젯을 사용할 때, 어떻게 배치시킬지를 결정해야 한다. 어떤 위젯들은 위아래로 놓이기도 하고, 어떤 위젯들은 좌우로 배치되기도 한다. 이렇게 위젯들이 놓이는 위치를 결정하는 데 사용되는 함수가 .pack()이다. 그래서 위젯을 만든 후 .pack()과 같은 배치 함수를 사용해야만 비로소 화면에 나타나게 된다. .pack()에는 다음과 같은 옵션을 사용할 수 있다.

옵션명	의미	기본값	옵션값
side	여러 위젯 배치 순서	top	top, bottom, left, right
anchor	위치 내에서 방향 설정	center	center, n, e, s, w, ne, nw, se, sw
fill	크기 맞춤	none	none, x, y, both
expand	여백 확보	False	True, False
ipadx	위젯에 대한 x방향 안쪽 여백	0	
ipady	위젯에 대한 y방향 안쪽 여백	0	
padx	위젯에 대한 x방향 바깥쪽 여백	0	
pady	위젯에 대한 y방향 바깥쪽 여백	0	

여러 개의 위젯을 배치할 때 side는 위젯이 배치되는 순서를 결정한다. 기본값은 'top'으로 위에서 아래로 하나씩 배치된다. 만약 아래에서 위로 배치를 하고 싶다면 side = 'bottom'을 사용하면 된다. side = 'left'는 왼쪽에서 오른쪽으로 위젯이 배치되며, side = 'right'는 오른쪽부터 위젯이 배치된다.

anchor는 공간 내에서 동서남북 어느 위치에 배치할 것인지 결정하며 기본값은 'center'이다. fill은 위젯의 크기를 맞춘다. x축만 맞출 수(fill = 'x')도 있고, y축만 맞출 수(fill = 'y')도 있으며, 둘 다 맞추고 싶은 경우에는 fill = 'both'이다.

[코드 11-15]는 앞에서 만든 버튼 코드에 .pack() 옵션을 사용하여 버튼의 배치를 변경한 것이다. 실행결과의 아래쪽은 .pack() 옵션의 기본값으로 배치한 경우의 실행 화면이니 비교해보면 이해하기 쉬울 것이다.

코드 11-15 pack() 옵션 1115_pack.py

```
01 from tkinter import *
02 win = Tk()
03
04 button1 = Button(win, text = 'b1', fg = 'light yellow',
05                                                   bg = '#ff0000')
06 button2 = Button(win, text = 'b2', bd = 5, padx = 20)
07 img = PhotoImage(file = 'man2.png')
08 button3 = Button(win, image = img)
09
10 button1.pack(side = 'left')                   # 왼쪽부터 위젯 배치됨
11 button2.pack(side = 'left', fill = 'y')       # y축 윈도우 크기까지 확장
12 button3.pack(side = 'left')
13 win.mainloop()
```

윈도우 화면

side = left

왼쪽에서 오른쪽

pack() 옵션 기본값

side 기본값 top

위에서 아래로 배치

9번 줄에서 button1은 side = 'left'를 사용하여 윈도우의 왼쪽에 배치한다. button2도 side = 'left'를 사용하여 button1 오른쪽에 배치한다. 다시 말해 위젯들이 왼쪽부터 순서대로 배치된다. 이때 fill = 'y'로 인하여 button2의 y축은 윈도우 크기까지 확장되어 크기가 커진다. 이후 button3가 맨 오른쪽에 배치된다.

위젯을 배치하는 함수로 .place()도 있다. .place(x, y)는 윈도우의 x, y좌표에 위젯을 배치한다. x와 y좌표의 값을 사용하기 때문에 일정한 크기의 위젯을 연달아 배치할 때 사용한다. 반대로 크기가 일정하지 않은 위젯을 배치하기에는 불편하다.

.grid()는 윈도우를 바둑판 모양으로 생각하고 위젯을 배치시키는 함수이다. .grid()에서 위아래 줄은 row, 좌우 칸은 column이라 부른다. 따라서 줄과 칸의 배치는 다음과 같다.

	column		
row	row = 0, column = 0	row = 0, column = 1	row = 0, column = 2
	row = 1, column = 0	row = 1, column = 1	row = 1, column = 2
	row = 2, column = 0	row = 2, column = 1	row = 2, column = 2

.grid()를 사용할 때에는 위젯을 어떤 줄의 어떤 칸에 넣을지를 명시하면 된다. [코드 11-16]은 .grid()를 사용하여 위젯을 배치하는 예제이다.

코드 11-16 grid() 옵션 1116_grid.py

```
from tkinter import *
win = Tk()

button1 = Button(win, text = 'b1', fg = 'light yellow',
                                                   bg = '#ff0000')
button2 = Button(win, text = 'b2', bd = 5, padx = 20)
img = PhotoImage(file = 'man2.png')
button3 = Button(win, image = img)

button1.grid(row = 0, column = 0)
button2.grid(row = 0, column = 1)
button3.grid(row = 1, column = 0)
win.mainloop()
```

윈도우 화면

```
# button1: row=0, column=0 / button2: row=0, column=1

# button3: row=1, column=0
```

.grid()의 배치결과를 보면 button1과 button2는 윗줄에 배치되고, button3는 두 번째 줄 첫 번째 칸에 배치된다.

2 이벤트 처리하기

윈도우에서 마우스 버튼을 누르거나 키보드에서 키를 누르는 것을 **이벤트**[event]라 부른다. 파이썬에서는 이벤트를 감지하고 처리할 수 있는 방법을 제공한다. 이벤트는 크게 마우스 이벤트와 키보드 이벤트로 나눌 수 있다. 우선 마우스 이벤트를 감지하고 처리하는 방법을 설명한다.

이벤트를 윈도우와 연결하는 함수는 .bind()이다. 만약 마우스의 더블클릭이 발생했을 때 마우스 더블클릭이라 메시지를 출력하고 싶다면 다음과 같이 만들면 된다.

```
01  def evnt_func(event) :            # 이벤트 호출 함수는 괄호 안에 event 필요
02      messagebox.showinfo('메시지', '마우스 더블클릭')
03
04  win.bind('<Double-Button>', evnt_func)
05  win.mainloop()
```

4번 줄 win.bind('<Double-Button>', evnt_func)은 기본 윈도우 win에서 마우스의 더블클릭이 발생하면 event_func()을 실행하는 코드이다. 앞서 버튼 위젯의 command 옵션과 유사하다. 차이점이 있다면 event_func(event)와 같이 이벤트로 호출되는 함수의 괄호 안에 event를 꼭 넣어야 한다.

이벤트가 실제로 작동하는 시점은 win.mainloop() 이후이다. 그래서 tkinter 관련 함수에는 win.mainloop()를 사용한다. 또한, label.bind()나 button.bind()와 같이 이벤트와 위젯을 연결할 수도 있다.

마우스 이벤트	공통 이벤트	왼쪽 버튼	중간 버튼	오른쪽 버튼
클릭	<Button>	<Button-1>	<Button-2>	<Button-3>
클릭 해제	<ButtonRelease>	<ButtonRelease-1>	<ButtonRelease-2>	<ButtonRelease-3>
더블클릭	<Double-Button>	<Double-Button-1>	<Double-Button-2>	<Double-Button-3>
드래그		<B1-Motion>	<B1-Motion>	<B1-Motion>
위젯에 올라옴	<Enter>			
위젯에서 떠남	<Leave>			

위의 표는 마우스 이벤트 종류와 이름을 나열한 것이다. 마우스의 클릭은 <Button>이다. <Button>은 어떤 버튼이 눌리든 간에 발생하는 공통 이벤트이다. 마우스 클릭을 왼쪽 버튼 클릭(<Button-1>), 중간 버튼 클릭(<Button-2>), 오른쪽 버튼 클릭(<Button-3>)으로 세분화시킬 수도 있다. 마우스 버튼을 누른 상태에서 끌고 가는 드래그의 경우에는 공통 이벤트가 없다. 버튼에 따라 다른 이벤트가 발생한다.

마우스가 윈도우나 위젯 위로 올라오는 것은 <Enter>이며, 반대로 떠나는 것은 <Leave>이다. 연결된 이벤트 함수들은 이벤트가 발생할 때 한 번만 실행된다. 예를 들어 <Enter>이벤트의 경우 마우스가 윈도우 위로 올라올 때 연결된 이벤트 함수가 한 번 실행된다. 그러나 드래그의 경우, 마우스 버튼에서 손을 뗄 때까지 계속 호출된다.

코드 11-17 마우스 이벤트 1117_event1.py

```
01  from tkinter import *
02  from tkinter import messagebox
03  win = Tk()
04
05  def m_click(event) :            # 이벤트 호출 함수는 괄호 안에 event 필요
06     messagebox.showinfo('경고', '건들지 마쇼!')
07
08  img = PhotoImage(file = 'man3.png')
09  label = Label(win, image = img)
10  label.pack()
11
12  win.bind('<Button>', m_click)   # bind: 마우스 클릭과 m_click(event) 연결
13  win.mainloop()
```

윈도우 화면

마우스 클릭하면 m_click(event) 호출

messagebox 제목은 경고, 내용은 건들지 마쇼!

확인을 눌러야 messagebox 사라짐

12번 줄 win.bind('<Button>', m_click)은 윈도우 위에서 마우스 버튼이 눌리면 함수 m_click(event)가 호출되도록 이벤트를 연결하는 함수이다.

마우스뿐 아니라 키보드의 모든 키를 이벤트로 연결할 수 있다. 다음은 키보드 이벤트를 나열한 것이다.

이벤트	이벤트 이름
모든 키	<Key>
특수키	<Up>, <Down>, <Left>, <Right>, <Return>, <Space> 등
일반키	a ~ z, A ~ Z, 1, 2, 3 등 일반키

키보드에서 어떤 키가 눌리든 간에 <Key> 이벤트가 발생한다. 특수키 이벤트로 방향키는 <Up>, <Down>, <Left>, <Right>이다. 키보드의 엔터키는 <Return>, 스페이스바는 <Space>이다. 마우스가 윈도우 위로 올라오는 이벤트 <Enter>와 키보드 엔터키 <Return>을 혼동하지 말길 바란다. 일반키는 그대로 사용하면 된다.

3 텍스트 입력받기

사용자로부터 1줄짜리 텍스트을 입력받는 경우 **엔트리**entry 위젯을 사용하며 Entry() 함수로 만든다. Entry() 위젯을 지금에서야 설명하는 이유는 이벤트 처리와 연관되어 있기 때문이다. [코드 11-18]로 엔트리 위젯의 특징을 살펴본다.

10번 줄 svar = StringVar()는 문자열 객체 svar를 만든다. 앞서 체크버튼 위젯에서 숫자를 입력받기 위해서 InvVar() 함수를 사용하여 정수 객체를 만들었다. 유사하게 문자열 객체를 만들기 위해서는 StringVar() 함수를 사용한다. 12번 줄 entry = Entry(win, textvariable = svar, font = ('', 15))에서 엔트리 위젯을 만들고, 입력되는 텍스트는 svar에 저장된다.

코드 11-18 엔트리 위젯 1118_entry1.py

```
01  from tkinter import *
02  win = Tk()
03  win.geometry('300x100')
04
05  def name(event) :
06      label.config(text = '이름: ' + svar.get())
07
08  label = Label(win, text = '이름 입력', font = ('', 15))
09  label.pack()
10  svar = StringVar()                          # 문자열 객체 만듦
```

```
11  entry = Entry(win, textvariable = svar, font=('', 15))
12  entry.pack()
13  entry.bind('<Return>', name)
14  win.mainloop()
```

윈도우 화면

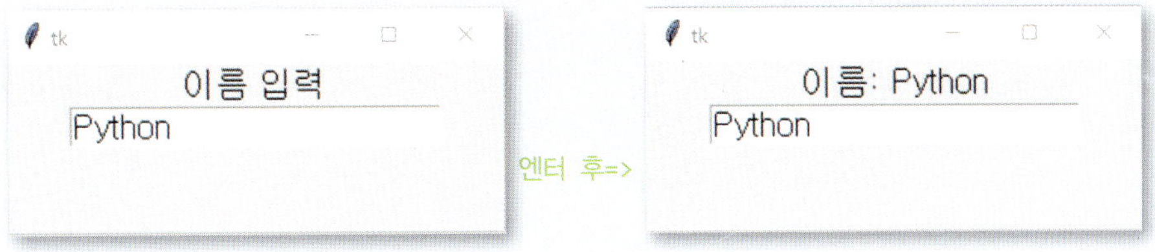

Entry() 위젯에 command 옵션이 없다. 따라서 입력된 문자를 확인하기 위해서는 따로 버튼 위젯을 만들어주어야 한다. 버튼이 눌리면 함수를 호출하여 svar의 문자를 읽는 방식이다. 또 다른 방법으로는 13번 줄의 entry.bind('<Return>', name) 코드를 사용하여 엔터키가 눌리면 함수 name(event)를 호출한다. 함수에서 svar.get()으로 입력된 문자열을 읽으면 된다.

여러 줄의 텍스트를 사용하는 **텍스트**[text] 위젯도 있으며, Text() 함수로 만든다. 텍스트 위젯에서 다음과 같이 문자열을 삽입하거나, 지우거나, 입력된 문자열을 가져오는 함수가 있다.

함수명	의미	설명
.insert(index, '문자열')	문자열 삽입	index 위치에 문자열 삽입
.delete(start, end)	문자열 삭제	start에서 end index까지 삭제
.get(start, end)	문자열 가져옴	start에서 end index까지 가져옴
.index(index)	인덱스 가져옴	index 가져옴
.see(index)	문자열 확인	index에 텍스트가 표시되면 True

.insert(index, '문자열')은 index 위치에 문자열을 삽입하고, .delete(start, end)는 start부터 end index까지 삭제하며, .get(start, end)는 start부터 end index까지 가져온다.

여기서 index 표시방법에 주의해야 한다. index는 점(.)을 사용하여 y줄.x번째의 형태이다. 1.0은 1번째 줄 0번째 문자를 의미하며, 2.4는 2번째 줄 4번째 문자를 의미한다. 좌표와 달리 y(줄)가 먼저 표시되는 것에 주의하길 바란다. [코드 11-19]는 텍스트 위젯의 사용 예제이다.

코드 11-19 텍스트 위젯 1119_text1.py

```
01  from tkinter import *
02  win = Tk()
03
04  text = Text(win, width=50, height=10, font=('', 15), bg='#fffedf')
05  text.pack()
06  text.insert(0.0, '1. 첫 번째줄\n2. 두 번째 줄')# 0번째 줄 0번째 문자열 삽입
07  text.insert(2.4, '2')                      # 2번째 줄 4번째 2 삽입
08  win.mainloop()
```

윈도우 화면

4번 줄 `Text(win, width=50, height=10, font=('', 15), bg='#fffedf')`로 `text` 위젯이 만들어진다. 텍스트 위젯은 메모장처럼 사용할 수 있다.

6번 줄 `text1.insert(0.0, '1. 첫 번째 줄\n2. 두 번째 줄')`은 `0`번째 줄 `0`번째 위치에 `'1. 첫 번째 줄\n2. 두 번째 줄'`을 삽입한다. 특이한 것은 줄바꿈 서식문자 `\n`을 사용할 수 있다는 것이다. 7번 줄 `text1.insert(2.4, '2')`는 2번째 줄 4번째 문자 다음에 2를 삽입한다. 2번째 줄 4번째 문자는 두이다. 따라서 두 다음에 2가 삽입된다.

중간점검

1. .pack()에서 여러 위젯의 배치 순서를 결정하는 옵션은 ( )이다.
2. .grid()에서 1번째 줄 0번째 칸에 위젯을 배치하려면 ( )이라 써야 한다.
3. .bind()로 연결되는 함수의 괄호 안에는 ( )가 꼭 들어가야 한다.
4. 한 줄 텍스트를 입력받을 수 있는 위젯 이름은 ( )이다.
5. 여러 줄의 텍스트를 사용할 수 있는 위젯 이름은 ( )이다.

LAB 3 키보드로 이미지 움직이기

캔버스 위젯으로 이미지 객체 3개를 만들고 키보드의 방향키를 누르면 1번과 3번은 같은 방향으로, 2번은 반대 방향으로 움직이는 코드를 만들어보자.

실행결과

알고리즘 만들기

가로 `1000`, 세로 `500` 크기의 캔버스 위젯을 만들고, 이미지 `man2.png`, `man3.png`, `man4.png`를 가져와서 이미지 객체 1, 2, 3을 만든다. 키보드 오른쪽 방향키 `<Right>`와 왼쪽 방향키 `<Left>` 이벤트를 함수와 연결한다. `right(event)`가 실행되면 `.move()`를 사용하여 `id1`의 x값은 `-10`, `id2`의 x값은 `10`, `id3`의 x값은 `-5`를 한다. `left(event)`의 경우 x값은 반대이다.

소스코드

코드 11-20 키보드로 이미지 움직이기 1120_event2.py

```
01  from tkinter import *
02  win = Tk()
03
04  def right(event) :                  # 키보드 오른쪽 방향키 눌리면 실행되는 함수
05      canvas.move(id1, -10, 0)
06      canvas.move(id2, 10, 0)
07      canvas.move(id3, -5, 0)
08
09  def left(event) :                   # 키보드 왼쪽 방향키 눌리면 실행되는 함수
10      canvas.move(id1, 10, 0)
11      canvas.move(id2, -10, 0)
12      canvas.move(id3, 5, 0)
13
14  canvas = Canvas(win, width = 1000, height = 500)
15  canvas.pack()
16  png2 = PhotoImage(file = 'man2.png')
17  png3 = PhotoImage(file = 'man3.png')
18  png4 = PhotoImage(file = 'man4.png')
19  id1 = canvas.create_image(500, 100, image = png2)
20  id2 = canvas.create_image(500, 250, image = png3)
21  id3 = canvas.create_image(500, 400, image = png4)
22
23  win.bind('<Right>', right)
24  win.bind('<Left>', left)
25  win.mainloop()
```

코드설명

23번 줄 win.bind('<Right>', right)는 키보드의 오른쪽 방향키를 함수 right(event)와 연결한다. 24번 줄 win.bind('<Left>', left)는 키보드의 왼쪽 방향키를 함수 left(event)와 연결한다. 오른쪽 방향키가 눌리면 1, 3번 객체는 왼쪽으로 움직이고 2번 객체만 오른쪽으로 움직인다. 왼쪽 방향키가 눌리면 반대로 움직인다.

PROJECT 1 가만히 좀 있어!

가만히 좀 있어! 코드를 만들어보자. 캔버스 위젯으로 만든 이미지 객체는 왼쪽에서 조금씩 오른쪽으로 천천히 움직이고 있다. 마우스가 윈도우 위로 올라가면 서있는 모습으로 바뀌면서 움직임을 멈춘다. 그러다가 마우스가 윈도우를 떠나면 다시 오른쪽으로 움직이는 코드를 만들어보자.

실행결과

알고리즘 만들기

서있는 이미지는 img1로 가져오고, 이동하는 이미지는 img2로 가져온다. 처음 만드는 이미지 객체는 img2이다. 마우스 이벤트 <Enter>는 stop(event) 함수와 연결하고, <Leave>는 slow(event) 함수와 연결한다.

x축 이동을 담당하는 fd 변수를 만들고 초기값은 1로 설정한다. 마우스가 윈도우 위로 올라오면 fd를 0으로 바꾸고 서있는 이미지 img1으로 변경한다. 캔버스 위젯에서 객체의 텍스트나 이미지를 바꾸는 함수는 itemconfig()이다. 따라서 canvas.itemconfig(1, image = img1)이라 쓰면 img1로 변경된다. 마우스가 떠날 때는 fd를 1로 바꾸고, 이미지를 img2로 바꾸면 된다.

소스코드

코드 11-21 가만히 좀 있어! 1121_dontgo.py

```
from tkinter import *
import time as t
win = Tk()

def stop(event) :                          # 마우스가 윈도우 위로 올라오면
    global fd
    fd = 0                                 # fd = 0: 움직이지 않음
    canvas.itemconfig(1, image = img1)     # itemconfig(): img1로 변경

```

```python
10 def slow(event) :                         # 마우스가 윈도우에서 떠나면
11     global fd
12     fd = 1                                  # fd = 1: 오른쪽으로 움직임
13     canvas.itemconfig(1, image = img2)     # itemconfig(): img2로 변경
14 
15 canvas = Canvas(win, width = 1000, height = 200)
16 canvas.pack()
17 img1 = PhotoImage(file = 'man1.png')
18 img2 = PhotoImage(file = 'man2.png')
19 canvas.create_image(100, 100, image = img2)
20 win.bind('<Enter>', stop)
21 win.bind('<Leave>', slow)
22 
23 fd = 1
24 for k in range(900) :
25     canvas.move(1, fd, 0)                     # fd만큼 움직임
26     win.update()
27     t.sleep(0.02)                             # 너무 빨리 이동하는 것 방지
28 win.mainloop()
```

코드설명

서있는 이미지 man1.png는 17번 줄에서 img1로 가져오고 이동하는 이미지 man2.png는 18번 줄에서 img2로 가져온다. 19번 줄에서 img2로 이미지 객체를 만든다. 23번 줄 fd는 x축 이동에 쓰이는 변수로 초기값은 1이다. 24번 줄 for 문은 1번 객체를 fd만큼 이동시킨다. 초기에는 fd가 1임으로 오른쪽으로 이동한다.

마우스가 윈도우 위로 올라오면(<Enter>가 발생하면), 5번 줄 stop(event)가 실행된다. 6번 줄에서 fd를 전역 변수로 만들고, 7번 줄에서 fd = 0으로 이미지의 움직임을 멈추게 한다. 그리고 8번 줄에서 이미지를 img1으로 바꾼다. 마우스가 윈도우를 떠나면(<Leave>) fd = 1, 이미지는 img2로 변경된 후 다시 오른쪽으로 움직인다.

PROJECT 2 진짜 슬롯머신

버튼을 누르면 그림이 회전하다가 결과를 출력하는 진짜 슬롯머신을 만들어보자. 슬롯 머신은 3칸으로 구성되며, 4개의 이미지로 구성된다. 슬롯 땡겨 버튼을 누르면 이미지가 빨리 돌기 시작한다. 점점 천천히 돌다가 결과를 보여준다. 3개가 다 같으면 잭팟!!이라고 출력하고 2개가 같으면 두 개 맞았네!라고 출력한다. 나머지의 경우 오늘운세 꽝!이라 출력한다. 코드 줄이기를 하여 32줄로 만들었으니 천천히 읽어보길 바란다.

실행결과

알고리즘 만들기

900 × 200 크기의 캔버스 객체를 만들고, 그 밑에 버튼 객체를 만든 후 command = slot으로 slot() 함수를 연결한다. 슬롯머신에 사용되는 이미지는 slot1.png, slot2.png, slot3.png, slot4.png이며, 이미지 크기는 가로 300, 세로 200으로 모두 동일하다.

imgs[] 리스트를 만들어 4개의 이미지를 저장한다. 리스트 ret[]은 3개의 무작위 수를 저장한다. image_create()를 사용하여 3개의 그림 객체를 (150, 100), (450, 100), (750, 100)의 위치에 만든다.

버튼을 누르면 slot() 함수가 시작된다. 처음엔 그림이 빠르게 회전하다가 점점 느려진다. 회전이 끝나면, ret[]에 무작위 수 3개를 만들고, 그림 객체를 무작위 수에 해당하는 그림으로 바꾼다. 이후 몇 개의 그림이 같은지 확인하여 3개가 같으면 잭팟!!이라 출력하고, 2개가 맞으면 두 개 맞았네!를 출력하고, 나머지는 오늘운세 꽝을 출력한다.

소스코드

코드 11-22 진짜 슬롯머신 1122_real_slot.py

```
01 from tkinter import *
02 from tkinter import messagebox
03 import time as t
04 import random as r
05
06 def slot() :
07    for k in range(250) :          # 이미지를 회전하는 반복문
08       canvas.itemconfig(k % 3 + 1, image = imgs[k % 4])
09       win.update()
10       t.sleep(k / 4000)            # k가 증가할 수록 느리게 돌아감
11    for k in range(3) :
12       ret[k] = r.randrange(4)      # 3개의 ret 리스트에 무작위 수 저장
13       canvas.itemconfig(k + 1, image = imgs[ret[k]])
14                                    # 결과를 확인하고 메시지를 출력하는 부분
15    if ret[0] == ret[1] and ret[1] == ret[2] :
16       messagebox.showinfo('슬롯머신', '잭팟!!')
17    elif ret[0] == ret[1] or ret[1] == ret[2] or ret[0] == ret[2] :
18       messagebox.showinfo('슬롯머신', '두 개 맞았네!')
19    else : messagebox.showinfo('슬롯머신', '오늘운세 꽝!')
20
21 win = Tk()
22 canvas = Canvas(win, width = 900, height = 200)
23 canvas.pack()
24 button = Button(win, text='슬롯 땡겨', font=('', 20), command=slot)
25 button.pack(fill = 'x')
26                                 # 변수 및 위젯 설정 부분
27 imgs, ret = [], [0] * 3         # imgs 2개 그림을 저장하는 리스트
28 for k in range(1, 5) :          # slotk.png 4개를 imgs 리스트에 저장함
29    imgs.append(PhotoImage(file = 'slot' + str(k) + '.png'))
30 for k in range(3) :             # x축 150, 450, 750에 그림 객체 만듦
31    canvas.create_image(k * 300 + 150, 100, image = imgs[0])
32 win.mainloop()
```

코드설명

21번에서 25번 줄은 기본 윈도우와 위젯을 만드는 코드이다. 22번 줄에서 900 × 200크기의 캔버스 위젯을 만들고 그 밑에 폭이 900인 버튼 위젯(fill = 'x')을 만든다.

27번에서 31번 줄은 변수 및 위젯을 설정하는 부분이다. 27번 줄 리스트 imgs[]는 슬롯머신에 사용하는 이미지 4개를 저장하는 배열이고, ret[]은 슬롯머신 결과 3개를 저장하는 리스트이다. 28번 줄과 29번 줄은 슬롯머신에 사용할 이미지 4개를 가져와서 imgs[]에 저장하는 코드이다. 가져와야 하는 이미지 이름은 slot1.png, slot2.png, slot3.png, slot4.png이다. 따라서 k를 1부터 4까지 증가시키면서 파일 이름 'slot' + str(k) + '.png'를 가져오면 된다. 가져온 이미지를 imgs.append()를 사용하여 리스트에 붙이면 4개의 이미지가 imgs[]에 저장된다.

28번과 29번 줄은 canvas.create_image()를 사용하여 3개의 이미지 객체를 만든다. 이미지 객체 위치는 (150, 100), (450, 100), (750, 100)이다. 따라서 create_image(k * 300 + 150, 100, image = imgs[0])은 리스트 imgs[0]에 있는 이미지를 x축 150, 450, 750 위치에 만든다.

버튼을 누르면 6번 줄 slot()이 실행되면서 슬롯머신이 돌기 시작한다. 7번에서 10번 줄은 슬롯머신을 회전시키는 코드이다. k가 0에서 249까지 증가하면, canvas.itemconfig(k % 3 + 1, image = imgs[k % 4])가 3개의 객체에 있는 그림을 다른 그림으로 바꾼다. t.sleep(k / 4000)로 인하여 점점 느리게 돌아가게 된다.

11번에서 13번 줄은 슬롯머신의 결과를 만드는 코드이다. 12번 줄에서 0에서 4 사이의 무작위 수를 만들어 ret[k]에 저장하고, 13번 줄 canvas.itemconfig(k + 1, image = imgs[ret[k]]) 코드는 만들어진 무작위 수에 해당하는 그림으로 바꿔준다. k는 0에서 2이지만, 객체 id는 1, 2, 3이기 때문에 객체 id 자리에 k + 1을 해야 한다.

15번에서 19번 줄은 결과를 메시지박스로 출력하는 코드이다. 3개가 같으면(ret[0] == ret[1] and ret[1] == ret[2]), 잭팟!!이라 출력하고, 2개가 같으면(ret[0] == ret[1] or ret[1] == ret[2] or ret[0] == ret[2]), 두 개 맞았네!를 출력하고, 나머지 경우 오늘운세 꽝!을 출력한다.

요약

- 그래픽 사용자 인터페이스(GUI)용 코드를 만들 때 사용하는 모듈은 `tkinter`이며 기본 윈도우를 만드는 코드는 `win = Tk()`이다.
- 윈도우 안에 들어가는 다양한 장치들을 위젯이라 부른다. 위젯을 만든 함수의 첫 글자는 대문자이며, 위젯 함수의 첫 번째 위치에는 기본 윈도우 이름을 적어야 한다.
- 위젯을 만든 후에는 기본 윈도우와 결합시켜야 한다. 윈도우에 위젯을 결합하고 나타나게 하는 함수로 `.pack()`, `.place()`, `.grid()`가 있다.
- 문자를 표시하는 레이블 위젯을 만드는 함수 이름은 `Label()`이다.
- 이미지를 위젯에 사용할 수 있는 형태로 변환하는 함수는 `PhotoImage()`이며 `gif`와 `png` 파일을 사용할 수 있다.
- 버튼 위젯을 만드는 함수 이름은 `Button()`이다. 버튼 위젯에서 버튼이 눌렸을 때 실행되는 함수를 연결하는 옵션 이름은 `command`이다. 옵션에서 함수를 지정할 때 괄호를 생략한다.
- 여러 개의 항목을 복수로 선택할 수 있는 버튼 관련 위젯 함수는 `Checkbutton()`이며, 한 개만 선택하는 위젯 함수는 `Radiobutton()`이다.
- 만들어진 객체를 이동시킬 수 있는 위젯은 캔버스이고 함수 이름은 `Canvas()`이다.
- 메시지 위젯은 윈도우에 메시지를 만들고 함수 이름은 `message()`이다. 별도의 윈도우에 메시지를 나타내려면 `messagebox`를 사용한다.
- 메뉴를 구성하는 위젯의 함수 이름은 `Menu()`이다.
- 윈도우에서 마우스 버튼을 누르거나 키보드에서 키를 누르는 것을 이벤트라 부르며, 이벤트 이름과 함수는 `.bind()`를 사용하여 연결한다. `.bind()`로 연결되는 함수의 괄호 안에는 `event`가 꼭 들어가야 한다.
- 한 줄 텍스트를 입력받을 수 있는 위젯 이름은 `Entry()`이며, 여러 줄의 텍스트를 사용할 수 있는 위젯 이름은 `Text()`이다.

연습문제 27문제

[개념문제]

01 다음 중 tkinter에서 기본 윈도우 win을 만드는 코드는 무엇인가?

① win = Tk()　② win.title()　③ win.mainloop()　④ win.geometry()

02 다음 중 윈도우 win의 크기와 나타나는 위치를 만드는 데 사용하는 코드는 무엇인가?

① win = Tk()　② win.title()　③ win.mainloop()　④ win.geometry()

03 다음 중 기본 윈도우에 다양한 문자를 표시하는 데 주로 사용되는 위젯은 무엇인가?

① Label()　② Button()　③ Menu()　④ Canvas()

04 다음 중 버튼을 만들어 함수와 연결하는 데 주로 사용되는 위젯은 무엇인가?

① Label()　② Button()　③ Menu()　④ Canvas()

05 다음 중 도형, 이미지, 문자를 만들고 움직이는 데 주로 사용되는 위젯은 무엇인가?

① Label()　② Button()　③ Menu()　④ Canvas()

06 다음 중 상위와 하위메뉴를 만드는 데 주로 사용되는 위젯은 무엇인가?

① Label()　② Button()　③ Menu()　④ Canvas()

07 다음 중 복수로 선택할 수 있는 버튼을 만들 때 사용되는 위젯은 무엇인가?

① Checkbutton()　② Button()　③ Radiobutton()　④ Canvas()

08 다음 중 여러 개 중 한 개만 선택할 수 있는 버튼을 만들 때 사용되는 위젯은 무엇인가?

❶ Checkbutton() ❷ Button()

❸ Radiobutton() ❹ Canvas()

09 다음 중 x좌표와 y좌표를 사용하여 위젯을 배치시키는 함수는 무엇인가?

❶ .pack() ❷ .place()

❸ .grid() ❹ .config()

10 다음 중 side 옵션을 사용하여 위젯을 배치시키는 함수는 무엇인가?

❶ .pack() ❷ .place()

❸ .grid() ❹ .config()

11 다음 중 row와 column을 사용하여 위젯을 배치시키는 함수는 무엇인가?

❶ .pack() ❷ .place()

❸ .grid() ❹ .config()

12 다음 중 레이블의 문자열을 바꿀 수 있는 함수는 무엇인가?

❶ .itemconfig() ❷ .place()

❸ .move() ❹ .config()

13 다음 중 캔버스 위젯의 문자열 혹은 객체를 바꿀 수 있는 함수는 무엇인가?

❶ .itemconfig() ❷ .place()

❸ .move() ❹ .config()

14 다음 중 테두리 두께를 나타내는 옵션은 무엇인가?

❶ .padx ❷ .bd

❸ .pady ❹ .bg

15 다음 중 배경색을 나타내는 옵션은 무엇인가?

❶ .padx ❷ .bd

❸ .pady ❹ .bg

16 다음 중 좌우 여백을 나타내는 옵션은 무엇인가?

① .padx ② .bd

③ .pady ④ .bg

17 다음 중 상하 여백을 나타내는 옵션은 무엇인가?

① .padx ② .bd

③ .pady ④ .bg

18 다음 중 버튼이 눌렸을 때 작동하는 함수를 연결하는 옵션은 무엇인가?

① fill ② command

③ anchor ④ font

19 다음 중 위젯이 위치하는 방향을 나타내는 옵션은 무엇인가?

① fill ② command

③ anchor ④ font

20 다음 중 마우스가 윈도우 위로 올라오는 이벤트를 나타내는 것은 무엇인가?

① <Leave> ② <Return>

③ <Enter> ④ <Button>

21 다음 중 키보드의 엔터키에 해당하는 이벤트를 나타내는 것은 무엇인가?

① <Leave> ② <Return>

③ <Enter> ④ <Button>

22 다음 마우스가 윈도우를 떠나는 이벤트를 나타내는 것은 무엇인가?

① <Leave> ② <Return>

③ <Enter> ④ <Button>

[코드문제]

23 다음은 윈도우를 400 × 300 크기에 x좌표 200, y좌표 100에 나타나게 하려 한다. 빈칸을 채우시오.

```
from tkinter import *

win = Tk()
win.geometry(                              )
win.mainloop()
```

24 다음은 이미지를 레이블 위젯에 표시하는 코드이다. 빈칸을 채우시오.

```
from tkinter import *
win = Tk()

img =                     (file = 'man1.png')
label = Label(win, image = img)
label.pack()
win.mainloop()
```

25 다음은 새로운 창에 메시지를 나타내는 메시지박스 코드이다. 빈칸을 채우시오.

```
from tkinter import *
from tkinter import messagebox
win = Tk()

def info() :
                      ('경고', '누르지 마쇼!')

img = PhotoImage(file = 'man3.png')
button = Button(win, image = img,                     )
button.pack()
win.mainloop()
```

26 다음은 마우스 버튼이 눌리면 메시지를 나타내는 메시지박스 코드이다. 빈칸을 채우시오.

```
from tkinter import *
from tkinter import messagebox
win = Tk()

def                    :
    messagebox.showinfo('경고', '건들지 마소!')

img = PhotoImage(file = 'man3.png')
label = Label(win, image = img)
label.pack()

win.bind(                    , m_click)
win.mainloop()
```

27 다음은 마우스 버튼이 눌리면 메시지를 나타내는 메시지박스 코드이다. 빈칸을 채우시오.

```
from tkinter import *
from tkinter import messagebox
win = Tk()

def                    :
    messagebox.showinfo('경고', '건들지 마소!')

img = PhotoImage(file = 'man3.png')
label = Label(win, image = img)
label.pack()

win.bind(                    , m_click)
win.mainloop()
```

CHAPTER 12

WONDER **Python**

객체 만들기

미리 둘러보기

함수는 누구나 사용할 수 있도록 미리 만들어 놓은 코드다. 객체는 사용자가 쉽고 다양하게 사용할 수 있도록 미리 만들어 놓은 코드다. 객체의 장점은 수십 가지에 이른다.

객체 만들기의 첫 번째는 객체 정의 단계이며, 두 번째는 객체 설계도(객체 정의)에 따라 객체를 만드는 단계이다. 이렇게 만들어진 객체는 서로 독립적이다.

객체에서 가장 강력한 기능은 상속이다. 상속이란 이미 만들어진 객체를 가져와서 새로운 객체를 정의하는 것이다.

만들려는 객체와 90% 유사한 객체가 있다면 그 객체를 상속하고 나머지 10%만 코드를 추가하면 된다. 10%의 코드로 새로운 객체를 만들 수 있으니 적은 노력으로 다양한 객체를 만들 수 있다.

이 장에서는 객체를 만들고 사용하는 방법과 객체를 상속하여 새로운 객체를 만드는 방법에 대해 배운다.

파이썬에는 모든 것이 객체이다. 따라서 객체를 이해하는 것이 파이썬을 이해하는 것이다. 객체를 이용한 코드를 만들어본다. 첫 번째 코드는 객체를 이용한 로켓 발사 코드이다. 로켓 발사를 객체로 만들어 여러 번 쏜다.

프로젝트에서는 밤하늘에 폭죽이 터지는 불꽃놀이 코드를 만들어본다.

객체 알아보기 12.1

1 객체와 함수의 차이점

10장에서 함수에 대해 배웠다. 함수는 누구나 사용할 수 있도록 미리 만들어 놓은 코드다. 사용자가 직접 함수를 만들어 사용할 수도 있는데 이를 사용자 정의 함수라 부른다. 함수의 가장 큰 장점은 자주 사용하는 코드를 함수로 만들어 간결한 구조의 프로그램을 만들 수 있다는 것이다.

객체[object]는 함수와 닮았다. 객체는 사용자가 쉽고 다양하게 사용할 수 있도록 미리 만들어 놓은 코드다. 사용자가 직접 객체를 만들어 사용할 수 있는데 만들고 사용하는 방법을 이번 장에서 배운다. 객체의 장점은 수십 가지에 이른다.

파이썬에서는 모든 것이 객체다. 아이러니하게도 객체는 사용하기 쉽지만 만들기는 어렵다. 객체지향 언어인 자바[Java] 책의 대부분은 객체에 대한 설명이다. 그만큼 광범위한 개념이기 때문에 제대로 이해하고 구현하기 어렵다는 뜻이다. 우리가 배운 사용자 정의 함수로부터 출발하여 차근차근 객체에 접근해보자.

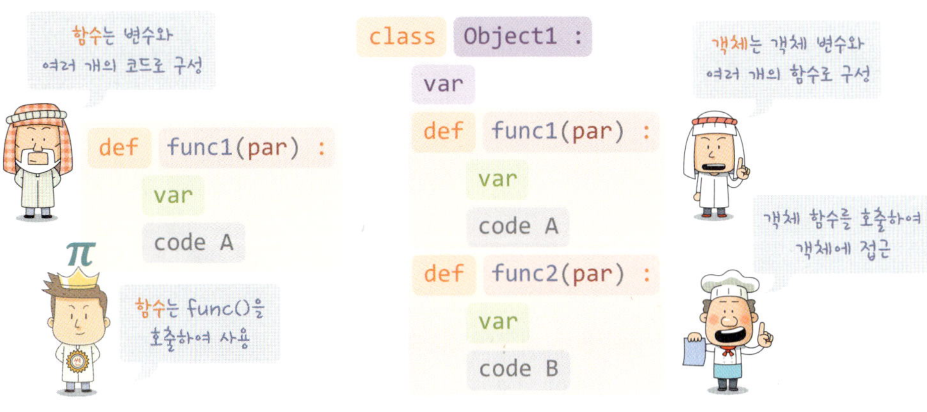

함수 안에는 함수에서 사용하는 변수와 코드가 묶여있다. 함수 안의 코드를 사용하기 위해서는 매개 변수를 사용하여 함수를 호출한다. 객체 안에는 객체에서 사용하는 객체 변수와 여러 개의 함수가 묶여있다. 객체 안의 코드를 사용하기 위해서는 객체가 정의한 함수를 호출해야 한다. 외형상으로 객체는 여러 개의 함수를 묶어서 포장을 씌워 놓은 형태이다.

객체처럼 변수와 관련 있는 함수를 하나로 묶으면 사용하기도 쉽고 관리하기도 편하다. 팩우유를 보자. 팩우유를 편하게 마시기 위해서는 빨대가 필요하다. 팩우유와 빨대를 따로 가지고 다니다가 빨대를 잃어버리면 낭패이다. 그래서 팩우유 뒷면에는 빨대를 붙여 놓았다. 객체는 객체 변수(우유)과 객체 변수를 위한 함수(빨대)를 합쳐놓은 형태이다. 객체에서는 객체 함수(빨대)를 통해서만 객체 변수(우유)에 접근할 수 있다.

사용자 정의 함수와 객체의 차이를 통닭 튀기기를 통해 확인해보자. 오른쪽이 10장에서 배운 사용자 정의 함수이고, 왼쪽이 객체로 만든 통닭 튀기기 코드이다.

```
def fry(min, src) :  # 사용자 정의 함수
   min분 튀기기
   src 바르기

fry(4, '갈비 소스')    # 왕갈비 통닭

fry(6, '없음')         # 후라닭

fry(5, '고천 소스')    # 고천 통닭

fry(7, '불 소스')      # 60배 불닭
```

```
class Fried :              # Fried 객체 정의
   def fry(min, src) :
      min분 튀기기
      src 바르기

chicken = Fried()       # Fried 객체 만듦

chicken.fry(4, '갈비 소스')    # 왕갈비

chicken.fry(6, '없음')         # 후라닭

chicken.fry(5, '고천 소스')    # 고천

chicken.fry(7, '불 소스')      # 60배
```

왼쪽 코드, 사용자 정의 함수의 경우 위쪽에 정의된 fry() 함수를 아래쪽 코드에서 호출하여 사용한다. 오른쪽 코드, 객체의 경우, class Fried가 fry() 함수를 감싸고 있는 형태이다. 오른쪽 fry()는 Fried라 불리는 객체에 속한 함수이다. 객체에 속한 함수는 바로 사용할 수 없다는 것이 일반 함수와의 가장 큰 차이점이다.

class Fried로 객체를 정의하면 해당 객체를 만드는 단계가 필요하다. chicken = Fried()는 chicken이라는 이름을 가진 class Fried의 객체를 만드는 코드이다. 객체를 정의한 다음에 만드는 단계를 거친다는 것이 조금 의아할 것이다. 그 이유는 조금 뒤에

설명하기로 하고, 우선은 객체를 만드는 과정이 필요하다는 정도만 기억하자.

chicken 객체가 만들어지면 chicken.fry(4, '갈비 소스')로 왕갈비 통닭이 만들어진다. 객체를 보면서 어딘가 낯익은 느낌이 든다. 지금까지 배운 함수 중 함수 이름 앞에 점(.)이 붙은 함수는 모두 객체에 속한 함수이다. 객체에 속한 함수를 **메소드** method 혹은 메소드 함수라 부른다.

2 객체 만들기

앞에서 본 통닭 튀기기 객체를 만들고 사용해보자. [코드 12-1]은 class Fried의 객체를 만들고 통닭을 튀기는 코드이다.

코드 12-1 객체 만들기 1201_object1.py

```
01 class Fried :                          # Fried 객체 정의 시작
02    def fry(self, min, src = '없음') :     # Fried 객체 속한 메소드 fry()
03       print(min, '분 튀김, 소스:', src, '\n')
04
05 chicken = Fried()                      # Fried 객체 만듦 -> chicken
06
07 chicken.fry(4, '갈비 소스')              # chicken.fry(): 객체의 함수 호출
08 chicken.fry(6)
09 chicken.fry(5, '고천 소스')
10 chicken.fry(7, '불 소스')
```

실행결과

```
4 분 튀김, 소스: 갈비 소스

6 분 튀김, 소스: 없음

5 분 튀김, 소스: 고천 소스

7 분 튀김, 소스: 불 소스
```

1번 줄 class Fried는 객체를 정의하는 부분이다. 정통적으로 객체 이름의 첫 글자는 대문자로 쓴다. 2번 줄부터 객체에 속한 코드이며 들여쓰기를 해야 한다. 2번 줄과 3번 줄은 객체에 속한 메소드 함수 fry()를 선언하는 코드이다. 메소드 함수에는 매개 변수 맨 앞에 self를 넣는 것이 일반 함수와의 차이이다. 메소드에서 self를 빼면 일반 함수와 똑같다.

5번 줄 chicken = Fried()에서 chicken 객체를 만든다. 7번 줄부터 chicken 객체에 붙어 있는 메소드 fry()를 호출(chicken.fry())하면 통닭이 튀겨진다.

사용자 정의 함수에서 fry(4, '갈비 소스')만 보면 갈비를 튀기는지 닭을 튀기는지 분명하지 않다. 사용자 정의 함수 fry()는 갈비를 튀기든 신발을 튀기든 간에 코드 내에서 누구나 사용할 수 있다. 이것이 객체와의 차이점이다. 객체는 허용된 코드에게만 메소드 fry()를 허락한다. 그래서 chicken = Fried()는 chicken만이 fry()를 사용할 수 있게 만든다. chicken = Fried()로 만들어진 객체만이 chicken.fry(4, '갈비 소스')로 닭을 튀긴 후 갈비 소스를 바를 수 있다.

class Fried는 객체가 어떤 모양인지를 정의한 설계도이며, chicken = Fried()는 설계도에 맞게 만들어진 객체가 된다. 그래서 객체만이 사용할 수 있는 함수라는 의미에서 def fry(self, min, src = '없음')과 같이 메소드의 매개 변수 자리 맨 앞에 self를 붙인다.

[코드 12-2]는 class Fried를 사용하여 여러 객체를 만들어 사용하는 코드이다. 5번 줄 chicken = Fried()로 통닭튀김 객체가 만들어지고, 6번 줄 shrimp = Fried()로 새우튀김 객체가 만들어진다.

코드 12-2 여러 객체 만들기 1202_object2.py

```
01  class Fried :                                # Fried 객체 정의 시작
02      def fry(self, min, src = '없음') :       # Fried 객체 속한 메소드 fry()
03          print(min, '분 튀김, 소스:', src, '\n')
04
05  chicken = Fried()                            # Fried 객체 만듦 -> chicken
06  shrimp = Fried()                             # Fried 객체 만듦 -> shrimp
07
08  chicken.fry(4, '갈비 소스')                  # chicken.fry(): 통닭 튀기기
09  shrimp.fry(7)                                # shrimp.fry(): 새우 튀기기
```

실행결과

```
4 분 튀김, 소스: 갈비 소스

7 분 튀김, 소스: 없음
```

8번 줄 chicken.fry(4, '갈비 소스')에서 왕갈비 통닭이 튀겨지고, 9번 줄 shrimp.fry(7)에서 새우튀김이 만들어진다. 하나는 통닭튀김, 다른 하나는 새우튀김이라는 것이 분명하게 나타난다.

3 객체 변수 사용하기

객체 변수를 만들어 사용해보자. 하루에 판매할 통닭의 개수가 제한되어 있어서 몇 마리째 튀기고 있는지를 나타내고 싶다고 가정해보자. [코드 12-3]은 객체 변수를 사용하여 몇 마리 튀겼는지를 출력하는 코드이다.

코드 12-3 **객체 변수 만들기** 1203_object3.py

```
01 class Fried :                          # Fried 객체 정의
02     num = 0                               # Fried 객체 변수 num
03
04     def fry(self, min, src = '없음') :
05         self.num = self.num + 1               # 객체 변수 num 1 증가
06         print(min, '분 튀김, 소스:', src, 'n=', self.num, '\n')
07
08 chicken = Fried()                      # Fried 객체 만듦
09
10 chicken.fry(4, '갈비 소스')
11 chicken.fry(6)
12 chicken.fry(5, '고천 소스')
13 chicken.fry(7, '불 소스')
```

실행결과

```
4 분 튀김, 소스: 갈비 소스 n= 1

6 분 튀김, 소스: 없음 n= 2

5 분 튀김, 소스: 고천 소스 n= 3

7 분 튀김, 소스: 불 소스 n= 4
```

2번 줄에서 객체 변수 num을 만들고 0을 저장한다. 5번 줄에서 메소드 fry()가 호출될 때마다 객체 변수 num을 1 증가시킨다. 객체에는 객체 변수 이외에도 매개 변수와 메소드 안에서 만들어진 지역 변수도 있다. 이렇게 여러 종류의 변수 중에 객체 변수를 표시하기 위하여 self를 사용한다. 메소드의 매개 변수 맨 앞에 self를 붙이는 것과 같다. 그래서 5번 줄 객체 변수 num을 증가시키는 코드는 self.num = self.num + 1이 된다. 6번 줄에서 num값을 출력할 때도 self를 붙여서 self.num을 사용한다. 10번에서 13번 줄의 출력결과를 보면 self.num의 값 1부터 4까지 출력된다.

여기까지 이해했다면, class로 객체를 정의한 후 객체를 만드는 과정이 왜 필요했는지를 설명할 수 있게 되었다. [코드 12-4]는 객체 변수를 사용하여 통닭튀김과 새우튀김을 만드는 코드이다.

코드 12-4 객체 변수의 특징 1204_object4.py

```
01 class Fried :                              # Fried 객체 정의
02    num = 0                                    # Fried 객체 변수 num
03
04    def fry(self, min, src = '없음') :
05       self.num = self.num + 1                    # 객체 변수 num 1증가
06       print(min, '분 튀김, 소스:', src, 'n=', self.num, '\n')
07
08 chicken = Fried()                          # chicken 객체 만듦
09 shrimp = Fried()                           # shrimp 객체 만듦
10
11 chicken.fry(4, '갈비 소스')
12 chicken.fry(6)
13 chicken.fry(5, '고천 소스')
14 shrimp.fry(7)
15 shrimp.fry(7)
16 chicken.fry(7, '불 소스')
```

실행결과

```
4 분 튀김, 소스: 갈비 소스 n= 1

6 분 튀김, 소스: 없음 n= 2

5 분 튀김, 소스: 고천 소스 n= 3

7 분 튀김, 소스: 없음 n= 1

7 분 튀김, 소스: 없음 n= 2

7 분 튀김, 소스: 불 소스 n= 4
```

8번 줄에서 chicken 객체를 만들고 9번 줄에서 shrimp 객체를 만든다. 11번부터 13번 줄까지 통닭을 튀기고 14번과 15번 줄에서 새우를 각각 한 마리씩 튀긴다. 객체 변수 num을 보면 통닭튀김의 개수와 새우튀김의 개수가 독립적으로 변하는 것을 알 수 있다. 이것이 객체와 사용자 정의 함수의 가장 큰 차이점이다.

위의 코드를 사용자 정의 함수로 만들었다면 통닭을 튀기든, 새우를 튀기든 간에 num의 값은 계속 증가했을 것이다. **class의 설계도면에 따라 만들어지는 객체는 서로 독립적인 존재이다.** chicken 객체는 통닭을 튀긴 개수를 출력하고, shrimp 객체는 새우를 튀긴 개수를 출력한다. 이렇게 서로 독립적으로 동작하기 위하여 설계도면(객체 정의)에 따라 객체를 만드는 단계가 꼭 필요하다.

객체에 관한 주요 내용을 정리하면 다음과 같다.

1. 객체는 객체 변수와 메소드를 하나로 묶은 것이다.
2. 객체 만들기의 첫번째는 객체 정의 단계이다. class를 사용하여 객체를 정의하며, 객체의 모양이 어떻게 생겼는지를 결정한다.
3. 두 번째는 객체 설계도(객체 정의)에 따라 객체를 만드는 단계이다. 이때 만들어지는 객체는 모양은 같지만 서로 독립적이다.
4. 객체 변수와 메소드를 사용할 때는 self를 붙여야 한다.
5. 만들어진 객체의 메소드를 사용할 때는 객체 이름.메소드 함수()를 호출하면 된다.

중간점검

1. 객체는 객체 변수와 (　　)를 하나로 묶은 것이다.
2. 객체 정의 단계에서 예약어 (　　)를 이용한다.
3. 객체 변수를 사용할 때는 변수 앞에 (　　)를 붙여야 한다.
4. 메소드 함수를 사용할 때는 함수 이름 앞에 (　　)를 붙여야 한다.
5. 만들어진 객체의 메소드를 사용할 때는 (　　).메소드 함수()를 호출하면 된다.

12.2 객체 사용하기

1 객체 생성자

객체가 만들어질 때 무언가 설정해야 하는 경우 객체 생성자를 사용한다. 객체 생성자는 def __init__()이다. 생성자 __init__() 안에 설정에 필요한 코드를 넣으면 된다. [코드 12-5]는 객체 생성자를 사용하여 객체 이름을 만드는 코드이다.

코드 12-5 객체 생성자 1205_object5.py

```
class Fried :                              # Fried 객체 정의
    num = 0                                  # Fried 객체 변수 num
    name = ''                                # Fried 객체 변수 name

    def __init__(self, name) :               # Fried 객체 초기화 함수
        self.name = name

    def fry(self, min, src = '없음') :
        self.num = self.num + 1
        print(self.name, min, '분 튀김, 소스:', src, 'n=',
                                                    self.num, '\n')

chicken = Fried('통닭')                    # chicken 객체 만듦: 객체 이름 통닭
shrimp = Fried('새우')                     # shrimp 객체 만듦: 객체 이름 새우

chicken.fry(4, '갈비 소스')
shrimp.fry(7)
chicken.fry(5, '고천 소스')
shrimp.fry(7)
```

실행결과

```
통닭 4 분 튀김, 소스: 갈비 소스 n= 1

새우 7 분 튀김, 소스: 없음 n= 1

통닭 5 분 튀김, 소스: 고천 소스 n= 2

새우 7 분 튀김, 소스: 없음 n= 2
```

3번 줄 name은 객체의 이름을 저장하는 객체 변수이다. 5번 줄 def __init__(self, name)은 객체 생성자이다. 생성자의 괄호 안의 self 다음에 매개 변수 name이 있다. 따라서 Fried 객체를 만들 때 객체 이름을 같이 넣어야 한다.

12번 줄 chicken = Fried('통닭')은 chicken 객체를 만드는 코드이다. 앞의 코드와 비교해보면 객체를 만들 때 객체 이름인 통닭이 매개 변수로 전달된다. 마찬가지로 13번 줄 shrimp = Fried('새우')는 shrimp 객체를 만들며, 객체 이름은 새우가 된다.

객체 생성자에 의해 객체 이름을 만들면 실행결과가 분명해진다. 15번 줄 chicken.fry(4, '갈비 소스')는 통닭을 튀긴다고 출력하고, 16번 줄 shrimp.fry(7)은 새우를 튀긴다고 출력한다. 생성자 __init__()을 사용하면 초기값을 다양하게 설정할 수 있다.

2 객체 상속

객체에서 가장 강력한 기능은 상속이다. **상속이란 이미 만들어진 객체를 가져와서 새로운 객체를 정의하는 것**이다. 만들려는 객체와 유사한 기능을 가진 객체가 있다면 상속을 하고 나머지 코드만 만들면 된다. 다시 말해, 만들려는 객체와 90% 유사한 객체가 있다면 그 객체를 상속하고 나머지 10%만 코드를 추가하면 된다. 10%의 코드로 새로운 객체를 만들 수 있으니 적은 노력으로 다양한 객체를 만들 수 있다.

파이썬과 자바와 같은 객체지향 언어가 많이 사용되는 이유가 상속 때문이다. 이미 만들어진 다양한 객체들이 있기 때문에 기본 객체에 코드를 조금만 추가해도 객체를 만들어 사용할 수 있다.

객체를 상속하는 방법은 간단하다. class Object_A를 상속하여 class Object_B를 정의하는 코드는 다음과 같다.

```
class Object_B(Object_A) :     # class Object_A를 상속하여 class Object_B 정의
```

돈까스 덮밥과 새우 덮밥을 만든다고 가정해보자. 돈까스 덮밥과 새우 덮밥 모두 돈까스와 새우를 튀겨야 한다. 따라서 class Dobbob을 정의할 때, 앞에서 만든 class Fried를 상속하면 된다. [코드 12-6]은 class Fried를 상속하여 만든 덮밥 코드이다.

코드 12-6 객체 상속 1206_object6.py

```
01  class Fried :                          # Fried 객체 정의
02     name = ''                           # Fried 객체 변수 name
03
04     def __init__(self, name) :          # Fried 객체 초기화
05        self.name = name
06
07     def fry(self, min, src = '없음') :  # Fried 객체 메소드 fry()
08        print(self.name, min, '분 튀김, 소스:', src, '\n')
09
10  class Dubbob(Fried) :                  # Dubbob 객체 정의: class Fried 상속
11     def dbob(self) :                    # 메소드 dbob()
12        print(self.name, '덮밥 > ', end = '')
13        self.fry(9, '간장 소스')           # 상위객체 Fried의 fry() 호출
14
15  chicken = Fried('통닭')
16  donkaz = Dubbob('돈까스')               # Dubbob 객체 만듦
17  shrimp = Dubbob('새우')
18
19  chicken.fry(4, '갈비 소스')
20  donkaz.dbob()                          # dbob() 호출 - 상위객체의 fry() 사용
21  shrimp.fry(7)                          # 상위객체의 fry() 호출: 새우 튀김
```

실행결과

```
통닭 4 분 튀김, 소스: 갈비 소스

돈까스 덮밥 > 돈까스 9 분 튀김, 소스: 간장 소스

새우 7 분 튀김, 소스: 없음
```

1번부터 8번 줄까지는 class Fried를 정의하는 코드이다. 6번 줄 class Dubbob(Fried)는 class Fried를 상속받아 class Dobbob을 정의한다. class Dobbob에서는 class Fried의 객체 변수 name, __init__() 생성자, fry() 메소드를 모두 사용할 수 있다. 따라서 class Fried에 정의된 것 이외의 코드만 추가하면 된다.

class Dobbob에 추가된 코드는 11번부터 13번 줄이다. 메소드 dbob()은 12번 줄에서 덮밥을 출력하고, 13번 줄에서 fry() 메소드를 호출한다. 객체에 속한 메소드를 호출할 때도 self를 사용해야 한다. 따라서 fry() 호출코드는 self.fry(9, '간장 소스')이다.

15번 줄에서 class Fried의 객체 chicken을 만든다. 16번 줄에서는 class Dobbob의 객

체 donkaz를 만들고, 17번 줄에서도 class Dobbob의 객체 shrimp를 만든다.

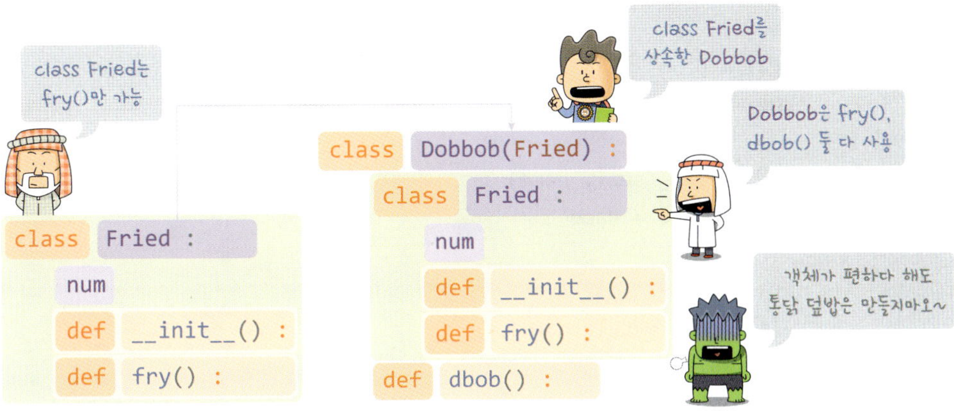

19번 줄 class Fried로 만든 객체 chicken은 fry()를 호출하여 통닭을 튀긴다. 20번 줄 class Dobbob으로 만든 객체 donkaz는 dbob()을 호출하여 돈까스를 튀긴 후 덮밥을 만든다. 객체 shrimp는 dbob()을 호출하여 새우 덮밥을 만들 수 있다. 또한, 21번 줄과 같이 shrimp.fry(7)로 새우 튀김도 만들 수 있다. class Fried를 상속한 Dobbob 객체는 튀김과 덮밥을 만들 수 있는 만능 객체가 된다. 이것이 객체 상속의 매력이다.

객체는 상속할수록 다양한 기능을 가지게 되며, 적은 노력으로도 다양한 객체를 만들 수 있게 해준다. 그렇다고 해서 무조건 다양한 기능을 가진 객체를 사용해야 하는 것은 아니다. class Dobbob으로 chicken 객체를 만들어 dbob()을 호출할 수 있지만, **통닭 덮밥**은 이상하지 않은가? 만들려는 의도에 맞게 객체를 정의하고 사용하는 것이 좋다.

3 클래스 변수

객체는 서로 독립적이다. 따라서 같은 class로 만들어진 객체라 할지라도 객체 변수는 객체 안에서만 사용할 수 있다. 그러나 같은 클래스로 만들어진 객체들끼리 변수를 공유할 수 있는 방법도 있다. 전역 변수와 지역 변수의 개념과 유사하다.

앞서 객체 안에서만 사용하는 함수, 변수들에는 self를 붙였다. 객체 전체가 공유하는 변수에는 객체 이름을 붙여서 사용하면 된다. 예를 들어 class Fried 안에 만들어진 total 변수를 모든 객체에서 사용하고 싶다면 Fried.total로 접근하면 된다. [코드 12-7]은 객체 변수와 클래스 전체에서 공유하는 변수의 차이점을 보여준다.

코드 12-7 클래스 변수 1207_object7.py

```
01 class Fried :                           # Fried 객체 정의
02     num = 0                              # Fried 객체 변수 num
03     total = 0                            # Fried 객체 변수 total
04     name = ''                            # Fried 객체 변수 name
05 
06     def __init__(self, name) :           # Fried 객체 초기화 함수
07         self.name = name
08 
09     def fry(self, min, src = '없음') :
10         self.num = self.num + 1              # 객체 변수로 사용
11         Fried.total = Fried.total + 1        # 클래스 전체 변수로 사용
12         print(self.name, '튀김 수=', self.num, '전체=', Fried.total)
13 
14 chicken = Fried('통닭')                 # chicken 객체 만듦: 객체 이름 통닭
15 shrimp = Fried('새우')                  # shrimp 객체 만듦: 객체 이름 새우
16 
17 chicken.fry(4, '갈비 소스')
18 shrimp.fry(7)
19 chicken.fry(5, '고천 소스')
20 shrimp.fry(7)
```

실행결과

```
통닭 튀김 수= 1 전체= 1
새우 튀김 수= 1 전체= 2
통닭 튀김 수= 2 전체= 3
새우 튀김 수= 2 전체= 4
```

2번 줄에서 num 변수를 선언하고, 3번 줄에서 total 변수를 선언한다. 10번 줄 self.num = self.num + 1으로 객체가 튀겨진 개수를 1 증가시킨다. 11번 줄 Fried.total = Fried.total + 1은 클래스 전체의 튀김 수를 1 증가시킨다. 실행결과를 보면, num이 저장하고 있는 통닭과 새우튀김 수는 독립적으로 증가하지만, 전체 튀김 수를 저장하는 total은 통닭을 튀기든, 새우를 튀기든 간에 1씩 증가한다. 따라서 변수를 선언하고 변수 이름 앞에 self를 붙이느냐 혹은 클래스 이름을 붙이느냐에 따라 객체 변수 혹은 클래스 변수로 사용할 수 있다.

4 객체 관련 정보 알아보기

파이썬에서는 모든 것이 객체이고, 객체와 관련하여 많은 메소드와 변수가 있다. 그 많은 것들을 전부 기억하기 어렵다. 대신 객체와 관련된 변수와 메소드 함수를 보여주는 함수 dir()을 사용하자. [코드 12-8]은 리스트를 만들고 리스트 관련 객체 변수와 메소드를 출력하는 예제이다. 출력결과를 보면 리스트에서 보았던 append(), clear(), copy(), count()와 같은 메소드 함수를 볼 수 있다.

코드 12-8 리스트 dir 1208_dir1.py

```
a = []
print(dir(a))
```

실행결과

```
['__add__', '__class__', '__class_getitem__', '__contains__', '__
delattr__', '__delitem__', '__dir__', '__doc__', '__eq__', '__
format__', '__ge__', '__getattribute__', '__getitem__', '__gt__', '__
hash__', '__iadd__', '__imul__', '__init__', '__init_subclass__',
'__iter__', '__le__', '__len__', '__lt__', '__mul__', '__ne__', '__
new__', '__reduce__', '__reduce_ex__', '__repr__', '__reversed__',
'__rmul__', '__setattr__', '__setitem__', '__sizeof__', '__str__',
'__subclasshook__', 'append', 'clear', 'copy', 'count', 'extend',
'index', 'insert', 'pop', 'remove', 'reverse', 'sort']
```

[코드 12-9]는 객체를 만들고 객체 관련 정보를 출력하는 예제이다. 2번 줄 pass는 내용이 없음을 나타내는 키워드이다. pass로 인하여 빈 객체가 만들어지며 4번 줄에서 dir()을 사용하여 객체와 관련된 변수와 메소드를 출력하면 다양한 결과를 볼 수 있다.

코드 12-9 객체 dir 1209_dir2.py

```
01  class b :
02      pass
03
04  print(dir(b))
```

실행결과

```
['__class__', '__delattr__', '__dict__', '__dir__', '__doc__', '__
eq__', '__format__', '__ge__', '__getattribute__', '__gt__', '__
hash__', '__init__', '__init_subclass__', '__le__', '__lt__', '__
module__', '__ne__', '__new__', '__reduce__', '__reduce_ex__', '__
repr__', '__setattr__', '__sizeof__', '__str__', '__subclasshook__',
'__weakref__']
```

중간점검

1. (　　)이란 이미 만들어진 객체를 가져와서 새로운 객체를 정의하는 것이다.

2. `class Fun`을 상속하는 Go 객체를 정의하는 코드는 (　　)이다.

3. 모든 객체에게 영향을 미치는 변수 앞에는 (　　)을 붙여야 한다.

4. 객체 관련 정보를 볼 수 있는 함수는 (　　)이다.

5. 상위객체에 정의된 함수를 사용할 때는 이름 앞에 (　　)을 붙여야 한다.

LAB 1 객체를 이용한 로켓 발사

앞서 터틀 그래픽을 사용하여 로켓 발사 코드를 만들었다. 로켓 발사 코드를 객체로 만든 후 여러 번 발사하도록 만들어보자. 로켓은 수평으로 움직이며 로켓의 높이(y축)는 무작위 수로 만든다.

실행결과

알고리즘 만들기

로켓 발사 객체인 `class Rocket`은 터틀 객체를 상속해서 만든다. 터틀 객체 이름은 `Turtle`이다. `class Rocket`의 로켓 발사 메소드 이름은 `fire()`로 한다. `class Rocket`이 정의되면 객체 `roc`을 만들고 반복문을 사용하여 7번 `fire()` 메소드를 호출해보자.

소스코드

코드 12-10 객체 로켓 발사 1210_rocket.py

```python
from turtle import *
from random import *
setup(width = 900, height = 700)

class Rocket(Turtle) :            # class Rocket 정의 - Turtle로부터 상속
    def fire(self) :              # Rocket 메소드 fire()
        self.pencolor('#F3E1E1')
        self.penup()
        self.goto(-451, randrange(-340, 340))
        self.pendown()
        for k in range(1, 120) :
            self.pensize((121 - k) / 4)
            self.fd(k / 7)

```

```
15 roc = Rocket()                              # class Rocket 객체 roc
16 for k in range(7) :
17     roc.fire()                                # fire() 메소드 호출
18 done()
```

코드설명

1번 줄 from turtle import *는 터틀 모듈을 불러오고, 2번 줄 from random import *로 random 모듈을 불러온다. 3번 줄은 터틀 화면을 900 × 700으로 만든다.

5번 줄 class Rocket(Turtle)은 class Turtle을 상속하여 class Rocket을 정의한다. 이후 터틀 그래픽 관련 매소드 함수 앞에는 self가 붙어야 한다. 6번 줄 def fire(self)로 class Rocket의 메소드 fire()를 정의한다. 매개 변수가 없더라도 self를 빼면 안 된다. 7번부터 13번 줄은 난수를 만들어 로켓을 발사하는 코드이다.

15번 줄에서 class Rocket의 객체 roc을 만들고, 17번 줄 반복문 안에서 roc.fire()로 메소드를 호출하면 로켓이 7번 발사된다.

PROJECT 1 불꽃놀이

객체를 사용하여 밤하늘의 불꽃놀이 코드를 만들어보자. 앞의 객체로 만든 로켓코드를 응용하면 밤하늘에 여러 번 폭죽이 터지는 코드를 만들 수 있다.

실행결과

알고리즘 만들기

객체로 만든 불꽃놀이 코드의 기본적인 구조는 앞의 로켓 발사 코드와 같다. 불꽃놀이 객체 정의 `class Fwork`는 `class Turtle`을 상속해서 만든다. `class Fwork`의 폭죽 발사 메소드 이름은 `fire()`이다.

폭죽은 아래에서 위로 발사된다. 따라서 터틀 객체는 북쪽 방향으로 회전해야 한다. 앞에서 배운 `left(90)`은 코드가 실행될 때마다 왼쪽으로 90도를 회전하는 코드이다. 따라서 폭죽이 발사될 때마다 방향이 바뀐다. 터틀 객체를 언제나 북쪽 방향으로 회전시키는 함수가 `setheading()`이다. `setheading(90)`은 x축을 기준으로 반시계 방향으로 90도 회전시키는 함수이다.

`class Fwork`가 정의되면 객체 `fwork`를 만들고 반복문을 사용하여 7번 `fire()` 메소드를 호출하면 폭죽이 7번 터진다.

소스코드

코드 12-11 불꽃놀이 1211_firework.py

```
01 from turtle import *
02 from random import *
03 
04 class Fwork(Turtle) :                        # Fwork 객체 정의 - Turtle 상속
05     def fire(self) :                         # Fwork 메소드 fire()
06         self.setheading(90)                  # 터틀 객체 북쪽으로 회전
07         self.penup()
08         self.goto(randrange(-450, 450), -350)    # 무작위 수 만들어 이동
09         self.pendown()
10         self.pencolor(100, 100, 150)
11         for k in range(1, randrange(70, 110)) :  # 폭죽 발사
12             self.pensize(k % 2 + 1)
13             self.fd(k / 10)
14         for k in range(1, 50) :              # 폭죽 터짐
15             self.pencolor(220, randrange(150,255), randrange(150,255))
16             self.pensize(k * 3)
17             self.backward(k / 10)
18 
19 setup(width = 1000, height = 700)        # 화면 셋업
20 colormode(255)
21 bgcolor(0, 0, 60)
22 
23 fwork = Fwork()                          # Fwork 객체 만듦
24 for k in range(7) :
25     fwork.fire()                         # fire 메소드 호출
26 done()
```

코드설명

1번 줄 from turtle import *는 터틀 모듈을 불러오고, 2번 줄 from random import *로 random 모듈을 불러온다. 19번 줄은 터틀 화면을 1000 × 700으로 만들고, 20번 줄 colormode(255)는 색상모드를 RGB 색상으로 0에서 255 사이의 정수로 지정할 수 있게 한다. 21번 줄 bgcolor(0, 0, 60)은 터틀 그래픽의 배경색을 RGB (0, 0, 60)으로 만든다. 배경이 밤하늘처럼 짙은 푸른색이 된다.

4번 줄 class Fwork(Turtle)은 class Turtle을 상속하여 class Fwork를 정의한다. 이후 터틀 그래픽 관련 메소드 함수 앞에는 self가 붙어야 한다. 5번 줄 def fire(self)로

메소드 fire()를 정의한다.

6번 줄 setheading(90)은 터틀 객체를 북쪽으로 회전시키고, 8번 줄 goto(randrange(-450, 450), -350)은 x축의 값을 무작위 수로 만들어 화면 아래로 이동시킨다. 11번에서 13번 줄은 폭죽을 발사하는 코드이다. range(1, randrange(70, 110))을 사용하여 무작위 수로 폭죽이 도달하는 높이를 만든다. 14번에서 17번 줄은 폭죽이 터지는 코드이다. 50번을 반복하는 반복문 안에서 pencolor(220, randrange(150,255), randrange(150,255))로 무작위 색을 만들고, pensize(k * 3)으로 펜의 크기를 점점 크게 만든다. 또한 backward(k / 10)으로 인하여 원이 아래 방향으로 생긴다. backward()는 fd()의 반대 방향으로 움직이는 함수이다.

23번 줄에서 class Fwork 객체 fwork를 만들고, 25번 줄 반복문 안에서 fwork.fire()로 메소드를 호출하면 폭죽이 7번 터져 불꽃놀이를 볼 수 있다.

요약

- 객체는 사용자가 쉽고 다양하게 사용할 수 있도록 미리 만들어 놓은 코드이며 객체 변수와 메소드를 하나로 묶은 것이다.
- 객체 만들기의 첫 번째는 객체 정의 단계이다. 키워드 `class`를 사용하여 정의하며 객체의 모양이 어떻게 생겼는지를 결정한다.
- 객체 만들기의 두 번째는 객체 설계도(객체 정의)에 따라 객체를 만드는 단계이다.
- 전통적으로 객체 이름의 첫 글자는 대문자로 한다.
- 객체는 모양은 같지만 서로 독립적이다.
- 객체 변수와 메소드를 사용할 때는 `self`를 붙여야 한다.
- 만들어진 객체의 메소드를 사용할 때는 `객체 이름.메소드 함수()`를 호출하면 된다.
- `__init__()`은 객체 생성자이며 생성자 안의 코드는 객체가 만들어질 때 설정하는 내용을 담는다.
- 객체에서 가장 강력한 기능은 상속이다. 상속이란 이미 만들어진 객체를 가져와서 새로운 객체를 정의하는 것이다.
- `class Fun`을 상속하는 `Go` 객체를 정의하는 코드는 `class Go(Fun)`이다.
- 모든 객체에게 영향을 미치는 변수 앞에는 클래스 이름을 붙여야 한다.
- 객체 관련 정보를 볼 수 있는 함수는 `dir()`이다.
- 상위객체에 정의된 함수를 사용할 때는 이름 앞에 `self`를 붙여야 한다.

연습문제 16문제

[개념문제]

01 다음 중 객체를 정의할 때 사용하는 키워드는 무엇인가?

❶ self　　❷ def
❸ object　　❹ class

02 다음 중 객체 속에 정의되어 있는 함수라는 의미를 가진 단어는 무엇인가?

❶ 사용자 정의 함수　　❷ 메소드
❸ 전역 변수　　❹ 함수

03 다음 중 함수 이름 앞에 점(.)이 붙는 함수를 가리키는 단어는 무엇인가?

❶ 사용자 정의 함수　　❷ 메소드
❸ 전역 변수　　❹ 객체

04 다음 중 객체 속에 정의되어 있는 함수의 괄호 안에 첫 번째로 나와야 하는 단어는 무엇인가?

❶ self　　❷ def
❸ object　　❹ class

05 다음 중 객체 속에 정의되어 있는 변수를 사용하려 한다. 같은 객체 내부에서 변수에 접근하려 할 때 변수 앞에 붙이는 단어는 무엇인가?

❶ self　　❷ def
❸ object　　❹ class

06 def fry(self, min, src) 함수로 선언된 메소드를 올바르게 호출한 것은 무엇인가?

❶ fry(1)　　❷ fry(1, 2, 3)
❸ fry(1, 2)　　❹ fry(1, 1, 1)

07 다음 중 생성자 함수는 무엇인가?

❶ init()　　❷ __init__()
❸ int()　　❹ __ini__()

08 class Fun에 def __init__(self, num) 함수가 있다. 올바르게 객체를 만든 코드를 고르시오.

❶ a = FUN(1) ❷ a = init()

❸ a = FUN() ❹ a = init(1)

09 class Fun을 상속하는 Go 객체를 정의하려 한다. 올바르게 정의한 코드를 고르시오.

❶ class Go() : ❷ class Fun(Go) :

❸ class Fun() : ❹ class Go(Fun) :

10 다음 중 상속한 객체에서 상위객체의 함수를 사용하는 경우 함수 앞에 붙이는 단어는 무엇인가?

❶ self ❷ def

❸ object ❹ class

11 class Fun으로 정의된 객체들에서 모든 객체에게 영향을 미치도록 변수를 사용하려고 할 때 변수 앞에는 어떤 단어를 붙여야 하는가?

❶ self ❷ def

❸ Fun ❹ class

12 다음 함수 중 객체 관련 정보를 볼 수 있는 함수는 무엇인가?

❶ def() ❷ info()

❸ len() ❹ dir()

[코드문제]

13 다음 코드의 빈칸을 채우시오.

```
class Fried :
    def fry(            , min, src = '없음') :
        print(min, '분 튀김, 소스:', src, '\n')



chicken.fry(4, '갈비 소스')
```

14 통닭이 튀겨질 때마다 num이 1 증가하는 코드이다. 다음 코드의 빈칸을 채우시오.

```
class Fried :
    num = 0
    def fry(self, min, src = '없음') :

        print(min, '분 튀김, 소스:', src)

chicken = Fried()
chicken.fry(4, '갈비 소스')
```

15 다음은 생성자를 가진 객체 코드이다. 코드의 빈칸을 채우시오.

```
class Fried :
    name = ''

                                        :
        self.name = name

    def fry(self, min, src = '없음') :
        print(self.name, min, '분 튀김, 소스:', src)

chicken = Fried('통닭')
chicken.fry(4, '갈비 소스')
```

16 num이 모든 객체에서 1씩 증가하는 코드이다. 다음 코드의 빈칸을 채우시오.

```
class Fried :
    num = 0
    def fry(self, min, src = '없음') :

        print(min, '분 튀김, 소스:', src)

chicken = Fried()
chicken.fry(4, '갈비 소스')
```

CHAPTER 13

WONDER **Python**

파일 다루기

미리 둘러보기

코드가 종료된 후에도 데이터를 보전하려면 파일을 사용해야 한다. 파일에 데이터를 쓸 때는 `write()` 함수를 사용하고, 파일에서 데이터를 읽어올 때는 `read()` 함수를 사용한다.

파일 사용에 있어서 중요한 것은 사용하기 전에 준비하는 과정으로 `open()` 함수를 사용해야 하고, 사용한 함수는 `close()` 함수를 사용하여 닫아주어야 한다.

파이썬에는 파일 입출력을 위한 다양한 함수들이 준비되어 있다. `write()`, `writelines()`, `read()`, `readline()`, `readlines()`의 특징과 사용방법을 배워본다.

컴퓨터에서 파일이 있는 위치를 경로라고 부른다. 경로를 쉽게 찾는 방법을 배워본다.

파일을 사용하여 아이디와 패스워드를 확인하는 코드를 만들어본다. 파일에 딕셔너리 형태로 아이디와 패스워드를 저장하고 이를 불러와 유효한 사용자인지 확인하는 코드를 만들어본다.

```
아이디 입력: love
패스워드 입력: 123
너 누구니?
```

`tkinter`를 사용하여 윈도우 메모장을 만들어본다. `Text()` 위젯과 `filedialog`를 사용하면 24줄로 간단한 메모장을 만들 수 있다.

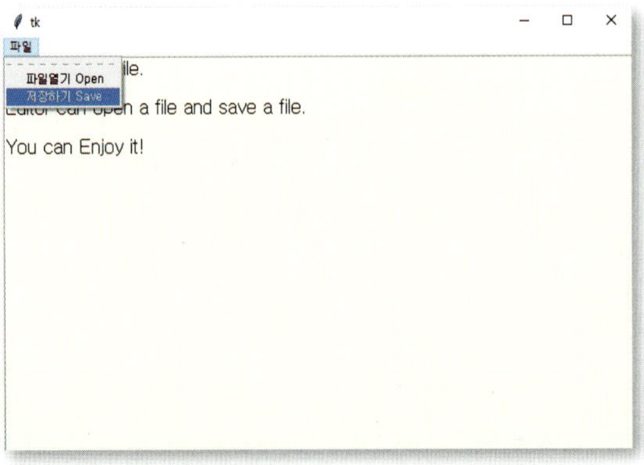

파일에 대하여 13.1

1 파일이란 무엇인가?

일반적으로 코드가 종료되면 데이터는 사라진다. 코드가 종료된 후에도 데이터를 보전하려면 **파일**[file]을 사용해야 한다. **파일이란 데이터를 모아놓은 것**이다. mp3 파일에는 음악 데이터가 모여있고, gif 파일에는 그림 데이터가 모여있고, txt 파일에는 텍스트 데이터가 모여있다.

모니터로 출력을 할 때에는 print() 함수를 사용하고, 키보드로부터 입력을 받을 때는 input()을 사용했다. 유사하게, 파일에 데이터를 쓸 때는 write() 함수를 사용하고, 파일에서 데이터를 읽어올 때는 read() 함수를 사용한다. 마치 종이에 적힌 글을 읽고(read)과 종이에 글을 쓰는 것(write)과 같다. 종이 대신 파일을 사용한다.

파일에 read 혹은 write를 하기 전에 준비 단계가 필요하다. test.txt라는 파일에서 데이터를 read하거나 write한다고 가정해보자. 먼저 test.txt가 있는지를 확인해야 한다. test.txt가 있더라도 권한이 있는지도 살펴봐야 한다. 다른 사람이 보지 못하도록 막아놓은 파일일 수 있기 때문이다. 파일을 사용하기 전에 준비하는 과정은 open() 함수가 담당한다. 또한 사용한 함수는 close()를 사용하여 닫아주어야 한다.

헬스장의 락커를 사용한다고 가정해보자. 락커를 사용하려면 관리자에게 락커 열쇠를 요청해야 한다. 관리자는 정상적인 사용자인가를 확인한 후 락커 열쇠를 준다(open). 락커에서 필요한 일(read/write)이 끝나면 락커 열쇠를 관리자에게 돌려준다(close). 파일을 사용하는 것은 이와 똑같다.

[코드 13-1]은 test.txt라는 파일에 문자열을 저장하는 코드이다. 파일 작업에 있어 가

장 먼저 해야 할 일은 1번 줄의 open('test.txt', 'w')이다. open() 함수의 첫 번째 매개변수 test.txt는 사용하게 될 파일 이름을 파이썬에게 알려준다. 파일 이름 다음에는 어떤 작업을 할지를 명시한다. 해당 파일을 읽기만 하는 경우에는 'r'이라 쓰고, 쓰기 작업을 할 경우에는 'w'라 쓴다. r은 read의 약자이고, w는 write의 약자이다.

코드 13-1 파일 사용 1301_file1.py

```
01  file = open('test.txt', 'w')            # open(): test.txt를 w로 준비
02  file.write('Write a file')              # file에 문자열 write
03  file.close()                            # close(): file 닫기
```

test.txt 파일 내용

```
Write a file
```

파이썬은 파일이 정상적으로 준비되면 file 객체를 만들어준다. 이때부터 file 객체를 통해 파일을 사용한다. 2번 줄 file.write('Write a file')은 test.txt 파일에 문자열 Write a file을 저장(write)한다. 3번 줄에서 file.close()를 사용하여 파일을 닫으면 작업이 끝난다.

코드를 실행해도 쉘 화면에는 아무것도 나타나지 않는다. 탐색기를 열어 [코드 13-1]이 저장된 폴더로 이동해보면 test.txt 파일이 새로 생겼을 것이다. test.txt를 메모장으로 열어 Write a file 글자가 보인다면 파일 쓰기에 성공한 것이다.

2 파일에 쓰기

다음 코드는 반복문을 사용하여 test.txt 파일에 여러 줄의 문자를 쓰는 코드이다. k를 사용하는 for 문 안의 3번 줄 file.write(str(k) + 'line write')가 1line write부터 4line write까지의 문자열을 파일에 쓴다. 파일에 저장되는 모든 데이터는 문자열(string)이다. 그래서 변수 k를 str(k)를 사용하여 문자열로 바꿔야만 한다.

```
04  file = open('test.txt', 'w')                # open(): 파일 준비
05  for k in range(1, 5) :
06      file.write(str(k) + 'line write')           # write(): str만 가능
07  file.close()                                # close(): 파일 닫기
```

test.txt 파일 내용

```
1line write2line write3line write4line write
```

출력결과를 보면 모든 내용이 한 줄에 써진다. 파일에서 줄바꿈을 하고 싶다면 print()와 마찬가지로 '\n'을 사용해야 한다. [코드 13-2]는 줄바꿈 문자'\n'을 사용하여 파일에 여러 줄에 걸쳐 쓰는 코드이다.

코드 13-2 파일에 쓰기 1302_write1.py

```
01 file = open('test.txt', 'w')
02 for k in range(1, 5) :
03     file.write(str(k) + 'line write' + '\n')
04 file.close()
```

test.txt 파일 내용

```
1line write
2line write
3line write
4line write
```

3번 줄 file.write(str(k) + 'line write' + '\n')에서 줄바꿈 문자 '\n'을 추가했기 때문에 여러 줄에 걸쳐 문자열이 써진다. 코드에서 3번 줄은 다음과 같이 문자열 함수 .format()을 사용해도 같은 결과를 얻는다.

```
03     file.write('{0}line write'.format(k) + '\n')
```

리스트와 같이 여러 개의 데이터를 한꺼번에 파일에 쓰고 싶을 경우 writelines() 함수를 사용한다. [코드 13-3]은 writelines() 함수 사용 예제이다.

코드 13-3 한꺼번에 쓰기 1303_write2.py

```
wlist = ['1line write\n', '2line write\n', '3line write\n']
file = open('test.txt', 'w')
file.writelines(wlist)
file.close()
```

test.txt 파일 내용

```
1line write
2line write
3line write
```

1번 줄에서 리스트 wlist[]에 3개의 문자열을 저장한다. 3번 줄 file.writelines (wlist)을 사용하면 리스트의 내용이 한꺼번에 저장된다. text.txt 파일을 열어보면 모든 내용이 저장된 것을 확인할 수 있다.

```
Traceback (most recent call last):
  File "C:/Users/zoch/Desktop/pcode/1303_write2.py", line 3, in <module>
    file.write(wlist)
TypeError: write() argument must be str, not list
```

만약 writelines() 대신 write()로 바꾸면 어떻게 될까? 위와 같이 write() 함수는 리스트를 사용할 수 없다는 에러가 발생한다.

3 파일에서 읽기

파일 읽기(read)는 파일 쓰기(write)와 유사하다. 파일을 open() 할 때 'w' 대신 'r'을 사용하면 된다. 또한 open()의 기본값은 'r'이다. 따라서 'r'을 생략할 수 있다. 읽기와 쓰기를 같이 하고 싶다면 'rw'라 쓰면 된다. [코드 13-4]는 read()를 사용하여 test.txt에 있는 데이터를 읽어와서 화면에 출력하는 예제이다.

코드 13-4 파일 읽기 1304_read1.py

```python
file = open('test.txt', 'r')
line = file.read()
print(line)
file.close()
```

test.txt 파일 내용

```
1line write
2line write
3line write
```

실행결과

```
1line write
2line write
3line write
```

2번 줄 line = file.read()는 파일에 있는 문자열을 읽어와 line에 저장해준다. read()와 유사한 함수로 readlines()가 있다. readlines()는 파일에 있는 모든 글자를 가져와서 리스트 형태로 저장한다. [코드 13-5]의 readlines()의 결과를 보면 리스트 형태로 저장된 것을 알 수 있다. read()를 사용하면 하나의 긴 문자열 형태로 저장된다는 것이 차이점이다.

코드 13-5 readlines() 1305_read2.py

```
file = open('test.txt', 'r')
line = file.readlines()
print(line)
file.close()
```

실행결과

```
['1line write\n', '2line write\n', '3line write\n']
```

파일에서 1줄만 읽어오는 readline() 함수도 있다. 한꺼번에 읽어와 리스트로 저장하는 readlines() 함수에서 맨 끝에 s만 없다. readline() 함수는 한 줄만 읽기 때문에 더 이상 읽을 것이 없을 때까지 반복해야 한다. [코드 13-6]은 반복문을 사용한 readline() 예제이다.

코드 13-6 readline() 1306_read3.py

```
01 file = open('test.txt', 'r')
02 while True :
03     line = file.readline()
04     if line == '' :
05         break
06     print(line, end = '')
07 file.close()
```

실행결과

```
1line write
2line write
3line write
```

2번 줄 while True는 무한반복 코드이며, 3번 줄 line = file.readline()은 한 줄씩 읽는 코드이다. 4번 줄 line == ''는 더 이상 읽을 줄이 없다는 뜻이다. 이 경우 break를 사용하면 반복문을 빠져나온다.

중간점검

1. 파일에서 작업할 때 준비 단계에 해당하는 함수는 (　　)이다.
2. 파일 작업이 끝나면 꼭 사용해야 하는 함수는 (　　)이다.
3. 리스트에 저장된 데이터를 파일에 저장할 때 사용해야 하는 함수는 (　　)이다.
4. 저장된 전체 데이터를 리스트 형태로 읽어오는 함수는 (　　)이다.
5. 파일에 저장된 데이터를 한 줄씩 읽어오는 함수는 (　　)이다.

파일 활용하기

13.2

1 파일이 있는 위치

컴퓨터에는 여러 개의 파일이 있으며, 관련 있는 파일들은 폴더에 모여있다. 폴더의 일반적인 명칭은 디렉토리[directory]이다. open()을 사용할 때 코드가 있는 디렉토리(폴더)와 다른 디렉토리에 파일이 있으면 No such file or directory 에러가 발생한다. 이 경우, 해당 파일이 있는 위치를 파이썬에게 알려주어야 한다.

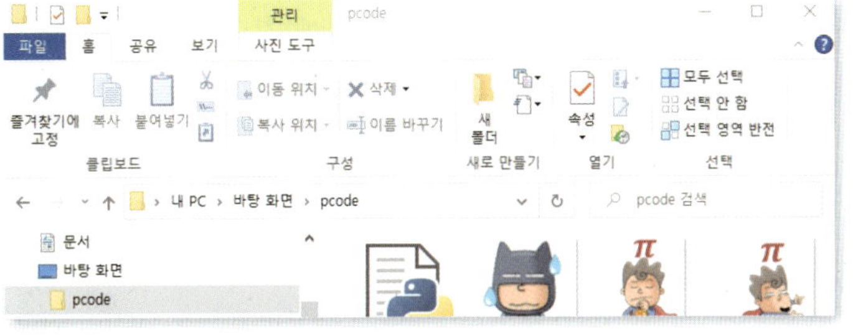

컴퓨터에서 파일이 있는 위치를 **경로**[path]라고 부른다. 이 책에서는 바탕 화면 폴더 밑에 pcode 디렉토리 안에 파이썬 코드를 만들어 실행했었다. 탐색기를 열어서 파이썬 코드가 있는 곳으로 이동하면 내 PC > 바탕 화면 > pcode라는 글자가 나타난다. 이 글자들은 비슷하기는 하나 경로는 아니다. 윈도우에서 바탕 화면이 있는 정확한 경로는 C:/Users/zoch/Desktop/pcode/이다.

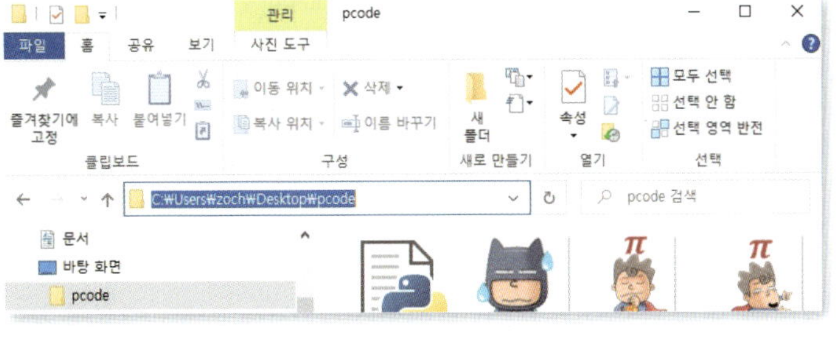

윈도우 탐색기에서 경로를 쉽게 찾는 방법을 소개한다. 내 PC > 바탕 화면 > pcode라고 쓰여진 곳을 마우스로 클릭해보자. 그러면 파란 배경색으로 변하면서 긴 문자열이 나타날 것이다. 이 문자열이 경로이다.

윈도우 탐색기의 표시	파이썬에서의 경로(path)
C:\Users\zoch\Desktop\pcode	C:/Users/zoch/Desktop/pcode/

이 문자열을 그대로 사용할 수 없다. 윈도우에서는 디렉토리와 디렉토리를 구분하는 글자를 원화(\)로 사용하는 데, 파이썬에서는 슬래시(/)를 사용한다. 따라서 위와 같이 원화(\)를 슬래시(/)로 바꿔주면 경로가 된다.

```python
file = open('C:/Users/zoch/Desktop/pcode/test.txt', 'r')
line = file.read()
print(line)
file.close()
```

경로를 알았다면 open()을 사용할 때 파일 이름 앞에 경로를 표시해주면 된다. 물론 파이썬 코드와 사용하려는 파일이 같은 디렉토리에 있다면 파일 이름만 써도 된다.

2 open() 함수 설정

open() 함수의 사용방식은 open('경로/파일 이름', 모드)이다. 여기서 모드[mode]는 앞에서 사용한'r'과 'w'를 의미한다. 다음은 모드로 사용할 수 있는 문자열을 나타낸다.

모드	설명
r	읽기 모드, 기본값이며 생략 가능
w	쓰기 모드, 파일 없으면 새로 만듦, 기존 파일이 있는 경우 덮어써짐
r+	읽기/쓰기 겸용 모드
a	추가 모드, 파일 없으면 새로 만듦, 기존 파일이 있는 경우 이어써짐
x	쓰기 모드, 파일 없으면 새로 만듦, 기존 파일이 있는 경우 에러
t	텍스트 모드, 기본값
b	이진 모드

모드는 'rw'나 'ra'와 같이 섞어서 사용할 수 있다. 쓰기 모드 'w'는 사용에 주의해야 한다. 파일이 없으면 새로 만들어주지만, 기존 파일이 있는 경우, 내용물을 다 지우고 새로 시작한다. 추가 모드 'a'는 기존 파일이 있는 경우, 맨 뒤부터 이어서 쓴다. 'x'는 기존 파일이 있는 경우, 에러를 발생시킨다. 따라서 기존 파일을 보호하는 역할을 한다. 다음 코드는 모드 'x'를 사용했는데 기존 파일이 있는 경우 발생하는 에러를 보여준다.

```
file = open('test.txt', 'x')
file.write('write\n')
file.close()
```

실행결과

```
Traceback (most recent call last):
  File "C:/Users/zoch/Desktop/pcode/473p.py", line 1, in <module>
    file = open('test.txt', 'x')
FileExistsError: [Errno 17] File exists: 'test.txt'
```

[코드 13-7]은 키보드에서 문자열을 입력하여 기존 파일에 이어서 쓰는 예제이다. open()을 할 때 'a'를 사용하여 기존 파일에 이어서 문자열을 쓴다. 2번 줄 file.write(input('입력: '))은 키보드에서 입력된 문자열을 파일의 끝에 붙인다.

코드 13-7　**a 모드**　　1307_mode.py

```
01  file = open('test.txt', 'a')          # a: 기존 파일에 이어쓰기
02  file.write(input('입력: '))            # 키보드에서 입력은 write()
03  file.close()                          # close(): 파일닫기
```

test.txt 파일 내용

```
1line write
2line write
3line write
added write
```

3 파일의 사용

파이썬은 파일 안에 영문자만 있다고 생각한다. 그래서 한글을 포함하는 파일을 사용하면 에러가 발생한다. 한글이 포함된 파일을 open()할 때 encoding = 'utf-8'을 추가하면 한글을 사용할 수 있다. [코드 13-8]은 한글이 포함된 파일을 읽어서 출력하는 코드이다.

코드 13-8　**한글 사용**　　1308_unicode.py

```
file = open('hangeul.txt', 'r', encoding = 'utf-8')
print(file.read())
file.close()
```

hangeul.txt 파일 내용

```
1번 줄
2번 줄
```

코드가 길어지면 파일을 open()한 후 close()하는 것을 잊어버릴 수 있다. 이러한 실수를 방지하기 위하여 파이썬은 with as라는 키워드를 제공한다. 다음 코드를 보자.

```
01 with open('test.txt', 'r') as file :
02     lines = file.read()
03 print(lines)
```

1번 줄 with open('test.txt', 'r') as file은 file = open()을 with as 키워드를 사용하여 변경한 것이다. with as에 속한 코드 lines = file.read()가 끝나면 자동으로 file.close()가 된다. with as는 코드도 단순하게 만들고 실수도 줄여주기 때문에 많이 사용된다.

read()를 사용하여 파일에 있는 데이터를 읽어오면, 줄 맨 끝의 줄바꿈 문자 '\n'도 같이 따라왔다. 줄바꿈 문자를 제거하고 문자열만 읽어오고 싶다면 문자열에서 배운 .splitlines()를 사용하면 된다. .splitlines()는 문자열을 줄바꿈 문자 '\n'을 기준으로 잘라주는 함수로 줄바꿈 문자를 제거한 문자열을 돌려준다. [코드 13-9]는 데이터를 읽어와서 줄바꿈 문자를 제거하고, 한 줄로 연결하여 출력하는 코드이다.

코드 13-9 줄바꿈 제거 1309_splitlines.py

```
with open('test.txt', 'r') as file :
    lines = file.read().splitlines()
    for k in range(len(lines)) :
        print(lines[k], end = '')
```

test.txt 파일 내용

```
1line write
2line write
3line write
```

실행결과

```
1line write2line write3line write
```

4 파일과 위젯

윈도우에서 메모장을 만들어 그 내용을 파일에 저장하고 싶다면 윈도우 Text() 위젯을 사용하면 된다. Text() 위젯은 여러 줄의 텍스트를 사용할 수 있도록 만든 위젯이다. Text() 위젯에서 특정 위치에 글자를 삽입할 때 주의해야 한다. Text()에서 위치는 y줄.x칸의 형태이다.

다음 코드의 1번 줄 text.insert('1.0', 'string')은 Text() 위젯의 1번 줄 0번째 칸에 string이라는 글자를 쓰는 코드이다. Text() 위젯에 문자를 삽입할 때는 insert() 함수를 사용하는 데, insert(위치, 문자열)의 형태이다. 여기서 위치 1.0이 1번 줄.0번째 칸을 의미한다.

```
01    text.insert('1.0', 'string')                # 1.0 1번 줄 0번째 칸에 삽입
02    line = text.get('1.0', END + '-1c')         # 모든 텍스트 읽어서 line에 저장
```

Text() 위젯에 적혀있는 글자를 가지고 올 때는 get() 함수를 사용한다. get(시작점, 끝점)의 형태이다. 위의 코드에서 끝점인 END + '-1c'는 맨 끝(END)에서 1을 뺀 만큼만 가져오라는 의미이다. Text()의 맨 끝에는 특수문자가 들어있기 때문에 맨끝에서 1을 뺀 후 문자열을 가져와야 한다.

파일을 열거나 저장할 때는 tkinter에 있는 filedialog를 사용하면 편하다. filedialog는 from tkinter import filedialog로 사용할 수 있다. file = filedialog.askopenfile()이라 쓰면 탐색기가 열리면서 파일을 선택할 수 있고, 파일이 선택되면 자동으로 open()을 실행해준다. .asksaveasfile()은 저장할 때 사용한다.

```
from tkinter import filedialog

    file = filedialog.askopenfile()
    file = filedialog.asksaveasfile()
```

중간점검

1. 쓰기에서 기존 파일이 있는 경우 덮어쓰는 모드는 (　　)이다.

2. 기존 파일이 있는 경우 에러가 발생하는 모드는 (　　)이다.

3. 파이썬에서 디렉토리와 디렉토리의 구분자로 사용되는 문자는 (　　)이다.

LAB 1 파일을 이용한 패스워드 검사

아이디와 패스워드를 입력받아 등록된 사용자인 경우 안녕하세요!를 출력하고, 아닌 경우 너 누구니?를 출력하는 코드를 만들어보자. 아이디와 패스워드를 저장하는 passwd.txt 파일에는 다음과 같이 아이디:패스워드의 딕셔너리 형태로 저장되어 있다.

passwd.txt 파일 내용

```
love21:12345678
happy3:qwert
hansome2:234890
```

실행결과

첫 번째 실행결과

```
아이디 입력: love21
패스워드 입력: 12345678
안녕하세요!
```

두 번째 실행결과

```
아이디 입력: love
패스워드 입력: 123
너 누구니?
```

알고리즘 만들기

파일을 열 때, with open('passwd.txt', 'r') as pwdata를 사용해보자. 파일로부터 가져온 데이터를 딕셔너리 형태로 만들기 위해 pwd_dic = {}이라 초기화해야 한다. for line in pwdata로 pwdata를 한 줄씩 읽어서 딕셔너리를 만든다.

line에는 '문자열A':'문자열B' 형태로 저장되어 있다. 이를 리스트 ['문자열A', '문자열B']의 형태로 바꿔주어야 한다. 이 코드가 key = line.strip().split(':')이다. split() 함수는 ':'을 기준으로 문자열을 분리해준다. 이때 공백문자가 문자열에 삽입될 수 있기 때문에 strip()을 사용하여 양쪽의 공백문자를 제거한다.

소스코드

코드 13-10 패스워드 검사 1310_passwd.py

```
01 with open('passwd.txt', 'r') as pwdata :
02     pwd_dic = {}
03     for line in pwdata :                    # 한 줄씩 읽어옴
04         key = line.strip().split(':')       # 콜론을 기준으로 문자열 분리
05         pwd_dic[key[0]] = key[1]            # 딕셔너리 만들기
06
07 idst = input('아이디 입력: ')
08 pwd = input('패스워드 입력: ')
09
10 if pwd_dic.get(idst) == pwd :               # 딕셔너리에 idst값과 pwd가 같으면
11     print('안녕하세요!')
12 else :
13     print('너 누구니?')
```

코드설명

4번 줄 key = line.strip().split(':')은 문자열을 분리하여 리스트 형태로 만들어 key에 저장한다. 5번 줄에서 pwd_dic[key[0]] = key[1]로 딕셔너리를 만든다. 7번 줄에서 아이디 idst를 입력받고, 8번 줄에서 패스워드 pwd를 입력받는다.

유효한 아이디와 패스워드인지를 확인하는 것은 10번 줄이다. pwd_dic.get(idst)를 사용하여 딕셔너리에 키값 idst를 넣으면 해당 키값에 해당하는 패스워드 문자열이 반환된다. 이를 pwd와 비교하여 같으면 인증된 사용자라는 의미이다.

PROJECT 1 윈도우 메모장 만들기

Text() 위젯과 filedialog를 사용하여 메모장을 만들어보자. 만들어지는 메모장의 메뉴는 파일열기와 저장하기 2개이다.

실행결과

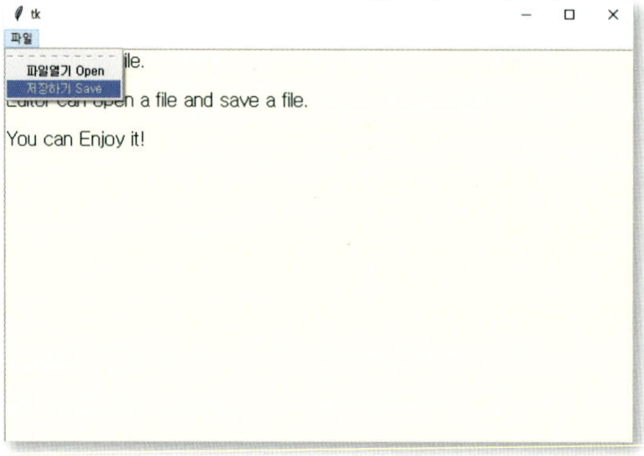

알고리즘 만들기

Text() 위젯을 만들고 상위메뉴 파일과 하위메뉴 파일열기와 저장하기 2개를 만든다. 파일열기에 연결되는 함수 open()과 저장하기에 연결되는 함수 save()를 정의하면 그럴싸한 윈도우용 메모장을 만들 수 있다.

소스코드

코드 13-11 메모장 1311_memo.py

```
01 from tkinter import *
02 from tkinter import filedialog
03
04 def open() :                        # 파일열기가 선택되면 실행되는 함수 open
05     file = filedialog.askopenfile()
06     text.insert('1.0', file.read())          # 1.0 1번 줄 0번째 칸에 삽입
07     file.close()
08
09 def save() :                        # 저장하기가 선택되면 실행되는 함수 save
10     file = filedialog.asksaveasfile()
11     file.write(text.get('1.0', END+'-1c'))  # 모든 텍스트 읽어옴
12     file.close()
13
14 win = Tk()
15 text = Text(win, width=60, height=20, font=('', 15), bg='#ffffef')
16 text.pack()
17
18 upmenu = Menu(win)                  # 윈도우의 Menu 생성 -> upmenu
19 dnmenu = Menu(upmenu)               # upmenu 하위메뉴 생성 -> dnmenu
20 upmenu.add_cascade(label = '파일', menu = dnmenu)
21 dnmenu.add_command(label = '파일열기 Open', command = open)
22 dnmenu.add_command(label = '저장하기 Save', command = save)
23 win.config(menu = upmenu)           # 윈도우에 Menu 나타나게 함
24 win.mainloop()
```

코드설명

14번 줄 이하는 `Text()` 위젯을 만들고 메뉴를 만드는 코드이다. 파일열기를 선택하면 4번 줄 `open()`이 실행된다. `file = filedialog.askopenfile()`로 파일을 열고, `text.insert('1.0', file.read())`로 1번 줄.0번째 칸에 텍스트를 삽입한다. 9번 줄 `save()`는 파일을 저장하는 함수이다. `file.write(text.get('1.0', END+'-1c'))`로 text 위젯에 쓰여 있는 글을 읽어서 파일에 저장한다.

요약

- 코드가 종료된 후에도 데이터를 보전하려면 파일을 사용해야 한다.
- 파일을 사용하기 전에 준비하는 과정은 open() 함수가 담당한다. open('경로/파일 이름', 모드)의 형태이다.
- 사용한 함수는 close()를 사용하여 닫아주어야 한다.
- 파일에 데이터를 쓸 때는 write() 함수를 사용하고, 파일에서 데이터를 읽어올 때는 read() 함수를 사용하면 된다.
- writelines()는 리스트에 저장된 전체 데이터를 파일에 저장할 때 사용한다.
- read()는 파일에 저장된 전체 데이터를 문자열로 읽어오는 함수이고, readlines()는 파일에 저장된 전체 데이터를 리스트 형태로 읽어오는 함수이고, readline()은 파일에 저장된 데이터를 한 줄씩 읽어오는 함수이다.
- 컴퓨터에서 파일이 있는 위치를 경로라 부른다. 파이썬에서는 디렉토리와 디렉토리를 구분하는 글자로 슬래시(/)를 사용한다.
- 파일 모드에서 파일이 없으면 새로 만들고, 기존 파일이 있는 경우 덮어쓰는 모드는 w이다.
- 파일이 없으면 새로 만들고 기존 파일이 있는 경우 이어쓰는 모드는 a이다.
- 파일이 없으면 새로 만들고 기존 파일이 있는 경우 에러가 발생하는 모드는 x이다.
- 파일에서 한글을 사용하고 싶다면 encoding = 'utf-8'을 사용하면 된다.
- with open() as file을 사용하면 자동으로 close()된다.
- Text() 위젯에서 위치는 y줄.x칸 형태이다.
- 파일을 열거나 저장할 때는 tkinter에 있는 filedialog를 사용하면 편하다. filedialog는 from tkinter import filedialog로 사용할 수 있다.

연습문제 20문제

[개념문제]

01 다음 중 파일에서 작업할 때 준비 단계에 해당하는 함수는 무엇인가?

❶ open() ❷ read()
❸ write() ❹ close()

02 다음 중 파일 작업이 끝나면 꼭 사용해야 하는 함수는 무엇인가?

❶ open() ❷ read()
❸ write() ❹ close()

03 다음 중 리스트에 저장된 전체 데이터를 파일에 저장할 때 사용해야 하는 함수는 무엇인가?

❶ linewrite() ❷ writeall()
❸ write() ❹ writelines()

04 다음 중 파일에 저장된 전체 데이터를 문자열로 읽어오는 함수는 무엇인가?

❶ readline() ❷ readall()
❸ read() ❹ readlines()

05 다음 중 파일에 저장된 전체 데이터를 리스트 형태로 읽어오는 함수는 무엇인가?

❶ readline() ❷ readall()
❸ read() ❹ readlines()

06 다음 중 파일에 저장된 데이터를 한 줄 씩 읽어오는 함수는 무엇인가?

❶ readline() ❷ readall()
❸ read() ❹ readlines()

07 다음 중 파일이 있는 위치라는 뜻을 가진 단어는 무엇인가?

❶ 파일 ❷ 폴더
❸ 경로 ❹ 디렉토리

08 다음 중 파일이 없으면 새로 만들고, 기존 파일이 있는 경우 덮어쓰는 모드는 무엇인가?

❶ r ❷ a
❸ x ❹ w

09 다음 중 파일이 없으면 새로 만들고, 기존 파일이 있는 경우 이어쓰는 모드는 무엇인가?

❶ r ❷ a
❸ x ❹ w

10 다음 중 파일이 없으면 새로 만들고 기존 파일이 있는 경우 에러가 발생하는 모드는 무엇인가?

❶ r ❷ a
❸ x ❹ w

11 다음 중 파일을 다 사용하면 자동으로 close()를 해주는 키워드로 적당한 것은 무엇인가?

❶ save as ❷ close as
❸ import as ❹ with as

12 다음 중 파이썬에서 디렉토리와 디렉토리의 구분자로 사용되는 문자는 무엇인가?

❶ \ ❷ /
❸ > ❹

13 다음중 Text() 위젯에서 2번 줄 3번째 칸을 정확하게 표시한 것은 무엇인가?

❶ 2, 3 ❷ 2.3
❸ 3, 2 ❹ 3.2

[코드문제]

14 다음 코드의 빈칸을 채우시오.

```
file = open('test.txt', 'w')
file.write('Write a file')

```

15 다음 코드의 빈칸을 채우시오.

```
wlist = ['1line write\n', '2line write\n', '3line write\n']
file = open('test.txt', 'w')

file.close()
```

16 다음과 같이 출력되도록 다음 빈칸을 채우시오.

```
['1line write\n', '2line write\n', '3line write\n']
```

```
file = open('test.txt', 'r' )

print(line)
file.close()
```

17 사용자의 입력을 받아 기존 파일에 이어쓰도록 다음 빈칸을 채우시오.

```
file = open('test.txt', 'a')

file.close()
```

18 한글을 읽어올 수 있도록 다음 빈칸을 채우시오.

```
file = open('test.txt', 'r',                    )
print(file.read())
file.close()
```

19 with as를 사용하여 다음 빈칸을 채우시오.

```
                                           :
    lines = file.read()
print(lines)
```

20 줄바꿈 문자 '\n'을 제거하고 모두 이어써지는 코드이다. 다음 빈칸을 채우시오.

```
with open('test.txt', 'r') as file :
    lines = 
    for k in range(len(line)) :
        print(line[k], end = '')
```

CHAPTER

14

WONDER **Python**

도전 프로젝트 2

미리 둘러보기

8장에 도전 프로젝트 1에 이어서 더 재미있는 코드들을 만들어보자. 첫 번째 프로젝트에서는 물방울이 위로 움직이는 추억은 방울방울 코드이다. sin() 함수를 사용하여 물방울이 S곡선을 그리며 위로 올라가도록 만들어본다.

두 번째 프로젝트는 지뢰 피하기 게임이다. 윈도우에서 지뢰 찾기 게임을 보았을 것이다. 단 30줄로 지뢰 찾기 게임과 유사한 게임을 만들 수 있다. 30개의 숫자에는 지뢰와 상금이 같이 숨어있다. 지뢰가 없는 5개의 숫자를 선택하는 게임이다.

```
 0  1  2  3  4  5  6  7  8  9 10 11 12 13 14 15 16 17 18 19 20 21 22 23 24 25 26 27 28 29

 -  -  -  -  - 19  -  -  -  -  - 14  -  -  -  -  -  - 21  -  -  -  -  - 25  -  -  -  -  -

1번 피해야 함, chip = 79
번호 입력: 0

Your Chip = 102
```

세 번째 프로젝트는 움직이는 빗살무늬 코드이다. 사각형이 옆으로 움직이는 것 같기도 하고, 밑으로 움직이는 것 같기도 하는 기하학적 움직임의 코드이다.

```
                   <>                  <>
   <>                                                      <>                  <>
                      <>                  <>
      <>                                                      <>                  <>
                         <>                  <>
         <>                                                      <>                  <>
                            <>                  <>
            <>                                                      <>                  <>
                               <>                  <>
               <>                                                      <>                  <>
                                  <>                  <>
                  <>                                                      <>
                                     <>                  <>
                     <>
 <>                                                         <>               <>
                        <>               <>
    <>                                                         <>               <>
                           <>               <>
       <>                                                         <>               <>
                              <>               <>
          <>                                                         <>               <>
                                 <>               <>
             <>                                                         <>               <>
                                    <>               <>
```

네 번째 프로젝트는 바람의 기억 코드이다. 나뭇잎이 위로 움직이다가 어느 순간에는 아래로 움직인다. 바람에 날리는 나뭇잎들을 볼 수 있다.

다섯 번째 프로젝트는 찬란하神 도깨비 코드이다. 처음에는 비가 내리다가 키보드를 누르면 비가 눈으로 변한다. 키보드를 누를 때마다 눈, 비가 바뀌는 코드이다.

마지막 여섯 번째 프로젝트는 터틀 그래픽으로 만드는 크레이 사격 게임이다. 가운데 사각형에 화살표가 지나갈 때 마우스를 눌러보자. 표적을 맞추면 '빵'이라 찍힌다.

PROJECT 1 추억은 방울방울

첫 번째 프로젝트는 추억은 방울방울이다. 추억은 방울방울 코드는 물방울이 밑에서 위로 올라오는 것을 표현했다. 추억은 방울방울 코드는 여름 소나기 코드와 비슷하다. 여름 소나기 코드에서는 | 문자가 위에서 아래로 내려왔으나, 물방울 코드에서는 o 문자가 아래에서 위로 올라간다.

단순히 아래에서 위로 움직여서는 물방울처럼 보이지는 않는다. 물방울이 S곡선을 그리며 올라가듯 좌우로 흔들리면서 위로 올라간다.

실행결과

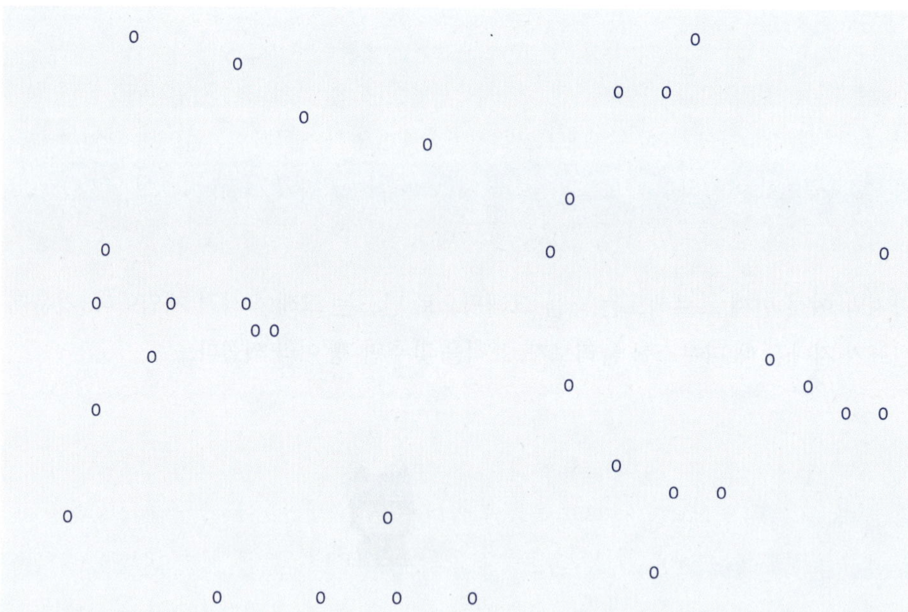

알고리즘 만들기

물방울의 높이를 저장하는 리스트 bubb을 만든다. 물방울의 최대 개수는 58개로 한다.

화면에서 맨 위가 0번 줄이고 맨 밑이 23번 줄이다. 물방울 코드는 아래에서 위로 움직이기 때문에 화면이 그려질 때마다 높이는 1씩 줄어들어야 한다. 물방울이 옆으로 흔들리면서 위로 올라가는 모습을 표현하기 위해서 사인[sin] 곡선을 이용한다. 사인값을 출력하는 sin() 함수는 math 모듈에 있기 때문에 import math를 사용해야 한다. sin(k)의 경우 k값에 따라 -1 <= k <= 1의 실수값을 만들어준다. 따라서 sin()에 적당한 숫자를 곱하거나 더한 후 정수값으로 바꿔주어야 한다. int(math.sin(jul) * 3 + 3)을 사용하면 0에서 6 사이의 사인값을 얻을 수 있다.

소스코드

코드 14-1 추억은 방울방울 탐색기 **1401_bubble.py**

```python
import os
import math
import random as r
import time as t

bubb = [0] * 58
for met in range(58) :
   bubb[met] = r.randrange(24, 72)          # 화면 밖에서 물방울 시작

for k in range(300) :
   for met in range(58) :
      if bubb[met] > 0 :                    # 물방울 높이 > 0이면
         bubb[met] = bubb[met] - 1            # 높이 1 감소
      else :                                # 화면 밖에서 다시 시작
         bubb[met] = r.randrange(24, 48)
   os.system('cls')
   for jul in range(24) :
      for s in range(int(math.sin(jul) * 3 + 3)) :  # 사인값만큼 옆으로
          print(' ', end = '')
      for met in range(58) :
         if bubb[met] == jul :
            print(' O', end = '')
         else:
            print('  ', end = '')
      print()
   t.sleep(0.03)                            # 화면 깜빡임 방지
input()
```

코드설명

추억은 방울방울 코드는 소나기 코드와 유사하지만 움직이는 방향이 반대인 것에 주의하면 된다. 8번 줄에서 각 방울의 위치를 초기화할 때 `bubb[met] = r.randrange(24, 72)`를 사용한다. 바닥이 23번 줄이기 때문에 24부터 71까지의 물방울의 높이를 만들면 아래쪽 화면 밖에서부터 물방울이 시작된다.

11번에서 15번 줄은 방울의 높이를 변경하는 코드이다. 방울의 높이가 0보다 큰 경우, 1을 빼서 높이를 줄여준다. 방울은 위로 올라가게 된다. 0 미만인 경우에는 바닥에서부터 다시 시작해야 한다. `r.randrange(24, 48)`로 24보다 큰 무작위 수를 만들어 다시 시작한다.

17번에서 25번 줄이 물방울을 그리는 코드이다. 소나기 코드와 비교하여 새로 추가된 코드는 18번과 19번 줄이다. 18번 줄에서 `int(math.sin(jul) * 3 + 3)`만큼 공백문자를 만든다. 따라서 0에서 6 사이의 사인값만큼의 공백문자가 만들어진다. 그래서 물방울이 S곡선을 그리며 위로 올라간다. `sin()` 함수를 사용하기 위해서는 2번 줄 `import math` 코드를 넣어야 한다.

방울이 너무 많으면 움직임이 잘 안 보여서 물방울 사이에 간격을 주었다. 22번 줄에서 ' O'로 물방울을 만든다. 공백문자 1개에 알파벳 대문자 O이다. 24번 줄 공백문자는 2개이다. 물방울 하나가 2칸을 쓰기 때문에 물방울의 개수는 58개로 했다. 그래서 6번 줄에 리스트 `bubb = [0] * 58`로 선언한다.

항상 강조하지만 상상력이 곧 코딩 실력이다. 여름 소나기 코드에 사인 곡선을 추가하여 27줄짜리 코드로 물방울의 움직임을 표현하였다.

PROJECT 2 지뢰 피하기 게임

윈도우즈에 있는 게임 중에 지뢰 찾기 게임이 있다. 그 게임을 흉내낸 지뢰 피하기 게임을 만들어보자. 게임의 룰은 간단하다. 코드를 실행하면 0부터 29까지 30개의 번호가 나타난다. 사용자는 0번부터 29번 중 지뢰가 없을 것 같은 곳의 번호를 입력하면 된다. 예를 들어 8을 입력했을 경우, 8번에 지뢰가 있다면 지뢰가 터지고 게임이 끝난다. 지뢰가 없을 경우, 칩의 개수가 화면에 출력된다. 그 칩은 사용자의 것이 된다. 당연한 이야기지만, 한 번 선택한 곳은 다시 선택할 수 없다.

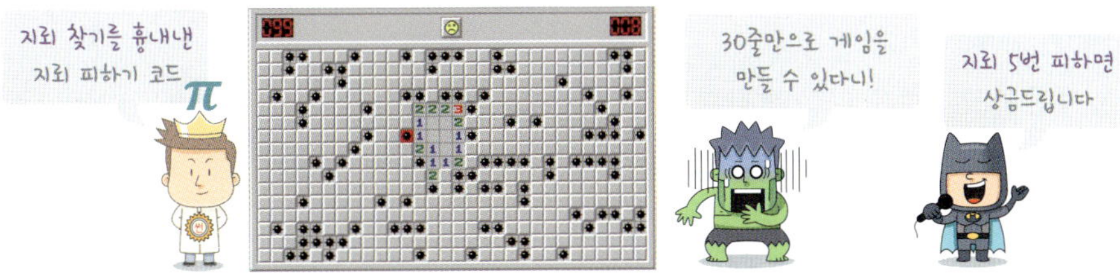

총 5번 지뢰를 피해야 한다. 지뢰가 터지면 그때까지 얻은 칩의 개수를 출력하고 게임은 끝난다. 따라서 폭탄이 빨리 터질수록 칩의 개수는 줄어든다. 누가 많은 칩을 얻는지 친구들과 같이 게임을 해보자.

실행결과

```
  0  1  2  3  4  5  6  7  8  9 10 11 12 13 14 15 16 17 18 19 20 21 22 23 24 25 26 27 28 29

  -  -  -  -  -  -  -  -  -  -  -  -  -  -  -  -  -  -  -  -  -  -  -  -  -  -  -  -  -  -

5번 피해야 함, chip = 0
번호 입력: 18

  0  1  2  3  4  5  6  7  8  9 10 11 12 13 14 15 16 17 18 19 20 21 22 23 24 25 26 27 28 29

  -  -  -  -  -  -  -  -  -  -  -  -  -  -  -  -  -  -  21  -  -  -  -  -  -  -  -  -  -  -

4번 피해야 함, chip = 21
번호 입력: 11

  0  1  2  3  4  5  6  7  8  9 10 11 12 13 14 15 16 17 18 19 20 21 22 23 24 25 26 27 28 29

  -  -  -  -  -  -  -  -  -  -  -  14  -  -  -  -  -  -  21  -  -  -  -  -  -  -  -  -  -  -

3번 피해야 함, chip = 35
번호 입력: 5

  0  1  2  3  4  5  6  7  8  9 10 11 12 13 14 15 16 17 18 19 20 21 22 23 24 25 26 27 28 29
```

```
  - - - - - 19 - - - - - 14 - - - - - - 21 - - - - - - - - - - -

2번 피해야 함, chip = 54
번호 입력: 24

  0  1  2  3  4  5  6  7  8  9 10 11 12 13 14 15 16 17 18 19 20 21 22 23 24 25 26 27 28 29

  - - - - - 19 - - - - - 14 - - - - - - 21 - - - - - 25 - - - - -

1번 피해야 함, chip = 79
번호 입력: 0

Your Chip = 102
```

알고리즘 만들기

기본적인 알고리즘은 다음과 같다. 지뢰 혹은 상금이 저장될 리스트 mine을 만들고 1에서 29 사이의 무작위 수를 만들어 저장한다. 리스트 mine에 저장된 수가 1에서 7이면 폭탄이다. 8에서 29는 상금이 된다.

지뢰 피하기 코드는 상당한 코딩 실력을 필요로 한다. 사용자가 열어본 번호는 화면에 출력해야 하고 사용자가 아직 열어보지 못한 번호는 화면에 보여주면 안 된다. 이를 어떻게 처리할 것인가가 이 코드의 핵심이다.

새로운 리스트를 만들어 사용자가 열어본 번호를 저장하는 방법이 있다. 그러나 좀 더 고민해보면 새로운 리스트를 만들지 않고서도 문제를 해결하는 방법이 있다.

리스트 mine에 저장된 값에서 30을 빼보자. 그러면 mine에는 모두 음수만 저장된다. 사용자가 번호를 선택했을 때 폭탄이 아니면 저장된 값에 +30을 하여 양수로 바꾸면 된다. 그러면 mine에 저장된 값이 양수이면 이미 선택한 번호이고, 음수이면 아직 선택하지 않은 번호가 된다. 따라서 따로 리스트를 만들지 않아도 사용자가 선택한 번호를 알 수 있다. 기발하지 않은가? 알고리즘을 알려주었으니 직접 만들어보길 바란다.

소스코드

코드 14-2 **지뢰 피하기 게임** **1402_mine.py**

```python
import random as r

mine = [0] * 30
chip = 0                                    # game = 5 게임 횟수
for k in range(30) :
```

```
06     mine[k] = r.randrange(-29, 0)         # -29에서 -1까지 음수로 저장
07
08 for g in range(5, 0, -1) :
09     print('\n')
10     for k in range(30) :                  # 0부터 29까지 출력
11         print('%3d' %  k, end = '')
12     print('\n')
13     for k in range(30) :                  # mine값 출력
14         if mine[k] < 0 :                      # 음수: 아직 안 열어봄
15             print('  -', end = '')
16         else :                                # 양수: 이미 열어봄
17             print('%3d' %  mine[k], end = '')
18
19     print('\n\n%d번 피해야 함, chip = %d' % (g, chip))
20     num = int(input('번호 입력: '))
21     if num < 0 or num > 29 or mine[num] > 0 :   # 양수: 이미 열어봄
22         continue
23     if mine[num] > -23 :                  # 30 더했을 때 8 이상 폭탄 아님
24         mine[num] = mine[num] + 30            # 30 더해 양수로 바꿈
25         chip = chip + mine[num]
26     else :                                # 30 더했을 때 7 이하 폭탄
27         print('꽝!! 지뢰 터졌음')
28         break
29 print('\nYour Chip = %d' % chip)
30 input()
```

코드설명

3번 줄 mine이 지뢰 혹은 상금이 저장되는 리스트이며 30개이다. 4번 줄 chip은 상금이 저장되는 변수로 0으로 초기화한다.

6번 줄 for 문에서 리스트 mine[k]에 r.randrange(-29, 0)으로 -29부터 -1까지 무작위 수를 만들어 저장한다. 따라서 mine[] 리스트에는 모두 음수가 저장된다.

사용자가 번호를 선택하면 해당 값에 30을 더해 원래의 값으로 환원시킨다. 따라서 리스트에 저장된 값이 양수이면 이미 선택한 것이고, 음수이면 아직 선택하지 않았다는 것이다. 이것이 지뢰 피하기 코드의 핵심이다.

8번 줄 g를 사용하는 for 문은 5에서 1씩 감소하면서 0보다 클 때까지 5번 반복한다. 11번 줄은 0부터 29까지의 숫자를 출력한다. 12번 줄에서 두 줄의 줄바꿈을 한다.

13번에서 17번 줄까지 두 번째 줄을 출력한다. 리스트 mine[m]에 저장된 값이 음수이면 아직 선택하지 않은 것임으로 --를 출력하고, 양수이면 저장된 숫자를 출력한다.

20번 줄에서 input()을 사용하여 사용자가 선택한 번호를 num 변수에 받아온다. 21번 줄에서 num의 값이 0보다 작거나 29보다 크면 continue로 이하의 코드는 무시하고 다시 시작한다. 만약 mine[num]의 값이 양수이면 선택했던 번호를 다시 선택한 것이다. 이때도 continue를 사용하여 이하의 코드는 무시한다. 그래서 continue가 되는 조건은 num < 0 or num > 29 or mine[num] > 0이다. 사용자가 선택했던 번호를 다시 선택해도 문제가 없도록 하였다.

지뢰 피하기 게임에서는 무작위 수가 0에서 7이면 지뢰, 8 이상이면 상금이라 생각한다. 시작할 때, -30을 뺏기 때문에 -23보다 크면 지뢰가 아니다. 지뢰가 아닌 경우, 24번 줄에서 mine[num]에 30을 더하여 원래의 값으로 만들고, 상금을 chip에 더한다.

지뢰인 경우(무작위로 만든 수가 23 이하인 경우), 27번 줄이 실행되어 지뢰가 터졌다고 출력한 후 반복을 끝낸다. 29번 줄이 실행되어 획득한 총 칩의 개수를 출력한 후 게임이 끝난다.

PROJECT 3 움직이는 빗살무늬

소나기 코드를 응용한 또 다른 코드를 만들어보자. 빗살무늬 형태로 움직이는 코드인데, 말로 표현하기가 어렵다. 코드를 실행해보면 설명하기 왜 어려운지 이해할 것이다. 무언가 돌아가는 것 같기도 하고 옆으로 움직이는 것 같기도 하고 위아래로 움직이는 것 같기도 하다. 무엇이라 이름 붙이기 어려워 움직이는 빗살무늬 코드라 부른다.

실행결과

```
                 <>                  <>
 <>                                                      <>                  <>
                    <>                  <>
    <>                                                      <>                  <>
                       <>                  <>
       <>                                                      <>                  <>
                          <>                  <>
          <>                                                      <>                  <>
                             <>                  <>
             <>                                                      <>                  <>
                                <>                  <>
                <>                                                      <>
                                   <>                  <>
                   <>
<>                                                        <>               <>
                      <>                <>
   <>                                                        <>               <>
                         <>                <>
      <>                                                        <>               <>
                            <>                <>
         <>                                                        <>               <>
                               <>                <>
            <>                                                        <>               <>
                                  <>                <>
```

알고리즘 만들기

빗살무늬 코드는 움직임은 복잡해 보이지만, 코드의 구조는 여름 소나기 코드와 똑같다. 이해를 돕기 위하여 리스트 `rain[]`을 비롯하여 여름 소나기 코드의 변수 이름을 그대로 사용하였다. 이해하기 어려울 경우 여름 소나기 코드와 비교하면서 읽어보길 바란다.

빗살무늬 코드에서 초기값은 실행결과에서 보여주듯이 <> 글자가 사선으로 화면에 출력된다. 소나기 코드의 경우 모든 문자가 위에서 아래로 움직였다. 그래서 하늘에서 비가 내리는 것처럼 보였다. 빗살무늬 코드에서는 홀수 줄은 아래로 내려오게 하고, 짝수 줄은 위로 올라가게 한다. 두 개 다 범위를 벗어나면 다시 시작한다. 사선으로 만들어진 문자들을 홀수 줄은 아래로, 짝수 줄은 위로 움직이게 하면 기하학적인 움직임이 만들어진다. 일종의 착시현상이다.

소스코드

코드 14-3 움직이는 빗살무늬 탐색기 **1403_round.py**

```
01 import os
02 import random as r
03
04 rain = [0] * 60
05 for met in range(60) :
06    rain[met] = met % 25                    # 1씩 증가시키면서 사선으로 배치
07
08 for k in range(300) :
09    for met in range(60) :
10       if met % 2 == 0 :                    # 짝수 줄은 +1: 아래로 내려옴
11          if rain[met] < 24 :
12             rain[met] = rain[met] + 1
13          else :
14             rain[met] = -1
15       else :                               # 홀수 줄은 -1: 위로 올라감
16          if rain[met] > 0 :
17             rain[met] = rain[met] - 1
18          else :
19             rain[met] = 24
20    os.system('cls')
21    for jul in range(25) :
22       for met in range(60) :
23          if rain[met] == jul :
24             print('<>', end = '')
25          else :
26             print('  ', end = '')
27       print()
28 input()
```

코드설명

문자가 사선으로 움직이는 것처럼 보이는 이유는 5번과 6번 줄에 있다. 지금까지와 달리 빗살무늬 코드에는 무작위 함수 `randrange()`가 없다. 대신 `met % 25`를 사용하여 계속 높이가 증가하도록 만들었다. `rain[0] = 0`, `rain[1] = 1`, ..., `rain[24] = 24`까지 높이

가 1씩 증가한다. 나머지 연산자를 사용했기 때문에 rain[25] = 0, rain[26] = 1과 같이 다시 0부터 1씩 증가한다.

처음부터 사선으로 <> 문자를 만들어 놓고 위아래로 움직이게 한다. 사선이 움직이면 착시현상이 일어나 옆으로 회전하는 것처럼 느껴진다. 코드가 잘 이해되지 않으면 5번과 68번 줄을 주석 처리한 후 실행해보길 바란다. 그러면 선들이 직선으로 만들어져 어떻게 움직이는지 이해할 수 있을 것이다.

9번부터 19번 줄이 홀수 줄은 위로 짝수 줄은 아래로 움직이게 만드는 코드이다. 전체 60개의 rain[met]에 대하여 met % 2 == 0인 경우 11번에서 14번 줄이 실행된다. 따라서 11번에서 14번 줄은 짝수인 경우 아래로 움직이게 하는 코드이다. 16번에서 19번 줄은 홀수인 경우 위로 움직이게 하는 코드이다.

11번에서 14번, 짝수 줄인 경우를 보자. rain[met] < 24이면 +1을 한다. 따라서 밑으로 내려온다. 만약 rain[met]이 24 이상이면 화면을 벗어난 경우이다. 이 경우 14번 줄 rain[met] = -1이 실행되어 처음부터 다시 시작한다.

16번에서 19번 줄은 짝수와 반대로 움직인다. rain[met] > 0이면 -1을 한다. 따라서 위로 올라간다. 만약 rain[met]이 0 미만이면 화면을 벗어난 경우이다. 이 경우 19번 줄 rain[met] = 24가 실행되어 처음부터 다시 시작한다.

20줄 이하부터 화면을 지우고 그리는 부분은 소나기 코드와 동일하다. 따라서 사선으로 미리 그려 놓고 홀수와 짝수 줄을 반대로 움직이면 기하학적인 움직임이 나타난다.

[코드 14-3]은 이해를 돕기 위해 코드를 길게 쓴 것이다. 코드 줄이기도 실력이라 했으니 코드 줄이기를 해보자. 9번에서 19번 줄까지 11개의 줄은 다음과 같이 6개의 줄로 줄일 수 있으며 전체 코드는 5줄이 줄어 23줄이 된다.

```
09      for met in range(60) :
10         rain[met] = rain[met] + (met % 2 * -2 + 1)
11         if rain[met] > 24 :
12            rain[met] = -1
13         elif rain[met] < 0 :
14            rain[met] = 24
```

코드를 줄이는 원리는 간단하다. 9번에서 19번 줄을 보면 met % 2가 짝수이면 rain[met]

에 +1을 하고, 홀수이면 rain[met]에 -1을 해야 한다. 따라서 met % 2의 결과가 짝수일 때 +1이 나오고 홀수일 때 -1이 나오는 식을 만들면 된다. met % 2는 언제나 0과 1이 나오기 때문에 met % 2 * -2 + 1 식을 사용하자. 그러면 짝수일 때 +1, 홀수일 때 -1이 나온다.

11번부터 14번 줄은 rain[met]이 화면을 벗어나는 경우 처음부터 다시 시작하는 코드이다. 이렇게 11번 줄에서 19번 줄을 위의 코드로 바꿔도 같은 결과를 얻는다. 강조했다시피, 코드 줄이기는 자주 해보면 여러분의 실력이 향상될 것이다.

PROJECT 4 바람의 기억

코드는 상상력이다. 상상력을 발휘하여 바람의 기억 코드를 만들어보자. 바람의 기억 코드는 바람을 따라 한 쪽 방향으로 움직이던 나뭇잎(~)이 어느 순간 반대 방향으로 날아가는 코드이다.

바람의 기억 코드는 물방울 코드를 변형한 것이다. 차이점은 무작위 수를 사용하여 좌우로 움직인다는 것과 무작위 수를 사용하여 움직이는 방향이 변하도록 했다는 것이다. 바람의 기억 코드는 위에서 아래로 움직이다가 갑자기 아래에서 위로 움직인다.

실행결과

알고리즘 만들기

나뭇잎(~)의 높이를 저장하는 리스트 `wind`를 만든다. 나뭇잎의 최대 개수는 58개로 한다. 화면에서 맨 위가 0번 줄이고 맨 밑이 23번 줄이다.

바람의 기억 코드는 무작위 수를 만들어 특정 조건이 되면 움직이는 방향을 바꾸는 것이 이 코드의 핵심이다. 바람의 방향을 결정할 wd 변수를 만든다. wd 변수의 초기값은 -1이다. wd가 -1이면 아래에서 위로 움직인다. 무작위 수를 만들어 특정 조건이 되면 wd = 0 - wd를 한다. 이 코드는 wd가 -1일 때는 +1로 바꾸고, +1일 때는 -1로 바꿔준다. 따라서 나뭇잎이 움직이는 방향이 바뀌게 된다.

소스코드

코드 14-4 바람의 기억 탐색기 1404_wind.py

```
import os
import random as r
import time as t

wind = [0] * 58
wd = -1                                    # wd는 바람 방향
for met in range(58) :
    wind[met] = r.randrange(24)

for k in range(1, 500) :
    if k % r.randrange(20, 50) == 0 :  # k % 무작위 수: 0이면 바람 방향 바꿈
        wd = 0 - wd                        # -1은 +1로, -1은 +1로
    for met in range(58) :
        wind[met] = wind[met] + wd
        if wind[met] < 0 :                 # 화면 벗어나면 밑에서 시작
            wind[met] = r.randrange(24, 30)
        elif wind[met] > 23 :              # 화면 벗어나면 위에서 시작
            wind[met] = r.randrange(-6, 0)
    os.system('cls')
    for jul in range(24) :
        for s in range(r.randrange(5)) :   # 무작위 수로 좌우 흔들림
            print(' ', end = '')
        for met in range(58) :
            if wind[met] == jul :
                print(' ~', end = '')
            else :
                print('  ', end = '')
        print()
    t.sleep(r.random() / 10)              # 화면 깜빡임 방지
input()
```

코드설명

바람의 기억 코드는 추억은 방울방울과 유사하다. 5번 줄 나뭇잎의 위치를 저장할 리스트 `wind`를 58개 만든다. 6번 줄 `wd`는 바람의 방향을 결정하는 변수이며 초기값은 `-1`이다. 7번에서 8번 줄은 무작위 수로 나뭇잎의 높이를 만든다.

10번 줄 `k`를 사용하는 `for` 문은 `1`부터 `499`까지 반복된다. 11번 줄과 12번 줄이 바람의 기억 코드의 핵심이다. `r.randrange(20, 50)`으로 무작위 수를 만들어 `k`를 나눈 값이 `0`이 된다면 12번 줄이 실행된다. `20`에서 `49`의 수를 만들어 우연히 `k`값을 나눈 나머지가 `0`이 된다면 바람의 방향이 바뀐다. `wd = 0 - wd`는 `wd`가 `-1`일 때는 `+1`로, `+1`일 때는 `-1`로 바뀌게 된다.

14번 줄에서 `wind[met] = wind[met] + wd`를 한다. `wd`가 `-1`이면 나뭇잎이 아래에서 위로 올라가게 되고, `+1`이면 위에서 아래로 내려오게 된다.

21번에서 22번 줄은 나뭇잎이 옆으로 이동하는 코드이다. `r.randrange(5)`로 무작위 수를 만들어 그만큼 나뭇잎이 오른쪽으로 이동하게 된다.

바람의 기억 코드를 실행시켜보면 나뭇잎의 방향이 시시각각으로 변하고 나뭇잎의 흔들림도 제각각이어서 바람이 부는 것처럼 보인다.

PROJECT 5 찬란하神 도깨비

찬란하神 도깨비 코드를 만들어보자. 찬란하神 도깨비 코드는 키를 누를 때마다 비가 눈으로, 눈이 비로 바뀐다.

키보드를 누를 때마다 도깨비가 심술부리는 것과 같이 눈, 비가 바뀐다. 또한, 비는 빠른 속도로 내려오다가 눈으로 바뀌면 내리는 속도가 느려진다.

실행결과

알고리즘 만들기

비와 눈을 바꾸기 위해 변수 c를 만들고 초기값으로 '1'을 저장한다. 초기값은 비가 된다. 코드가 실행되는 중간에 입력을 받으려면 10장 카멜레온 사운드 미터에서 설명한

kbhit() 함수와 getch() 함수를 사용해야 한다. 두 함수 모두 msvcrt 모듈에 있는 함수이다.

msvcrt.kbhit()는 키보드가 눌리지 않으면 False를 반환하다가 키보드가 눌린 순간 True를 반환하는 함수이다. 눌린 키보드값은 msvcrt.getch()가 가져오지만, 여기서는 키보드가 눌렸다는 것만 확인하면 된다. 키보드가 눌렸을때 c에 '|'가 저장되어 있으면 '*'로 바꾸고, 아니면 '|'로 바꾼다. 따라서 사용하는 코드는 다음과 같다.

```
import msvcrt  as m                    # kbhit()가 있는 모듈

if m.kbhit() :                         # 실행 중간에 키가 눌리면 True
   m.getch()                              # 눌린 키 제거
   if c == '|' :  c = '*'                 # 비(|)면 눈(*)으로
   else :  c = '|'                        # 눈(*)이면 비(|)로
```

소스코드

코드 14-5 찬란하神 도깨비 탐색기 1405_dkb.py

```
import os
import random as r
import msvcrt as m                     # kbhit()가 있는 모듈
import time as t

draw = [0] * 120
c = '|'                                # 초기값 비(|)
for met in range(120) :
   draw[met] = r.randint(-25, 0)

for k in range(300) :
   os.system('cls')
   for met in range(120) :
      if draw[met] < 25 :
         draw[met] = draw[met] + 1
      else :
         draw[met] = -1
   for jul in range(25) :
      if m.kbhit() :                   # 키가 눌리면
         m.getch()                        # 눌린 키 제거
         if c == '|' :  c = '*'           # 비(|)면 눈(*)으로
         else :  c = '|'                  # 눈(*)이면 비(|)로
```

```
23          for met in range(120) :
24             if draw[met] == jul :
25                print(c, end = '')
26             else :
27                print(' ', end = '')
28          print()
29       if c == '*' :  t.sleep(0.5)               # 눈(*)이면 0.5초간 기다림
30    input()
```

코드설명

찬란하神 도깨비 코드는 여름 소나기나 눈 내리는 겨울 코드와 유사하다. 3번 줄에서 kbhit()가 있는 모듈을 import msvcrt as m으로 가져온다. 6번 줄 비나 눈의 위치를 저장할 리스트 draw를 120개 만든다. 7번 줄 c는 비 혹은 눈의 모양을 가진 변수이며 초기값은 '|'이다. 따라서 비부터 내린다.

나머지 코드는 여름 소나기 코드와 같다. 19번부터 22번 줄이 키보드가 눌렸을 경우 비를 눈으로, 눈을 비로 바꾼다. if m.kbhit()가 참이면 키가 눌렸기 때문에 20번 줄이 실행된다. 20번 줄 m.getch()는 키가 눌리면 그 값을 가져오는 함수이다. 그냥 가져만 온다. 21번 줄에서 22번 줄은 c에 저장된 문자가 '|'이면 '*'로 바꾸고 아니면 '|'으로 바꾼다. 따라서 눈이 비가 되고, 비가 눈이 된다. 25번 줄에서 c에 저장된 문자를 화면에 출력한다.

비와 눈이 내리는 속도는 다르다. 따라서 29번 줄에서 c가 눈(*)이면 t.sleep(0.5)를 하여 눈이 내릴 때에는 천천히 내리도록 했다. 작은 부분 하나까지 신경을 써야 좋은 코드가 된다.

PROJECT 6 나한테 왜 그래

앞서 만든 거북이 잡아라 게임과 유사한 나한테 왜 그래 게임을 만들어보자. 왜 그래 게임의 기본적인 구조는 앞의 거북이 잡아라 게임과 똑같다. 게임을 시작하면 가운데 인형이 나타나고, 검은색 원이 대각선으로 움직인다. 원이 인형 얼굴을 지날 때 마우스를 클릭하는 게임이다. 맞았을 경우 헐이 표시된다. 10번을 왔다 갔다 하며 게임이 끝나면 몇 번이나 맞췄는지 숫자가 표시된다.

실행결과

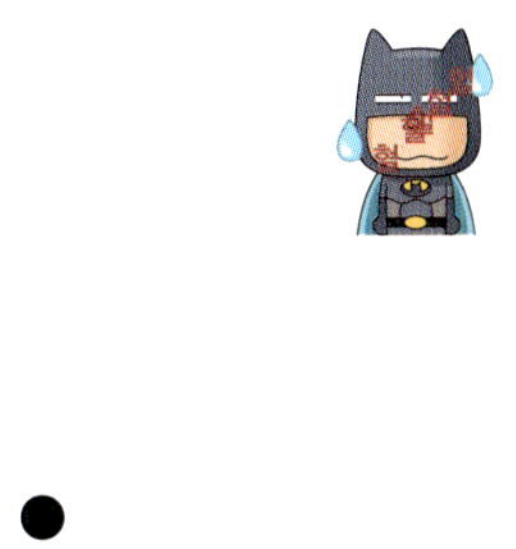

소스코드

코드 14-6 나한테 왜 그래 게임 **1406_cray.py**

```python
import turtle as t
import random as r

def pos(ux, uy) :
   global hit
   cx, cy = t.pos()
   if cx >= -20 and cx <= 20 and cy >= -20 and cy <= 20 :
      hit = hit + 1
      t.write('헐', font=('', 10))

hit = 0
scr = t.Screen()
scr.bgpic('man.gif')                    # man.gif를 배경 화면으로 표시

t.penup()
t.left(45)
t.goto(-250, -250)
```

```
18  t.pencolor('red')
19  t.shape('circle')
20
21  for s in range(10) :
22     for k in range(120) :
23        t.fd(r.randrange(2, 11))
24        t.onscreenclick(pos)
25     t.left(180)
26  t.write(hit, font=('', 20))
27  input()
```

코드설명

12번에서 13번 줄까지는 화면의 배경에 인형 얼굴을 표시하는 코드이다. 인형 얼굴은 man.gif이다. 터틀 그래픽에서는 gif 파일만 사 용할 수 있다. 사각형을 그리고 나면 원은 왼쪽으로 45도 회전한 후 -250, -250 위치로 이동한다.

21번 줄 s를 사용하는 반복문은 10번을 반복한다. 22번에서 25번 줄이 원이 이동하는 코드이다. 23번 줄에서 2에서 11 사이의 무작위 수를 만들어 이동을 하고, 24번 줄의 t.onscreenclick()은 화면에 마우스가 눌렸을 경우에 이를 감지하는 함수이다. 무작위 수를 만들어 조금 이동하고 마우스가 눌렸는지를 확인하는 일을 120번 반복한다. 이렇게 반복하면 가운데 인형 얼굴을 지나 오른쪽 상단으로 원이 이동한다. 이동이 끝나면 25번 줄에서 180도 회전하여 다시 왼쪽 하단으로 이동한다.

이동을 하는 도중에 마우스가 눌리면 4번 줄 def pos(ux, uy)가 실행된다. 여기서 매개변수 ux는 마우스의 x좌표의 값을 저장하고 있고, uy는 마우스의 y좌표의 값을 저장하고 있다. 따라서 마우스가 눌린 순간 마우스 포인터의 x, y 좌표의 값은 ux와 uy가 가지고 있다.

6번 줄 .pos()는 원의 현재 위치를 알려주는 함수이다. cx, cy = t.pos()는 원이 있는 위치의 x, y좌표를 반환한다. 따라서 cx에는 원의 x좌표가 cy에는 원의 y좌표가 저장된다.

7번 줄에서 cx >= -20 and cx <= 20 and cy >= -20 and cy <= 20은 마우스를 눌렀을 때 원의 좌표가 인형 얼굴 안에 있는지 확인한다. 만약 안에 있으면 8번 줄에서 hit를 1 증가시키고, 9번 줄에서 화면에 헐을 출력한다. 게임이 끝나면 25번 줄에서 hit를 출력한다.

찾아보기